U0578934

权威·前沿·原创

皮书系列为
"十二五""十三五""十四五"时期国家重点出版物出版专项规划项目

BLUE BOOK

智库成果出版与传播平台

中国社会科学院国家未来城市实验室成果

商务中心区蓝皮书
BLUE BOOK OF CBD

中国商务中心区发展报告 *No.9* （2023）

ANNUAL REPORT ON THE DEVELOPMENT OF CHINA'S CENTRAL BUSINESS
DISTRICT No.9 (2023)

中国 CBD 引领国际消费中心城市建设

名誉主编／龙永图　聂杰英
主　　编／陈　黛　单菁菁
副 主 编／周　颖
执行主编／武占云　王　蕊

社会科学文献出版社
SOCIAL SCIENCES ACADEMIC PRESS (CHINA)

图书在版编目（CIP）数据

中国商务中心区发展报告. No. 9，2023：中国 CBD 引
领国际消费中心城市建设 / 陈黛，单菁菁主编；周颖副
主编；武占云，王蕊执行主编. --北京：社会科学文
献出版社，2024. 3
（商务中心区蓝皮书）
ISBN 978-7-5228-2624-0

Ⅰ.①中⋯　Ⅱ.①陈⋯　②单⋯　③周⋯　④武⋯　⑤王
⋯　Ⅲ.①中央商业区-研究报告-中国-2023　Ⅳ.
①F72

中国国家版本馆 CIP 数据核字（2023）第 192752 号

商务中心区蓝皮书

中国商务中心区发展报告 No. 9（2023）

中国 CBD 引领国际消费中心城市建设

名誉主编 / 龙永图　聂杰英
主　　编 / 陈　黛　单菁菁
副 主 编 / 周　颖
执行主编 / 武占云　王　蕊

出 版 人 / 冀祥德
责任编辑 / 薛铭洁
责任印制 / 王京美

出　　版 / 社会科学文献出版社·皮书分社（010）59367127
　　　　　　地址：北京市北三环中路甲 29 号院华龙大厦　邮编：100029
　　　　　　网址：www. ssap. com. cn
发　　行 / 社会科学文献出版社（010）59367028
印　　装 / 天津千鹤文化传播有限公司

规　　格 / 开　本：787mm×1092mm　1/16
　　　　　　印　张：23.25　字　数：349 千字
版　　次 / 2024 年 3 月第 1 版　2024 年 3 月第 1 次印刷
书　　号 / ISBN 978-7-5228-2624-0
定　　价 / 158.00 元

读者服务电话：4008918866

《中国商务中心区发展报告》
编 委 会

广州长隆万博商务区

广州琶洲人工智能与数字经济试验区

广州市天河中央商务区

杭州钱江新城

杭州市拱墅区运河财富小镇

杭州武林中央商务区

合肥市天鹅湖中央商务区

济南中央商务区

南京河西中央商务区

南宁市青秀区金湖中央商务区

宁波南部商务区

上海虹桥国际中央商务区

上海陆家嘴金融城

深圳福田中央商务区

四川天府新区天府总部商务区

天津河西商务中心区

武汉中央商务区

西安碑林长安路中央商务区

银川阅海湾中央商务区

郑州郑东新区中央商务区

珠海十字门中央商务区

主要编撰者介绍

陈　黛　北京商务中心区管理委员会主任，长期从事城市与区域、产业等领域的发展研究，在促进经济发展、优化营商环境方面具有丰富的实践管理经验。

单菁菁　中国社会科学院生态文明研究所研究员，中国社科院大学应用经济学院教授、博士生导师，国务院政府特殊津贴专家。主要从事城市与区域可持续发展、城市与区域经济、城市与区域管理等研究。先后主持国内外研究课题 70 余项，出版专著 4 部，主编/副主编著作 24 部，参与 15 部学术著作及《城市学概论》《环境经济学》等研究生重点教材的撰写工作，先后在国内外学术期刊发表论文 120 余篇，多次在"三报一刊"发表理论文章。获得中国社会科学院优秀科研成果奖、中国社会科学院优秀皮书奖、中国社会科学院优秀对策信息奖、钱学森城市学奖等各类科研成果奖 21 项，被选送中组部"全国青年英才培训班"，提交的政策建议多次得到国家领导人的批示。

周　颖　北京商务中心区管理委员会副主任。先后从事商务区发展研究和产业促进发展相关工作，具有丰富的实践经验。

武占云　中国社会科学院生态文明研究所副研究员，博士。主要从事城市与区域可持续发展、国土空间开发与治理研究等。在《中国软科学》、《中国人口·资源与环境》、*Journal of Environmental Management* 等国内外核心期刊上发表论文 50 余篇，先后主持国家自然科学基金青年项目、中国博士后科学基金项目、中国社会科学院国家高端智库课题项目、中国社会科学院青年中心项目等课题；参与完成国家重点研发计划项目、国家社会科学基金重大项目、国家社会科学基金重点项目、国家部委和地方委托课题多项。

王　蕊　北京商务中心区管理委员会发展处处长，先后从事商务区建设管理、区域发展、对外交流等相关工作，具有丰富的实践经验。

摘　要

《中共中央关于制定国民经济和社会发展第十四个五年规划和二〇三五年远景目标的建议》提出，要"培育建设国际消费中心城市，打造一批区域消费中心"。党的二十大报告明确提出，要"着力扩大内需，增强消费对经济发展的基础性作用和投资对优化供给结构的关键作用"。培育和建设国际消费中心城市成为扩内需、促消费的有效途径，它是增强国内大循环内生动力和可靠性、实现经济高质量发展的关键支撑。中国CBD凭借成熟的商圈环境和国际化氛围，成为各地培育建设国际消费中心城市和区域消费中心的重要载体。

《中国商务中心区发展报告No.9（2023）》以"中国CBD引领国际消费中心城市建设"为主题，基于国内国际宏观形势，紧密围绕国家关于扩大内需、构建新发展格局和培育建设国际消费中心城市的战略部署，梳理总结各地CBD在支撑国际消费中心城市培育建设方面的优势基础、发展成效和面临问题，比较研究全球国际消费中心城市建设的典型经验和做法，提出中国CBD引领国际消费中心城市建设的总体思路、重点任务及对策建议。本书总体框架包括总报告、消费提质升级篇、商圈品质营造篇、消费环境培育篇、国内案例篇、国际案例篇、发展大事记等七个部分。

本书指出，当前国际社会正面临百年未有之大变局，全球经济面临多重下行风险，通过国际消费中心城市建设强化全球资源配置能力成为主要经济体的普遍做法。中国CBD凭借成熟的商圈环境和国际化氛围，在聚集高端消费资源、建设新型消费商圈、推动消费融合创新和加强消费环境建设方面

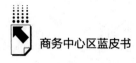

进行了一系列卓有成效的创新探索，成为我国培育建设国际消费中心城市、扩内需稳增长的重要载体。然而，随着世界进入新的动荡变革期，全球经济下行风险依然严峻，我国经济恢复基础尚不牢固，国际消费中心城市建设面临新形势和新挑战。

面对新形势和新挑战，中国 CBD 应从提升全球消费创新引领能力、打造消费资源全球配置枢纽、营造国际一流消费环境和建设国际一流消费商圈等方面着手，强化在国际消费中心城市培育建设中的引领和支撑作用，更好服务构建以国内大循环为主体、国内国际双循环相互促进的新发展格局。

关键词： CBD 国际消费中心城市 消费升级 消费环境 消费商圈

目 录 ↖

Ⅵ 国际案例篇

Ⅶ 发展大事记

皮书数据库阅读**使用指南**

总 报 告

General Reports

B.1

中国 CBD 引领国际消费中心城市建设[*]

总报告课题组[**]

摘　要：　当前国际社会正面临百年未有之大变局，全球经济面临多重下行
风险，通过国际消费中心城市建设强化全球资源配置能力成为主
要经济体的普遍做法。中国 CBD 凭借成熟的商圈环境和国际化
氛围，在聚集高端消费资源、建设新型消费商圈、推动消费融合
创新和加强消费环境建设方面进行了一系列卓有成效的创新探
索，成为我国培育建设国际消费中心城市、扩内需稳增长的重要
载体。当前，我国经济恢复基础尚不牢固，国际消费中心城市建
设面临新形势和新挑战。本报告提出，中国 CBD 应从提升全球
消费创新引领能力、打造消费资源全球配置枢纽、营造国际一流

[*] 本报告为国家哲学社会科学基金项目"建设人与自然和谐共生的现代化城市"（项目批准号：
23STB028）的阶段性成果。

[**] 单菁菁，中国社会科学院生态文明研究所研究员、博士生导师，主要研究方向为城市与区域
可持续发展、国土空间开发与治理、城市与区域经济、城市与区域管理等；武占云，中国社
会科学院生态文明研究所副研究员，博士，主要研究方向为城市与区域可持续发展、国土空
间开发与治理研究等；邬晓霞，首都经济贸易大学城市经济与公共管理学院副教授、硕士生
导师，研究方向为区域政策、城市与区域发展；王旭阳，中国社会科学院大学应用经济学院
博士研究生，主要研究方向为城市与区域经济。

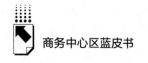

消费环境和建设国际一流消费商圈等方面着手，强化在国际消费中心城市培育建设中的引领和支撑作用，更好地服务于构建以国内大循环为主体、国内国际双循环相互促进的新发展格局。

关键词： CBD 国际消费中心城市 消费升级 消费环境 消费商圈

面对复杂严峻的国际环境和艰巨繁重的国内改革发展稳定任务，我国经济持续恢复向好，高质量发展稳步推进，消费成为经济发展的重要引擎和基础性力量。2022 年中央经济工作会议和 2023 年国务院政府工作报告均强调"把恢复和扩大消费摆在优先位置"。2022 年 12 月印发的《扩大内需战略规划纲要（2022~2035 年）》和《"十四五"扩大内需战略实施方案》，系统谋划了全面促进消费等一系列政策措施，明确提出"培育建设国际消费中心城市，打造一批区域消费中心"的目标任务。中国 CBD 凭借接轨国际的商圈环境、开放包容的文化氛围、引领前沿的创新业态，成为我国培育建设国际消费中心城市、扩内需稳增长的重要抓手。面对国际环境更趋复杂严峻、国内经济恢复基础尚不牢固的形势和挑战，强化中国 CBD 在国际消费中心城市培育建设中的引领支撑作用，对于增强和筑牢国内大循环内生动力、构建国内国际双循环相互促进的新发展格局意义重大。

一 CBD 引领国际消费中心城市建设的基础与成效

《"十四五"扩大内需战略实施方案》明确提出，培育建设若干国际消费中心城市、打造一批区域消费中心、加强中小型消费城市梯队建设。中国 CBD 凭借成熟的商圈环境和国际化氛围，在聚集高端消费资源、建设新型消费商圈、推动消费融合创新和加强消费环境建设方面进行了一系列卓有成效的创新探索，为引领和支撑不同梯次的国际消费中心城市建设、推动我国经济持续恢复做出了积极贡献（见图 1）。

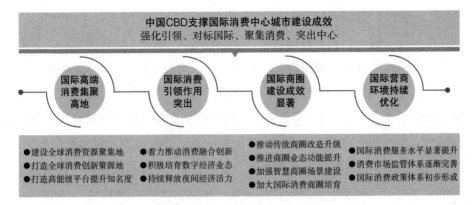

图 1 中国 CBD 支撑国际消费中心城市建设成效

（一）聚焦全球资源，国际高端消费集聚高地

国际消费中心城市的关键是"国际化消费"和"消费国际化"，聚集高端消费资源、强化国际消费引领作用是建设国际消费中心城市的核心发力点。中国 CBD 通过扩大制度型开放、打造高能级消费平台、培育首店首发经济，持续吸引全球优质消费资源，全面提升消费国际化水平，为国际消费中心城市建设提供了重要支撑。

1. 扩大制度型开放，建设全球高端资源聚集地

中国 CBD 凭借国家服务业扩大开放综合示范区、中国自由贸易试验区、国家深化服务贸易创新发展试点、国际开放枢纽等多重对外开放叠加优势，在集聚全球高端消费资源、促进服务业对外开放、推动服务业消费创新发展等领域形成了一系列试点成果和创新经验，有效支撑了国际消费中心城市和区域消费中心建设。

在积极探索跨境贸易发展新模式方面，上海虹桥国际商务区积极打造"丝路电商"合作先行区辐射引领区，在国家发改委的支持下，率先与相关国家合作试点国际高标准电子商务规则，探索互利共赢的合作新模式，持续提升虹桥海外贸易中心全球化贸易投资服务功能，为长三角企业加快国际化发展拓展渠道。北京 CBD 通过创建"跨境贸易全链条数字化服务赋能新模

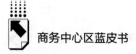

式"，着力建设集跨境交易撮合、国际结算、贸易金融等于一体的开放式、数字化平台；成立"贸易科技联盟"，通过贸易、物流、货代、金融等多个行业，探索跨境贸易发展新模式；积极打造"北京CBD跨国企业数据流通服务中心"，推动企业数据跨境流通。在吸引国际组织方面，郑东新区CBD通过吸引东盟中心、RCEP等多边国际组织挂牌，举办重要国际会议，打造包括国际商务交流功能区和国际高端居住功能区等在内的国际组织聚集区，汇聚国际组织、行业协会、产业联盟，塑造国际交往功能新载体。在吸引总部经济方面，CBD基于成熟的市场环境、接轨国际的营商环境和高水平的开放政策优势，聚焦产业链供应链关键环节，积极吸引跨国公司地区总部、民营企业总部、贸易型总部。如表1所示，截至2022年，北京CBD国际高端商务服务企业聚集度位居北京市第一，CBD功能区总部企业数量达到623家，世界500强企业220家，麦肯锡、德勤、普华永道、埃森哲等全球十强咨询公司8家落户在CBD，集聚了外资企业1万余家，占北京市的1/3以上。北京通州运河CBD近年来持续推进国家服务业扩大开放综合示范区和中国（北京）自由贸易试验区国际商务服务片区系列政策落地，对标国际先进规制，推进财富管理、绿色金融、金融科技等重点领域对外开放和先试先行，总部类企业数量从2019年的4家增加到2022年的48家，纳税贡献从2019年占通州区的6%增长到2022年的22.9%，逐步成为首都改革开放的新高地。位于中部地区的安徽天鹅湖CBD，吸引了以银行业为中心的大批投资、保险、证券、担保等企业集聚，包括总部企业58家、世界500强企业47家、中国500强企业32家。

表1　2022年中国CBD总部经济发展情况

CBD	总部类企业数量（家）	世界500强企业数量（家）
北京CBD	623	220
重庆解放碑CBD	203	80
广州天河CBD	120	204
广州琶洲CBD	78	—
重庆江北嘴CBD	70	44

CBD	总部类企业数量(家)	世界 500 强企业数量(家)
安徽天鹅湖 CBD	58	47
北京通州运河 CBD	48	—
武汉 CBD	47	11
大连人民路 CBD	45	58
郑东新区 CBD	34	55
西安碑林长安路 CBD	33	31
银川阅海湾 CBD	33	14
南京河西 CBD	20	20

资料来源:(1)根据中国商务区联盟提供资料整理,部分 CBD 未提供总部经济数据,暂未纳入本年度评价,个别 CBD 数据为 2021 年数据;(2)北京 CBD 为功能区范围数据。

2. 培育首店首发经济,打造全球消费创新策源地

胡润研究院数据显示,2022 年中国高端消费市场规模达到 1.65 万亿元,高端消费对中国经济的贡献很大[1],预计 2023 年中国高端消费品行业同比增长 14%,远高于全球奢侈品行业 7.5% 的增速。[2] 中国 CBD 具有接轨国际化的商业环境和高品质的商业载体,通过大力引进国际贸易品牌企业、高端商业品牌和资源、国内外总部机构等,积极推进总部经济和首店经济,全方位打造全球高端消费品集聚地,持续提升国际化产品、服务供给能力以及对国际消费者的吸引力。

其中,立足 CBD 自身优势,以首店、首牌、首秀、首发等创新和引领消费,成为各地 CBD 打造国际国内消费创新策源地的重要抓手。例如,北京 CBD 积极培育首店首发优势,2022 年引入首店 121 家,是北京市引进首店最多的商圈,国际品牌约占 1/3,也是全国拥有奢侈品牌数量最多的商圈,奢侈品销售额占区域消费品总销售额的 50%,商圈消费能级提升显著。其中,北京 SKP 2020 年销售额超越了伦敦哈洛德百货,位居全球高端百货第一[3];

① https://www.cnr.cn/shanghai/qqlb/20230302/t20230302_ 526169235. shtml.
② https://baijiahao. baidu. com/s? id=17591528543952975428&wfr=spider&for=pc.
③ https://www.sohu.com/a/684852979_ 121420850.

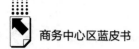
2022年销售额超过230亿元,再次蝉联2022年中国购物中心销售额桂冠。又如,郑东新区CBD聚焦首店、潮店、旗舰店等"首店经济"引领的新消费、新业态,鼓励国际国内小众、新一线、设计师品牌设立全球性、全国性和区域性品牌首店、旗舰店、体验店,已吸引肯德基创新模式K COFFEE河南首店等国内外品牌首店入驻。再如,重庆解放碑CBD积极打造首店、首牌、首秀、首发"四首"经济,截至2022年,解放碑CBD入驻的品牌亚洲店、全国首店、区域首店、重庆首店达到200家,首店首牌占重庆1/6,已经成为国际奢侈品牌、时尚品牌、新零售品牌进驻重庆的首选地。安徽天鹅湖CBD入驻各类首店84家,其中全国首店1家,区域首店75家,城市首店8家。

专栏1 北京CBD消费品牌孵化创新机制

北京CBD成立了国潮、餐饮两大品牌孵化加速器,为品牌提供招商、研发、供应链优化等全链条服务。国潮孵化器重点孵化培育具有创新性和文化特色的原创自有品牌,拓宽优质特色国潮商品销售渠道。CBD餐饮孵化加速器则成立了CBD餐饮联盟,该联盟积极开展北京CBD美食节、咖啡节等活动,推进各类特色餐饮文化的融合与碰撞。同时,北京CBD还构建了由市场充分主导、要素便捷流动、多方共同参与的新消费品牌孵化生态圈。截至2022年,433家首店落地北京市朝阳区,占北京市的53%(全市812家)。其中,北京CBD落地121家,居朝阳区首位。

3.打造高能级平台,着力提升国际知名度

当前,以消费者价值为导向,优化整合科技创新驱动产品,延伸产业链上、下游,构建多领域、多业态、多品牌的优质产品矩阵,提升优质产品、特色产品的国际知名度与品牌竞争力等,是国际消费中心城市的普遍做法。各地CBD通过加强高能级平台建设、强化本土品牌宣传推广、承办国际性会展和赛事活动等举措,有效提升了CBD国际影响力和知名度。

例如,北京CBD借助服贸会这一全球唯一一个国家级、国际性、综合型的服务贸易平台,强化CBD作为朝阳区国际化和首都对外开放窗口的品

牌效应和传播力；大力培育国际时尚都市文化，举办北京 CBD 国际花植节、公共艺术雕塑展、CBD 影像季、CBD 艺术季等时尚文化活动，提升文化国际知名度；北京 CBD 还借助全国和国际性对话平台加强新闻发布，搭建 CBD 融媒体平台，依托全球商务区创新联合会，促进国际推广传播，不断加强北京 CBD 宣传力度、提升品牌影响力。北京通州运河 CBD 连续多年为北京城市副中心马拉松提供赛事场地，该项赛事办赛元年便获得"中国田径协会铜牌赛事"和"自然生态特色赛事"荣誉称号，并在 2019 年升级为"中国田径协会金牌赛事"，借助国家级赛事活动等高端平台，吸引集聚各类资源要素，延展消费服务链产业链。济南 CBD 积极承办泰国驻华大使调研、加勒比地区国家推介等重要涉外活动，打造接待国内外访客的重要窗口与开展国际交流合作的标志性区域；多渠道拓宽对外发声渠道，包括创办"济南 CBD 管委会"微信公众号、抖音视频号，集中展示片区建设发展的丰硕成果，依托人民网、学习强国、山东新闻等各级各类媒体开展专题宣传报道等，着力强化品牌宣传，促进中央商务区品牌影响力和资源配置能力的同步提升。郑东新区 CBD 引进英雄联盟、王者荣耀等世界和全国顶级电竞赛事，以电竞为主线，打造潮玩专线，与文化旅游、步行街、夜间经济中的消费场景和消费空间深化联动，不断促进消费场景和消费模式的多元化，综合提升国际影响力；借助河南省着力推进"郑州-金边"双枢纽国际货运航线建设、河南-柬埔寨-东盟"空中丝绸之路"建设等，大力提升国际贸易流通服务能力。四川天府新区天府总部 CBD 紧抓成都市"三城三都"（世界文创名城、旅游名城、赛事名城和国际美食之都、音乐之都、会展之都）建设战略契机，着力提升西部国际博览城和天府国际会议中心展会能级和频次，积极培育具有国际影响力的展会品牌，有效促进西部国际博览城商圈知名度和影响力的提升。

专栏 2　北京 CBD 全球吸引力指数排名位列全国第一

北京 CBD 作为中国（北京）自贸试验区国际商务服务片区的重要组成部分，全球商务中心地位不断凸显，根据全球商务区创新联合会发布的

《全球商务区吸引力报告》，北京 CBD 全球吸引力指数排名位列全国第一。
截至 2023 年 9 月，北京 CBD 连续举办了 23 届北京 CBD 论坛，"跨境贸易
全链条数字化服务赋能新模式"入选服贸会最佳实践案例；数字增信文旅
产融模式创新、区块链数据资产保管箱助力外贸企业数字化经营两个案例被
评为全国十大服务业扩大开放综合示范区建设最佳实践案例。同时，北京
CBD 联合朝阳区海关打造北京市首个"B&R·RCEP 创新服务中心"，为以
"一带一路"（B&R）沿线国家、《区域全面经济伙伴关系协定》（RCEP）
成员国为贸易对象的进出口企业提供多项服务，为更高水平对外开放提供强
有力的支撑。

随着上述一系列高能级合作平台的打造和国际影响力的提升，各地
CBD 在宏观经济整体下行、新冠疫情对经济形成重大冲击的情况下，各项
经济指标保持平稳增长，对区域经济增长形成了较强的带动作用。如表 2 所
示，2022 年北京 CBD 和上海虹桥国际 CBD 的营业总收入均超过了 5000 亿
元，广州琶洲 CBD、南京河西 CBD、重庆解放碑 CBD、宁波南部 CBD 均超
过了 2000 亿元。

表 2　2022 年中国 CBD 营业总收入与税收总额情况

CBD	营业总收入（亿元）	税收总额（亿元）
北京 CBD	7549	1162
上海虹桥国际 CBD	5087	346
广州琶洲 CBD	3669	115
南京河西 CBD	2848	126
重庆解放碑 CBD	2674	68
宁波南部 CBD	2300	22
西安碑林长安路 CBD	960	36
北京通州运河 CBD	598	61
郑东新区 CBD	508	117
银川阅海湾 CBD	360	24
安徽天鹅湖 CBD	220	26

资料来源：根据中国商务区联盟提供资料整理，部分 CBD 未提供社会消费品零售总额数据，暂
未纳入本年度评价，个别 CBD 数据为 2021 年数据。

（二）培育新型业态，国际消费引领作用突出

随着新一代信息技术的发展和消费者需求偏好的变化，众多传统消费场景日渐式微，多措并举开拓消费新场景、培育消费新业态成为国际消费中心城市建设的普遍做法。各地 CBD 通过推动消费融合创新、大力发展数字经济、创新升级信息消费、释放夜间消费活力等举措，着力打造沉浸式、体验式、互动式的消费新场景，激发消费新活力，推动 CBD 成为消费升级的新高地，夯实了国际消费中心城市建设的消费基础。

1. 推动消费融合创新，促进实体商业转型升级

中国 CBD 在线上线下消费融合、商旅文体联动、产商一体、绿色低碳等方面开展了一系列消费融合实践，有力支撑了国际消费中心城市建设。各地 CBD 通过对传统文化、时尚潮流、运动健康等的深度挖掘、融合创新、丰富供给，打造商旅文体融合的特色消费载体，促进多层次消费场景有机结合。如北京 CBD 定期举办上海合作组织美食节、国际音乐节、艺术季、影像季、运动季、咖啡节等品牌活动，打造艺术+消费、国际+国风等新消费场景，营造商圈活力氛围，繁荣商圈消费市场。郑东新区 CBD 融合郑州所代表的中原文化与地域文化，打造"星河里·唐宫夜宴"城市融合型文商旅实景文化主题街区，围绕唐风唐食、唐人唐事、街区沉浸、百艺文创、互娱体验五大主题，以文化赋能引领文旅消费风尚，并通过"体绿融合"等模式，在龙湖金融岛内环商业街区打造多功能的社区文体广场和体育公园，形成"市民网球中心""城市主场""儿童欢乐天地"三个功能区。北京通州运河 CBD 积极建设"环球影城×大运河"国际消费体验区，以环球影城特色景区为牵引、以大运河文化产业带为底蕴，探索设计开发景区内、景区外、水中、岸上多层次多类型的文商旅体娱消费产品和产业链，谋划加强景区与张家湾设计小镇、太湖演艺小镇、宋庄原创艺术小镇等板块的文商旅融合互动，从文化、旅游、休闲、度假、购物、体验等多方面培育和激发特色文旅消费活力，全力推进景区消费向全域消费、传统消费向新兴消费、日间消费向全时消费的转变，着力打造生态环境好、文化魅力高、特色联动强、

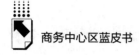

消费活跃、商业繁荣的高品质国际消费体验区。重庆解放碑 CBD 以《区域全面经济伙伴关系协定》为指导，率先开展"跨境电商+保税展示"快速配送试点，引进 E 码头西南首店、CW 重庆首店，积极探索核心商圈"保税+实体零售"模式，推动中西部首个陆海新通道国际消费中心落户解放碑 CBD（见图 2）。

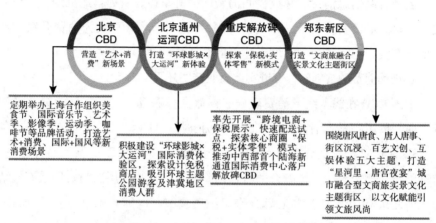

图 2　中国代表性 CBD 推动消费融合创新

专栏 3　郑东新区 CBD "星河里·唐宫夜宴" 实景文化主题街区

"星河里·唐宫夜宴"街区以打造城市融合型文商旅实景文化主题街区为特色，融合郑州所代表的中原文化与地域文化，同时展现中国传统节日、二十四节气等传统文化 IP，为传播优秀传统文化提供有力支撑。街区以《唐宫夜宴》故事为背景，围绕唐风唐食、唐人唐事、街区沉浸、百艺文创、互娱体验五大主题，贯穿"过去、未来"，为消费者带来"声、色、景、味"全方位的沉浸式体验。"星河里·唐宫夜宴"实景文化主题街区总占地面积2.5 万平方米，营业面积 1.1 万平方米，年度客流量将达到 100 万人次。

2. 着力培育数字经济，加快商业数字化转型

各地 CBD 围绕数字孪生平台、数字会客厅、数据运营中心等领域，积极培育数字消费新产品、新模式、新业态，衍生出全产业链、全渠道融合渗

透的新模式、新服务。如北京通州运河 CBD 依托重点商业综合体项目，探索搭建智慧商圈大数据管理平台和"云逛街"平台，打造数字消费商圈；在城市会客厅内设置数字人民币展区和应用场景，联合北京市通州区主管部门举办"大运河畔、品质生活"数字人民币消费券活动，推动数字人民币区域场景开放。北京 CBD 建成国内首个 L4 级别高精度城市级数字孪生平台，打造真实的 CBD 虚拟空间，并进一步搭建"元宇宙+会议、会展、购物、交通"等八大线上体验场景，打造线上线下深度融合的交互式消费场景。上海虹桥国际 CBD 依托全球数字贸易港，加快培育发展数字内容分发、知识产权交易等知识密集型服务贸易。广州天河 CBD 积极引进、培育平台型电商，发展定制消费、智能消费、体验消费等新业态；丰富消费场景业态模式，发展"线上引流+实体体验+直播带货"新模式。广州琶洲 CBD 积极培育发展 MCN（多渠道网络服务）、内容创作服务等机构，利用网络直播等新媒体推动商贸服务业创新发展。

3. 释放夜间经济活力，丰富夜间消费场景

各地 CBD 通过打造夜间经济特色示范项目、策划举办系列夜间活动、设立夜间经济咨询委员会等举措，积极打造高品质夜间消费地标和夜间消费打卡地。如北京 CBD 打造深夜食堂、夜游场景街区和夜游打卡地，发展夜购潮地、文博夜游、地景打卡等夜间消费新业态，推动中骏世界城申报"夜京城"地标。北京通州运河 CBD 建设 24 小时营业高品质餐饮街区"贰肆坊""日咖夜酒"街区，并依托区域内的高端商业载体开展商业氛围浓厚的外摆经济，打造夜间文娱活动品牌，全面助力夜间经济繁荣。郑东新区 CBD 依托河南艺术中心商圈，充分结合古代中原文化和现代建筑艺术，持续推进黄河风艺术市集品牌化，发展出艺术衍生品集聚、潮流 IP 突出、消费势头强劲的夜间经济品牌，并不断完善管理规范，形成"夜游""夜娱""夜购""夜赏"等沉浸式文化体验"组合餐"，打造夜间文旅消费新地标。重庆解放碑 CBD 依托独特的气候特征、山水人文景观和浓厚的商圈氛围，将打造山城特色的夜间经济作为国际消费中心城市培育建设的重要内容，通过"优载体、调业态、育品牌"等一系列举措推动夜间经济焕发新活力；

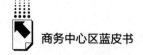

2023 年 7 月，重庆解放碑 CBD 启动了 "2023 全国暑期消费季暨不夜重庆生活节"，活动围绕满足居民消夏避暑、休闲旅游、夜间消费、欢度暑假等多元消费需求，不断扩展夜间消费业态。广州天河 CBD 充分利用 "YOUNG 城 YEAH 市" 品牌化运作契机，依托商圈、美食街和活跃社区推动夜间经济发展，鼓励商业载体及各类食、住、游、购、娱等企业和场馆开展夜间延时服务，积极打造 "夜之天河" 品牌。

专栏 4　北京通州运河 CBD 夜间经济创新实践

北京通州运河 CBD 围绕 "新京华风采，享极致体验" 的目标定位，通过优化夜间的公交系统、优惠夜间商户的水电能耗运营费用、出台夜间经济相关业态落地实施政策，积极打造自有的夜间文娱活动品牌，开发夜间休闲消费打卡地，相继推出了远洋乐堤港 24 小时营业的高品质餐饮街区 "贰肆坊"、新光大大融城 "日咖夜酒" 街区。未来，通州运河 CBD 将进一步融合多元体验、多元业态，着力打造配套服务齐全、夜间经济活跃且具有现代气息、国际化特征的综合性商业中心区。

（三）全方位提质升级，国际商圈建设成效显著

商圈是培育建设国际消费中心城市的重要载体，对促进消费提质升级、提升城市经济活力具有积极作用。结合城市建设着力推进商圈转型升级，实现智慧化发展，持续增强商圈的消费吸引力、品牌集聚力，让城市商圈焕发新活力，是现代城市商圈建设的题中之义，也是建设国际消费中心城市的核心要义。中国 CBD 通过传统商圈改造升级、商圈消费业态更新、智慧商圈建设、国际消费商圈培育等举措，构建了功能完善的 CBD 商圈商业体系，全面提升了商圈品质，为全面优化国际消费中心城市的消费载体注入新活力。

1. 积极推动传统商圈改造升级

传统商圈的转型升级是消费中心城市建设适应新时代消费需求的必由之

路。各地 CBD 通过对传统商圈硬件设施改造升级，优化消费实体空间环境；吸引商业品牌资源集聚，优化供给结构；推动传统商圈提质扩容，不断激发商圈新活力。为全方位满足人民群众的高品质消费需求，北京 CBD 积极推动传统商圈改造升级、优化商圈布局，打造"一横两纵三组团"消费功能格局，"一横"即以长安街东延长线为主干线打造 CBD 发展历程的时光轴；"两纵"即以东三环中路为主干线的都市景观轴和以东大桥路为主干线的万国风采轴；"三组团"即打造朝外大街—东大桥路"西十字"文化体验组团，建国路—东三环"中十字"都市商务组团，建国路—西大望路"东十字"国际尚品组团。同时，组建了商圈联盟、餐饮联盟、国潮孵化器、餐饮孵化加速器、消费大数据实验室等多元平台，赋能助推商圈发展活力。重庆解放碑 CBD 立足绿化、交通、立面、灯饰等重点领域，优化解放碑步行街整体环境，依托地下环道打通商圈附近约 30 个地下停车库，大大缓解了交通压力。商圈管理模式升级方面，济南 CBD 商圈联盟推行"管委会+行业自治"的管理模式，通过组织各种形式的联盟活动，引导各开发主体错位发展、良性竞争，合力推进国际化消费商圈建设。

2. 着力推进商圈消费业态功能提升

商圈消费业态功能提升是消费中心城市提升消费品质的核心。国际消费中心城市通过商业与多种服务业态集成融合发展，从单一的消费场景持续向融合文化、艺术、技术的特色消费体验场景拓展，提升消费品质、改善消费体验、促进消费升级，为恢复和扩大消费提供有力支撑。各地 CBD 通过加快发展首店消费、夜间消费等新业态，积极引进有引领性的旗舰店、概念店、定制店、特色店，引导中华老字号、地方老字号和特色品牌入驻，培育商旅文体融合的特色消费商圈，切实提升了商圈的品牌吸引力和业态活力。如北京通州运河 CBD 制定了《世界侨商中心步行街商业氛围提升概念方案》，引入"老蒲鲜"餐饮品牌、北京市金药源药物研究院等知名品牌，举办了首届大运市集活动，通过活动聚集商气人气，推动园区商业提质升级，助力区域招商引资。郑东新区 CBD 通过推动商业综合体改造升级，积极引导区域内的大型商场超市转变经营理念，不断调整和优化商品品类，多渠道增加智能、时尚、健康、绿色商品品种，着力改变千店一面、千店同品的现象。广州长隆万博商务区依托位列"全球最佳主题乐园"的长隆旅游度假区，在华南片区文商旅体产业一体化发展中独树一帜，集中力量打造了以文商旅为主题，集全域旅游、时尚消费、娱乐休闲、特色餐饮、夜间消费于一体的国际消费核心商圈。

3.重视智慧商圈场景建设

智慧商圈场景建设是有效提升消费中心城市服务效能与消费体验的重要路径。通过信息技术与产业、消费的耦合联动，以及5G网络、物联网等智慧基础设施的建设，创新消费模式，优化服务效能，丰富智能化场景应用，推动商圈数字化升级，这是各大国际消费中心城市的普遍做法。各地CBD通过创建数字孪生智慧街区、实施大数据消费监控、搭建智能服务一站式窗口等举措创建智慧商圈，精准满足消费者需求，让实体商业辐射范围更广、消费更便利。如北京CBD建成国内首个城市级数字孪生平台，建立全球首个基于真实场景还原的数字会客厅，创建北京CBD全球创新创业云中心等，为居民消费、招商、创新、创业等提供便捷服务；发起成立消费大数据实验室，构建CBD消费指数体系和消费市场大数据监测平台，助推消费动能升级。重庆解放碑CBD运用大数据技术加强消费互动和运行监测，定期发布商圈客流、业态、品牌分析报告，为商家进一步提升服务水平提供了有力支撑。郑东新区CBD依托数据操作系统为金融岛建设的智能管理中枢——上岛通App，承载着智能服务一站式窗口和居民数字账户两项智能城市核心功能，可实现全岛智能设备及各类型平台的智能互联、数据深度计算与高速传输，保证实际智慧场景的快速联动，App集成了智慧停车、车位路线导航、美食购物、旅游规划和线上看岛等模块，覆盖办公、商业、生活的方方面面，全力满足智慧城市具体服务场景。广州长隆万博CBD以探索世界一流园区治理模式"万博方案"为目标，在已经建成的万博智慧停车云平台、数据交换平台、视频感知系统的基础上，运用大数据、云计算、区块链、人工智能、物联网等现代信息技术，实现智能感知、超前预警、精细治理、科学决策的"一网统管"模式，打造智能、高效、环保的现代化商务区。

4.加大国际消费商圈培育力度

培育国际消费商圈是提升消费国际化水平和高品质建设国际消费中心城市的关键载体。各地 CBD 通过融合新发展理念和新型消费理念，注入文化、时尚、创意、休闲、绿色等新消费元素，从消费者高层次需求入手，打造商旅文融合、文娱休闲多业态集聚的"城市客厅"，有效提升了商圈品质和综合影响力。如北京 CBD 汇聚了北京 SKP、国贸中心、北京银泰中心等高品质商业综合体，通过提升商圈消费能级、打造商圈品牌形象、提升国际化合作层级等方式，增强商圈的品牌价值，成为全国拥有国际奢侈品牌数量最多的商圈，奢侈品销售额占区域消费品总销售额的约 50%，国际消费商圈建设成效显著。广州天河 CBD 重点围绕打造天河智能商贸示范区、发展首店首发经济、擦亮夜间经济品牌、创建离境退税示范街区、开展消费扩容提质行动等，努力构建全方位、立体式的消费经济图景，不断提升商圈品牌知名度和吸引力。郑东新区 CBD 以"一门户四高地"为建设目标，即以 CBD 区域为国际消费中心城市门户，在 CBD 区域打造郑州国际会议会展高地、国际总部经济高地、国际时尚创意高地、国际文旅休闲高地，逐步推动形成以郑州本地市场为核心、国内市场为主体、促进国内国际双循环的超级消费载体，着力打造国际一流的高品质商圈。

（四）接轨国际规则，国际营商环境持续优化

习近平总书记指出，要"建立和完善扩大居民消费的长效机制，使居民有稳定收入能消费、没有后顾之忧敢消费、消费环境优获得感强愿消费"[①]。良好的消费环境能提高消费者的消费体验和满意度、聚吸全球市场主体和要素资源，从而激发消费潜力，促进消费增长。优良的消费环境和营商环境是扩大消费增长的基础，也是建设国际消费中心城市的重要要求。各地 CBD 通过消费服务优化升级、完善消费市场监管体系、完善国际消费政

---

① 《提升供给质量，改善消费环境，激发消费潜力　消费市场持续回暖动力足》，《人民日报》2023 年 2 月 8 日。

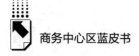

策体系等措施，推动 CBD 消费环境不断优化，提升国际消费水平，激活国际市场活力，为国际消费中心城市建设营造了良好的消费氛围。

1. 国际消费服务水平显著提升

升级优化消费服务是提高消费者体验的关键。服务水平的提升可以提高消费者的满意度，增强消费者的忠诚度，从而提升消费者的回头率和复购率；服务水平的提升还可以提高消费者的消费体验，增强消费者的购买欲望，从而提高消费者的消费频率和消费金额。各地 CBD 从提升服务细节出发，转变消费服务理念，培育诚信消费环境；提升服务设施现代化水平，增加优质服务供给；注重完善纠纷多元化解决机制，切实保护消费者权益。例如，北京 CBD 通过建设智慧商圈数字底座，为消费者提供信息引导、沉浸式互动体验等服务，推动商圈智慧升级；成立北京 CBD 跨国企业数据流通服务中心，为企业提供数据跨境咨询服务；建立"CBD 国际人才一站式服务中心"，搭建"服务自贸试验区建设创新生态联盟"，支持创新创业项目落地自贸试验区，为推动国际消费中心城市建设提供人才、政策、空间、应用场景等全要素服务。北京通州运河 CBD 充分发挥"两区"建设法官工作站、一站式多元解决纠纷中心等平台作用，注重畅通消费者维权渠道，建立健全线上线下融合的消费者维权服务体系和纠纷解决机制，不断优化提升国际消费环境。上海虹桥国际 CBD 成立 RCEP 企业服务咨询站，为企业提供关税优惠、原产地规则、货物贸易规则、海关程序与贸易便利化、自然人移动等 RCEP 协定相关优惠措施咨询服务；提供 RCEP 国际通行规则、国外市场规则、涉外法律环境等专业服务对接。

2. 消费市场监管体系逐渐完善

完善的消费市场监管体系有利于促进消费中心城市健康发展。加强消费市场监管可以规范市场秩序，维护市场公平，切实保障消费者的权益，从而增强消费者的信心和信任，促进消费市场健康发展。近年来特别是疫情后，各地 CBD 普遍加强了对消费市场的监管，切实维护消费者利益；构建企业信用监管体系，打造 CBD 诚信生态圈；建立新型消费管理模式，以优化市场环境促进和拉动消费。如北京 CBD 成立北京商务中心区信链科技有限公司，通过建立银行与经营企业、银行与消费者、经营企业与消费者的良好信用关系，设立"预付费监管平台"，通过对消费进度结算、消费次数结算、资金冻结解冻等消费场景进行监管服务，实现对预付消费模式的动态监管；此外，北京 CBD 还通过对部分重点楼宇开展"信易租"试点，打通数据壁垒、建立评价体系、推进业务联动，构建 CBD 企业征信大数据库，着力打造 CBD 企业诚信监管体系，积极推进 CBD 诚信生态圈建设。郑东新区 CBD 积极开展夜间经济管理模式创新行动，在发展基础好、管理水平高的夜生活集聚区，实施试点放宽夜间外摆摊位管制，并借鉴国际经验，建立夜间经济发展协调机制，建立"夜间区长"和"夜生活首席执行官"制度，鼓励公开招聘具有夜间经济相关行业管理经验的人员担任"夜生活首席执行官"，协助"夜间区长"工作。广州天河 CBD 积极营造"包容创新、底线监管"的发展环境，按照"鼓励创新，宽容失败"的原则，结合商贸业新业态新模式发展现状及特点，及时清理和调整不适应新兴产业发展的行政许可、商事登记等事项及相关制度，从规划、建设、消防、登记注册、外摆摊位等方面研究逐步放宽政策限制，进一步优化新业态发展环境。

3. 国际消费政策体系初步形成

消费政策体系的制定和实施是建设国际消费中心城市的重要环节和基础性保障。良好的消费政策体系有利于吸引和服务全球市场经营主体与消费者，助力提升国际消费水平，引导消费结构升级，激活国际市场活力、提振消费信心。各地 CBD 通过完善国际消费促成机制，释放消费潜力；优化营商制度环境，提高商务服务国际化水平。例如，为支撑北京市国际消费中心城市建设，北京 CBD 发布了《促进北京商务中心区高质量发展若干措施》，持续推动营商环境优化；北京通州运河 CBD 出台了《北京城市副中心 2022 年深化"两区"建设工作方案》，探索制定《中国（北京）自由贸易试验区国际商务服务片区通州组团三年行动方案任务清单（2022~2024 年）》，提炼总结"绿色+"全产业链助推国家绿色发展示范区建设实践案例，并入选北京市"两区"建设第二批改革创新实践案例。广州天河 CBD 印发了《天河区商贸业高质量发展三年行动方案（2021~2023 年）》，围绕商贸业提质升级、消费商圈扩容提质、消费结构优化调整、营商环境系统改善等领域，加强政策支持和创新引领，全面提升天河 CBD 的消费创新力、竞争力和影响力。重庆解放碑 CBD 紧抓成渝地区双城经济圈建设机遇，集成《解放碑地区政策汇编》，编制实施《解放碑—朝天门城市提升工作方案》、《解放碑—朝天门世界知名商圈产业规划》，全面提升解放碑—朝天门商圈的知名度和影响力，相继吸引多个国际一线奢侈品牌和世界知名品牌落户。

专栏5　北京 CBD 发布《促进北京商务中心区高质量发展若干措施》

为支撑北京市国际消费中心城市建设，北京 CBD 发布《促进北京商务中心区高质量发展若干措施》，持续推动营商环境优化。该政策对不同领域进行奖励性支持，打造了全链条服务体系，在国际化招商支持方面，该政策首次创新提出建立全球招商体系，对申请成为国内外重点城市的招商联络点，经考核达标后给予奖励。自 2015 年起，北京市率先实施境外旅客购物离境退税政策，经过多年的落地实践，离境退税措施不断升级，服务品质持续提升，"即买即退"成为便利境外旅客的一大举措，增强了国际游客对具有中国特色的商品和老字号产品的吸引力。

各地 CBD 凭借优良的营商环境和相对完善的国际消费政策，成为所在城市或区域的经济发展高地。以 CBD 的特色楼宇经济为例，如表3所示，2022 年，在全球经济下行压力加大、外部环境更趋复杂的背景下，各地 CBD 的经济发展依然表现出强劲韧性与活力。其中，广州天河 CBD 和四川天府总部 CBD 纳税过亿楼宇占比都超过了 60%；北京 CBD 功能区楼宇达到 800 余座，其中重点商务楼宇 300 座，纳税过亿楼宇占比达到 44%，其中纳税过 10 亿楼宇达到 21 座，位居全国 CBD 之首，成为全国楼宇经济密度最高的地区之一。杭州武林 CBD 的纳税过亿楼宇达到 55 座，纳税过亿楼宇占比位居全国 CBD 的第5，楼宇经济的集约性和高效性日益凸显。

表3　2022 年中国部分 CBD 楼宇经济发展情况（按照纳税过亿楼宇数量排序）

CBD	重点商务楼宇数量（座）	纳税过亿楼宇（座）	纳税过亿楼宇占比(%)	纳税过10亿楼宇（座）
北京 CBD	300	131	44	21
上海陆家嘴金融城	318	110	35	—
广州天河 CBD	124	86	69	14
杭州武林 CBD	128	55	43	4
重庆江北嘴 CBD	82	31	38	6
重庆解放碑 CBD	139	28	20	—
天津河西 CBD	129	23	18	—
南京河西 CBD	48	23	48	5
大连人民路 CBD	150	22	15	—
郑东新区 CBD	46	15	33	4
武汉 CBD	30	11	37	1
广州琶洲 CBD	24	8	33	2
北京通州运河 CBD	158	7	4	—
宁波南部 CBD	62	7	11	—
安徽天鹅湖 CBD	59	6	10	1
广西南宁金湖 CBD	27	5	19	—
四川天府总部 CBD	3	2	67	—
西安碑林长安路 CBD	26	6	23	1
银川阅海湾 CBD	21	1	5	—

资料来源：根据中国商务区联盟提供资料整理，部分 CBD 未提供楼宇经济数据，暂未纳入本年度评价，个别 CBD 数据为 2021 年数据。

二　CBD 引领国际消费中心城市建设面临的问题与挑战

（一）全球经济面临下行风险，消费潜力有待进一步激发

当前，国际环境复杂多变、全球通胀高企、主要经济体经济增长动能趋

弱。国际货币基金组织（IMF）发布的《世界经济展望报告》显示，2023年全球经济增速将由上年的3.5%下降至3.0%，且低于3.8%的历史（2000~2019年）年平均水平，世界经济面临多重下行风险。在全球经济增长低迷和国际大循环受阻的背景下，通过促进消费提升经济活力、通过国际消费中心城市建设引领全球消费资源的配置成为各国和各经济体的普遍做法，伦敦、纽约、巴黎、东京、迪拜、新加坡等国际城市，既是重要的全球旅游目的地，也是公认的国际消费中心城市。改革开放以来特别是党的十八大以来，我国在深度参与国际产业分工的同时，不断提升国内供给质量水平，着力释放国内市场需求，促进形成强大国内市场，内需对经济发展的支撑作用明显增强，然而与欧美等经济体相比仍有较大差距，消费潜力仍有待进一步激发。世界银行数据显示，美国、德国和日本消费对经济的贡献率分别达到83%、75.1%、77.6%，而2021年我国最终消费支出对经济增长的贡献率为65.4%。此外，不少国家GDP中的最终消费率都在75%以上，而我国消费率仅为54.0%（见图3），国民消费在国民经济中所占比重仍有较大提升空间。如何进一步发挥消费的基础性作用、发挥国际消费中心城市的引领作用将是我国增强经济活力和经济韧性的重要途径。

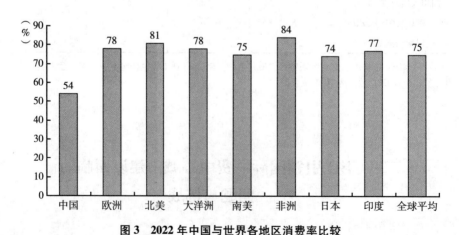

图3 2022年中国与世界各地区消费率比较

资料来源：世界银行WDI数据库。

（二）国际消费政策仍需完善，国际竞争力有待进一步提升

国际消费中心城市作为全球高端消费资源集聚地，具有较强的全球高端消费引领创新和辐射带动作用，消费市场繁荣度和消费规模亦位居全球前列。与全球顶级消费中心城市相比，我国消费中心城市的市场繁荣度、高端消费吸引力、国际消费软环境等仍存在较大差距，消费结构需求持续升级与生产供给等不充分不平衡问题日益突出，尤其是对国际消费者的吸引力和集聚度显著不足。从服务消费来看，2023 年上半年我国居民服务消费占全部消费比重达到 44.5%，相比 2013 年增加了近 5 个百分点，然而仍低于美国等发达国家 60%的平均水平。① 从国际吸引力来看，2022 年迪拜国际过夜游客数量达到 1436 万，国际游客收入达到 294 亿美元，位居全球消费榜首，远高于北京、上海、广州等国际消费中心城市。同时，全球奢侈品零售吸引力最强的前三大城市分别为纽约、巴黎和伦敦，北京、上海、广州等城市与这些顶级消费中心城市仍有较大差距。从本土品牌影响力来看，各地在培育建设国际消费中心城市和区域消费中心城市的实践中，存在重视国际品牌的引入、忽略本土品牌的培育与推广等问题。近年来，北京、上海、广州等CBD 对国际知名品牌的吸引力逐渐增强，成为国际品牌首店首发高地，但本土品牌进入国际市场的数量和整体影响力仍十分有限，辐射全球的消费创新和消费引领能力亟须提升。

（三）消费呈新特征新趋势，消费促进机制有待进一步健全

近年来，随着新一代信息技术的快速发展和居民消费理念的转变，我国消费领域呈现由生存型向发展型消费升级、由商品型向服务型消费升级、由物质型向体验型消费升级、由传统消费向新型消费升级的特征，尤其是数字技术通过重组消费供应链驱动消费新业态持续涌现，对传统消费形态和传统消费监管模式产生了颠覆性影响。从国际经验来看，伦敦、纽约、巴黎、东

---

① 李勇坚：《从上半年最新数据看"服务消费"》，搜狐新闻，2023 年 8 月 15 日。

京、迪拜等全球城市，围绕国际消费中心城市建设和消费新趋势形成了一整套促进消费的制度与政策体系，包括推动收入增长促进消费、采用有效货币政策扩大信贷、完善消费支持政策、加强新型消费业态监管等，但我国现行的消费政策和消费促进机制无法适应新消费新业态需求。一是适应新业态新模式的法律法规不健全，消费信息安全、金融支付安全、消费者权益保障等问题突出。二是消费领域相关标准建设滞后，尤其是消费服务的现行标准和规范整体水平不高，亟须加快对接国际的标准化体系建设。三是消费领域的市场监管有待进一步加强，相关部门仍存在重审批、轻监管的情况，尤其是基于大数据的监管、社会共治的理念尚未形成。四是服务消费领域市场准入有待进一步放宽，民营资本进入文化、教育、医疗等新型服务消费领域仍受到一定限制，直接影响着服务消费的供给结构和供给质量。

三　国际消费中心城市建设的经验与借鉴

国际消费中心城市是全球消费市场的制高点、全球消费资源的集聚地和全球消费发展的风向标，纽约、伦敦、迪拜、法兰克福、东京等世界城市采取不同发展模式建设国际消费中心城市，成效卓著，已经成为国际消费中心城市的全球标杆。纽约、伦敦作为全球资源配置中心，其国际地位高、发展进程快，东京在强有力的国家政策导向下建设成为国际消费中心城市。本报告重点梳理纽约、伦敦、迪拜、法兰克福、悉尼、东京等国际消费中心城市建设的典型经验与创新做法，以期为中国 CBD 支撑和引领国际消费中心城市建设提供有益借鉴和参考。

（一）明确城市定位，创建包容开放环境

根据城市定位，打造独具特色的消费中心形象，对提升城市的全球消费影响力具有重要作用。例如，迪拜凭借其独特的地理区位和环境条件，采取创新的营销理念，打造了世界最高的建筑、世界最大的人工岛、世界最大的购物中心、世界最大的室内水族馆、世界第一家七星级酒店等多个"世界

之最"，树立了全球消费标杆的城市形象和定位。此外，通过创建包容开放的社会环境、营造接轨国际的营商环境，为不同文化背景的人们提供良好舒适的生活工作条件，进而持续吸引消费人口、形成强大的市场规模，亦是众多国际消费中心城市建设的普遍做法。例如，2022 年，德国消费中心法兰克福的常住居民达到 79 万人，位列德国第五；迪拜常住人口则超过 360 万人，其中 80% 来自境外。①

（二）提升文化实力，打造城市特色名片

悠久的历史文化和多元的现代文化有利于丰富消费内容，提高城市吸引力，助推高品质消费。伦敦历史悠久，文化底蕴深厚，充分利用美术馆、画廊、博物馆、剧院开展丰富的活动，将文化符号转化为商业标志，吸引全球消费者。巴黎依托知名博物馆、美术馆、城市古迹等，成功打造了全球顶级商业集群和城市文化名片；依托时装周吸引全球时装品牌，引领全球时尚消费风潮；城市的艺术文化场所和夜间喷泉、灯光秀等活动成功吸引了大量游客和城市居民。日本东京丸之内则尤为重视和强调建筑物的历史文化继承，将处于区域中心地段的马场前大道规划成历史风貌街区，整体复原了已被拆除多年的日本历史上第一座写字楼"三菱一号馆"，将其设置为美术馆，烘托历史人文底蕴，以别具文化韵味的街区风貌吸引来自全球各地的旅游者和消费人群。

（三）夯实经济基础，带动业态联动发展

一是筑牢消费中心城市建设的经济基础。经济基础是推动国际消费中心城市建设的重要力量。纽约拥有世界上最多的财富 500 强企业总部，居民收入水平高，消费市场广阔；伦敦是全球最重要的银行、保险、外汇、期货中心，人均 GDP 和金融实力处于优势地位；巴黎是欧洲最重要的金融中心之一、世界五大国际大都市之一。

---

① https：//www.dubai-online.com/essential/uae-population-and-demographics/.

二是大力发展国际会展经济、户外经济和夜间经济。法兰克福自 1240 年以来连续举办国际贸易展览会，被称为"世界会展之都"，多年来打造的国际性会展品牌还带动了交通、旅游、酒店、餐饮等服务业发展。伦敦的夜间经济对伦敦打造国际消费中心城市具有重要作用，约有 1/3 的伦敦人口在夜间工作，文化创意产业中夜间从业者的比例高达一半；《伦敦规划 2021》（*The London Plan 2021*）则提出，要在核心商务区打造 70 多个夜间经济战略集群，伦敦市还专门成立了"夜间市长"，从政府、文化提供方、营业者和公众等多元主体层面加强合作，努力实现伦敦"24 小时不夜城"的愿景。同时，推动咖啡、酒吧、餐厅等服务业由室内向户外延伸，大力发展丰富多彩、别具特色的户外集市，也是巴黎、伦敦、悉尼等国际消费中心城市促进文商旅融合的重要手段。

三是形成产业优势并发挥协同效应。产业发展对促进消费有着积极作用。2019 年，伦敦的文化创意产业占据该市经济的 12.6%，并带动了咖啡馆、酒吧、商店等本地服务业的需求，不仅为当地带来了大量就业机会，还极大地带动了商圈的繁荣。纽约注重金融、商贸、会展、文化等产业协调发展，巴黎、悉尼等城市重视体育、艺术、会展与城市发展的相互关联，法兰克福则有效利用会展经济品牌优势，增强交通、旅游、酒店、餐饮等其他服务业的产业支撑，形成了以文促商、以旅促商、以会促商、以体促商，文商旅体会融合发展、相互促进的良性循环。

（四）打造标志商圈，促进街区更新设计

一是建设标志性商业地标和商圈。商圈和步行街是消费的重要空间载体，东京政府规划形成银座、池袋、新宿、涩谷、六本木等五大独具特色的商圈体系；巴黎以香榭丽舍大街为中心，串联蒙田大道、奥斯曼大道、圣·奥诺雷街等汇集众多国际大牌的消费区链；伦敦规划建设了牛津街、摄政街、邦德街等举世闻名的特色购物街，以及老金融城、伦敦西区、金丝雀码头、奥运新城等国际购物商圈，世界各地的商家和品牌云集，英伦风貌或国际风貌突出，从高端百货到高街品牌齐备，持续不断吸引着来自全球的消费

者，其中伦敦牛津街与法国巴黎香榭丽舍大道、美国纽约第五大道被称为"世界三大最具商业魅力的街道"。

二是利用交通枢纽构建慢行系统网络。如伦敦商圈倡导多式联运，着力推动步行街建设，倡导绿色出行和低碳环保。牛津街、摄政街、邦德街等特色购物街公共交通便利，街道尺度宜商宜人。国王十字街充分结合周边环境和历史文化，在建筑规划上重新布局，从交通枢纽到公共设施均采用节能建筑，利用可再生天然气为商圈提供动力支持。科文特花园在出站口建造了完全步行的商业街区，采用逆向思路，设计了低密度广场，创意还原了数百年前的集市效果，吸引本地人和国内外游客驻足。又如丸之内街区的东京站、日比谷、二重桥前等 13 个站点和 20 多条路线交叉形成巨大的交通网络，以地铁连接起来的公共地下道路为中心，形成地下步行网络，促进地铁周边商业发展。大手町据点作为地铁 5 号线换乘的交通枢纽，通过建设下沉庭院、中庭、餐饮、购物设施及信息中心等促进商业发展。

（五）丰富消费业态，培育壮大新型消费

为增强消费活力，国际消费中心城市通过培育壮大新型消费、创新消费内容与方式，推动形成消费新业态新模式。纽约科技发达，通过发展数字消费，建立城市运行数据公共平台，加强消费多元数据共享，建造时代广场虚拟建筑，为全球消费者提供新奇体验。伦敦注重传统文化与时尚消费的有机融合，支持发展剧院、音乐歌舞秀、音乐会与新兴艺术。巴黎将新型传媒途径应用于时尚领域，把握全球时尚潮流，提升消费者体验感。另外，这些国际消费中心城市还普遍注重对人才的培养和引进，满足多样化需求，促进消费扩容提质。东京都政府向日本政府提议创建"东京全球创新签证"，吸引高学历海外人才；伦敦拥有众多时尚设计人才，在服装品牌方面具有多样化风格和文化背景的设计师。

（六）完善设施服务，营造一流消费环境

一是完善基础设施建设。巴黎通过优化交通体系并扩大交通选择，发展

自动驾驶汽车等交通方式，提高消费便利度；伦敦重视基础设施建设，路面交通、地下交通、水上交通、步行及骑行等慢行系统编织出四通八达的交通体系，国际旅游服务中心/服务亭遍布伦敦各主要商业区和旅游网点，为全球旅游者提供多语种的旅游和消费咨询服务；东京、悉尼、香港、新加坡等国际消费中心城市也通过建设高效便捷的立体交通网、优美的园林绿化、健全的商业服务设施等，促进消费舒适度和体验感的提升。

二是优化营商和消费环境。法兰克福供应中心数量众多，拥有种类繁多的专卖店，为国际游客打造健全的免税零售体系。伦敦完善消费场景，商业区巧妙融入艺术品、艺术装置和雕塑等，各商圈文化底蕴突出、标识性建筑各异、生态环境优美，大大增加了商圈的吸引力和体验感。迪拜在机场、酒店、博物馆等场所设置阿拉伯语、英文、汉语等多语种指示牌，尽可能为旅游消费者提供更多便利。

三是提升配套服务质量。伦敦、迪拜在机场、酒店、各主要商业区和旅游景点设置旅游服务中心和旅游服务专柜，为客人提供多元化的旅游、休闲、交通及购物服务。东京、迪拜、澳门等城市的购物中心和娱乐场所注重迎合顾客差异化消费心理，在建筑风格设计、环境景观规划和内部装修装饰等方面展示了独具特色的文化品质，且酒店、景区和众多服务场所的工作人员都可用不同语言为游客提供个性化服务。

（七）注重顶层设计，加强战略规划引导

国际上很多城市都非常重视发挥规划和政策对建设国际消费中心城市的积极作用，通过制定一系列政策和规划，对国际消费中心城市进行顶层设计、统筹规划和系统建构。

一是强化顶层设计和规划引导。《伦敦规划2021》提出，要在核心商务区打造70多个夜间经济战略集群，建议延长商店、图书馆、画廊、博物馆等日间场所的营业时间；支持创意产业，划定创意企业区，促进产品多元化发展；设立首个文化风险办公室，为文化艺术从业者提供保障，为消费提供良好的规划引导，提升市场竞争性。东京政府对不同商务片区进行功能划分

及定位，成立咨询机构，对区域项目进行规划引导，保证品质符合区域定位，并通过完善市政设施帮助核心商业项目扩大辐射范围；为满足丸之内商务区的高密度开发，东京都政府要求建设范围广且尺度大的地下步行系统，把东京站周边更多更新的建筑连接起来。

二是积极推动自贸区建设。建设自贸区是很多国家打造国际消费中心城市的重要推力。如迪拜通过自由免税的贸易环境吸引了大量国际企业和投资者入驻，极大活跃了区域内的消费市场。1985 年，迪拜率先建立阿联酋首个自由贸易区——杰贝阿里自由贸易区，目前区内入驻企业超过 7000 家，贸易额占迪拜非石油贸易总额的比重超过 25%。截至 2022 年，迪拜已建成各类自贸区 30 多个，涉及商贸、金融、医疗、媒体、互联网等多个领域。2002 年迪拜成立多种商品交易中心（DMCC），并相继建立了黄金、钻石、茶叶、咖啡等大宗商品交易中心，区内注册的企业达到 23000 多家，连续多年被评为"全球年度最佳自由区"。

三是加强政府与各经济主体合作。较为典型的做法是建立公私合营的商业促进区（Business Improvement District，简称 BID），通过政府、商家、业主的通力合作，共同参与、共同出资、共同决策、共享收益，在商业区的硬件改善（如空间优化、景观营造、灯光照明、智能改造、环境升级等）和软件提升（如运营管理、综合服务、品牌宣传、文化体验等）方面协同发力。建设商业促进区在英、美、澳、加等欧美国家的消费中心城市建设中非常盛行，其特点是通过政府与各类经济主体的合作，将分散的商业个体整合为目标一致的利益共同体，推动商业区的价值提升和可持续发展。在这方面，纽约时代广场商业促进区、伦敦西区商业促进区、芝加哥联邦广场商业促进区、多伦多布鲁尔西村商业促进区等都是非常成功的案例。截至 2022年，仅英国就有超过 300 个商业促进区，而伦敦为建设国际消费中心城市设立了 70 个商业促进区。

四是注重区域协同联动发展。国际消费商圈建设需要城市与区域的协同联动发展。大都市区作为创新和竞争中心，也是人员流动、互联互通中心和消费中心。莱茵-美因是德国第二大都市区，包括法兰克福、威斯巴登、美因茨、达姆施塔特、奥芬巴赫等城市，其中法兰克福是莱茵-美因大都市区的中心。2020年，莱茵-美因大都市区的GDP总额位列欧洲大都市区第15名，其经济结构和商业区位是其成为国际一流消费商圈的重要基础。法兰克福城市规划办公室积极参与黑森州发展计划，旨在促进法兰克福莱茵-美因大都市的住房和城市发展。2020年9月，法兰克福与黑森州签署合作伙伴协议，使法兰克福国际一流消费商圈拥有莱茵——美因区域和黑森州的广阔辐射腹地。

专栏6 东京丸之内商务区建设经验

丸之内位于日本东京市中心，以东京站为中心，与大手町共同发展为中心商务区，是日本的金融、经济中心之一。安永公司和城市土地学会联合发布的《2020年全球商务区吸引力报告》显示，丸之内商务区的全球吸引力指数为54.7，位列全球第三。《财富》世界500强中有18家企业在丸之内设立总部，在所有上榜商务区中数量最多。

一是加强规划引导，政府与企业共同助力。在日本，以公共交通为导向的开发（TOD）成为中心城市发展的基本特征之一。丸之内以地域内的历史、文化、人文及人们的需求为基础进行规划，三菱公司总部所在地邻近东京站入口，其持有的物业资产促进了地下系统的发展。

二是通过更新建筑物，推动优化商圈环境。东京都政府在丸之内建设了范围广且尺度大的地下步行系统，把东京站已更新的建筑连接起来，为街区环境的再设计提供了机会。目前，丸之内街道交通安宁，绿树成荫，可以主办公众活动、公众艺术展和奢侈品零售。

三是轨道交通与街区商业一体化开发。丸之内在再规划开发中继承了"一层公众出入自由"的精神，在开发项目的低楼层布置店铺、咖啡、餐厅等商业设施，提高了轨道沿线的高品质生活条件，充足的服务设施吸引了大量人流的聚集。

四是构建慢行系统网络化布局，促进地铁周边商业发展。丸之内街区的东京站、日比谷等13个站点和20多条路线交叉形成便捷的交通网络，以地铁连接起来的公共地下道路为中心，形成地下步行网络。地面上增设了连接南、北塔楼的人行平台以及大屋顶，地下一层将地下街与东京站连接形成步行网络，地下二层进行了停车场的网络化规划。

五是高度重视街道和建筑物的历史文化继承。丸之内商务区大力推进文化都市化，将马场前大道规划成历史风貌街，整体复原了日本历史上第一座写字楼"三菱一号馆"，将其设置为美术馆，以增强区域的文化气息和文化底蕴，吸引更多的消费者。

四　CBD 引领推动国际消费中心城市建设的思路与对策

在国际国内双循环的新发展格局下，拉动消费成为我国经济发展的重要引擎和基础性力量，以 CBD 为核心加快培育建设具有全球资源配置能力的国际消费中心城市成为我国经济发展的重要任务。在此背景下，中国 CBD 应坚持扩大内需战略基点，通过强化引领，着力打造消费资源全球配置枢纽；对标国际，持续营造国际一流消费环境；瞄准需求，全面提升全球消费创新引领能力；突出重点，加快建设国际一流消费商圈；多措并举全方位提升 CBD 在全球消费的吸聚带动能力、资源配置能力和创新引领能力（见图 4）。

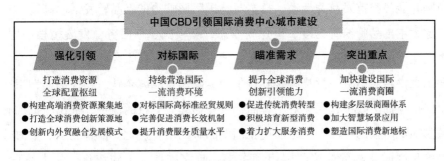

图 4　中国 CBD 引领国际消费中心城市建设思路

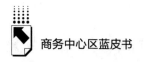

（一）强化引领，着力打造消费资源全球配置枢纽

1.构建高端消费资源聚集地

一是积极吸引全球市场主体。瞄准全球优质商品和服务，加快集聚优质全球市场主体、国际知名消费品牌；吸引中高端消费品牌跨国企业在CBD设立全球总部、地区总部及功能型总部，积极引进具有国际品牌运作能力的国内外运营商投资运营CBD消费场景和消费地标；着力吸引国际贸易品牌企业落户CBD，深度整合全球优质资源，增强CBD集聚、整合、配置全球消费资源的能力。二是着力引入高能级业态。积极引入高端服务类消费、高能级文化艺术和高品质时尚消费等高能级业态，吸引更多国际性品牌在CBD举办全球新品首发，推动品牌高能级首店、旗舰店落户CBD。三是大力发展免税经济。积极向授权部门争取在CBD设立免税店，推动更多免税退税政策在CBD落地，增强免税商店国际竞争力；优化离境退税"即买即退"流程，扩大免税店商品的覆盖范围，支持免税店增设国货精品销售专区，拓宽优质特色国潮商品销售渠道，提升免退税消费体验。

2.打造全球消费创新策源地

一是集聚优质品牌首店首发。加大品牌首店引进力度，完善首店发展支持政策，引导各地CBD因地制宜出台鼓励品牌首店发展的配套措施，通过开通品牌首店服务"绿色通道"，积极引进国内外各层次优质品牌的首店、旗舰店、概念店、体验店、融合店、定制中心；积极搭建高能级首发平台，鼓励开展各类首发首秀活动，打造具有国际影响力的新品首发活动高地。二是加大本土品牌培育力度。聚焦新业态、新模式、新服务，发展植根中国、面向全球的民族品牌；积极争取国家及省市政策，在人才、技术、政策等方面加大供给，培育一批具有核心竞争力的新消费品牌企业；积极落实知识产权保护与促进政策，强化对品牌商标权和商品专利权的保护，推出一批拥有自主知识产权的产品。三是加速新消费品牌的培育孵化。借鉴北京、上海等消费品牌孵化经验，按照"市场主导、政府支持、机构孵化、分类培育"的原则，在CBD探索建立"基金+基地""首店+首发""线上+线下"的消费品牌孵化培育模式；积极对接新消费品牌专业孵化机构，加强品牌孵化成长规律、孵化成功标准、高效赋能措施等方面的研究，持续提升 CBD 品牌创新孵化能力，尤其是位于京津冀、长三角、珠三角的 CBD，要充分依托世界级城市群和国际一流湾区的建设，积极打造全球新产品、新业态的首创地，提升中国品牌的国际影响力和竞争力。

3. 创新内外贸融合发展模式

一是大力引进高能级贸易总部。发挥 CBD 在全球投资促进网络中的优势，在贸易便利化、新型贸易发展等方面推动实施更多先行先试政策，积极引进更多跨国公司贸易总部、贸易促进机构、商会协会等国际经贸组织功能性机构落户 CBD，支持国企、民企设立统筹境内外业务的总部功能机构，引领带动内外贸融合发展。二是着力打造内外贸融合发展平台。强化 CBD "买全国、卖全国，买全球、卖全球"的商业贸易功能，充分发挥中国国际进口博览会、中国国际服务贸易交易会、中国进出口商品交易会等服务贸易平台的溢出带动效应，多渠道扩大特色优质商品和服务进口；支持 CBD 举办各类内外贸融合展会，促进内外贸企业、第三方服务机构对接合作，推动商品交易市场与国内国际市场接轨，探索开展内外贸一体化试点。

（二）对标国际，持续营造国际一流消费环境

1. 主动对标国际高标准经贸规则

一是放宽服务消费领域市场准入。依托自由贸易试验区、国家服务业扩大开放综合示范区、国家深化服务贸易创新发展试点等高水平对外开放平台，主动对标国际高标准经贸规则，聚焦商贸文旅、教育服务、健康医疗、数字消费等服务消费领域，积极争取要素供给、市场准入、跨境服务等方面政策在 CBD 先行先试。二是积极参与区域经贸合作。以中国申请加入CPTPP、DEPA 等协定为契机，积极拓展与太平洋地区经济体、"一带一路"沿线国家及新兴经济体的经贸合作，支持企业积极参加国际展会和经贸交流活动；进一步提高贸易便利化水平，支持企业利用跨境电商、市场采购贸易等新业态新模式开拓国际市场，打通国内外消费通道和市场壁垒。三是营造

接轨国际的消费环境。积极争取国家政策支持,以国内外市场主体公平竞争规则、知识产权保护、消费者权益保护、消费金融、离境退税等为重点完善消费制度和政策,营造高标准、便利化的国际消费环境。

2. 加快完善促进消费长效机制

一是积极落实消费领域各项政策措施。积极落实国家及省市关于扩内需促消费的各项政策措施,用足用好市级政策资金支持,适时制订支持CBD建设国际和区域消费中心城市主承载区的专项政策,对消费领域重点企业、重大项目(平台)、特色活动加大支持力度,争取主管部门支持CBD消费新场景的用地和空间保障。二是加强金融对消费领域的精准支持。充分发挥CBD金融机构高度聚集的优势,联合主管部门引导金融机构按市场化方式加大对文化旅游、住宿餐饮、体育健康、养老托育、家政服务等的金融支持力度;鼓励支持金融机构加强对绿色消费、夜间经济、数字消费等新型消费场景的金融服务,提升金融服务的覆盖面和便利性。三是健全消费市场信用监管体系。大力推进CBD信用环境建设,推广事前告知承诺、事中分级分类监管、事后联动奖惩的信用管理模式;完善消费领域市场主体及其从业人员信用信息共享共用机制,加快构建以信用为基础的新型监管机制,为信用良好的企业提供更加便利化的服务;建立失信企业惩罚性赔偿制度,完善消费维权投诉快速反应及处理机制,打造"守信激励、失信惩戒"的CBD区域诚信生态圈。

3. 着力提升消费服务质量水平

一是完善消费领域标准建设。对标商务部印发的《国家级服务业标准化试点(商贸流通专项)工作指南》,加快推进消费服务的标准化和国际化建设。鼓励平台企业、行业组织、研究机构等研究制订支撑新型消费的服务标准,健全市场监测、用户权益保护、重要产品追溯等机制。二是支持内外贸企业开展"三同"工程。积极落实商务部印发的《关于开展内外贸一体化试点的通知》,鼓励引导CBD内外贸企业实施"同线、同标、同质"工程,依托区域内的认证机构、科研机构、商业协会等,为企业拓展国内国际市场提供政策咨询、标准制修订、产品检验检测和认证等标准化、便利化服务,探索建立区域协同、部门协作的"三同"推广实施机制。三是建立

CBD 商圈动态监测评估体系。联合消费领域研究智库机构构建 CBD 商圈监测评估体系，加强 CBD 商圈数据监测评估，推动跨部门消费数据联动共享，建立 CBD 商圈动态监测工作机制，推进消费促进政策的制定与落实。

（三）瞄准需求，全面提升全球消费创新引领能力

1. 促进传统消费转型，彰显传统消费"新魅力"

一是推动传统消费场景转型升级。结合城市空间总体规划以及片区规划和街区规划，采取清单化管理、分批次推进的方式，对 CBD 传统商业载体进行综合环境提升与风貌特色营造；支持传统商场"一店一策"改造升级，支持购物空间和公共空间一体化设计改造，拓展文化设施和策展空间，推动形成复合型消费新空间。二是塑造多元消费新场景。鼓励支持 CBD 市场主体调整经营结构、丰富消费业态，借助新一代信息技术推动实体商业数字化、智能化升级；鼓励商圈内商业综合体错位竞争、特色发展和品牌升级，鼓励定制、体验、智能、时尚消费等新模式新业态发展，基于以人为本、文化为先、注重体验、主题突出的场景营造思路，积极打造沉浸式、体验式、互动式消费新场景。

2. 积极培育新型消费，引领时代消费"新业态"

一是培育数字消费新生态。应用新一代信息通信、大数据、物联网、元宇宙等技术，加快传统消费数字化转型，创新商业模式和消费体验，培育数字零售、反向定制、社交电商、云旅游、云展览等新业态；积极争取综合商超类体验中心、体验展示类体验中心、零售旗舰类体验中心等信息消费体验中心落户 CBD，推动新一代信息技术与更多消费领域融合应用。二是推进时尚消费升级。着力引进国际高端时尚品牌及企业，积极争取在 CBD 举办国际前沿品牌展会、赛事活动、知名时尚秀展等时尚品牌活动，打造一批集设计、发布、展示、销售于一体的时尚消费创新培育平台；引导市场主体在服装设计、珠宝设计、智能家居、艺术品、奢侈品等行业重点发力，为多元化、个性化、品质化时尚消费提供载体和服务；促进时尚消费与商业、文化、旅游、会展、休闲等融合发展，将 CBD 打造成国际时尚品牌活动风向标。三是积极推广绿色消费。推进绿色商场创建，鼓励 CBD 区域的电商平台、商场

超市等设立绿色低碳产品销售专区，积极推广绿色低碳产品；将绿色设计、节能管理、绿色服务等理念融入品牌展会、赛事活动、时尚秀展等大型活动，引导优先使用绿色环保型展台、展具，降低对资源和环境的消耗。

3. 着力扩大服务消费，激发文旅消费"新活力"

一是激发餐饮消费新活力。围绕各国特色餐饮文化、中华老字号美食等重点吸引国际知名餐饮品牌入驻 CBD，培育全球餐饮美食街、美食聚和特色市集，鼓励美食直播餐厅、云厨房等"餐饮+互联网"新模式发展，创造餐饮消费新供给。二是丰富文旅消费新业态。充分挖掘 CBD 文化底蕴，积极引进艺术展览、戏剧演出、电竞动漫、潮流市集等文创市场主体，将本地特色文化融入旅游线路、戏剧展演、文化体验等消费场景，培育特色文化消费场域；加大对优质文商旅创新融合项目的扶持力度，培育"文化+"新生态。尤其是北京、上海、广州等 CBD，应借助高度发达的交通体系、信息网络和历史文化、现代艺术等多重优势，以特有的文化品牌和艺术魅力打造面向世界游客的全球文化艺术消费地。三是促进体育会展消费。积极吸引体育组织运营和高端赛事经营的龙头企业、龙头项目入驻 CBD，支持体育场馆合理配置商业设施，吸引体育消费领域的旗舰店、体验店入驻。加大对博览会、品牌展会、交易会、购物节等活动的支持力度，联合市场主体积极谋划一批国际化、高层级、专业性展会，依托 CBD 已有展会平台，吸引国内外品牌首发首秀，推动会展、商务、文旅、体育等融合发展，进一步增强会展业对拉动内需、扩大开放、提升 CBD 综合竞争力的带动作用。

（四）突出重点，加快建设国际一流消费商圈

1. 着力优化商圈布局，构建多层级商圈体系

一是着力打造标志性商圈。对接国际或区域消费中心城市的商圈总体布局，借鉴国际经验，聚焦重点商圈、重点领域积极设立和推进商业促进区项目（BID），通过布局优化、空间营造、智能提升、服务升级、品牌宣传、文化植入等，在 CBD 商圈建设的硬件、软件方面协同发力，着力打造一批本土特色、国际品质、服务全球的标志性商圈，支撑 CBD 所在城市和区域共同形

成多核引领、地标带动、传承创新的商圈优化格局。二是打造特色主题商业街区。积极争取市区政策支持，通过商业设施更新改造、商业业态升级创新、商业场景智慧打造等途径，探索形成一批"限时商业街区""元宇宙+新场景""文旅商融合"等创意主题街区，打造集时尚消费、文化创意、休闲体验、历史风貌于一体的特色街区，积极争取纳入国家级旅游休闲街区。北京、上海、广州、天津、重庆等城市 CBD 应对标全球顶级商业街区，把握全球商业发展新趋势，着力推进商业街区能级提升，支撑国际消费中心城市建设。三是加强商圈联动提升辐射带动能力。依托 CBD 所在都市圈城市群的高能级功能平台，推动 CBD 商圈与周边城市商圈联动发展，逐步建立梯次发展、资源共享、政策共通、平台共建的商圈联动机制，以资源整合促进商圈能级提升，以协同开放促进商圈合作，合力打造引领都市圈和城市群高质量发展的多层级商圈体系。

2. 强化数字技术赋能，加大智慧场景应用

一是加快布局数字消费新基建。加快千兆固网和 5G 网络建设，推进 CBD 公共区域和商务楼宇的 5G 基础设施布局及 5G 商用，推动光纤宽带网、无线宽带网、移动物联网深度覆盖，率先推动 5G 网络技术融合应用升级。二是补齐数字消费应用服务短板。结合推进城市更新，促进 CBD 商业设施与存量片区改造、公共空间有机融合，支持消费新场景发展的硬件功能衔接，打造导航导视、数字化景观展示、营销服务推送、沉浸式体验、智能支付、智能停车等智慧消费应用服务生态系统。三是推广应用数字消费新场景。鼓励新一代通信技术在智慧商店、智慧街区、智慧商圈等领域深度渗透和应用推广；利用人工智能、人机交互等技术积极打造体验式消费场景应用，建设一批标杆信息消费体验馆；在商务楼宇及周边布局无接触消费体验，建设一批智慧超市、智慧驿站、智慧书店，推动 CBD 逐步实现商圈核心业务在线化、运营管理数字化、消费场景智慧化。

3. 提升商圈载体品质，塑造国际消费新地标

一是高水平打造国际消费新地标。依托 CBD 资源优势，通过挖掘文化特色、重塑公共空间、植入新型消费场景、引入一流管理模式等举措，打造一批具有地域历史文化特色和时尚魅力、"商业+旅游+文化+科技"深度融

合的消费新地标,助力国际消费中心城市建设。二是高质量完善商圈配套设施。通过完善地上地下立体交通体系、建立商圈国际化标识系统、规范户外广告牌匾标识管理、加强国际化商圈视觉营造等措施,持续推进传统商圈改造升级,为建设国际一流消费商圈提供新型优质载体。三是高标准强化商圈品牌营销。融合传统媒体和新媒体渠道,借助大型专业展会、国际国内赛事、对外交流活动等高能级平台和活动,建立专业化、精准化的推介矩阵,加强商圈消费品牌策划和对外宣传推介,提高 CBD 商圈国际认知度和美誉度,助力国际消费中心城市建设。

参考文献

王青、王微:《加快培育国际消费中心 打造开放新引擎》,《中国经济时报》2017年8月16日。

中华人民共和国商务部:《培育国际消费中心城市总体方案》,http://www.mofcom.gov.cn/article/zwgk/gkzcfb/202110/20211003211499.shtml。

国家发展改革委:《国家发展改革委关于恢复和扩大消费措施的通知》,https://www.gov.cn/zhengce/zhengceku/202307/content_6895600.htm。

北京市人民政府办公厅:《北京培育建设国际消费中心城市实施方案(2021~2025年)》,https://www.beijing.gov.cn/zhengce/zhengcefagui/202109/t20210924_2500473.html。

赵文哲:《国际消费中心城市的内涵及实施路径》,《人民论坛》2022年第5期。

刘涛、王微:《国际消费中心形成和发展的经验启示》,《财经智库》2017年第4期。

陶希东:《国际消费中心城市的功能特征与核心要义》,《人民论坛》2022年第5期。

李翔宇、王一、马夕雯等:《基于城市立体化视角的地铁站域商业街区设计策略探析——以日本丸之内街区更新设计为例》,《建筑实践》2019年第9期。

周国平:《构建 ABLE 城市 促进 CBD 向 ABC 转换——从东京丸之内再开发看现代CBD 的发展趋势》,《科学发展》2010年第3期。

刘司可、路洪卫、彭玮:《培育国际消费中心城市的路径、模式及启示——基于24个世界一线城市的比较分析》,《经济体制改革》2021年第5期。

黄庆华、向静、周密:《国际消费中心城市打造:理论机理与现实逻辑》,《宏观经济研究》2022年第9期。

B.2
2022年中国 CBD 发展评价

总报告编写组*

摘　要： 本报告围绕国际消费中心城市建设的核心内涵，对标全球顶级国际消费中心城市和国际一流 CBD，从国际知名度、消费繁荣度、商业活跃度、交通便利度、政策引领度等维度构建评价指标体系，对中国商务区联盟 27 个 CBD 进行定量与定性相结合的系统评估。评价结果显示，中国 CBD 的国际知名度显著上升，推动消费国际化发展；消费繁荣度持续提升，助力经济持续恢复；商业活跃度明显增强，促进消费提质扩容；交通便利度显著改善，助推高端消费资源集聚；政策引领度持续发力，促进营商环境接轨国际一流水准。上述维度在国际消费中心城市和区域消费中心建设中发挥着重要的支撑和引领作用。

关键词： CBD　消费中心　评价指标

一　中国 CBD 引领国际消费中心城市建设评价维度

国际消费中心城市是现代国际化大都市的核心功能之一。从全球范围来看，作为消费城市发展的高级形态，国际消费中心城市具有如下主要特征：

---

* 武占云，中国社会科学院生态文明研究所国土空间与生态安全室副主任，博士，主要研究方向为城市与区域经济、国土空间开发与治理研究等；单菁菁，中国社会科学院生态文明研究所研究员、博士生导师，主要研究方向为城市与区域可持续发展、国土空间开发与治理、城市与区域经济、城市与区域管理等。

全球消费市场的制高点，具有强大的消费实现功能；全球消费资源的集聚地，具有高效的消费配置和带动功能；全球消费发展的风向标，具有突出的消费创新和引领功能。我国的国际消费中心城市大致经历了从概念提出到开始建设再到重点培育的发展历程，目前正处于重点培育阶段。2016年国务院办公厅印发《关于进一步扩大旅游、文化、体育、健康、养老、教育培训等领域消费的意见》，首次提出国际消费中心城市的概念。2019年，商务部等十四个部门联合印发的《关于培育建设国际消费中心城市的指导意见》，从聚集优质消费资源、建设新型消费商圈、推动消费融合创新、打造消费时尚风向标、加强消费环境建设、完善消费促进机制等六个方面明确了培育建设国际消费中心城市的重点任务。2021年，《中华人民共和国国民经济和社会发展第十四个五年规划和2035年远景目标纲要》提出，要培育建设国际消费中心城市，打造一批区域消费中心。经国务院批准，上海、北京、广州、天津、重庆等城市率先开展国际消费中心城市建设培育。与此同时，西安、成都、武汉、南京等区域中心城市也在积极谋划建设区域消费中心。而无论是首批5个试点城市还是其他区域中心城市，均将CBD作为国际或区域消费中心城市建设的核心载体和重要抓手。

瞄准建设国际消费中心城市，结合消费中心城市建设的内涵特征与时代要求，对标商务部印发的《培育国际消费中心城市总体方案》《国际消费中心城市评价指标体系（试行）》，基于CBD优势基础与发展特色，本报告从国际知名度、消费繁荣度、商业活跃度、交通便利度、政策引领度等维度构建评价指标体系，对中国CBD支撑和引领国际消费中心城市建设的成效进行定性与定量相结合的系统评估（见图1）。鉴于CBD边界范围往往与所在行政区不完全吻合与一致，CBD管理机构尚未建立系统性的经济社会统计制度，故本报告基于CBD现行的核算统计口径，遵循前瞻性、代表性和动态性等原则，充分考虑数据的可获取性、可靠性和可比性，选取以下代表性指标对中国CBD进行综合评价，所有数据均为中国商务区联盟成员单位提供。

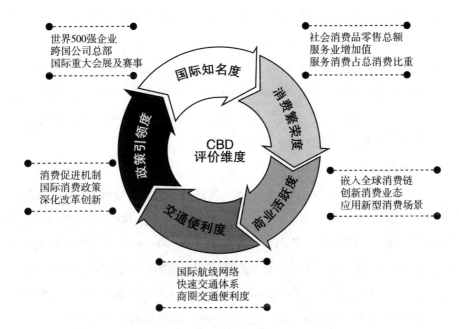

世界500强企业
跨国公司总部
国际重大会展及赛事

社会消费品零售总额
服务业增加值
服务消费占总消费比重

消费促进机制
国际消费政策
深化改革创新

嵌入全球消费链
创新消费业态
应用新型消费场景

国际航线网络
快速交通体系
商圈交通便利度

国际知名度

消费繁荣度

CBD
评价维度

政策引领度

商业活跃度

交通便利度

图 1 2022 年中国 CBD 引领国际消费中心城市建设评价维度

1. 国际知名度

国际知名度是国际消费中心城市综合影响力和全球竞争力的综合体现。随着经济全球化发展，国际贸易往来频繁，全球城市进入互联共通时代。国际知名度高的城市国际经贸活动频繁，是全球著名消费品牌、各类消费资源高度集聚的地区，同时有着巨大的经济溢出效应。各地 CBD 凭借涉外资源丰富、商务氛围浓厚等优势，积极打造国际会展贸易、国际文化交流、国际商务活动等多元化的国际高端交往平台，积极吸引世界 500 强企业、跨国公司地区总部和国际重大会展赛事入驻，构建多维度、全方位、链接全球的资源网络，不断增强国内国际两个市场两种资源联动效应。本报告重点从世界 500 强企业、跨国公司地区总部、国际会展及赛事等维度系统评估 CBD 的国际知名度。

2. 消费繁荣度

消费繁荣度是国际消费中心城市商业经济繁荣的重要表现，消费繁荣亦代表着经济发展相对稳健。国际消费中心城市建设需要集聚复合优质的高端消费资源，全面提升消费的带动力、辐射力、引导力、创新力。各地 CBD通过促进商圈提档升级、打造消费新地标、推动商旅文体联动发展、促进多层次消费场景有机结合等举措，不断吸引全球高端消费资源集聚，消费繁荣度持续提升。本报告重点从社会消费品零售总额、服务业增加值、服务消费占总消费比重等维度评估 CBD 的消费繁荣度。

3. 商业活跃度

商业活跃度是国际消费中心城市充满商业和消费活力的重要表征，同时在一定程度上影响着城市经济增长韧性和发展潜能。各地 CBD 凭借活跃的创新氛围和接轨国际的商圈环境，逐渐形成线上和线下、商品和服务、生产和流通深度融合的市场体系，新型消费业态和新型消费应用场景不断涌现，成为国际消费中心城市和区域消费中心最具商业活力的区域。本报告重点从嵌入全球消费链、创新消费业态、应用新型消费场等维度评估 CBD 的商业活跃度。

4. 交通便利度

交通便利度是促进国际消费中心城市商业繁荣的有力支撑，城市交通基础设施条件的改善，有利于加快国际消费中心城市培育壮大。CBD 往往拥有高效便捷的现代化交通物流体系和强大的要素集聚能力，具有各类要素快速集散和流通的交易成本优势，有利于聚集国际品牌与跨国企业，促进跨区域跨国界的物资、商品和人员流动，进而为激发消费潜力创造条件。本报告重点从国际航线网络、快速交通体系、商圈交通便利度等维度评估 CBD 的交通便利度。

5. 政策引领度

政策引领度是国际消费中心城市实现高质量、可持续发展的长效保障，打造与国际接轨的消费资源供给体系和消费环境，有利于提升国际消费中心城市的全球竞争力和吸引力。CBD 往往拥有国家服务业扩大开放综合示范区、中国自由贸易试验区、国家深化服务贸易创新发展试点、国际开放枢纽等多重改革开放政策优势，在集聚全球高端消费资源、推动服务业消费创新发展、完善消费促进机制等领域形成一系列试点成果和创新经验。本报告重点从消费促进机制、国际消费政策和深化改革创新等维度评估 CBD 的政策引领度。

二　2022年中国 CBD 引领国际消费中心城市建设评价

（一）国际知名度显著上升，推动消费国际化发展

国际消费中心城市的关键是"国际化消费"和"消费国际化"，提升国际知名度、聚集高端消费资源是建设国际消费中心城市的核心支撑。在国际高能级开放平台建设方面，各地 CBD 积极吸引世界 500 强企业、跨国公司地区总部入驻，积极举办国际和国家级会展及赛事，有效提升国际化水平，助推消费国际化发展。

北京 CBD 通过打造国际化发展的十大中心（国际交往中心、国际文化中心、国际商务中心、国际金融中心、国际贸易中心、国际消费中心、数字经济创新发展中心、国际商事仲裁中心、国际艺术品拍卖中心、国际人才中心），持续提升国际知名度和消费国际化。2022 年，北京 CBD 国际高端商务服务企业聚集度位居北京市第一，功能区总部企业数量达到 623 家，世界 500 强企业 220 家（见图 2）。北京通州运河 CBD 有着国家服务业扩大开放综合示范区和中国（北京）自由贸易试验区等多重政策优势，在推进高水平对外开放、提升国际知名度等方面持续发力，总部类企业数量由 2019 年的 4 家增加到 2022 年的 48 家，成为北京对外开放新高地。济南 CBD 享有黄河流域生态保护和高质量发展、中国（山东）自由贸易试验区、全国科创金融改革试验区"三区叠加"政策优势，2022 年已集聚各类优质企业7700 余家，其中世界 500 强企业 23 家，金融机构全国总部 3 家，省属企业总部 15 家。郑东新区 CBD 作为中国（河南）自由贸易试验区的重要支撑，以"一门户四高地"为建设目标（即国际消费中心门户、国际会议会展高地、国际总部经济高地、国际时尚创意高地、国际文旅休闲高地），积极吸

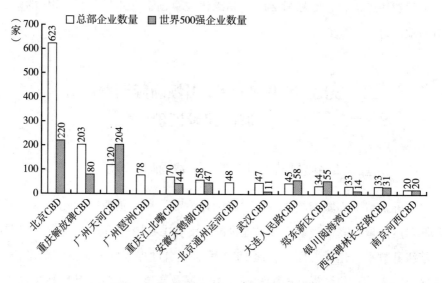

图 2　2022 年中国 CBD 总部经济发展情况

资料来源：（1）根据中国商务区联盟提供资料整理，部分 CBD 未提供总部经济数据，暂未纳入本年度评价，个别 CBD 为 2021 年数据；（2）北京 CBD 为功能区范围数据。

引高能级国际平台和组织入驻，国际知名度不断提升。截至 2022 年，郑东新区 CBD 吸纳了包括 55 家世界 500 强企业、73 家中国 500 强、153 家上市公司及 460 余家高端中介服务机构，核心区持牌金融机构达到 347 家。重庆解放碑 CBD 充分发挥"四区叠加"优势（自由贸易试验区、中新战略性互联互通示范项目、服务业扩大开放试点、中央商务区四区），推动外事、外经、外贸、外资联动发展，相继建成中新互联互通项目运营中心、中新（重庆）东盟商务中心、RCEP 贸易促进中心等高能级平台，高规格举办福布斯中国城市消费发展论坛，加快建设陆海新通道国际消费中心，推动更多国际品牌企业集聚。2022 年，重庆解放碑 CBD 总部企业数量达到 203 家企业，同时聚集了 13 家驻渝总领事馆，成为重庆对外开放高地。与此同时，各地 CBD 也是多项国际及国家级会展和赛事的主要承载地，依托中国国际服务贸易交易会、中国国际进口博览会、中国进出口商品交易会等高能级功能平台，持续提升国际影响力和国际知名度（见图 3）。

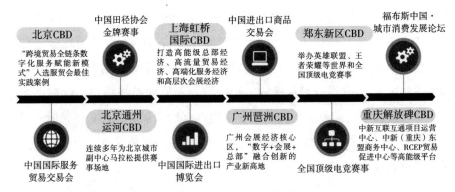

图3 2022年中国代表性CBD举办高能级国际活动情况

资料来源：根据中国商务区联盟提供资料整理。

（二）消费繁荣度持续提升，助力经济持续恢复

国家统计局数据显示，我国最终消费支出对GDP的贡献率由2011年的51.6%上升到2021年的65.4%，2023年上半年更是达到77.2%，消费对经济的贡献超过资本形成总额与货物和服务净出口的贡献，成为我国经济发展的主引擎和基础性力量。消费繁荣度则是国际消费中心城市商业经济繁荣的重要表现。2022年，上海、北京、广州、天津和重庆五大国际消费中心城市的社会消费品零售总额分别达到1.64万亿元、1.38万亿元、1.03万亿元、0.36万亿元和1.39万亿元，服务消费占总消费比重分别达到60%、54.7%、40%、45.7%和43.2%，国内外消费品和服务消费持续扩张，消费繁荣度持续上升。

各地CBD通过打造数字消费新业态、促进商圈提档升级、丰富消费场景、发展智慧商圈等做法，高端消费的带动力、辐射力、引导力持续增强，消费潜力不断释放，消费总量持续增长。如图4所示，2022年，北京CBD、上海虹桥CBD和杭州武林CBD的社会消费品零售总额均超过了500亿元，成为所在地区的核心商圈。其中，北京CBD功能区的社会消费品零售总额达到513.8亿元，以占朝阳区17.8%的面积贡献了16.16%的社会消费品零售总额，正在向千亿级规模商圈稳步迈进。广州天河CBD引进和培育了一

大批时尚品牌和网红店；其中，国内外知名品牌 1872 个，商铺数量占比 36.54%；国际知名品牌 873 个，商铺数量占比 17.78%。北京通州运河 CBD 作为北京国际消费体验区的重要承载地，对标伦敦金丝雀码头、上海陆家嘴等国内外顶级 CBD 商业发展模式，结合自身形成的消费特点，以重点商业综合体以及街区式商业为依托，正有序推进京韵风范地、艺文复兴地、活力绿色地、生活探索汇、都市潮乐汇等五个商业板块落地见效，积极打造高品质的消费新场景。

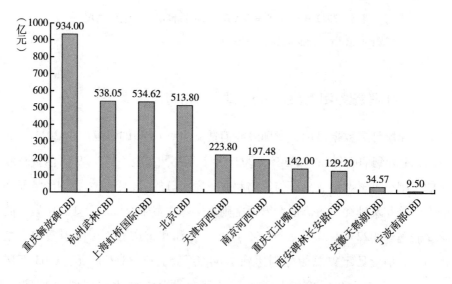

图 4　2022 年中国部分 CBD 社会消费品零售总额

资料来源：（1）根据中国商务区联盟提供资料整理，部分 CBD 未提供社会消费品零售总额数据，暂未纳入本年度评价，杭州武林 CBD、上海虹桥国际 CBD 和宁波南部 CBD 为 2021 年数据，其余为 2022 年数据。

专栏1　北京 CBD 消费繁荣度位居全国前列

2022 年，北京 CBD 商业建筑面积达 200 万平方米，汇聚了以国贸商城、SKP、华贸购物中心为代表的 23 家商业综合体，年客流约 1.8 亿人次，其中北京 SKP 连续三年蝉联全球"店王"，2021 年和 2022 年销售额分别达到 247 亿元和 204 亿元，为繁荣地区消费、推动经济增长做出了积极贡献。北京 CBD 作为北京市的核心商圈之一，商圈活力排名连续两年位居北京市第一。2022 年，北京 CBD 中心区税收 588.7 亿元，以占朝阳区 1.5% 的面积贡献了 30.4% 税收，以占北京市 0.0004% 的面积创造了 4.3% 的税收；功能区税收 1162.4 亿元，以占朝阳区 17.8% 的面积贡献了 59.4% 的税收，以占北京市千分之五的面积贡献了 8.4% 的税收，消费繁荣度位居全国前列。

（三）商业活跃度明显增强，促进消费提质扩容

CBD 作为创新要素高度集聚的区域，在嵌入全球消费链、创新消费业态、应用新型消费场景方面走在全国前列，商业活跃度明显增强，有效促进了消费提质扩容。在嵌入全球消费链方面，重庆解放碑 CBD 以《区域全面经济伙伴关系协定》为指导，率先开展"跨境电商+保税展示"快速配送试点，积极探索核心商圈"保税+实体零售"新模式，推动中西部首个陆海新通道国际消费中心落户。北京 CBD 的金盏国际合作服务区结合北京国际消费中心城市建设需求，加速规划建设高端跨境消费中心，探索创建城市航站楼，重点推进免税消费、预办登机一体化试点项目，提供机场一站直达的互动式、沉浸式、科技化、数字化场景体验。同时，金盏国际合作服务区紧抓北京国际大数据交易所建设契机，着力打造数字经济和数字贸易对外合作开放高地。在会展经济方面，上海虹桥国际 CBD 和广州琶洲 CBD 分别拥有我国两大国家级会展。广州琶洲 CBD 依托中国进出口商品交易会（广交会），通过延伸会展产业链、供应链、服务链，逐步形成会展经济模式升级，已发展为广州"数字+会展+总部"融合创新的产业新高地。上海虹桥国际 CBD 依托虹桥综合交通枢纽和中国国际进口博览会两大重点功能项目，着力发展会展经济，持续完善会展全产业链，集聚了国内外知名会展行业头部企业、会展上下游配套企业 200 余家。2022 年举办的第五届进博会吸引了来自 127 个国家或地区的 2800 多家企业参展，按一年计意向成交金额达 735.2 亿美元，比第四届增长 3.9%。表 1 为中国代表性 CBD 消费融合创新情况。

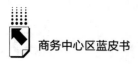
表1 中国代表性 CBD 消费融合创新情况

新型消费业态	消费融合创新举措
文化消费	• 北京 CBD 定期举办上海合作组织美食节、国际音乐节、艺术季、影像季、运动季、咖啡节等品牌活动，打造"艺术+消费""国际+国风"等新消费场景； • 北京通州运河 CBD 积极建设"环球影城×大运河"国际消费体验区，促进与张家湾设计小镇、太湖演艺小镇、宋庄原创艺术小镇的文旅融合发展，激发特色文旅消费活力； • 郑东新区 CBD 融合中原文化与地域文化，打造"星河里·唐宫夜宴"城市融合型文商旅实景文化主题街区，围绕唐风唐食、唐人唐事、街区沉浸、百艺文创、互娱体验五大主题，以文化赋能引领文旅风尚
数字消费	• 北京 CBD 通过数字孪生技术，在数字空间中搭建了一个精度高、真实感强的"第二个三里屯"购物街，为消费者打造线上的沉浸式、交互式数字消费场景； • 广州天河 CBD 积极引育平台型电商，发展"线上引流+实体体验+直播带货"新模式； • 广州琶洲 CBD 积极培育发展 MCN（多渠道网络服务）、内容创作服务等机构，利用网络直播等新媒体推动商贸服务业创新发展
跨境消费	• 重庆解放碑 CBD 以《区域全面经济伙伴关系协定》为指导，率先开展"跨境电商+保税展示"快速配送试点，积极探索核心商圈"保税+实体零售"新模式，推动中西部首个陆海新通道国际消费中心落户解放碑 CBD； • 北京 CBD 的金盏国际合作服务区以建设高端跨境消费中心为目标，探索创建航站楼，重点推进免税消费、预办登机一体化试点项目，提供机场直达的互动式、沉浸式、科技化、数字化场景体验
夜间消费	• 北京通州运河 CBD 建设 24 小时营业高品质餐饮街区"贰肆坊""日咖夜酒"街区，打造夜间文娱活动品牌； • 重庆解放碑 CBD 将打造山城特色的夜间经济作为国际消费中心城市培育建设的重要内容，通过"优载体、调业态、育品牌"等一系列举措推动夜间经济焕发新活力； • 广州天河 CBD 利用"YOUNG 城 YEAH 市"品牌化运作契机，依托商圈、美食街和活跃社区推动夜间经济发展，积极打造"夜之天河"品牌
会展消费	• 广州琶洲 CBD 是广州会展经济核心区，拥有国家级会展场馆——中国进出口商品交易会展馆（广交会展馆），通过不断延伸会展产业链、供应链、服务链，有效推动会展经济模式升级，已发展为"数字+会展+总部"融合创新的产业新高地。 • 上海虹桥国际 CBD 依托虹桥综合交通枢纽和中国国际进口博览会两大重点功能项目，"大会展"功能日益凸显，会展全产业链持续完善，在打造高能级总部经济、高流量贸易经济、高端化服务经济和高层次会展经济方面走在全国前列

资料来源：根据中国商务区联盟提供资料整理。

专栏2　北京CBD支撑和引领国际消费中心建设实践

北京CBD商圈活力排名连续两年位居北京市第一。一是商圈能级首屈一指，商业建筑面积达200万平方米，汇聚了以国贸商城、SKP、华贸购物中心为代表的23家商业综合体，年客流约1.8亿人次，其中北京SKP连续三年蝉联全球"店王"（2021年和2022年销售额分别为247亿元和204亿元）。二是全球高端知名品牌"首店"聚集，2022年引入首店121家，位居全市首位。三是高端餐饮持续聚集，拥有全市63%的米其林餐厅，56%的黑珍珠餐厅以及40%的咖啡厅。持续举办咖啡节、美食节等国际特色消费节系列活动。四是谋篇布局助消费。打造"一横两纵三组团"消费功能格局，"一横"即以长安街东延长线为主干线打造CBD发展历程的时光轴；"两纵"即以东三环中路为主干线的都市景观轴和以东大桥路为主干线的万国风采轴，"三组团"打造朝外大街—东大桥路"西十字"文化体验组团，建国路—东三环"中十字"都市商务组团，建国路—西大望路"东十字"国际尚品组团。同时，组建了商圈联盟、餐饮联盟、国潮孵化器、餐饮孵化加速器、消费大数据实验室等多元平台，助推商圈活力。

（四）交通便利度显著改善，助推高端消费集聚

完备且舒适的交通基础设施是国际消费中心城市建设的重要前提，五大国际消费中心城市通过积极发展多式联运、完善国际航线网络、优化快速交通体系、提升重点商圈交通便利度等举措（见表2），为区域间和国家间的人流、物流、信息流、数据流等要素的便捷高效流通提供了重要支撑，不断吸引全球高端消费资源和消费群体集聚。与此同时，各地CBD坚持规划引领、超前谋划、精心部署，以高水平基础设施建设持续提升交通便利度，有力提升了CBD链接国际消费网络、畅通国内消费市场的枢纽功能。

例如，位于长三角城市群的上海虹桥国际CBD拥有全国最大的现代化综合交通枢纽，形成了涵盖长三角、辐射全国、联通国际的综合交通门户。位于京津冀城市群的北京通州运河CBD在建的副中心站综合交通枢纽是北

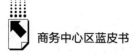

京唯一连接两大国际机场的铁路综合枢纽，是城市副中心唯一连接京津冀和城市中心区的换乘枢纽，是亚洲最大的 TOD 项目和最大的地下交通枢纽，将成为北京十大铁路门户枢纽之一。预计 2025 年，北京运河 CBD 轨道交通线路达到 4 条，站点个数提升至 6 个，轨道交通线网密度预期达到 0.65 公里/平方公里，形成都市区 1 小时功能圈，实现 15 分钟直达首都国际机场、35 分钟直达大兴国际机场、1 小时直达河北雄安新区。位于珠三角城市群的广州长隆万博 CBD 内地面市政道路和番禺大道、地下环路与地铁 7 号线、18 号线已形成三维立体交通网络，为交通运行、经济活动提供便利的交通保障。位于中部地区的郑东新区 CBD，拥有国际航空运输网、"米"字形高铁网、城市轨道和快速交通网联动的综合交通优势，新郑国际机场客货吞吐量常年保持中部双第一，建立了连接郑州至卢森堡的"空中丝绸之路"，正在成为中部地区的国际交通枢纽门户。位于西部地区的重庆解放碑 CBD 和重庆江北嘴 CBD 依托中新（重庆）战略性互联互通示范项目建成的国际陆海贸易新通道，实现了国际铁海联运、跨境公路班车、国际铁路联运三种运输方式的常态化运行，与东盟及"一带一路"沿线国家的贸易量持续上升。

表 2　我国五大国际消费中城市提升交通便利度的举措与目标

城市	举措和目标
上海	<ul><li>打造集航空、国铁、城际铁路、市域（郊）铁路、城市轨道交通等功能于一体的浦东综合交通枢纽，提升虹桥枢纽交通服务能级。</li><li>优化商业街区、旅游景区等区域停车设施布局，动态设置道路分时停车泊位。</li><li>构建以人为本的城市配送网络体系，形成高效便捷绿色的四级生活消费物流网络，提升区域物流枢纽功能，加快推进末端配送设施建设</li></ul>
北京	<ul><li>积极推动北京首都国际机场、北京大兴国际机场扩展国际航线网络，建设丽泽城市航站楼和市内微型值机点，构建符合首都发展需要的区域快线体系。</li><li>优化重点商圈地铁线路布局，，推进重点商圈及周边区域智慧交通引导系统改造提升，改善停车环境和秩序，畅通城市交通网络。</li><li>支持在机场、火车站、重点商业区、大型旅游景点设立外币兑换点和外卡消费终端，推进境外人士境内移动支付服务试点和扩围</li></ul>

城市	举措和目标
广州	• 加快推进空港、海港、铁路港"三港联动",形成"产业带动+流量承载"良性循环的交通枢纽发展模式。 • 提升国际港口综合通过能力,为全球消费者和货物进出口提供便利高效服务。推进港口中欧班列常态化运营,畅通海铁联运通道。 • 建设"五主三辅"铁路客运枢纽,加快形成"多站布局、客内货外"的枢纽格局。结合全国供应链创新与应用示范城市建设,着力完善物流和供应链体系
天津	• 建设"津城""滨城"20分钟、京津雄30分钟、京津冀主要城市60分钟、全国主要城市180分钟通达交通圈。 • 加密重点商圈交通线路和站点,强化轨道站点与周边商业网点的联系。优化静态交通组织,逐步构建"道路停车一张图"。 • 积极争取国际国内航班线路数量及起降架次,落实京津冀144小时过境免签政策,优化出入境审批程序
重庆	• 建设"枢纽机场为核心、支线机场为支撑、通用机场为重要补充"的航空客运体系。 • 建设"四网融合"发展的轨道交通网络,推进"米"字型高铁网建设,畅通高铁多向进出大通道,尽早实现1小时成渝双核直连、3小时毗邻省会互通、6小时北上广深通达。 • 大力推进市域(郊)铁路联通,打造主城都市区"1小时通勤圈"

资料来源:根据《北京培育建设国际消费中心城市实施方案(2021~2025年)》《上海市建设国际消费中心城市实施方案》《广州市建设国际消费中心城市发展规划(2022~2025年)》《天津市加快建设国际消费中心城市行动方案(2023~2027年)》《重庆市培育建设国际消费中心城市实施方案》等资料整理。

(五)政策引领度持续加强,促进营商环境优化

《中共中央关于制定国民经济和社会发展第十四个五年规划和二〇三五年远景目标的建议》提出要"培育建设国际消费中心城市,打造一批区域消费中心"。党的二十大报告明确提出要"着力扩大内需,增强消费对经济发展的基础性作用和投资对优化供给结构的关键作用"。2022年12月中共中央、国务院印发的《扩大内需战略规划纲要(2022~2035年)》和国家发改委印发的《"十四五"扩大内需战略实施方案》,系统谋划了全面促进消费等一系列政策措施,明确提出了"培育建设国际消费中心城市,打造

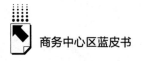

一批区域消费中心"的目标任务。

各地CBD按照国家和所在市区关于国际消费中心城市建设的战略部署，纷纷出台商圈提质升级、新型业态培育、智慧商圈建设、消费环境营造等方面的政策措施，助推CBD成为高端消费资源集聚、创新消费策源、新型业态涌现的重要空间载体，有力支撑了国际消费中心城市和区域消费中心的建设。例如，北京CBD发布《促进北京商务中心区高质量发展若干措施》，持续推动营商环境优化；编制实施《千亿规模国际级商圈工作方案》，明确提出将北京CBD打造为万商云集近悦远来的魅力商圈、连接全球消费网络的节点商圈、国内外双向交流的文化商圈、挖掘新型消费风尚的创意商圈等建设目标。北京通州运河CBD出台了《北京城市副中心2022年深化"两区"建设工作方案》，探索制定《中国（北京）自由贸易试验区国际商务服务片区通州组团三年行动方案任务清单（2022～2024年）》，提炼总结"'绿色+'全产业链助推国家绿色发展示范区建设"实践案例，并入选北京市"两区"建设第二批改革创新实践案例。济南CBD印发实施《济南国际消费中心CBD商圈规划实施方案》，联合区域内的商业载体、品牌商家、运营机构成立CBD商圈联盟，采用"管委会+行业自治"的管理模式，合力提升CBD商圈品牌能级和消费层级。郑东新区CBD围绕时尚百货、特色餐饮、文娱休闲等重点消费领域，配套优惠措施，丰富市场供给，积极谋划系列促消费活动，持续为消费市场提速发展奠定良好基础。同时借鉴国际经验，建立夜间经济发展协调机制，建立"夜间区长"和"夜生活首席执行官"制度，鼓励公开招聘具有夜间经济相关行业管理经验的人员担任"夜生活首席执行官"，协助"夜间区长"工作。

专栏3 济南CBD强化政策引领的做法与成效

济南CBD享有黄河流域生态保护和高质量发展、中国（山东）自由贸易试验区、全国科创金融改革试验区"三区叠加"政策优势。2022年，济南CBD认真践行国家制度创新"试验田"使命，立足区位优势，推进全域自贸，探索形成制度创新成果78项，其中省级以上制度创新举措24项，以不足济南市历下区全区1/10的面积做出了30%以上的外向型经济发展贡献。在山东省率先搭建文化出海公共服务平台，构建文化贸易产业全链条服务体系，成功获批"国家文化出口基地"。同时，济南CBD编制实施《济南国际消费中心CBD商圈规划实施方案》，联合区域内的商业载体、品牌商家、运营机构成立CBD商圈联盟，采用"管委会+行业自治"的管理模式，合力提升CBD商圈品牌能级和消费层级。

三 趋势与展望

全球发展实践表明，多数发达国家早期都是生产主导型社会，随着经济的发展，逐步演变为生产与消费并重型社会，最后演变为消费主导型社会，即消费需求成为拉动经济增长的第一动力，促消费稳增长成为全球主要经济体应对经济下行的普遍做法。改革开放以来特别是党的十八大以来，我国在深度参与国际产业分工的同时，不断提升国内供给质量水平，着力释放国内市场需求，促进形成强大国内市场，内需对经济发展的支撑作用明显增强。当前，建设国际消费中心城市已成为"形成强大国内市场、构建新发展格局"的重要举措。CBD作为我国建设国际消费中心城市和区域消费中心的重要载体，应充分借鉴全球顶级国际消费中心城市和国际一流CBD的建设经验，聚焦"国际知名度""消费繁荣度""商业活跃度""交通便利度""政策引领度"等五个维度，进一步强化在国际消费中心城市培育建设中的引领和支撑作用，更好服务构建以国内大循环为主体、国内国际双循环相互促进的新发展格局。

参考文献

周儒陶、陆亚新：《北京建设国际消费中心城市的现状、问题与对策》，《商业经济》

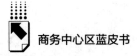
2023 年第 5 期。

韩巧燕、耿明峰：《杭州建设国际消费中心城市现状、问题与对策》，《科学发展》2023 年第 7 期。

刘涛、王微：《国际消费中心形成和发展的经验启示》，《财经智库》2017 年第 4 期。

陶希东：《国际消费中心城市的功能特征与核心要义》，《人民论坛》2022 年第 5 期。

消费提质升级篇

Consumption Pattern Upgrading Chapters

B.3
新型消费促进中国 CBD 高质量
发展的思路与建议[*]

陈 瑶[**]

摘　要： CBD 作为城市经济中心承载着各种商业活动和消费需求，新型消费作为促进经济增长的新引擎，逐渐成为推动 CBD 高质量发展的重要力量。当前，CBD 新型消费仍面临高质量消费供给不足、新型应用场景建设滞后和新型业态监管不足等问题和挑战。基于此，CBD 应通过优化新型消费环境、丰富新型消费场景、加强新型业态监管与举措，完善新型消费发展的软硬环境，促进CBD 高质量发展。

关键词： 新型消费　CBD　高质量发展

---

* 本报告受中国社会科学院博士后创新项目"长江经济带生态文明建设与新型城镇化耦合协同推进机制及政策研究"资助。
** 陈瑶，中国社会科学院生态文明研究所博士后，主要研究方向为城市与区域经济。

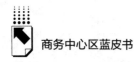

随着科技和经济的快速发展，新型消费业态和消费场景不断涌现。这些新型消费形式既满足了人们日益增长的美好生活需求，又带动了社会经济的发展。CBD聚集了城市大量的商业机构和企业总部，引入高端新型消费业态、培育新型消费场景，可以为CBD带来更多消费力量，激发商业活力，提升CBD国际影响力，其新型消费形式带来的创新也会助力CBD高质量发展。CBD作为城市消费中心的代表，其繁荣和创新发展程度直接影响着城市品牌和形象的塑造，引入新型消费形式可以提高CBD文化品位和创意氛围，吸引更多人才和消费聚集，有利于提高城市知名度。同时，随着社会经济的快速发展，传统消费模式已无法满足人们个性化和多元化的消费需求，CBD面临着新型消费业态和消费场景的冲击与挑战，CBD引入新型消费形式，可以满足人们的多元化消费需求，提升居民的生活品质，亦有助于推动CBD从传统商务中心向创意产业中心、科技创新中心等转型升级，进而提升CBD国际竞争力和可持续发展能力。

一　新型消费的分类与发展趋势

新型消费是随着科技进步与社会经济发展而出现的一种全新的消费模式和消费行为，新型消费以数字化技术为支撑，通过创新商业模式和应用科技手段，改变传统消费方式和供应链结构，给消费者带来全新的购物体验。新型消费涵盖多个维度，主要包括消费内容、消费方式、消费场景以及消费理念等方面的创新和变革。新型消费更注重消费的多元化、个性化和体验感，与传统消费相比，新型消费具有以下特征。首先，新型消费强调个性化和定制化。传统消费往往以大众消费为导向，而新型消费则重视满足消费者的个性化需求。通过互联网和人工大数据等技术，企业可以精准定位消费群体、了解消费者的偏好和需求，并提供个性化的产品和服务，客户也可以根据自己的偏好进行产品和服务定制。其次，体验式消费和情感价值追求逐渐成为新型消费业态和消费场景的重要特征。与传统消费主要关注产品本身的功能和质量不同，新型消费更加关注用户对产品或服务所带来的体验感受以及情感价值。最后，新型消费具有多元性和互动性特征。依托互联网技术，新型消费打破了实体店或固定渠道消费的时空限制，消费者可以通过电子商务平台和线上支付技术随时随地进行购物体验，并且可以通过社交平台与他人分享消费体验，在消费过程中与其他用户进行互动。对于 CBD 而言，应当积极适应和引领新型消费趋势，提供符合时代需求的商业环境和服务，以更好地满足消费者的需求。

（一）新型消费的分类

随着科技进步和社会经济发展，新型消费业态和消费场景逐渐涌现，线上消费、共享经济、线下体验等新型消费给传统商业模式带来了颠覆性冲击和巨大变革。

1. 线上消费

线上消费是新型消费中最为典型也是最具代表性的形式之一。随着互联网的普及，电子商务成为居民生活中不可或缺的一部分，在线零售、电子支付、共享经济等都属于线上消费的范畴，这种消费形式具有便捷性、广泛性和个性化等特点。通过电子商务平台与各类手机消费软件，消费者可以随时浏览商品、下订单并完成支付，不仅打破了时空的限制，还拥有丰富多元的商品选择和更为便捷高效的交易方式。线上购物成为备受欢迎的新型消费形式，新冠疫情在客观上加速促进了线上消费的生活化与多元化，近几年来中国新型消费业态得到快速发展。

2. 共享经济

新型消费中的共享经济是另一种备受瞩目的新消费形式。共享经济以分享资源为核心理念，通过线上平台将闲置资源与需求方进行匹配来实现资源利用最大化。共享经济提供了更加便捷和灵活的消费方式，同时降低了用户的经济成本，正逐渐改变人们的消费习惯。共享经济也为创业者提供了新的就业机会，创业者通过平台来共享闲置资源并获得收益，降低了创业的门槛。共享经济平台通常还提供完整的配套服务来提高消费者的体验质量，如支付结算、物流配送等。共享经济不仅减少了资源的浪费，还促进了社交互

动和社区发展，在改变传统消费模式的同时推动经济发展向更加可持续和智能化的方向转变。如今，共享单车、共享汽车等成为人们出行的新选择，而共享办公空间、共享厨房等则提供了更加灵活的工作和生活方式。

3. 线下体验

在消费升级转型的大背景下，线下实体店积极探索新发展模式，通过增强线下体验的方式来提高实体店的发展韧性。实体店铺和特定服务场所以消费者需求为导向创造独特的消费体验。相比传统购物模式注重商品本身而言，线下体验式消费更加关注消费者对产品和服务所获得的感受。例如，主题娱乐场所、特色餐饮、品牌旗舰店、主题餐厅、咖啡馆等为消费者带来了丰富的体验感受，增强了消费者面对面的交流与互动，营造了舒适的消费氛围。体验消费不仅满足了人们的个性化消费需求，还带来了深层次的情感和记忆价值。

4. 虚拟现实（VR）与增强现实（AR）技术的应用

虚拟现实（VR）和增强现实（AR）技术的应用为新型消费带来了全新的体验，对新型消费场景和消费业态发展产生了深远的影响。消费者通过虚拟现实技术可以在虚拟场景中进行购物、试衣、试妆等，无须亲临实体店铺即可享受购物的乐趣，基于虚拟现实技术，虚拟旅游、教育培训等新型消费场景不断被培育，其应用前景广泛。增强现实技术则能将虚拟元素与真实场景相结合，为消费者创造更加沉浸式的购物体验，提供丰富的信息展示方式，有效增强互动体验，提高产品和服务的设计与创意。

5. 定制化消费

在新型消费时代，定制化消费成为一种重要的消费趋势和模式。消费者根据个人偏好对产品和服务进行定制，打破了传统消费的大规模生产和标准化销售模式，为消费者提供了更加多元化和差异化的选择。新型消费中的定制化消费正推动着市场格局、企业运营模式和消费者行为的改变。科技创新提高了个性化生产的效率，大数据分析能帮助企业更好地了解消费者需求，提供更加贴合消费者需求的产品和服务。定制化消费对企业的竞争力提出了更高要求，促进企业不断进行产品创新和差异化竞争，推动企业转变生产模式。在定制化消费中，良好的购物体验有利于提高消费者对品牌的忠诚度与参与感，提高品牌价值。

6. 绿色消费

绿色消费是指在购买商品和服务时，消费者充分考虑消费行为对环境和健康的影响，偏好选择低环境负担和可持续化的产品与服务，关注消费对生态环境、资源利用和节能降碳等方面的影响。在产品选择上，绿色消费鼓励采用可再生资源、低碳排放和循环利用技术生产的产品，减少消费对自然资源的过度使用，减少消费对生态环境的负面冲击。绿色消费强调资源高效利用，最大程度降低消费对能源的依赖，促进可持续发展，绿色消费关系人类福祉和身体健康，提倡选择无毒、环保和健康的产品与服务，以降低患病风险、提高生活质量。

（二）新型消费的发展趋势

1. 新型消费业态和消费场景迅速崛起

随着科技的不断进步和人们生活方式的改变，新型消费业态和消费场景迅速在全球范围内崛起，新型消费以高效、个性、多元等特性吸引了越来越多的消费者。以电子商务为代表的新型消费会更加普及、电子商务的发展会为企业带来更广阔的市场空间和更低的运营成本，将吸引更多小微企业加入电子商务行业或将业务范围以电子商务的形式拓展到新型消费行业，更加多元化成为新型消费业态和场景的必然趋势。共享经济会进一步扩大到不同的产业，有利于提高更多产业的资源利用效率进而影响传统产业格局，推进社会的可持续发展。线下实体店与线上平台的融合程度会更高，线上预约线下体验的有机结合模式成为实体店转型升级的新方向。健康养生、定制旅游、文化娱乐、科技体验等领域为代表的新兴消费场景持续崛起。随着科技不断进步和社会需求的变化，新型消费的潜力将进一步释放。

2. 跨界合作和创新模式成为新方向

跨界合作和创新模式成为新型消费业态发展的新趋势。传统行业之间存在各自的产业链和供应链，造成企业市场空间受限，而跨界合作将不同行业串联起来,通过资源共享、共同开发等方式实现优势互补。新型消费的模式创新成为消费体验升级的重要表现,线上线下融合、O2O 模式、社交电商等新模式的兴起,拓展了消费者的体验空间和选择空间,也有利于提高消费者和品牌方之间的互动性和忠诚度。跨界合作和创新模式不仅能推动产品和服务的升级,也满足了消费者对新型消费创新性和竞争性的需求。如服装行业和科技公司合作推出智能穿戴设备、餐饮企业和物流企业合作推出无人机送餐、旅游企业和娱乐公司合作打造主题消费场景等,在满足消费需求的同时为企业带来新的利润增长点。因此,在未来的市场中,跨界合作与创新模式将继续发挥重要作用,引领新型消费业态的发展方向。

3. 个性化和定制化服务需求进一步增长

随着消费者对个人消费体验的关注,个性化和定制化消费更能满足消费者独特的个性需求,个性化成为消费者挑选消费场景的重要指标。在互联网的支持下,消费者更加偏好于根据自己的喜好、特征和兴趣来定制服务。个性化和定制化的新型消费能促进供给方和消费者之间的互动,提高彼此的了解度,供给方可以根据消费者的具体需求来提供精准的服务和更符合预期的产品。个性化和定制化服务在避免资源浪费的同时也提高了产品和服务的质量,为消费者提供更加精细的解决方案,因此个性化和定制化服务会朝着更加精细化的方向发展,并成为新型消费发展的重要趋势。未来,随着科技的不断创新,需求与供给信息更加对称,个性化和定制化服务会进一步细化。

4. 新型消费产品向生态化和可持续化升级

传统消费模式逐渐被新型消费所取代的显著特点之一就是新型消费产品更加生态化和可持续,消费者对环境保护和可持续发展的追求会深刻地体现在新型消费产品更加生态化和可持续化的趋势上。在新消费理念的引领下,企业持续转型与创新,在生产环节采用环保材料和清洁能源来生产产品,减少对自然资源的依赖和污染物的排放。新型消费产品在设计上更加重视节能减排和循环利用,在功能上更加追求功能集成化,其配套服务会不断升级。新型消费还会进一步突破技术壁垒,提高技术含量与环保性。在技术、需求和政策的支持下，新型消费模式将在各个领域得到更广泛的应用，并逐渐成为构建绿色、低碳和可持续的消费体系的重要力量。

二　新型消费成为促进 CBD 高质量发展的重要力量

随着经济全球化和科技进步的推动，新型消费模式在全球范围内快速兴起，新型消费方式正逐渐成为推动 CBD 高质量发展的重要力量并对 CBD 的发展产生引领式的影响。

（一）增强 CBD 核心竞争力

新型消费业态发展和新型消费场景打造均离不开创新，新型消费带动的创新是驱动 CBD 核心竞争力提升的关键因素之一。新型消费产业发展所需的创新将催生更多具有竞争力的企业成长，通过在 CBD 中引入先进设施和服务，如智能支付系统、虚拟现实体验以及开设创意体验店、科技展示馆等，吸引更多消费者前来体验，推进 CBD 传统产业向高附加值、高技术含量产业升级。新型消费将有效推动 CBD 的科技创新，吸引更多人流、资金流，增强 CBD 的核心竞争力。新型消费模式能够吸引更多消费者前往 CBD 进行购物和娱乐活动，新型消费中创新带来的商业模式和产品设计会为 CBD 带来新的商机，不仅有利于提升 CBD 的知名度和吸引力，还能打造 CBD 独特的品牌形象。另外，品质消费逐渐成为中国消费市场的主流趋势之一。消费者更加注重产品和服务的品质与体验，认可高品质商品的经济价值。因此，在 CBD 建设中要提升新型消费商品和服务的品质，并创造独特、优质的购物环境，增强 CBD 的竞争力。

（二）促进 CBD 商业多元化发展

CBD 作为城市经济发展的核心区域，是城市经济繁荣和商业发展的重要引擎，其商业多元化发展对于推动 CBD 高质量发展具有重要意义。随着消费模式的不断演变和消费者对生活品质的追求，传统商业模式已经难以满

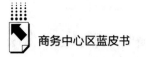

足多样化的消费需求。要实现CBD商业多元化发展，需要关注新兴产业和创新创意产业。以文创、科技、互联网、娱乐为代表的新型消费在满足人们物质需求的同时也提供了更多个性化和特色化的产品与服务，在CBD中引入这些新兴产业，并鼓励创新创意企业入驻，将有助于丰富商圈内的产品和服务种类，吸引不同类型的消费者。要推动CBD商业多元化发展，需要注重体验消费和文化融合，在CBD建设具有特色和个性化的商业街区，打造文化艺术中心、时尚创意园区等场所，使CBD成为一个全方位满足消费需求的综合性商圈。此外，CBD商业多元化发展需要加强产业协同和跨界合作。CBD推动不同行业之间的合作与交流，促进产业融合发展，实现资源共享、创新互补，为商圈带来更大的活力和创造力。政府对新型消费产业的支持将引导更多相关企业入驻CBD，推动CBD商业多元化发展。

（三）提升CBD功能品质

传统意义上，CBD主要是以商业为核心，集中了大量的金融机构、办公楼以及商业设施等。然而，在新型消费时代，消费者对生活品质和体验的需求逐渐增加。因此，CBD需要不断升级其功能定位，引入更多多元化、创意性的商业模式和服务形态，在满足消费者对休闲娱乐、文化艺术等需求的同时吸引更多人群聚集。首先，CBD发展新型消费能够推动城市产业升级。CBD发展具有创新性和竞争力的新型消费，不仅能为CBD带来更高效益和利润，还能吸引高端人才助力CBD向高端市场转型、助推城市产业升级和创新发展，CBD发展新型消费带来的经济韧性提升能为城市功能集聚奠定更加坚实的基础。其次，CBD发展新型消费有助于提升城市形象与品牌价值。通过发展新型消费，CBD能够打造独特的文化氛围和商业气息，提供个性化、高品质的购物体验。这不仅能够满足人们对独特性和个性化的需求，同时也有助于塑造城市形象与品牌价值，提升CBD在国内外的知名度和影响力。最后，CBD发展新型消费有利于推进可持续发展。新型消费的兴起离不开科技创新和资源优化利用。新型消费注重生态环境保护、资源节约利用等，能推动CBD向绿色、低碳和可持续发展转型。

（四）融合地方多元文化

CBD 承载着促进经济增长、推动城市多元文化融合与传播等重要责任。CBD 作为集聚大量商业机构、高端零售店、娱乐场所和文化设施的多元综合体，吸引着来自不同背景和文化的群体，这种多元性丰富了城市的文化交流。新型消费业态发展与创新场景打造带来的创新思维与跨界融合本身就是城市多元文化融合的一部分。首先，互联网技术将线上线下消费有机结合，这种融合的消费模式不仅提供了更便捷的服务，也为城市多元文化交流打开了新的窗口。其次，CBD 作为商业中心，具备丰富的商业机会和资源，是文化创意产业的发展基地。CBD 通过引入艺术品展览、设计师精品店、创意工作室等文化创意项目，将商业空间转变为充满艺术氛围和创造力的场所，这些体验式场景打造有利于提升 CBD 的吸引力和独特性。最后，在全球化背景下，城市文化正面临着同质化和单一性的挑战。新型消费业态将传统节日庆典、民俗活动与本土文化相结合，不仅有效增强城市文化自信，也为外来人群提供更真实、丰富的文化体验，在弘扬本土文化的同时，也保持了 CBD 的地域特色属性。

三　中国 CBD 新型消费发展的现状与问题

中国 CBD 作为城市的核心商业区域，一直扮演着引领城市经济发展的重要角色。随着消费升级和经济结构调整的推进，中国 CBD 新型消费快速发展，呈现出多样化、个性化和科技化的特点，但仍存在一些突出问题亟待解决。

（一）中国 CBD 新型消费发展的现状

1. 新型消费模式聚集式涌现，营商环境国际化程度提高

新型消费模式在中国 CBD 迅速涌现，以电子商务、共享经济和创新服务为代表的新兴行业不断崛起，为人们提供了更便捷、个性化的消费体验，

CBD成为总部经济、金融创新、专业服务为重点的综合功能片区。北京CBD定期举办上海合作组织美食节、国际音乐节、艺术季、影像季、运动季、咖啡节等品牌活动，打造"艺术+消费""国际+国风"等新消费场景，营造商圈活力氛围，繁荣商圈消费市场。CBD定位国际化和全球化，布局全球招商联络体系，区域商务文化持续提升，国际商务氛围浓厚。CBD作为城市国际窗口，全面接轨国际经济规则，形成统一开放、竞争有序的消费大市场，推动要素在商圈内更加便捷和高效配置，特别是东部发达地区的CBD坚持高品质精准服务，对标国际先进规则，营商环境市场化、法治化、国际化水平显著提高。上海虹桥国际CBD承接进博会等重点展会，大力发展首发、首秀经济，吸引国外消费品首店、体验店、国内外知名品牌、网红品牌、国潮品牌落地，打造新一代进口商品消费商圈。CBD作为经济地标，是城市参与竞争的重要空间载体，承载辐射带动城市经济发展与经济体合作的发展战略功能，CBD拥有的创新服务平台与创新培育机制营造了良好的创新创业氛围，吸引着不同群体在CBD创业，新型消费模式不断创新。北京CBD举办咖啡节，激活了青年创业活动。广州天河CBD积极引进培育平台型电商，发展定制消费、智能消费、体验消费等新业态，丰富消费场景业态模式，发展"线上引流+实体体验+直播带货"新模式。

2. 新型消费模式与消费场景重构，新基建数字化赋能进程加快

依托新一代信息技术，CBD积极推动数字赋能，融会贯通产业链条，打造开放型数字人民币区域场景，积极推进智慧城市标杆项目建设，加强新基建建设和场景应用，助推数字经济创新发展，促进数据要素市场流通，充分挖掘数据要素潜能。新型消费与数字技术相伴而生，以"宅经济"为代表的线上新型消费是数字化和信息化快速发展的具体体现，新型消费在融合人工智能、大数据、区块链等新技术的过程中不断实现自身的发展。CBD作为新型消费场景打造的代表性区域，不断通过重构消费模式来驱动自身的数字化变革，将新型消费的供给侧与需求侧无缝连接，在深刻改变消费市场的同时重新定义消费市场。在数字技术的支持下，CBD在带动新型消费模式发展过程形成了巨大的市场空间增量。新基建和新型消费同频，CBD线

下线上融合、远程办公、线上教育等均离不开新型基础设施。CBD 大力推进新基建为新型消费开拓了更多的创新空间和市场，为消费者带来了更好的体验。新基建催生出了 CBD 更多的消费业态，也提升了 CBD 管理的整体效能，让新型消费更有依托和方向。2022 年，北京通州运河 CBD 积极推动基于区块链技术的"近零碳排放智慧能源示范区"建设。北京 CBD 积极打造数字招商新场景，探索推进全球数字招商体系建设，依托模拟的 CBD 数字孪生平台，发布了北京 CBD 全球数字会客厅、北京 CBD 全球创新创业云中心，举办"数字空间音乐会"，拓展数字新型消费多维应用场景。

3. 跨界融合与创新发展协同、文旅文创产业融合发展

中国 CBD 在新型消费发展中不断进行跨界融合与创新发展，通过与科技公司、互联网企业和创意产业等合作，改进和升级传统商业模式，提高高端消费要素汇聚程度。郑州 CBD 通过"体绿融合"模式打造多功能社区文体广场和体育公园，创造新型消费场景，打造国际一流商圈品质，努力建设全面展示中国式现代化"郑州图景"的标志性窗口。北京通州运河 CBD 积极推动发展夜间经济，建设 24 小时"日咖夜酒"街区和远洋乐堤港 24 小时活力街区，打造商务区夜经济、特色运河夜消费带、文旅休闲街区、网红打卡地，激发文化旅游消费活力。济南 CBD 联合 CBD 各商业开发运营主体打造 CBD 商圈品牌商务活动，举办咖啡品鉴、星光集市、音乐节等主题活动，培养个性化、品质化的消费理念，提高消费品质，推动消费升级，提升 CBD 商圈对外的整体展示效果和影响力。郑东新区 CBD 依托河南艺术中心商圈，完美结合古代中原文化和现代建筑艺术，持续推进黄河风艺术市集品牌化，发展出艺术衍生品集聚、潮流 IP 突出、消费势头强劲的夜经济品牌，形成"夜游""夜娱""夜购""夜赏"等沉浸式文化体验"组合餐"，打造夜间文旅消费新地标。

（二）中国 CBD 新型消费面临的问题与挑战

一是新型消费模式多样但不均衡，传统消费模式仍占主导地位。当前，中国 CBD 涌现了许多新型消费模式，如共享经济、线上线下融合等。这些

模式为人们提供了更便捷、个性化的消费体验，推动了 CBD 内商业活动的创新与升级。然而，这些新型消费模式在不同地区和行业之间存在较大差异，如北京、上海、广州等一线城市 CBD 的国际化程度较高，新型消费场景齐全，而中西部地区 CBD 的个性化、多元化的体验式消费欠缺，新型消费需求旺盛，新型消费业态和场景不足。整体上，中西部城市的 CBD 仍以传统业态为主，新型消费场景打造不足，个性化和原创性新型消费业态供给能力有待提高。

二是新型消费模式对基础设施、技术支持、人才储备和监管等方面有着更高的要求，需要 CBD 进行全面升级和改造。CBD 作为经济发展的核心区域，应该成为新型消费业态创新与发展的重要场所。新型消费业态需要新的监管思维与方式。新型消费多变、即时与虚拟等特点对监管提出了新的挑战，需要管理部门进一步改革，创造公平的市场环境，创新监管制度方式，推进跨部门协作，创造推进新型消费高质量发展的新环境。然而，部分 CBD 数字化基础设施滞后，无法满足智慧化、数字化等新型场景应用的需求。中西部区域的 CBD 数字化程度相对较低，现有基础设施不能充分支撑新型消费的创新。新型消费需要专业化和精细化的监管，CBD 支撑新型消费模式运营监管的创新人才和新型机构不足，市场监管、政策扶持滞后等。当前，西部地区的 CBD 人才缺口较大，人才稳定性不足，创新人力资源、创新意识和创新能力不足，无法推动 CBD 内产业链向上游延伸。另外，部分 CBD 缺乏打造特色商业的整体规划。大型商业体特色发展不够鲜明，受城市规划等限制，商圈之间的联动效应不足。

三是消费供给层次还不高，消费市场培育挖掘还不够。随着新型消费升级趋势加快，多层次、多元性和个性化的消费需求空间进一步扩大，消费者对高品质产品和服务的需求持续增加。然而，市场竞争加剧和商业环境变化也给新型消费发展带来了一定的不确定性，重点优势产业发展不足，CBD 新型消费需求增长点还需要进一步挖掘，新型消费供给能力还应该扩大，CBD 产业结构和需求结构还没有形成更高层次的平衡。如西部城市 CBD 整体上产业集群化进程尚处于起步阶段，产业数字化程度还不足，产业生态化发展与沿海地区 CBD 还有很大差距。此外，中西部区域的商业综合体品牌规模不够突出，同质化现象普遍，不能充分满足消费者的中高端消费需求。另外，部分大型综合体的特色消费主题不鲜明，宣传推介的力度不足，消费潜力还未充分挖掘。

四　促进中国 CBD 新型消费高质量发展的思路与建议

促进中国 CBD 新型消费高质量发展需要政府、企业和消费者共同努力，通过优化商业环境、拓宽消费领域、提升服务质量、推动绿色可持续发展、加强国际交流与合作等举措，促进传统消费转型升级、新型消费蓬勃发展，进而为城市扩大内需战略和可持续发展提供有力支撑。

（一）优化新型消费发展环境，加快构建新型消费国际高地

在促进中国 CBD 新型消费高质量发展的过程中，优化新型消费发展环境并加速构建新型消费国际高地至关重要。第一，政府应加大对新型消费的政策支持力度，为新兴产业提供更好的发展环境和政策保障，政府部门应积极推动 CBD 内不同行业之间的合作与交流，打破壁垒和隔阂，鼓励企业进行资源整合和产业链延伸，为消费者提供更加多元化与个性化的产品和服务。第二，要加强知识产权保护，完善知识产权法律制度，加大对 CBD 新型消费领域的知识产权保护力度，鼓励企业进行技术创新。第三，要重视提升数字经济能级。在推动 5G 网络、人工智能等核心技术广泛应用的基础上，进一步推进数字化转型，在电商、物流、支付结算等领域打造更便捷高效的消费环境。同时，加强网络安全保障，建立健全数据安全和隐私保护机制，提升消费者对数字经济的信任度。第四，要加强国际合作与开放。通过开展文化交流活动、举办国际消费品展览等方式增进不同文化之间的了解与融合。第五，要加强品牌建设与消费者教育。政府要加大对知名品牌的培育和推广力度，提高中国品牌的国际竞争力；同时，要加强对消费者的教育和引导，提高消费者的消费意识和素质，培养理性、健康、绿色的消费观念。

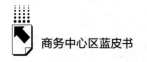

（二）加大科技创新支持力度，丰富新型消费应用场景

为了推动 CBD 新型消费的发展，要加强科技创新能力建设，提升我国在人工智能、物联网、云计算等领域的核心竞争力。一是加大对科研机构和企业的资金支持，通过增加科研项目经费和扩大创业投资基金规模，吸引更多优秀人才和企业参与 CBD 新型消费领域的科技创新。要建立跨学科研究团队，鼓励不同学科之间的合作，促进信息交流与共享。二是打造智慧商务区，丰富 CBD 新型消费的应用场景。智慧商务区是新型消费应用场景的重要载体之一，CBD 应借助人工智能、物联网等技术手段，建设智慧商务区，推动 CBD 内商铺、酒店等商业场所实现数字化、智能化升级，通过提供个性化、便捷化的服务，吸引更多消费者选择在 CBD 内进行消费。三是提供更加多元化的产品和服务，如推动智能家居与健康养老的结合、打造数字化教育平台、发展虚拟现实与增强现实技术、推广共享经济模式、丰富在线购物平台等。

（三）优化内部基础设施串联，统筹布局新型消费商业网点

通过完善基础设施建设和推进新型消费模式转变，提升 CBD 区域的整体竞争力和吸引力，为中国新型消费做出积极贡献。首先，优化内部基础设施串联是实现商业网点间无缝衔接的关键。在 CBD 区域内，应着力提升楼宇和商业街区之间的互联互通，加强市政、水电等生命线系统的投入与安全运营，确保畅通无阻的交通流动和稳定可靠的供应链。同时，还需要加强信息技术的应用，在各个商业网点之间建立高效的数据传输系统，以实现信息共享和协同作业。其次，统筹布局新型消费商业网点可以提高整体效益。在 CBD 区域内，应合理规划并引导新型消费商业网点的布局，鼓励创新业态的发展，以满足消费者多样化的需求。此外，要加强与周边地区的合作与协调，形成区域性的商业网络，共同提升整体竞争力；要确保商业网点的经营符合相关法律法规，并加强监管力度，保护消费者权益和个人信息安全，关注环境保护和可持续发展。在布局新型消费商业网点时，要考虑生态环境因素，并鼓励支持绿色、低碳、可持续发展的商业模式和经营理念。

（四）促进文商旅体融合发展，扩大复合业态覆盖客群

为推动 CBD 新型消费高质量发展，应积极推进文化、商业、旅游和体育等领域的融合发展，以满足不同层次和需求的客群。一是在 CBD 商圈业态中加强文化元素融入。在 CBD 内部增设文化艺术中心、博物馆、图书馆等公共文化设施，举办各类文化活动和演出，并鼓励企业开展与文化相关的创意设计和服务，以此吸引更多人前往 CBD 并在购物、娱乐等过程中感受浓厚的文化氛围。二是打造综合型商业中心。鼓励 CBD 引入国际一流品牌，并支持本土企业与国际品牌进行合作。同时，要注重培养本土品牌，满足消费者对本土品牌的认同和需求。三是推进定制旅游业务。CBD 作为城市的核心区域，应充分利用其地理位置和资源优势，打造具有吸引力的旅游目的地。结合城市观光巴士、主题旅游线路等服务增加游客的停留时间和消费金额。四是丰富体育休闲活动，在 CBD 积极引入新型体育娱乐项目，如 VR 运动等，以满足不同年龄层次和兴趣爱好的需求。通过这些措施来扩大复合业态的覆盖客群，满足不同消费需求，提升中国 CBD 新型消费的质量和水平。

参考文献

符加林、岳娜娜、黄秀芝：《新型消费研究演进与展望》，《郑州轻工业大学学报（社会科学版）》2023 年第 3 期。

邓家沛、徐梦真：《共享经济时代我国新型消费模式的探索与思考》，《经济研究导刊》2023 年第 9 期。

康敏、孙静：《数字经济对我国新型消费市场的影响：理论与实证》，《商业经济研究》2023 年第 2 期。

王蕴：《有效发挥新型消费拓展内需新空间的积极作用》，《人民论坛·学术前沿》2022 年第 20 期。

刘士安、方敏：《上海虹桥国际中央商务区：锻造韧性，推动外贸量增质优》，《人民日报海外版》2022 年 10 月 27 日。

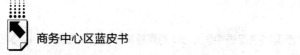

何凌云、张元梦：《新型消费如何促进产业结构升级——基于信息消费试点的准自然实验》，《广东财经大学学报》2022 年第 5 期。

王强、刘玉奇：《新型消费的理论认知、实践逻辑与发展研究》，《河北学刊》2022 年第 5 期。

武占云、单菁菁、张双悦：《中央商务区融入双循环新发展格局的优势、问题及对策》，《商业经济研究》2022 年第 14 期。

郑英隆、李新家：《新型消费的经济理论问题研究——基于消费互联网与产业互联网对接视角》，《广东财经大学学报》2022 年第 2 期。

王先庆、彭雷清：《广州建设国际消费中心城市的特色优势与战略选择》，《城市观察》2022 年第 1 期。

B.4
首店经济发展趋势及 CBD 建设重点

谢伟伟　龚子君　李小帆*

摘　要： 首店经济是一种首店品牌价值与区域资源实现最优耦合的经济形态，对于 CBD 的高质量发展意义重大。CBD 通过与首店经济的有效共融，能够实现商业模式的创新和升级，实现差异化竞争，增强综合竞争力。目前我国首店经济发展已经进入 3.0 时代，CBD 商圈成为首店经济的核心承载区。鉴于此，CBD 应以首店经济为重要抓手，提升品质，升级业态，优化资源配置，打造富有特色的首店经济聚集区，助推消费提质升级和 CBD 高质量发展。

关键词： CBD　首店经济　高质量发展

一　引言

2023 年 7 月 31 日，国家发展改革委发布《关于恢复和扩大消费的措施》，提出稳定大宗消费、扩大服务消费、促进农村消费、拓展新型消费、完善消费设施、优化消费环境等六方面共 20 条措施。CBD 作为城市商业的基本单元，是扩大消费服务、增加地区活力的重要源泉，而品牌消费是消费升级的重要引擎，因而以品牌为引领发展首店经济是 CBD 促消费、区域经

---

* 谢伟伟，国家发改委国土开发与地区经济研究所助理研究员，主要研究方向为区域经济；龚子君，武汉工程大学法商学院研究生，主要研究方向为区域经济；李小帆，武汉工程大学法商学院副教授，研究方向为人口与城镇化。

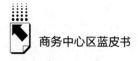
济增活力的重要载体。

"首店经济"是近年在时代更迭中孕育的新名词，指区域利用特有的资源优势吸引国内外品牌在区内首次开设门店，使品牌价值与区域资源实现最优耦合，并对该区域经济发展产生积极影响的一种经济形态。① 上海在 2018年"全国新品首发地"活动中明确提出"首店经济"概念，并被视为打响"上海购物品牌"的一张名片。在《全力打响"上海购物"品牌 加快国际消费中心城市建设三年行动计划（2018～2020 年）》中，上海进一步提出要打造全球新品首发地、高端品牌首选地、原创品牌聚集地，② 首店经济的内涵得到实质性的延伸。事实上，首店经济模式由来已久，其本质是一个品牌在某一区域开的第一家店，或是传统老店通过创新经营业态和模式形成的新店，按照首店的区位选择可以分为全球首店、亚洲首店、中国（内地）首店、区域首店和城市首店等。鉴于首店对带动一个商圈的消费有着立竿见影的效果并由此产生辐射区域经济增长的传送作用，首店经济模式在近年来成为国内各个 CBD 战略发展规划中的重要内容。本报告将对国内首店经济发展特征、我国 CBD 首店经济发展现状进行研判，并提出以首店经济引领CBD 高质量发展的对策建议。

二 首店经济发展特征

首店经济以从品牌商为主的 1.0 时代，经过以品牌首店、首发新品为主的 2.0 时代，迈入首店效应外溢的 3.0 时代。

（一）首店经济为国际消费中心城市赋能

首店经济作为拉动消费的新动能，已经成为建设国际消费中心城市的重要支撑。2021 年 7 月 19 日，经国务院批准，上海市、北京市、广州市、天

---

① https：//www.beijing.gov.cn/zhengce/zwmc/202009/t20200924_ 2091455.html.
② https：//sww.sh.gov.cn/gnmygl/20191017/0023-246015.html.

津市、重庆市率先开展国际消费中心城市培育建设。在经济发展逐步由投资拉动转变为由消费需求拉动的经济环境下，首店经济凭借其在实现区域消费升级和促进城市功能转型方面的突出作用成为各大城市发展以及 CBD 建设的重点任务，更成为打造我国国际消费中心城市不可或缺的重要抓手。一是从首店的区位选择属性来看，首店是品牌与城市的碰撞，首店会选择经济发展水平较高、消费能力较强的城市，而首店的入驻，特别是大型首店的入驻是"首店经济"推动城市经济发展强大的动力。二是从首店的国际化特性来看，"首店"作为一种新商业模式伴随着新国际化品牌的引入，能够提升城市国际化水平、促进城市商业创新、增强城市对外影响力，有利于提升国际消费中心城市的知名度、美誉度并提高国际地位等。三是从首店的延伸效应来看，"首店经济"的聚集效应和示范效应有利于加快国际消费中心城市建设。一方面，首店的集聚能够带来消费群体的集聚，利用这种集聚带动城市投资、扩大就业、促进税收增长等，进而促进城市消费层级的提升和城市功能的再升级；另一方面，优质的"首店"能形成示范效应，吸引更多相似品牌资源集聚，激发城市消费差异化发展，增加城市的时尚度、影响力，同时带动城市就业、税收、区域投资增长。2021 年，北京 CBD 通过紧抓首店经济，加强招商引资与企业服务，中心区营业收入首破 7000 亿元，地均产出首达千亿元，功能区营业收入首超 2 万亿元，成为首都经济增长的重要引擎；广州为打造国际消费中心城市，提出对在黄埔区开设亚洲首店、中国（内地）首店、广州首店的国外知名品牌的企业，其开设首店的项目投资总额超过 100 万元的，按照该店项目投资总额的 30%，分别给予最高 1000 万元、800 万元、500 万元的一次性扶持。

（二）首店经济的文旅结合特征日益凸显

在多元消费业态层出不穷的时代，本土首店品牌迎来重大发展机遇。本土品牌伴随着浓郁的地域文化特征，通过对传统文化、生活方式和社交场景等的改造与创新，以其独特的文化内涵扩大商业影响力。将首店作为城市的独特消费标签进行宣传，是"走出去"与"引进来"相结合的结果。相较

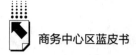

国际品牌，本土品牌首店的设计、生产、销售等环节几乎均在本地实现，可以更充分地带动消费品制造业提档升级，最终实现城市第二产业与第三产业的融合发展。在首店本土化的崛起过程中，主要有三方面的力量支撑：一是年轻一代的消费群体更加认同本土品牌，甚至寄托爱国情怀掀起了"首店+国潮"风的潮流；二是本土品牌竞争力的提升增强了消费者对本土品牌的推崇；三是在竞争激烈的市场环境中，结合城市特点和定位挖掘本土文化，培育具有鲜明特色的首店是避免同质化竞争的关键。

（三）首店经济布局逐渐转向次核心城市

21世纪以来，北京、上海、广州、深圳等核心城市在抓住首店经济带来的红利大力发展首店经济的同时也存在品牌饱和、同质竞争等瓶颈。随着近年来次核心城市综合竞争力的提升和消费的提质升级需求迫切，品牌首店呈现向次核心城市下沉的发展趋势。如2023年一季度，苏州共计引进17家品牌首店，同比增长143%。根据《2020~2022年首店发展报告及趋势研究》的数据，2020年以来，新增首店数量排名前10的城市中诸如武汉、成都、南京、长沙等城市的排名上升较快（见表1）。其重要原因如下。第一，主要核心城市的商业地产从增量进入存量时代，次核心城市商业地产增量显著提升，新增购物中心必然带来更多首店集聚，因此首店逐渐向次核心、次边缘等地区集聚。可以看到，区域首店转移正在发生，越来越多的全国首店品牌正下沉为区域首店品牌，并向二、三线城市发展。第二，各城市明确将建设消费中心城市作为发展目标，通过政策支持引导鼓励更多区域首店落户。

表1 2020~2022年新增首店数量排名前10城市

排名	2020年	2021年	2022年
1	上海	上海	武汉
2	深圳	成都	深圳
3	杭州	武汉	成都

排名	2020 年	2021 年	2022 年
4	武汉	杭州	南京
5	广州	深圳	上海
6	佛山	北京	北京
7	厦门	宁波	福建
8	西安	广州	南昌
9	重庆	天津	广州
10	郑州	重庆	长沙

资料来源:《2020~2022 年首店发展报告及趋势研究》,http://www.winshang.com/researchshow?id=20220340。

(四)首店经济加速发展方式绿色化转型

党的二十大报告指出,要加快发展方式绿色转型,实施全面节约战略,发展绿色低碳产业,倡导绿色消费,推动形成绿色低碳的生产方式和生活方式。《2023 中国消费趋势报告》显示,"绿色风尚"已经成为十大消费趋势之一,有 73.8% 的消费者会在日常生活中优先选择绿色、环保的产品或品牌。在中国推动绿色低碳循环发展的背景下,首店经济的发展也在紧抓环保、健康业态等新热点的同时迎合消费者低碳购物需求,助力双碳目标的实现。目前,首店经济正在充分发挥其对绿色消费的引领性作用,不断将绿色发展理念融入门店及产品的整体设计、设备研发和材料选择。

三　CBD 首店经济发展现状

CBD 是首店经济的核心承载区,通过不断培育和引入特色首店,CBD能够实现商业模式的创新和升级,在激发消费欲望的同时增强自身差异化竞争力,因此发展首店经济已经成为 CBD 发展的重要抓手。当前,CBD 的首店经济在政策支持、数量能级、创新活力和发展业态等方面共同助力 CBD高质量发展。

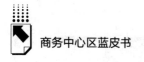

（一）政策配套日渐完善

首店经济的蓬勃发展，离不开地区的政策引导与支持。为加大国际品牌引进和本土品牌培育，多地区推出多种举措助力首店经济发展（见表2）。一方面，建立品牌首店首发服务体系。各地区出台鼓励首店发展的支持配套措施，建立品牌亚洲首店、中国首店、服务绿色通道，对品牌入驻和开业进程中所涉及的项目选址、登记注册、消防验收、广告牌匾设置、注册商标专用权保护、促消费活动安全管理等方面靠前服务，帮助品牌解决落地经营的难点问题。提升时尚消费品牌新品通关速度，建立服装类新品第三方采信制度。发布鼓励首店首发项目征集指南，指导企业做好项目咨询和申报。另一方面，多地对品牌首店落地发展给予资金支持，对符合条件的企业新开设国内外知名品牌亚洲首店、中国（内地）首店、区域首店、旗舰店、新业态店，按其店面装修、房租支出等实际投资总额，给予资金补助。例如，北京进一步加码首店补贴力度，根据《北京市2023年度鼓励发展商业品牌首店首发项目申报指南的通知》，2023年申报的亚洲首店最高可获得500万元资金支持，中国（内地）首店最高可获得200万元资金支持，北京首店最高可获得100万元资金支持。

表2 部分城市"首店经济"相关政策文件

城市	编号	文件名称	出台时间
上海	1	《关于加快虹桥商务区建设打造国际开放枢纽的实施方案》	2019年11月13日
	2	《上海市人民政府办公厅印发〈关于提振消费信心强力释放消费需求的若干措施〉的通知》	2020年5月25日
	3	《上海市人民政府关于印发〈"十四五"时期提升上海国际贸易中心能级规划〉的通知》	2021年4月20日
	4	《关于加快建设上海国际消费中心城市 持续促进消费扩容提质的若干措施》	2021年4月30日
	5	《上海市人民政府办公厅关于印发〈上海市服务业发展"十四五"规划〉的通知》	2021年6月17日
	6	《上海市商务高质量发展专项资金（2022年度消费市场创新发展奖励项目）申报指南》	2022年11月22日

城市	编号	文件名称	出台时间
	7	《上海市人民政府办公厅关于转发市发展改革委制订的〈上海市推动生活性服务业补短板上水平提高人民生活品质行动方案〉的通知》	2022 年 12 月 2 日
	8	《上海市时尚消费品产业高质量发展行动计划（2022~2025 年）》	2022 年 9 月 6 日
	9	《上海市商业空间布局专项规划（2022~2035）》	2023 年 12 月 29 日
	10	《金山区发改委关于印发〈金山区提信心扩需求稳增长促发展行动方案〉的通知》	2023 年 2 月 13 日
	11	《2023 年上海建设国际消费中心城市工作要点》	2023 年 3 月 1 日
	12	《上海市人民政府办公厅关于印发〈上海市加大吸引和利用外资若干措施〉的通知》	2023 年 4 月 3 日
北京	1	《北京市商务局关于申报 2020 年度商业流通发展资金项目的通知》	2020 年 3 月 23 日
	2	《中共北京市委 北京市人民政府关于加快培育壮大新业态新模式促进北京经济高质量发展的若干意见》	2020 年 6 月 9 日
	3	《北京市商务局关于印发〈关于鼓励发展商业品牌首店的若干措施〉（2.0 版）的通知》	2020 年 9 月 24 日
	4	《北京市商务局关于 2020 年度鼓励发展商业品牌首店项目申报指南的补充通知》	2020 年 11 月 5 日
	5	《商务领域"两区"建设工作方案》	2020 年 12 月 31 日
	6	《北京市朝阳区国民经济和社会发展第十四个五年规划和二〇三五年远景目标纲要》	2021 年 3 月 18 日
	7	《关于促进中国（北京）自由贸易试验区国际商务服务片区朝阳组团产业发展的若干支持政策》	2021 年 4 月 1 日
	8	《北京市商务局关于 2021 年度鼓励发展商业品牌首店项目申报指南的补充通知》	2021 年 7 月 23 日
	9	《关于印发〈北京市"十四五"时期商业服务业发展规划〉的通知》	2021 年 8 月 12 日
	10	《北京市人民政府关于印发〈北京市"十四五"时期优化营商环境规划〉的通知》	2021 年 8 月 20 日
	11	《中共北京市委办公厅 北京市人民政府办公厅关于印发〈北京培育建设国际消费中心城市实施方案（2021~2025 年）〉的通知》	2021 年 8 月 27 日
	12	《北京市国土空间近期规划（2021 年~2025 年）》	2022 年 2 月 17 日

续表

城市	编号	文件名称	出台时间
	13	《北京市人民政府办公厅关于印发〈打造"双枢纽"国际消费桥头堡实施方案(2021~2025年)〉的通知》	2022年1月27日
	14	《关于印发深入打造新时代首都城市复兴新地标 加快推动京西地区转型发展行动计划(2022~2025年)的通知》	2022年2月28日
	15	《北京市商务局 中华人民共和国北京海关 北京市公安局 北京市城市管理委员会 北京市规划和自然资源委员会 北京市住房和城乡建设委员会 北京市市场监督管理局 北京市知识产权局 北京市消防救援总队 北京市投资促进服务中心关于印发〈促进首店首发经济高质量发展若干措施〉的通知》	2022年3月22日
	16	《关于印发〈东城区培育建设国际消费中心城市示范区2022年度工作方案〉的通知》	2022年4月20日
	17	《北京市经济和信息化局 北京市商务局关于印发北京市数字消费能级提升工作方案的通知》	2022年6月8日
	18	《北京市经济和信息化局 北京市商务局关于印发北京市数字消费能级提升工作方案的通知》	2022年6月8日
	19	《关于印发〈加快建设一刻钟便民生活圈 促进生活服务业转型升级的若干措施〉的通知》	2022年7月5日
	20	《北京市商务局印发〈关于加快引导时尚类零售企业在京发展的指导意见(2022~2025年)〉的通知》	2022年8月30日
	21	《关于印发〈石景山区促进消费增长和商务经济高质量发展若干措施〉的通知》	2022年10月10日
	22	《北京市大兴区商务局关于印发〈大兴区促进商务领域发展的若干措施〉的通知》	2023年2月1日
	23	《关于发布2023年度鼓励发展商业品牌首店首发项目申报指南的通知》	2023年3月6日
	24	《关于发布2022年鼓励首店首发项目征集指南的通知》	2023年3月6日
	25	《北京市密云区人民政府办公室关于印发〈密云区落实《继续加大中小微企业帮扶力度加快困难企业恢复发展若干措施》的实施细则(试行)〉的通知》	2023年4月7日
	26	《北京市商务局关于印发〈加快恢复和扩大消费持续发力北京国际消费中心城市建设2023年行动方案〉的通知》	2023年4月17日

城市	编号	文件名称	出台时间
深圳	1	《深圳市商务局关于印发〈深圳市关于加快建设国际消费中心城市的若干措施〉的通知》	2022 年 2 月 17 日
	2	《深圳市商务局关于印发〈深圳市商务局《关于加快建设国际消费中心城市的若干措施》实施细则〉的通知》	2022 年 4 月 7 日
	3	《关于印发〈关于进一步加大金融服务支持疫情防控促经济保民生稳发展的实施方案〉的通知》	2022 年 6 月 27 日
	4	《深圳市前海管理局关于印发〈深圳市前海深港现代服务业合作区管理局促进商贸物流业高质量发展办法〉的通知》	2022 年 6 月 29 日
成都	1	《关于实施"三品一创"消费提质扩容工程 加快培育"蜀里安逸"消费品牌的意见》	2023 年 2 月 27 日
	2	《成都市人民政府办公厅关于印发成都市制造业创新驱动行动计划等 6 个行动计划的通知》	2023 年 5 月 29 日
广州	1	《广州市人民政府关于印发广州市坚决打赢新冠肺炎疫情防控阻击战努力实现全年经济社会发展目标任务若干措施的通知》	2020 年 3 月 4 日
	2	《广州市人民政府办公厅关于印发广州构建世界级旅游目的地三年行动计划(2021~2023 年)的通知》	2021 年 4 月 13 日
	3	《广州市人民政府关于印发广州市国民经济和社会发展第十四个五年规划和 2035 年远景目标纲要的通知》	2021 年 5 月 9 日
	4	《广州市人民政府办公厅关于印发广州市商务发展"十四五"规划的通知》	2021 年 10 月 12 日
	5	《广州市商务局关于印发广州市加快推进商务领域居民生活服务业品质化发展若干措施的通知》	2022 年 12 月 12 日
	6	《广州市人民政府关于印发广州市建设国际消费中心城市发展规划(2022~2025 年)的通知》	2023 年 3 月 8 日
重庆	1	《重庆市人民政府办公厅关于加快发展流通促进商业消费的通知》	2020 年 1 月 2 日
	2	《重庆市人民政府办公厅关于印发促进生产经营稳定发展若干措施的通知》	2021 年 3 月 22 日
	3	《重庆市人民政府关于新形势下推动服务业高质量发展的意见》	2020 年 4 月 10 日
	4	《重庆市人民政府办公厅关于印发加快发展新型消费释放消费潜力若干措施的通知》	2021 年 4 月 27 日

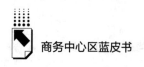

续表

城市	编号	文件名称	出台时间
	5	《重庆市人民政府办公厅关于印发重庆市商务发展"十四五"规划(2021~2025年)的通知》	2021年11月12日
	6	《重庆市人民政府办公厅关于印发重庆市培育建设国际消费中心城市若干政策的通知》	2022年1月29日
	7	《重庆市人民政府办公厅 四川省人民政府办公厅关于印发建设富有巴蜀特色的国际消费目的地实施方案的通知》	2022年8月3日
	8	《重庆市人民政府办公厅关于印发重庆临空经济示范区建设实施方案(2022~2025年)的通知》	2022年9月5日
	9	《重庆市人民政府关于印发重庆市推动成渝地区双城经济圈建设行动方案(2023~2027年)的通知》	2023年3月10日
杭州	1	《杭州市人民政府办公厅关于印发杭州市新零售发展五年行动计划(2019~2023年)的通知》	2019年12月26日
	2	《杭州市人民政府关于印发中国(浙江)自由贸易试验区杭州片区建设方案的通知》	2021年1月26日
	3	《杭州市推进"购物天堂、美食之都"建设工作领导小组办公室印发关于发展"首店经济"推动杭州消费转型升级政策实施细则的通知》	2022年8月3日
武汉	1	《市人民政府印发关于激发市场主体活力推动经济高质量发展政策措施的通知》	2023年2月6日
	2	《市人民政府办公厅关于印发武汉市推进进口贸易促进创新示范区建设实施方案的通知》	2023年5月23日
南京	1	《市政府办公厅关于印发打造夜之金陵品牌实施方案和进一步促进商业品牌首店连锁便利店发展若干措施的通知》	2019年9月12日
	2	《市政府办公厅关于印发完善促进消费体制机制激发居民消费潜力的实施意见的通知》	2019年12月25日
	3	《市政府办公厅关于印发南京市创建国际消费中心城市三年行动计划(2021~2023年)的通知》	2021年4月20日

(二)数量能级同步提升

CBD作为热门商圈的核心,是区域新增首店的热点聚集区。从已有数据来看，首店选址更倾向于 CBD。如 2021 年，北京 CBD 引入首店 157 家，占全市 901 家的 17%，占朝阳区 483 家的 33%，是全市引入首店最多的商圈。其中，SKP 和 SKPS 引入首店 34 家，国贸商城引入 22 家。2022 年，北京共有 812 家品牌首店落地，新增首店数量排名前 10 的商圈共引进首店 412 家，占全年新增首店数量的 51%，其中 CBD 121 家，为排名第二的三里屯商圈的 1 倍。[①] CBD 首店数量增长的同时，品牌能级也有所提升。当前，城市首店经济争夺战已经向着抢占高能级首店的方向发展。高能级首店的入驻代表着品牌对城市商业氛围和消费力的认可。CBD 通过引入高能级首店打造消费新引擎，释放消费潜力，从而与品牌实现共赢。但区域性的高能级首店有所差异，目前国内除核心城市以全球及亚洲首店为高能级首店外，其他城市 CBD 中的高能级首店主要以全国首店为主。

（三）CBD 创新活力全面增强

当前，国内电商行业方兴未艾，线下消费亟须创新。首店经济是 CBD 打造特色产品、服务和消费空间的风向标，通过经营模式创新、消费业态创新等提升品牌价值和文化内涵以进一步激活商圈活力。一是经营模式创新和产品创新相结合。通过创新经营模式，将首店的品牌流量转变成消费增量，目前 CBD 联合新开首店进行了较为丰富的尝试。包括从经营模式本身探索全时段、多场景的复合经营模式，以创新产品为依托，实现空间、场景等消费体验全面升级，形成新的消费增长点。如上海创新打造的新百货模式，融合颜料、书籍、服饰、文创等多维度零售；加快经典老品牌与新品牌、新产品的联名推广，创造全球领先的最新潮流，扩大新老品牌知名度与影响力。二是文化业创新和可持续发展相结合。首店经济的可持续发展必然要以品牌的文化内核为根本。首店"流量"虽然短期内是刺激消费的兴奋剂，但随着消费者需求逐渐饱和，缺乏文化内核的品牌必然面临发展的不可持续。

---

① 资料来源于商务中心区管委会，http://www.bjchy.gov.cn/dynamic/news/4028805a85c0254b
0185c27648e40101.html。

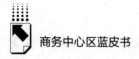

CBD 通过平衡国际化和本土文化品牌首店、鼓励国际化品牌的本土文化特色产品研发和环境设计等，实现了本土文化与国际化相结合的文化业态创新。

（四）业态类型特征鲜明

CBD 引入首店的业态呈现多样化特征。目前，各 CBD 的首店业态主要呈现餐饮和零售双核驱动，电子科技、生活服务、文体娱乐和汽车零售等多点带动的发展模式。2022 年上海共计引入 1073 家首店，从业态分布看，餐饮业态首店数量占比 70%；零售业态首店共 251 家，占比超过 23%。北京 CBD 2021 年引进的首店中，零售业占 52%，餐饮业占 31%。

四　以首店经济发展引领 CBD 高质量发展

首店经济的集聚效应、外溢效应、示范引领效应和创新效应是进一步提升 CBD 商业活力、提升 CBD 商业魅力、激发 CBD 消费活力的主要抓手。

（一）发挥首店经济集聚效应，赋能 CBD 品质提升

首店经济和 CBD 发展相互依赖、相互促进。高品质的 CBD 对于首店选址具有天然的吸引力，CBD 凭借其便捷的地理位置、成熟的商业模式、专业的空间设计和丰富的运营经验成为首店落户的首选。同时，首店高品质、高质量的产品，以及不断创新的服务方式和新奇的服务体验也能促进商圈商业升级，并为 CBD 带来流量红利。通过引进大量首店形成品牌规模化的聚集，CBD 能够更好叠加商业创新，提升自身品质。因此，需要以发展首店经济为契机，从整体上做好 CBD 的统筹规划，加大高端标杆商圈的建设力度，打造差异化、品质化、特色化的商业综合体，实现首店和 CBD 的良性互动发展。一是营造良好的政策扶持体系，为区域打造高端的商业综合体项目创造条件；二是加强统筹规划，在城市更新和建设过程中发挥政策合力，在城市文化中心建设、消费中心建设、交通枢纽建设等方面注重与首店经济

需求的对接，提升优秀品牌对区域消费能级和层次的认同与信心；三是在科学研判的基础上加强对 CBD 的宣传和推广，充分激活 CBD 开发首店的载体活力和潜力；四是在 CBD 建设上要加强行业引导，积极引进高端的商业综合体项目，在品牌布局、项目落地等方面与首店经济发展实现有机融合；五是要营造良好的营商环境，在首店引进、审批等方面给予更多便利。

（二）发挥首店经济外溢效应，带动 CBD 业态升级

首店经济的发展具有显著的正向外溢效应。优质的首店能够形成良好的示范，吸引更多相似的品牌在 CBD 集聚，从而进一步激发 CBD 的差异化发展，增强其时尚度和影响力。同时，运作良好的首店的先进业态也会同 CBD 业态发展有效融合，成为 CBD 业态的一部分并最终带动 CBD 的经营业态升级。首店经济要想高质量可持续发展，就必须要以顾客为中心，不断创新营销模式，升级产品和服务，加强品牌制度以及同城市民风民俗和特色文化的耦合度，这是一个不断调整并适应新环境的过程。在这个过程中会形成具有城市特色的商业业态创新，并成为 CBD 建设中的独特组成部分。目前，我国首店经济发展已经进入 3.0 时代，首店经济开始向多层次、多维度和富有特色的"首店+"生态圈层演进，促进 CBD 业态不断升级。因此，需要不断发挥首店经济的外溢效应，带动 CBD 业态升级发展。一是要做精做深 CBD 的每一家首店，在首店引进、开设方面给予政策扶助和资金支持，加强服务指导；二是要进一步加强对优质品牌首店的规模化引进，形成规模化集聚，培育首店经济集聚区，推动 CBD 形象升级和商业功能转型，将首店流量转变为客流和消费增量；三是要加强 CBD 对首店的支撑，健全对首店的招商服务体系，在商业综合体建设、供应服务链建设等方面增强对首店的对接，优化网络及空间布局，增强供应服务到达的便利度。

（三）发挥首店经济引领作用，优化 CBD 资源配置

首店经济的可持续发展需要品牌价值、区域资源和文化特点三者的高质量耦合。高质量发展的首店经济能够激发 CBD 现有资源潜力，有效优化

CBD 资源配置效率，提升 CBD 资源配置水平。首店经济的高质量发展是品牌能级、创新力和文化力的多维度协同发展的结果，其实质是以首店为代表的产业链在区域内实现高质量可持续的运营。因此，需要以首店经济为龙头，促使区域内部的媒体、广告、物流等相关产业链不断调整优化，实现首店经济和 CBD 内部资源的有机融合、有效联动。国内多个城市先后出台了首店开通的优惠政策，要进一步用足用好相关政策，以首店经济高质量发展为引领，优化 CBD 资源配置。一是在政策实施上不仅要加强对引进首店的支持，还要进一步加强筛选，选择能够实现 CBD 集约化发展、品牌化发展和可持续发展的品牌；二是在政策扶持上不仅侧重对首店引进和开放的支持，还要将政策刺激延伸到首店的整个生命周期，相关奖励津贴与首店的客流量、销售额等挂钩，强调首店的持续发展能力和对 CBD 资源的激活带动作用，引导首店经济与 CBD 的发展同步；三是以 CBD 建设为基础，加强对首店的孵化能力，引导 CBD 有机融合本地特色文化，搭建首店品牌的专业集聚区，引导 CBD 资源向首店品牌倾斜，引导政策资源向新型消费品牌企业、孵化基地和专门机构倾斜。

（四）发挥首店经济创新效能，打造 CBD 本土特色品牌

首店经济的关键在于品牌文化的塑造，是否能够形成有特色的品牌记忆是首店维持活力的首要因素。首店经济的高质量发展离不开品牌资源和城市文化的有效契合，是品牌定位与当地消费结构和文化内涵的有效融合，是品牌和城市文化的有效耦合。首店通过对本土文化和品牌文化的融合创新，形成独特的品牌魅力，丰富和重塑 CBD 的商业文化。以首店经济为引领，实现 CBD 文化的重塑和创新。一是要升级改造 CBD 现有商业文化，在主题打造与自然的融合以及场景变革方面创新突破，积极探索把购物空间转变为社交空间，培育社区文化；二是要加强首店品牌筛选，在引进首店时注重考察首店的品牌能力和品牌潜力，寻求首店品牌与商圈风格的良好契合；三是要强化首店品牌设计，首店品牌文化应立足传承中华民族优秀文化，融入本地特色地域文化，进一步激发消费者的文化认同和精神共鸣；四是强化首店品

牌审美，在首店运营时导入更多的文化和艺术元素，促进品牌文化百花齐放，增加消费者的独有品牌体验；五是要促进品牌数字化发展，通过品牌数字化建设品牌数字文化社区，将实体商圈和数字空间业态融合，以数字化技术为手段，以爱好、兴趣为导向建立高活跃度社群，保护个人创作者权益，扩大品牌的影响力。

参考文献

廖玉姣：《国际消费中心城市建设背景下的首店经济发展研究——以重庆为例》，《重庆社会科学》2023 年第 3 期。

万嘉旭：《支持发展首店经济 充分挖掘消费潜力》，《产业创新研究》2022 年第 15 期。

梁晓慧：《地级城市发展"首店经济"的困境及出路——以佛山市禅城区为例》，《商场现代化》2023 年第 4 期。

万红梅：《重庆首店经济高质量发展的创新路径研究》，《商场现代化》2022 年第 11 期。

魏子华：《后疫情时代上海首店经济发展研究》，《经济师》2021 年第 5 期。

B.5
夜间经济增强 CBD 经济韧性的思路与对策

毛丽娟 *

摘　要： 夜间经济体现着一个城市的活力、魅力、竞争力，反映着一个城市的繁荣程度和现代化水平，是城市发展水平和品位的重要体现。CBD 作为夜间经济的重要载体，有力支撑了夜间经济的繁荣与创新发展，但也面临着 CBD 商圈发展与夜间经济尚未形成合力、公共服务配套不足、优质项目供给单一等问题。CBD 应通过加强商圈与夜间经济融合发展、完善夜间经济公共配套服务、加强夜间经济环境营造等措施，引领夜间经济繁荣发展、增强 CBD 经济韧性。

关键词： 夜间经济　CBD　商圈定位　公共服务　环境政策

　　夜间经济源自 20 世纪 70 年代首次提出的一个经济学概念，英国学者提出这一概念的目的是提升城区夜间活力、实现经济复兴。夜间经济的时间范围从下午 6 点到第二天早上 6 点之间，夜间经济的消费主体包括本地市民和外地游客，消费以休闲、观光、餐饮、文化、健身和购物等第三产业为主。相较白天，夜间消费有着更高层次的消费需求。夜间经济体现着一个城市的活力、魅力、竞争力，反映着一个城市的繁荣程度和现代化水平，是城市发

---

* 毛丽娟，管理学博士，中国社会科学院生态文明研究所博士后，主要研究方向为数字经济、文化旅游经济、区域经济与农村经济。

展水平和品位的重要体现。夜间经济已经成为城市经济发展的重要驱动因素，夜间经济既可以满足消费者日益多元的消费需求，又可以延长经济活动时间、增加社会就业、促进消费力释放。随着夜间经济覆盖的经济业态越来越多元，从最初寄居于"夜市"形态的夜间经济模式，到如今囊括了餐饮、旅游、购物、文娱等各领域的夜间经济模式，中国夜间经济市场正处于快速发展阶段，不断扩张的市场背后，是政策、社会、经济和技术等共同推进的结果。在愈来愈丰富多元的夜间经济下，夜晚成为越来越多消费者美好生活的延续。

一　我国夜间经济发展现状

（一）夜间经济发展的政策支持日趋完善

随着我国经济发展阶段的变化，扩大内需的重点和引领消费经济的引擎转变为释放消费需求、扩大消费。扩大消费是个系统工程，需要通过中央政府和地方政府的政策引导和引领。夜间经济作为日间经济的补充和延展，可以为居民提供更多休闲、购物、娱乐的消费场景，满足不同消费群体的多样化需求。夜间经济是延长消费时间、拉动实体消费、激发新一轮消费升级的重要举措之一，甚至被视为衡量一座城市生活质量、消费水平、投资环境及文化发展活力的重要指标。2019 年，国办印发的《关于加快发展流通促进商业消费的意见》提出以夜间经济来释放消费潜力，这是国家层面首次提出通过打造活跃的夜间商业和市场来推进夜间消费优化，释放城乡各地消费潜力。文件提出激活夜间经济的具体路径包括适当延长商圈和商业街的营业时间，开设深夜营业专区、24 小时便利店和"深夜食堂"等特色餐饮街道。进一步地可以重点打造夜间消费集聚区、构建夜间消费场景，完善夜间消费配套措施，提高消费者在夜间消费的便利度、活跃度和安全程度。

除了中央政府出台发展夜间经济的政策意见，各地方政府也相继出台了发展夜间经济的政策措施，具体包括优化夜间营商环境、完善配套设施服务、发展推动地方特色产业等，以打造各地有特色的夜间经济模式，提升城市活力、拉动经济高质量发展。自 2019 年开始，北京、天津、成都、重庆、上海等各大城市出台相关举措，激发夜间经济新动能（见表 1）。2023 年是消费提振年，商务部提出将进一步增强消费的基础性作用，夜间经济成为丰富消费场景的重要落脚点。

表 1　我国部分省市夜间经济相关政策

地区	时间	政策
上海市	2019 年 4 月	《关于上海推动夜间经济发展的指导意见》
济南市	2019 年 6 月	《关于推进夜间经济发展的实施意见》
青岛市	2019 年 7 月	《关于推动青岛市夜间经济发展的实施意见》
北京市	2019 年 7 月	《关于进一步繁荣夜间经济促进消费增长的措施》
广州市	2019 年 8 月	《广州夜间消费地图》《广州市推动夜间经济发展实施方案》
成都市	2019 年 9 月	《关于发展全市夜间经济促进消费升级的实施意见》
济宁市	2019 年 9 月	《关于加快推进夜间经济发展的实施意见》
烟台市	2019 年 10 月	《关于进一步推进夜间经济发展的意见》
深圳市	2019 年 10 月	《打造安全放心消费环境 促进消费提升若干措施》
淄博市	2019 年 10 月	《关于挖掘消费潜力繁荣发展夜间经济的实施意见》
山东省	2019 年 11 月	《关于加快推进夜间消费发展的实施意见》
佛山市	2020 年 1 月	《关于推动夜间经济发展的实施意见》
广州市	2020 年 2 月	《广州市推动夜间经济发展实施方案》
宁波市	2020 年 5 月	《宁波市加快发展夜间经济实施方案》
杭州市	2020 年 7 月	《杭州市提升发展夜间经济的实施意见》
合肥市	2020 年 7 月	《合肥市促进夜间消费高质量发展操作规程》
青岛市	2020 年 7 月	《关于推动夜间经济发展的意见》
天津市	2021 年 4 月	《天津市 2021 年发展夜间经济重点工作》
北京市	2022 年 7 月	《北京市促进夜间经济繁荣发展的若干措施》
重庆市	2022 年 7 月	《关于加快夜间经济发展促进消费增长的意见》
上海市	2022 年 9 月	《上海市夜间经济空间布局和发展行动指引(2022~2025)》
湖南省	2022 年 10 月	《湖南省推动"夜经济"高质量发展进一步扩消费促就业的若干意见》
黑龙江省	2023 年 3 月	《关于推动夜经济发展进一步促进消费稳定增长的指导意见》

（二）夜间经济成为稳增长促就业的重要支撑

夜间经济包括吃、住、行、游、购、娱等多方面，夜间经济的发展既可以给餐饮、住宿、交通、旅游、购物和休闲娱乐等领域带来直接的收入，还能够带来乘数效应，显著拉动城市经济增长，成为城市经济的新增长点。夜间经济的发展能推动城市经济的增长，扩大城市居民就业和消费，加快城市文化产业的复兴，进而提升城市综合竞争实力。

消费数据显示，我国消费行为中 60% 的消费行为发生在夜间。其中，上海的夜间消费额占日间消费额的一半，重庆的夜间餐饮营业额占到全天餐饮营业额的 2/3 以上，广州服务业增加值中有超过一半是来自夜间经济。[1] 2019 年全国五一假期的夜间消费额占到整日消费额的 30%，同比增长 4%。[2] 2020 年我国夜间经济规模首次突破 30 万亿元，2022 年我国夜间经济规模突破了 40 万亿元。[3] 2023 年的春节假期，全国 243 个国家级夜间文化和旅游消费集聚区客流量超过 5000 万人次，平均每个集聚区每晚客流量超过 3 万人次。[4] 北京王府井、三里屯等 CBD 区域的夜间消费十分活跃，其中，餐饮消费同比增长超过 50%，休闲娱乐相关消费同比增长 15%。从数据中可以看出，夜间经济消费指数呈不断上涨的态势，夜间经济市场的份额在城市消费比例中不断提升。夜间经济市场的发展已成为提升城市综合竞争力的有效路径，能有效推动城市经济的发展。

夜间经济涉及多个产业，其中以服务业为最。它作为一种多元化的商业模式，对解决就业问题具有重大意义，因为夜间经济为就业提供了新的增长

---

① 齐志明、王伟健、张文：《更好满足百姓个性化、多层次、品质化的夜间消费需求　推动夜间经济高质量发展》，《人民日报》2022 年 9 月 30 日。
② 旅游消费大数据联合实验室：《中国旅游消费大数据报告 2019》，载中国旅游研究院《中国旅游经济蓝皮书（No. 12）. 2019 年中国旅游经济运行分析与 2020 年发展预测》，中国旅游出版社，2020。
③ 艾媒咨询：《2022~2023 年中国夜间经济行业发展与消费者调研报告》，2023 年 8 月 14 日。
④ 文化和旅游部：《2023 年春节假期文化和旅游市场情况》，https：//www.gov.cn/xinwen/2023-01/27/content_5738858.htm，2023 年 8 月 14 日。

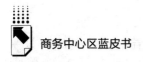
点。夜间经济的不断发展必然会推动城市多个产业的发展、带来就业需求的增加。2017 年英国伦敦的夜间经济为英国增加了 130 万个工作岗位，年收入达到 660 亿英镑，占到了英国税收的 6%。① 我国的夜间经济能有效扩大就业，因此应该在发展夜间经济的同时，统筹规划夜间经济市场上的就业岗位，实现最大效用地推动城市经济发展和扩大就业。

（三）夜间经济成为传统文化复兴的重要载体

中华五千年传统文化作为提升城市吸引力的着力点，为夜间经济的发展提供了重要支撑力。夜间经济作为传统文化传承和复兴的切入口与催化剂，可以将经济发展和文化创新完美结合，既能体现深厚的文化底蕴，又能推动经济的发展。首先，传统文化与夜间经济相结合，所设计出的产品有助于夜间经济产品获得体验、审美、知识和科技等文化附加值，进而推动商圈经济的增长和商圈业态的集聚。传统文化与夜间经济的结合可以有效促进旅游、餐饮、购物、娱乐和文创等产业链发展，盘活夜间经济市场资源。同时，夜间经济也成为传统文化的重要载体，通过与夜间经济的结合，传统文化得以进一步复兴和传播，并成为城市特色品牌。其次，传统文化中的亚文化以夜间经济形态更有利于传播和交流。因为夜间与白天的社会交往不同，夜间的社会交往更多包含着神秘和冒险的情感，人们更愿意在夜间体验某种特定的亚文化。比如夜间汉服文化节可以提升文化自信、促进文化共同价值观的形成。此外，传统文化与夜间经济的有效融合可以充分展示地方传统文化风采，甚至可以充分放大传统文化的特色，提升地方文化软实力，通过激发民族文化自豪感和使命感来推动传统文化的复兴。

（四）夜间经济有效提高民生福祉

夜间经济可以有效提升民生福祉，让人民群众更幸福。夜间经济广受人们欢迎、得以迅速发展的原因在于夜间经济活动可以满足人们对夜生活的需

---

① 车柯蒙、杨曦：《"夜经济"成伦敦发展新引擎》，经济参考网，2019 年 7 月 15 日。

求。居民的夜间活动包括晚餐消夜、外卖、运动健身、购物、电影、KTV唱歌、学习培训、按摩理疗、线上娱乐等多个领域。90%以上的居民认为晚上 11 点前休息都不算是熬夜。发展夜间经济可以满足居民对晚餐消夜、夜间娱乐、旅游等夜生活的需要，夜间活动内容质量的提高、形式的丰富创新可以更加吸引他们走出家门、融入城市生活。[①] 一方面，人们可以通过夜间活动收获更多的幸福感和获得感，因为夜间经济可以实现思想、知识、信息的广泛交流，进而提升城市的创新能力，让居民能更加安居乐业；同时，丰富的夜间活动可以提升旅游者的旅游体验。另一方面，夜间经济通过夜间慢行绿道系统、博物馆延时开放等形式，让更多的人有机会深入了解地方传统文化和文化特色，提升城市竞争力和吸引力，进而提升本地居民的自豪感和幸福感。总而言之，夜间经济可以提升本地居民和外地旅游者的福祉。

（五）我国夜间经济呈现显著的区域分异特征

夜间经济是城市经济发展的重要组成部分，作为城市形象的重要展示部分，反映了居民的消费、文化和生活方式等，也从更多元的角度展示了城市的吸引力。评估一个城市的夜间经济发展情况，有助于了解该城市的经济发展特色和文化娱乐特点，有助于了解该城市的地方品质发展情况；评估我国夜间经济发展的区域特征有助于了解我国当前的夜间经济发展情况，并从中了解城市夜间经济发展在全国的发展水平和发展特点，进而发掘城市夜间经济的发展机遇。

本报告借鉴巨量引擎城市研究院所采用的夜间经济繁荣度评价方法，基于线上打卡和生活服务消费数据，通过消费者在晚上 6 点到凌晨 2 点的活跃度、消费力和城市夜间服务供给等三个方面来对城市夜间经济活力进行评估。城市夜间经济活力评估结果将城市分为三个梯队，第一梯队包括北京、成都、重庆、东莞、广州等 10 个城市，第二梯队包括保定、长沙、佛山、

---

① 《中国网民"夜经济"指数报告》，企鹅智库，2023 年 8 月 14 日。

福州、赣州等 30 个城市，第三梯队的城市包括安阳、北海、毕节、常州、潮州等 60 个城市（见表 2）。在中央政府和地方政府相关政策的支持下，部分城市的夜间经济正在快速崛起。其中，上海和重庆的夜间经济活跃类型为逛景区和看夜景，广州的夜间经济活跃类型除此之外还包括吃夜宵，而成都的夜间经济活跃类型则包括逛街、购物和看熊猫，三亚的夜间经济活跃类型则是看海景，而网红城市淄博的夜间经济活跃类型是吃烧烤。

表 2　夜间经济繁荣度评价结果

梯队	城市名单
第一梯队（10 个）	北京、成都、重庆、东莞、广州、杭州、上海、深圳、苏州和西安
第二梯队（30 个）	保定、长沙、佛山、福州、赣州、贵阳、合肥、惠州、济南、嘉兴、揭阳、金华、昆明、洛阳、南京、南宁、宁波、青岛、泉州、三亚、汕头、天津、温州、无锡、武汉、西双版纳、厦门、徐州、郑州和中山
第三梯队（60 个）	安阳、北海、毕节、常州、潮州、大理、大连、阜阳、桂林、哈尔滨、海口、邯郸、菏泽、衡阳、红河、湖州、淮安、济宁、江门、开封、拉萨、兰州、廊坊、丽江、临沂、柳州、茂名、南昌、南充、南通、南阳、莆田、黔东南、曲靖、汕尾、商丘、上饶、绍兴、沈阳、石家庄、宿迁、台州、太原、潍坊、渭南、咸阳、湘西、新乡、信阳、烟台、盐城、宜宾、湛江、漳州、肇庆、周口、珠海、驻马店、淄博、遵义

资料来源：本报告根据抖音用户消费数据测算。

从夜间经济的空间布局来看，我国的夜间经济呈现东强西弱、南强北弱的特点，发达地区夜间经济繁荣度更高、消费者消费能力更强。其中，广东省夜间经济活跃度位于前三梯队的城市总量为全国所有省份之首（见图 1），其夜间经济活跃度排名全国第一，广州、深圳和东莞在第一梯队，佛山、惠州、中山、汕头和揭阳在第二梯队，珠海、湛江、江门、茂名、潮州、汕尾和肇庆等在第三梯队。

尽管我国夜间经济多点开花，各个城市的夜间经济发展也呈现出不同的特点，具有特色的夜间经济也彰显了城市的独特气质，这一独特气质可以助力城市塑造独特的、有吸引力的形象，带动城市出圈，吸引本地居民和外地游客参与夜间经济活动。

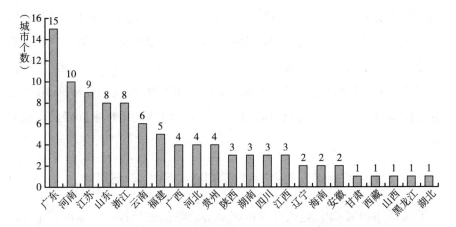

图 1 2023 年中国夜间经济活跃度排名前 100 的城市所在省区（不含直辖市）

资料来源：本报告根据抖音用户消费数据测算。

二 CBD 夜间经济发展成效

（一）北京 CBD：打造共享的夜京城

近年来，北京不断完善支持夜间经济发展的政策体系，于 2018 年、2019 年和 2022 年相继出台了《支持"深夜食堂"特色餐饮发展项目申报指南》、《关于进一步繁荣夜间经济促进消费增长的措施》（简称"夜间经济十三条"）和《北京市促进夜间经济繁荣发展的若干措施》，通过改善夜间公共交通、布局夜间消费场景、扩大深夜食堂营业时间、加大资金支持力度等政策措施，积极打造多元融合、动静相宜、安全便捷的"夜京城"。

北京 CBD 作为北京市着力打造的千亿级规模商圈，在发展夜间经济方面进行了卓有成效的创新和探索，夜间经济成为北京 CBD 最具活力和吸引力的新型业态之一。一是在编制出台《CBD 千亿规模国际商圈工作实施方案》中明确提出从时间维度上升级 CBD，通过提升夜间经济活力、打造 7×24 小时活力商圈，推动 CBD 向 CAZ 升级。二是围绕 CBD 夜间经济建设加强消费场

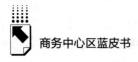
景与消费业态创新。打造深夜食堂、夜游场景街区和夜游打卡地，发展夜购潮地、文博夜游、地景打卡等夜间消费新业态，创建世贸天阶、中骏世界城、华贸17街等著名"深夜食堂"，推动中骏世界城申报"夜京城"地标。三是打造文旅+消费融合的特色街区。创建世贸天阶-中骏世界城-CBD历史文化公园市级及国家级旅游休闲街区，文旅休闲带动区域夜间经济、假日经济。

（二）北京通州运河CBD：打造自有夜间文娱活动品牌

北京通州运河CBD是北京城市副中心建设的先行区、示范区，由核心启动区、新城金融服务园区和副中心站综合交通枢纽三个开发区域组成。为了实现北京夜间经济的发展目标，北京通州运河CBD实施了如下措施。

一是打造运河商务区自有的夜间文娱活动品牌，开发夜间休闲消费打卡地。通过优化夜间的公交系统、优惠夜间商户的水电能耗运营费用、出台夜经济相关业态落地实施政策，全面助力夜经济繁荣。依托保利、绿地、新光大、侨商片区，利用地面交通以绿色通行为主、车辆通过环隧进入地下的优势，打造商业氛围浓厚的外摆经济，目前新光大星巴克、巴黎贝甜外摆示范街区已经开始运营，并起到了示范作用。

二是提升商务区内的夜景景观工程，在街道、河道、绿廊等线性空间中利用多样的照明手段塑造夜景氛围，增强散步、夜跑的安全性及美观性。在重点地区提升照明亮度，同时通过导入照明设施塑造城市热点场景，吸引居民参观游览。

三是便民商业探索建设利用城市公共空间发展小型便民商业设施，利用城市公共空间发展周末集市、夜间集市等新兴商业经济。2023年7月，新时代文明活动"让快乐飞一会儿"在新光大中心启动，包括露营、飞盘、DJ、露天电影、嘻哈包袱铺等丰富多彩的内容，点亮商务区夜经济。

（三）郑东新区CBD：打造"文化+夜间经济"典范

近年来，郑东新区CBD依托河南艺术中心、千玺广场御湖道特色商业街区和唐宫夜宴街区等空间载体，加快推进夜间经济发展，带动 CBD 消费转型升级。

河南艺术中心凭借其独特的地理位置优势，以促消费、稳经济为主线，紧密结合"夜经济"发展现状，推动艺术中心文旅文创融合发展，全力打造文旅消费新地标。一是充分发挥艺术中心名片作用，通过特色文旅产品形成艺术衍生品集聚、潮流 IP 突出、消费势头强劲的夜经济品牌。二是整合自身文化馆、美术馆展览等空间资源，以丰富剧目内容、延长剧场剧目观演时间赋能消费增长极，形成"白茶夜酒"消费模式，实现人员流量和消费增量双向持续增长。三是通过引进画舫游船、空域造景等新文化旅游项目打造夜间视觉盛宴，通过打造大型户外露天水岸剧场，引进精品剧目、戏曲非遗项目展演，充分展现郑州厚重的历史文化和人文情怀。

郑州千玺广场御湖道特色商业街区通过开展"美食+文商旅体"节事活动以促进美食与音乐、旅游、体育等的有机融合，并积极引进米其林星级概念餐厅、国内知名高档餐饮企业、网红餐厅，试图发挥千玺广场夜间美食的集聚效应。此外，千玺广场还利用现有设施场馆，精心策划符合地域特色的夜间演出活动，打造夜间文旅消费新载体。千玺广场已经成为郑州市最具活力的地标性特色夜间消费商业街区之一，千玺广场及周边区域已成为夜郑州"最美的城市风景线"。

唐宫夜宴街区则以打造城市融合型文商旅实景文化主题街区为特色，融合郑州所代表的中原文化与地域文化，为传播优秀传统文化提供有力支撑。该街区以《唐宫夜宴》故事为背景，围绕唐风唐食、唐人唐事、街区沉浸、百艺文创、互娱体验五大主题，贯穿"过去、未来"。市民和旅游者可以在唐宫夜宴街区全方位沉浸式的体验民俗、游市集、品美食、购民创、赏乐舞、扮妆造。唐宫夜宴街区以文化赋能引领夜间文旅风尚，以创新模式激活夜间潜力市场，成为"文化+夜间经济"的典范。

（四）杭州武林 CBD：以夜间经济引爆消费新亮点

杭州目前共有六大 CBD，其中杭州武林 CBD 是杭州市规模最大的商业区，同时是杭州六大CBD中夜间经济做得最好的一个CBD。杭州CBD以夜间经济引爆消费新亮点，以特色活动激发消费新热情，通过深耕夜间经济拓展消费新空间。

一是夜间经济引爆消费新亮点。武林CBD所在的杭州市下城区获评省夜间经济试点城市（区），十大夜间经济示范创建项目亮点频出，建设"潮武林不夜城"，启动"运河湾国际风情港"建设，推动杭州大厦、武林银泰、嘉里中心、国大城市广场、新天地等夜间外摆设计和审批，打造了"延安路武林商圈"和"新天地活力PARK"两大夜地标。

二是特色活动激发消费新热情。复工复产以来，杭州（武林）CBD以"政府搭台，企业唱戏"为主基调，开展了贯穿全年的一系列促销活动。线上线下组织了"云购武林"、"欢购武林·乐享五一"、"暖春苏醒·寻味武林"、"汽车消费六月嘉年华"、"百县千碗"、"下城消费大讲堂"、"夜越武林夜间抖音挑战赛"、"数字赋能潮玩武林"、"外贸优选商品进商场"、"嘉里中心城中里巷"、"武林银泰微醺市集"、"国大夜未央"、武林大巡游等多场有影响力的重大促销活动。各商贸企业也借机开展了80余场各类促销活动，激发了大众的消费热情。

三是深耕夜间经济，拓展消费新空间。以武林商圈为依托，打造多层次、多样化的夜间消费形态。进一步加强夜间基础配套设施建设，推进环境整治及灯光亮化、绿化、美化工程，做好街景打造、装饰照明、标识指引等工作，营造夜间消费氛围。积极引导企业延长营业时间，加快培育时尚网红潮店、24小时便利店等建设布局，方便市民游客夜间购物消费。

（五）银川阅海湾CBD：以夜间灯光秀点亮城市之夜

银川阅海湾CBD通过积极打造特色旅游品牌、培育夜游新业态，实现旅游发展新业态的培育、"夜游银川"品牌形象的塑造。

一是积极打造夜间特色旅游品牌。整合园区文化、旅游资源，精心编排水上公园灯光水幕秀七一特别节目，以璀璨的光影盛宴点亮城市之夜，重温百年红色精神。2022 年仅 6~7 月，园区水幕秀演出 26 场，累计接待游客超过 2 万人次。银川阅海湾 CBD 坚持用灯光讲述红色故事，传承红色经典，不断推陈出新、探索求精，让广大市民在休闲时既感受到城市之美，又在潜移默化中受到党史教育。

二是积极培育夜游新业态。充分考虑园区水域生态价值，注重多功能复合叠加，擦亮"夜游银川"旅游品牌。以"画舫夜游"为主线，以"凤舞丝路"水幕秀为亮点，打造阅海湾水上游船、城市橱窗"水幕光影"等多个引领性项目，串联团结路灯光秀，通过灯光置景、水幕秀、多媒体等渲染手法，为市民和游客营造多维度的沉浸式体验空间，同步带动周边经济发展提升，构建独具特色的消费圈。

（六）济南 CBD：多元融合、百花齐放，照亮夜生活

夜间经济在一定程度上反映了城市经济发展水平、居民生活质量等。为了推动夜间经济的发展，济南先后出台多项政策措施来推动济南夜间经济的多元发展，包括《关于推进夜间经济发展的实施意见》《夜间经济聚集区建设与管理规范》《关于推动济南夜间经济提质升级 打造"夜泉城"2.0 版的若干措施》等。

一是多部门联动统筹推进济南夜间经济发展。成立济南市发展夜间经济领导小组，由市政府及相关部门负责人组成，通过统一规划布局和统一协调管理联动统筹推进济南市夜间经济的发展。

二是打造夜间经济示范街区，多元业态融合丰富夜间生活。一方面，以济南趵突泉、五龙潭、大明湖、环城河公园为核心区域，以灯光秀、演艺秀、夜间游船等形式打造济南夜间旅游示范区。另一方面，以明府城为中心，借助济南老街巷元素发展夜间经济，在泉城路、宽厚里等街区探索推出"夜娱、夜演"体验项目，开展"夜购、夜食"消费活动，以文旅促消费，实现文商旅融合。

三是以夜间经济主题活动点亮济南夜间经济。通过举办"万家灯火点亮泉城夜经济"等主题活动来丰富济南 CBD 的夜间经济消费活动，将"高

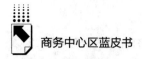
品质"和"烟火气"相结合形成独特的夜间消费环境。此外，还发布详细介绍济南市夜间经济集聚区的夜间经济地图，包括集聚区的位置、交通、周边住宿等情况，为市民和旅游者"照亮"夜生活。

三 CBD夜间经济发展面临的问题与挑战

（一）商圈定位与夜间经济融合尚未形成合力

中央商务区的定位更侧重于商业活动，而非消费活动，因此中央商务区存在消费载体供给不足、功能不完善的问题。由于夜间消费经济多以较为单一的传统消费业态为主，传统以小餐饮为主的夜间经济消费业态档次整体偏低、与中央商务区的定位不一致。同时，中央商务区尚缺乏24小时书店、24小时便利店、娱乐、旅游等多样的、与之定位相匹配的夜间经济形态。中央商务区呈现出白天繁华、夜晚萧条，工作日繁忙、休息日惨淡的景象。中央商务区的供需失衡，极大地制约了巨大消费潜力的释放。总而言之，中央商务区的定位与夜间经济定位尚未形成合力，中央商务区需要进一步对商圈定位调整，统一规划和管理区域内的夜间经济形态。

（二）夜间经济城市配套服务尚不充分

中央商务区夜间经济尚未充分发展的原因还在于夜间经济城市配套服务不充分，还存在夜间安全问题、夜间公共交通问题、夜间消费供给问题等。中国旅游研究院关于"限制旅游者夜间体验"的调查显示，有接近50%的旅游者在夜间旅游消费中担心安全问题，有接近1/4的旅游者担心夜间交通不便的问题。城市公交、地铁一般只运营到22点、23点，居住在郊区的市民是无法在夜晚出门消费的。商铺由于夜晚客流量不大，收入无法覆盖水、电、员工成本等支出，一般不太愿意拉长经营时长。例如，北京发起的"深夜食堂"，夜间消费的规模、热度和便利程度还有待提升；北京亚运村地区长期只有2家餐厅提供夜间餐饮服务，这给夜间消费者带来了极大的不便利。夜间经济城市配套服务不充分将导致夜间消费的供需不足且无法匹配，因此夜间经济相关的城市配套服务需要进一步提升。

（三）夜间经济优质项目供给较为单一

目前，中央商务区夜间经济产品供给存在较为单一的问题，市场营销手段和力度均有待提升。一方面，我国夜间经济产品形式主要集中于餐饮、购物、游船、灯光秀，产品形式相对单一。同时，中央商务区较为缺乏 24 小时书店、24 小时便利店、娱乐、旅游等多样的、与之定位相匹配的夜间经济形态。这一结果的原因在于夜间经济产品的投资规模和开发品类不足。根据中国旅游研究院调查数据，我国近八成的旅游企业夜游产品规模低于20%，72.99%的旅游企业夜游产品品类不足 30%。另一方面，我国夜间经济产品较为缺乏文化内核，对于文化的关注和融入较少。2019 年春节期间，西安"大唐不夜城"、重庆两江夜游、西双版纳"澜沧江·湄公河之夜"等夜间体验项目火爆，这不仅体现了现代人对夜间消费的刚性需求，更暴露出当前夜间消费项目有效供给的匮乏。这反映了夜间产品较为缺乏文化内核，对于文化的关注和融入较少，不少城市发展夜间经济仍局限在打造夜景灯光这一形式。

四　促进 CBD 夜间经济发展的对策建议

（一）加强商圈与夜间经济融合发展

在中央商务区的商业定位基础上，加强中央商务区的消费载体角色，促进商圈与夜间经济融合发展。第一，通过提升商圈范围内夜间营业商铺多样性、提高商圈周边旅游景区夜间游览的经营天数及周边文化娱乐设施项目的夜间营业比例，进一步丰富夜间经济的多样性。第二，通过策划组织特色突出的夜间文化活动来提升商圈影响力、知名度，营造浓厚的夜间氛围。具体包括打造"夜间文娱活动品牌",鼓励重点街区的综合体组织开展夜间灯光节、文化演出、美食节等活动,推动开展夜间游览活动;利用公园等场所举办公益性演出、免费健身等活动,积极引进国际国内重大赛事。第三,开发一系列有可参与性、体验性和学习性较强的夜间经济产品,如商业夜游、主题公园夜游、演艺夜游、娱乐夜游、水秀、庙会、灯会、特种夜游、运动夜游、天文夜游、特种摄影等,增加文化、体育、竞技、表演、康养等方面的夜间经济产品供给。

(二)完善夜间公共服务,丰富引导措施

一是完善夜间公共服务,保证夜间社会治安、公共交通和夜间照明等公共服务运行良好。通过加强夜间安保力量和监控力度,保障夜间出行消费者的人身安全。协调加大市政基础设施建设投入力度,优化商圈周边地区交通条件,加快商圈停车场和其他市政设施的配置、改造和升级,为群众消费提供更加便利的条件。通过实施周边动静态交通组织管理,在周边区域增加夜间免费停车位、出租车候客点、夜班公交线路等,满足消费者夜间出行的停车需求和公共交通需求。二是适时延长公共文化场馆的开放时间,如图书馆、文化馆、博物馆、群众艺术馆;适当增加公共文化场馆和休闲娱乐场所的数量,吸引居民参与丰富多彩的夜晚生活。三是维护良好的夜间市场环境和夜间市场经营秩序,保证夜间消费环境健康绿色、文明有序,使消费者在夜间消费的维权也能得到保障。

(三)为夜间经济提供良好的政策环境

一是优化发展环境推动夜间经济发展。地方政府要重视发展夜间经济,合理规划夜间经济消费场所设施的空间布局。地方政府的夜间经济监管要包容审慎,以营造良好的营商环境,激励夜间经济业态的市场主体创新。在法规允许范围内,降低夜间经济街区经营主体准入门槛。二是安排专项资金支持夜间经济发展。支持商街管理运营机构,统筹使用政府各类奖励补贴资金,重点用于支持夜间经济和特色商业街区改造、宣传推介、公共服务、活

动举办、业态调整引进、品牌打造、示范奖励等。对申报对象予以重点扶持，制订实施资金奖补等优惠政策。三是加强夜间经济活动宣传推介，促进夜间经济发展。通过编制夜间经济消费指南，推动线上线下互动，便利夜间消费。开展"市民喜爱的夜间经济评选活动"；利用各类媒体，开展"一日一品"等形式多样的夜经济宣传推介。此外，还可以尝试放宽特定时间外摆位管制，以 CBD 商圈为试点，允许有条件的经营主体在符合相关规定，不扰民、不影响交通秩序等前提下开展外摆试点，对夜间经济街区配套进行充实规范。

（四）加强夜生活集聚区灯光造景

对夜生活集聚区开展夜间灯光造景，以美化亮化夜间经济环境。通过打造好夜间街道的灯光照明和标志指引，营造良好夜间消费氛围。利用 CBD 水系、游园、商业景观、夜间经济商圈等资源，打造若干消费旅游休闲品牌。将商圈打造成活力持久的区域交往中心、文化展示中心、体验式购物中心和都市休闲娱乐目的地。在城乡环境综合治理中重点关注夜间经济集聚区域，营造有利于夜间经济发展的环境和氛围。

参考文献

操小晋、朱天可、余思奇、孙洁：《内城复兴的多元治理：西方夜间经济研究综述及启示》，《上海城市规划》2023 年第 1 期。

余构雄：《夜间经济专项政策研究——基于内容分析法》，《当代经济管理》2021 年第 10 期。

毛中根、龙燕妮、叶胥：《夜间经济理论研究进展》，《经济学动态》2020 年第 2 期。

王悦、赵美风：《天津市夜间经济业态时空分异及其影响机理》，《地理与地理信息科学》2023 年第 2 期。

牛文涛、贾丽娟、尚雯雯：《文旅融合下城市夜间经济治理的理论逻辑、现实困境与规则重建》，《资源开发与市场》2023 年第 7 期。

杨懿、廉倩文、丁玲、李哲：《国家级夜间文旅消费集聚区空间分布特征及影响因素》，《经济地理》2023年第6期。

王璐、赖斌：《地方优秀传统文化赋能夜间经济高质量发展研究》，《资源开发与市场》2023年第7期。

B.6
CBD 传统商业模式转型及高端消费培育研究

李文洁*

摘　要： CBD 作为集聚高端服务产品的生产空间、前沿知识信息的流通载体和高端消费发生的重要场所，链接着国内外市场和经济循环，是构建新发展格局的关键节点。随着经济社会的发展，市场竞争愈发激烈，CBD 传统商业模式已无法满足企业和客户群体愈发多元的需要，尤其是与全球一流的 CBD 相比，我国 CBD 高端消费供给不足，亟须转型升级。本报告在分析 CBD 传统商业模式类型及面临问题的基础上，结合商业模式发展新趋势和消费群体新需求，研究提出应从完善功能布局、提升配套设施、增加高端消费供给和优化 CBD 软环境等方面着手促进 CBD 商业模式转型升级，以适应商业经济发展和新兴市场需求。

关键词： CBD　商业模式　转型升级　高端消费

一　引言

当前，百年未有之大变局加速演进，构建以国内大循环为主体、国内国际双循环相互促进的新发展格局，是提升我国经济发展水平、塑造我国国际经济竞合新优势的战略抉择。为推动形成良性经济循环，有力支撑构建新发

---

* 李文洁，中国社会科学院大学应用经济学院博士研究生，主要研究方向为城市与区域发展。

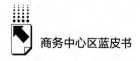
展格局，需要进一步释放内需潜力，加快培育完整内需体系，充分利用和发挥我国超大规模市场优势，提高有效供给能力，提升供给质量，引领和创造新的需求，增强国内大循环的内生动力和可靠性。2023年政府工作报告在部署"坚定实施扩大内需战略"的工作任务中，围绕发展消费新业态新模式、创新生产模式等方面做出了一系列部署。深耕细作商业新业态、支持引导新商业模式健康发展是加快构建双循环新发展格局的重要抓手和必然要求。

商务中心区（CBD）作为现代服务业的重要承载区，集聚了金融、贸易、国际交流、消费等重要功能，是经济循环中高端服务产品的生产空间、前沿知识信息的流通载体和高端消费发生的重要场所，在构建新发展格局中有着重要地位，在扩大消费规模、提升供给质量、提振内需、畅通经济循环中扮演着重要的角色。"十三五"期间，数字经济、共享经济、平台经济等业态不断壮大，新产业新业态新模式增加值占国内生产总值的比重达到17%以上，夜间经济、首店经济等新消费业态不断涌现。① 应对新兴市场需求，传统的CBD也不断向着复合化、数字化、智能化、绿色化演进，以商务办公为主体的传统单一型CBD商业模式已经无法满足商业经济发展和商务消费人群的需要，CBD商业模式亟须紧跟市场需求进行提质升级。

本报告对CBD传统商业模式进行梳理，分析其在当前竞争环境下的短板，结合当前商业活动、商务人群及消费客群的最新需求，提出CBD商业模式的发展趋势和未来提质升级的方向，以期为CBD商业模式升级增效提供参考借鉴。

二　CBD传统商业模式类型

商业模式最初主要是用于描述企业用于获利的决策方法和规划工具。随着经济社会发展，对商业模式的分析和应用拓展到单个企业之外的更多研究

---

① 资料来源：2023年《政府工作报告》。

对象，其内涵也得以不断丰富。从经济意义上来说，商业模式的本质是市场主体获取利润的逻辑，说明了企业目前的利润获取方式、未来的长期获利规划以及能够持续优于竞争对手和获得竞争优势的途径。从价值创造角度来说，商业模式是市场主体创造价值的内部流程和构造设计，是一种利用商业机会创造价值的交易内容和治理架构，通过对自身业务的关键元素、关键环节以及连接这些元素的网络架构进行重新设计，实现价值创造和获取。从战略意义上来说，商业模式是对市场主体不同战略方向的总体考量，包括锚定目标市场、选择差异化竞争产品和服务、识别当前信息和资金的主要流向以及预期收益。

总体而言，商业模式描述了商业系统在面对目标时如何良好运行，需要对系统的经济模式、价值创造方式和战略方向进行识别、整合和提升。一种成功的商业模式必须超越对于商业模式的单一认识，从商业系统以及价值创造方式、经济逻辑、运营结构与战略方向等多个维度的协同关系上对商业模式进行思考和提升。

CBD 作为商业载体，为人流、信息流、资金流、商品流提供了价值创造、交换的场所，创造了包括物业租金、利润分成在内的物质价值和商业氛围、消费文化在内的非物质价值。不同于单一企业，CBD 集聚了多个业态、逾百家企业和日均上万人次的消费办公人流，其商业模式也更加多元。从 CBD 的发展过程来看，CBD 传统的商业模式主要可以总结为以下三种类型。

（一）金融商务中心模式

金融商务中心模式即是以金融业相关机构及大型企业集聚为主要特征的 CBD 商业模式，也是最为常见的 CBD 商业模式。纽约曼哈顿、伦敦金融城以及上海陆家嘴等国际一流的中央商务区都是金融商务中心型 CBD。这种类型的 CBD 往往发端于金融交易所的建立或大型跨国企业的入驻，得益于此类核心机构对于相关产业集群成员的强大吸引力，大型投资银行、商业银行、资产管理机构、保险信托公司和相关行业监管组织纷纷聚集于此，形成了以高端金融、国际贸易等高附加值产业为产业核心的 CBD。同时，大量会计师事务所、律师事务所、咨询机构、信息技术公司、房地产公司等专业服务公司和中介机构也追随其客户群体聚集于此，保障 CBD 核心产业更好地运转。由于资本密集型产业的聚集，此类 CBD 区域的土地价格往往十分高昂，其建筑形态和规划特色呈现商务楼宇密集、住宅用地少、绿化用地少、楼宇容积率高等特征，并且区域内商务楼宇租金和物业管理等费用十分高昂。金融商务中心型 CBD 面向的人群主要为区域内企业和组织的从业人员以及商务差旅人士，这类人群有着高学历、高收入和高消费的特点，为了服务此类人群和满足商务交流的需要，金融商务中心型 CBD 内通常辅助布局艺术、时尚、奢侈品、高端餐饮、高级酒店等高端消费业态。由于潮汐人流的特点，区域内生活服务消费等业态配置通常较少。总的来说，金融中心型 CBD 通过吸引资本密集型和人才密集型企业创造巨大产值，推动土地价值和物业租金的不断上涨来实现其商业价值的不断提升。

（二）商业消费中心模式

商业消费中心模式是以各类型消费场所集聚为突出特征的 CBD 商业模式。东京银座 CBD 和上海静安 CBD 是商业消费中心型 CBD 的代表。商业消费中心型 CBD 往往起源于城市的小型商业集聚区。随着城市人口的增长，居民对商业消费的需求也不断增长，小型商业集聚区吸引了越来越多的商店和购物中心入驻，原有商业区规模逐渐扩大形成传统商业区。随着经济社会发展，现代服务业逐渐蓬勃发展，时尚消费类企业总部、相关商业服务企业、中介机构和行业组织选择进入更靠近市场和需求的商业区，传统商业区逐渐演进形成购物中心林立、商业功能综合化发展的现代中央商务区。和金融中心型 CBD 相似，消费中心型 CBD 同样面临区域容积率高、地价高昂、租金和管理费昂贵等问题。但考虑到消费场景的营建以及便于消费者的进入和逗留，消费中心型 CBD 区域建筑形态较金融中心型 CBD 更为多样。除了本区域内相关企业和机构的从业人员群体，消费中心型 CBD 同时面向大量来自国内外不同层次的消费人群，区域内业态通常涵盖了从普通生活性服务业、生产性服务业到高端技术服务业多层级的业态。为更好地为消费群体提供更好的游憩体验，在一般的购物餐饮之外，消费中心型 CBD 中还大量布局剧院、画廊、酒吧等多元休闲、娱乐和消费业态。总体来看，商业消费中心型 CBD 通过自身的招商和商业氛围营造来吸引大量的人流助力区域内商业服务业企业不断实现更高销售额，从而实现自身的商业价值。

（三）复合功能模式

随着时代的发展，各种产业之间的联系和互动愈发密切，CBD 不再是单一产业集聚的产物，而是多重业态共同作用的重要经济活动载体。与单一功能型 CBD 相比，复合功能型 CBD 不再以单一产业为主导，而是商务、商业消费功能并重，原本较为缺乏的文化、居住、生态等功能也得到适当布局。北京 CBD 和广州天河 CBD 都是复合功能模式 CBD 中突出的代表。例如，广州天河 CBD 是华南地区总部经济和金融、科技等高端产业集聚区，同时也是中国最具规模的高端商贸消费集聚区之一。通过统筹布局国际金融、商务、商业、文化、行政、生态和居住等多种功能，广州天河 CBD 不断提升其发展综合能级。近年来，一些新规划建设的 CBD 都更加注重复合功能的规划布局。为避免单一功能 CBD 业态单调、职住分离、文化生活功能缺乏等，新兴的复合功能型 CBD 在规划建设过程中更注重通过前期居住功能的布局导入常住人口，并在招商引资过程中引进多种产业促进多样化发展，建成运营后通过商务、商业、生活等多个功能维度实现 CBD 区域的价值。但是，目前的复合功能型 CBD 仍存在一些缺陷。例如，在产业发展方面，新兴复合功能型 CBD 一般会选择 2~3 个主导产业，但是区域内产业的联动性不足，无法形成更高能级的产业生态圈；在规划设计上，建筑形态和配套设施智能化、绿色化不足，无法适应目标企业和客户群体不断进化的需求；且商业文化氛围方面的短板也不利于区域活力的提升。

三　CBD 传统商业模式面临的问题和挑战

传统的金融、商贸、消费等产业是 CBD 发展的重要基础，通过吸引相

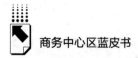

关产业企业的入驻和促进行业内交流，CBD 区域企业创造了巨大的产值，CBD 的土地价格和物业租金不断攀升，大量高收入人群汇聚于此。但在市场需求不断迭代、产业技术加速更新、商业业态频繁更新的当下，传统的 CBD 商业模式的增长动能和辐射作用正在不断减弱。虽然集聚效应仍在发挥作用，但是仅仅依靠单一功能规模的叠加无法满足行业间交流互动和目标客群愈加多样化的需求，难以帮助 CBD 实现市场价值的持续增长，更难以推动 CBD 在新发展阶段实现"蝶变"，CBD 传统商业模式面临的问题愈发凸显。

（一）功能布局单一，无法适应多元化经济空间要求

大部分 CBD 在规划初期主要着眼于拉动区域经济增长这一经济功能，在 CBD 的传统商业模式下，CBD 的相关业态配备和规划建设都以发展主导产业、服务商业商务功能为主要目标，区域内布局业态集中、单一。从产业布局上来看，随着经济社会的发展，产业间的相互作用越来越密切。以商务商业为主导的单一产业发展模式不利于吸引相关产业和互动关联的企业和组织入驻，无法促进 CBD 区域内形成更高能级的产业集群。从 CBD 规划设计布局来看，传统 CBD 建筑主要着重服务于商务商业功能，建筑以高密度商务楼宇为主，仅仅能满足原有现代服务业企业的商务功能的需求，CBD 居住功能和交流交往功能受到制约。生活居住功能的缺失导致 CBD 潮汐客流现象明显，区域内人流主要为区域内工作人员和商务差旅人群，使得 CBD 在非工作时间段的周末和夜晚显得过于冷清，潮汐通勤人流和车流对城市公路、地铁等交通体系造成巨大的压力。而界限分明的商务楼宇使得 CBD 缺乏交流交往空间，工作人员主要集中于室内办公，不利于不同行业企业之间沟通合作，对区域内知识共享和知识溢出造成障碍。同时，随着人们物质生活的不断提高，就业人群的精神文化和生活功能需求也在不断提高。区域内人群对 CBD 的期望也不再单单只是一个工作的空间，人们需要 CBD 区域内完善文化、生活、生态、消费和公共交流相关功能布局，以满足 CBD 区域内人群的生活和精神文化需求，并为不同行业的商务交往提供多元空间。在

这种现实需求下，传统 CBD 单一功能集中的弊端越发凸显，无法适应当下人口和财富快速聚集的多元化经济空间要求。

（二）配套设施滞后，难以满足高质量发展的需要

随着商业业态的快速更新迭代以及人们对高品质空间需求的快速上升，传统 CBD 建筑密度高、生活配套少、环境绿化少以及新型基础设施布局滞后等特征已经与区域内新兴产业发展的需要和人们高品质生活消费的需求脱节。从硬件配套设施来看，传统 CBD 以发展商务商业功能为主，区域内基础设施以电力、通信等基础保障为重点，但由于大量 CBD 在规划时对区域发展速度的预估不足，区域内停车场以及节能环保等基础设施已无法满足 CBD 的需要，亟须更新扩能。同时，随着不同行业的交互融合和科技产业的快速发展，越来越多的科技型企业、平台企业等新型产业进驻 CBD，城市实验室、工业上楼、智能场景示范应用等对 CBD 区域内 5G 通信、物联网、大数据等新型智能基础设施配套提出了更高的要求。从生态环境上来看，CBD 区域本身绿化率较低，高密度的高层建筑对区域环境也产生了一定影响。有研究指出，城市 CBD 区域绿地面积少，大量楼宇采用高耗能的制冷、供暖设备，密集的建筑群使得区域风速减小，这些因素使得城市 CBD 会构成一个显著的"热岛"空间，而高密度 CBD 带来的巨大的碳排放也会对城市的可持续发展造成一定的阻碍。另外，在生活消费配套方面，早期规划建设 CBD 中配套消费设施比例较低，少量消费设施只面向楼宇内部开放，加之 CBD 中缺乏公共生态空间和交流空间，不利于当下体验性消费、时尚消费、数字消费等新型消费业态的发展。

（三）"软环境"仍需优化，CBD 发展支撑保障乏力

CBD 发展在依赖产业生态、空间品质等硬实力提升的同时，也需要优化软环境对 CBD 的发展进行保障支撑。在市场监管和信用体系建设方面，当前的监管标准主要依据传统的产业发展及劳动关系特征来制定，无法适用于快速发展的新兴业态，监管部门在新兴产业的相关责任界定、政策监

管等方面存在诸多难题，如对网约车、外卖骑手、快递小哥等新就业形态劳动者权益无法进行有力保障，不利于 CBD 内新兴业态的健康持续发展。同时，目前尚未形成完善的社会信用管理体系，无法利用信用数据对企业进行分级分类监管和奖惩联动措施。在消费促进方面，目前常用的消费促进手段主要是消费券和折扣促销等方式，缺乏对不同消费形式的针对性促进机制。在高端消费方面，CBD 一直是高端消费的主要承载区，但目前高端时尚品牌的展示和促销手段单一，相关时尚秀展活动少，我国 CBD 内普遍缺乏免税商店布局，也缺乏对免税消费的宣传和促进机制。在潮流前沿消费方面，虽然许多 CBD 都已经开始推动夜间经济、首店经济等新型消费模式的发展，但缺乏针对新型消费的促进机制，对新型消费发展的引导和优惠政策保障不足。在 CBD 品牌打造方面，目前 CBD 的区域形象打造仍倾向于高端商务形象，缺乏针对新型消费受众群体的宣传，人们无法将CBD 固有形象与时尚、文化、潮流等形象连接起来，不利于 CBD 商业消费文化氛围的营造。

（四）高端消费供给不足，无法支撑国际消费中心城市建设

在经济新常态下，面临内外部复杂环境对进出口和投资的不确定性影响，消费越来越成为我国"三驾马车"中最重要的动力，对我国经济内生增长的推动作用越来越突出。"十三五"期间，我国最终消费支出对经济增长的贡献率稳定在 60%左右。2023 年上半年，我国最终消费支出对经济增长的贡献率达到 77.2%。[①] 但与发达国家 80%左右的消费贡献率相比，我国消费市场仍有提升空间。随着进入高质量发展阶段，我国社会的主要矛盾转变为人民日益增长的美好生活需要和不平衡不充分的发展之间的矛盾。这一矛盾在消费领域的突出表现就是消费供需结构的失衡。我国居民的消费构成已经由以基本生活消费为主的阶段，迈向改善享受型消费份额不断上升的阶

---

① 国家统计局：《国家统计局新闻发言人就 2023 年上半年国民经济运行情况答记者问》，2023年 7 月 17 日。

段。对于中高收入人群来说，寻找高品质、个性化、超前于大众的消费商品已经成为他们不断增长的主要需求。特别是在新冠疫情对经济发展的持续影响之下，高端消费市场的韧性愈发凸显，高端消费对当前经济发展的重要性也在不断提升。贝恩咨询发布的高端消费品行业研究报告显示，2022 年，有 95% 的高端消费品品牌实现了正收益，全球高端消费品市场预计将同比增长 21%，市场规模达到 1.4 万亿欧元。《2023 麦肯锡中国消费者报告：韧性时代》指出，即便面临经济形势挑战，高端品牌的表现依然超越大众品牌。以护肤品为例，2019~2021 年天猫平台高端护肤品牌的年复合增长率达到 52%，而大众品牌仅为 16%。目前，越来越多的城市提出要加快建设国际消费中心城市，但与国际一流的消费中心城市相比，我国目前的消费市场上高层次的消费供给仍较为缺乏。例如，广州天河 CBD 珠江新城商圈集聚大量高附加值产业，甲级写字楼租金水平在广州独占鳌头，但区域内仅有天汇广场 igc、K11 两个定位中高端的项目，例如，支撑中高端消费发展的底气不足。中西部地区的中高端消费供给更不容乐观，传统奢侈品牌爱马仕在中西部地区仅在 7 省（自治区直辖市）有布局，郑东新区 CBD 缺少地标性商圈，诸多购物中心产品趋同，高端品牌入驻较少，无法与区域内高端办公人群的需求适配。高端消费的供给不足将成为各大城市建设国际消费中心城市的重要短板。

四 CBD 未来商业模式发展方向和趋势

CBD 作为容纳大量企业和人群的复合空间，由于所承载的企业和组织行业不同、商业模式不同以及面对人群的特征和需求不同，其面临的竞争环境比单一企业更为激烈和复杂。CBD 作为经济活动的承载主体，传统的单一商业模式在如今动态、多变且复杂的商业环境中对经济增长的推动能力趋弱，如何在经济多元化发展的当下吸引更多的人流和企业流，如何帮助入驻企业和组织创造更高的价值，成为 CBD 面临的核心问题。当前，CBD 面对的目标人群从区域内从业人员和商务交流人员占主导向区域内外人流并重，

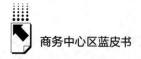

CBD 的价值目标也从促进经济发展扩展到经济发展和文化消费氛围营造并重，在新需求下，传统商业模式需要进行转型升级以满足新时代 CBD 发展的需要。

（一）多业态融合增强发展动能

在传统的 CBD 商业模式中，CBD 区域内一般只有一个主导产业，招商运营方围绕这一核心主导产业的生态进行企业组织的招引并针对性进行空间设计和提供商业服务。但是这样的传统商业模式会造成 CBD 经济结构单一、业态单调，使得 CBD 遭遇经济危机、突发事件等外部冲击时缺乏韧性。为提升经济韧性，促进产业结构优化，增强创新活力，产业融合发展已经成为全球经济发展的重要趋势，并在各个领域中有所体现。CBD 作为复杂的商业系统，坐落在其中的政府机构、企业、行业协会、NGO 等机构在发挥自身功能的同时，互相作用、互相依存。不同行业和业态之间相互交流碰撞，相互融合，促进了新商业模式和新产业技术的爆发。多元业态的融合发展能够促进 CBD 从一个单一的产业集群转型升级为一个更有活力和吸引力的产业生态系统。

产业延伸和多元业态的融合已在国际一流 CBD 中得以实践。例如，英国伦敦金融城 CBD 一直是全球最大的外汇交易、跨银行拆借和利率衍生性金融商品中心，但在国际金融危机爆发后的 2009~2010 年，英国金融业对GDP 的贡献呈现负增长，伦敦金融业涌现裁员潮，伦敦金融城 CBD 遭受重创。2010 年伦敦提出在金融城相邻地区打造科技城。金融城内密集的金融活动对金融业数字化、智能化升级有着巨大的需求。同时，金融城作为数字科技产业的产品和解决方案的绝佳展示平台，能更好地推动科技业相关产品在全球市场曝光。在科技城计划提出一年之内，该区域的科技公司数量从200 多家增加到 600 多家。金融城与科技城相互融合，传统金融业在数字科技产业的带动下向金融科技产业转型，尤其近年来，伦敦金融科技行业迎来了快速成长。在全球金融科技 50 强初创公司中，就有 29 家位于伦敦。数据显示，2010~2015 年，英国的金融科技企业共筹集资金 54 亿美元，超过了欧洲其他地区的总和。[1] 2022 年，在金融科技投资衰退潮的持续影响下，全球金融科技投资总额下降了 30%，但英国金融科技业仍获得了 125 亿美元的风险投资，高于除美国以外的其他所有国家。[2]

国内部分 CBD 也开始向多元业态转型。深圳福田 CBD 聚力打造河套深港科技创新合作区、香蜜湖新金融中心和环中心公园活力圈"三大新引擎"，建构福田"CBD+高新区"协同发展的模式，通过促进科技、商务和生活消费多业态深度融合实现人才聚集、产业融合、创新提能。济南 CBD 提出文商旅融合发展，通过深入挖掘济南商埠文化、泉水文化和营建年轻新文化，在打造产业核心高地的同时，将济南 CBD 打造成公园式国际化消费商圈，使济南 CBD 在服务区域内商务人群的同时，活化本地文化资源，吸引更多域外游客前来娱乐消费，提升 CBD 对外影响力。

（二）多层级消费体系吸引更多客流

商业消费是 CBD 重要的产业基础。但传统的商业消费中心型 CBD 的消费业态较为单一，如东京银座 CBD 和伦敦骑士桥商业区，消费形态以大型百货公司为主。随着经济社会的发展，商务中心区的客群越发多样化，需求也更为多样。传统封闭式的百货公司品牌结构类似，主要服务于中高端的商务人士及其家庭，并且百货公司的装修风格和打折促销手法雷同，趋同化发展使得传统的商业消费中心型 CBD 在大众消费者中逐渐丧失吸引力，在愈发激烈的市场竞争中渐渐落后。同时，信息网络技术的发展带动电子商务平台迅速崛起，网络购物对实体消费也造成了巨大的冲击，传统的商业消费中心型 CBD 亟待转型升级。不同于网络购物，线下购物最重要的功能是给消费者带来眼见为实的体验。针对不同客群的需求，构建多层级的商业消费体系，使得 CBD 在吸引本区域内商务人士和居民消费之外，也能满足游客和普通消费者的旅游打卡和生活消费的需要，为 CBD 留住吸引客流。

---

[1] 《生产科技化 产业融合化 管理智慧化 中央商务区引领产业转型升级》，《经济日报》2018 年 10 月 12 日。

[2] 毕马威会计师事务所：《全球金融科技投资分析》，2023 年 2 月。

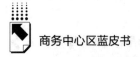

商业消费中心型 CBD 通过丰富商业形态，在既有传统百货的基础上，增加商业街区的联动性和开放性，引入盒子式购物中心等新形态，对原有街区进行更新提升打造特色商业街区，使 CBD 在业态上和呈现方式上更加有趣多元，提升消费者的购物体验。与新加坡滨海湾 CBD 毗连的乌节路商业区是新加坡重要的"商业消费橱窗"。起源于种植园小商铺聚集区的乌节路目前已经成长为拥有 20 多个商场、共有 80 万平方米的优质零售空间，覆盖高档、中端和平价全层次消费。针对附近 CBD 从业人员和高端公寓居民的高档消费要求，乌节路地标性购物中心 ION 拥有齐全的奢侈品品牌店铺和高端艺术画廊，百利宫商业中心在奢侈品旗舰店之外还拥有酒廊等高端餐饮场所和高端医疗及美容机构，满足高端客群的全方位需求。针对区域附近居民和游客的中端消费需求，诗家董购物中心、Orchard Central 则经常推出折扣活动吸引顾客。近年来，为满足年轻消费者和游客的时尚体验和游玩打卡等新消费需求，Bugis+、苹果概念店等跨界融合科技+、沉浸式体验、设计艺术等创新业态，为消费者带来新奇体验。覆盖全层次的商业消费体系为乌节路商业区吸引了每年超过 800 万人次的流量，让乌节路成为全球顶级的购物天堂。

国内 CBD 也在根据自身消费短板开始进行针对性提升。苏州中央商务区围绕金鸡湖商圈目前已初步建立了多元化的商业产品体系，环湖呈现湖西和湖东两个商圈。湖西商圈拥有苏州最大的综合性购物中心苏州中心，以满足大众消费的需要。而湖东商圈则分布着精品百货久光百货、滨水商业街区圆融时代广场、结合人文阅读和生活美学于一体的综合性书店诚品生活、高端餐饮，以满足高端商务顾客群。而文化主题街区李公堤，拥有姚建萍刺绣艺术馆、蔡云娣江南三雕艺术馆、明美术馆、苏州文化艺术中心等 10 余家文化艺术展馆则能满足区域内外游客的文化消费需求。北京 CBD 聚焦区域高端商务客群，提出打造成国家级高端消费承载地、商务出行首选地以及国际化生活样板区，打造千亿级商圈，巩固高端消费功能。根据《北京市商业消费空间布局专项规划》，北京 CBD 将被打造成国际消费四大体验区之一。依托现有优势，北京 CBD 通过吸引一批具有全球引领性、标志性和首创性商业消费业态，培育一批具有中国特色的新锐消费品牌，形成高质量现代化商业消费体系，持续打造国际品牌聚集地、时尚潮流引领地、消费创新策源地。

（三）多元化商业场景实现更高价值

CBD 的根本价值来源于居于其中的人的创造，因而 CBD 也从重视经济发展转为更重视人的需求。无论是金融商务中心型商业模式还是商业消费中心型商业模式，传统 CBD 核心场景都较为单调，人们在 CBD 内主要完成办公、会议或消费中的某一类活动。随着互联网技术的发展，知识密集型工作对人与人之间沟通交流的需求以及现代商务社交场景的需求更为多元，办公活动开始越过商务楼宇的边界向更广阔的街巷、公园等场所延伸。年轻一代对工作场所和商业空间提出了更多诉求，他们通常希望在商务区的步行范围内，能同时满足商业办公、消费餐饮、生活服务、社交娱乐、运动休闲等多样化需求，从而提高生活和工作的效率和品质。在这一导向下，商务区不仅是日间的笔记本电脑停放处，还将叠加更多生活、社交和娱乐场景。通过多元场景打造，提升人才的吸引力，CBD 才能获得持续的经济活力。同时，CBD 为城市创造的价值也不再仅仅局限于拉动区域经济增长，为助力城市的可持续发展，CBD 需要通过打造更加多元化的商业场景以实现商业、文化、生态等更多维度的价值。

纽约曼哈顿 CBD 就是经济、社会、生态、人文场景并重的典范，建立至今一直被各国 CBD 建设者和运营方效仿。曼哈顿 CBD 从港口起步，早期以金融业发展为主，在面积不足 1 平方公里的华尔街聚集了数百家大型公司总部以及众多银行、保险公司和交易所，是世界上就业密度最高的区域。随着区域内高收入人群对居住需求的不断提高，曼哈顿中城形成了以豪华居所为主要功能的区域，大量 CBD 就业人员居住于此。随着中城人气的升高，工会、政府机构和非营利组织也纷纷落户于此，与人们生活紧密相关的房地产业、生活消费服务业也开始向此聚集，来自 CBD 内的金融行业、社区居民、政府官员和学者等各界人士组成"35 人委员会"为 CBD 的发展出谋划策、共同商议，使 CBD 的社会价值得以实现。而坐落其中的中央公园，占地 340 公顷，为周边工作生活的人群提供了体育运动和生态休闲的场景，对调节高密度商务街区的局部气候也起到了重要作用，CBD 的生态价值得到平衡。分布于曼哈顿 CBD 及周边区域的大都会艺术博物馆、纽约现代艺术博物馆等 80 多个博物馆，满足了曼哈顿就业和居住人群的文化需要，作为文化地标也吸引了大量游客，促进了 CBD 旅游业的发展，也为时尚、高端消费等行业提供独具特色的展示推广场景和空间，让 CBD 的人文价值得以实现。

国内许多 CBD 也逐渐重视营造多元场景以实现 CBD 的更多价值。成都天府新区 CBD 发挥生态优势，顺应后疫情时代户外消费趋势，依托天府公园，通过提升改造服务设施、植入艺术装置、举办市民活动、增加商业空间、引入多元业态等措施，着力打造高颜值、高调性、高客单的创新型公园商业，吸引持续性稳定客流。武汉 CBD 打造 5G 智慧示范区，探索 5G 技术在 CBD 内实现智慧楼宇、智慧园区、智慧商业、智慧物业等智慧场景，引入自动驾驶公交车，在武汉市中心城区内实现中国首条自动驾驶商用运营线路，使得 CBD 内企业前沿技术得到先行先试和对外推广的平台，更好地实现 CBD 的商业价值。北京 CBD 链接国际组织、使领馆、金融机构、区域楼宇、区内品牌、媒体资源、会展企业等资源，构建国际文化交流场景，推出专业论坛系列商务文化活动，举行国际篮球友谊赛、音乐季、影像季、运动季、美食评选、咖啡节等文化艺术消费活动，展现北京 CBD 年轻时尚新气象。

五　CBD 商业模式转型升级的对策建议

随着人们对于美好生活的需求日益增强，传统 CBD 聚焦于商业运营和经济价值提升的商业模式已难以适应当今经济社会发展的需要，CBD 应当从纯粹的商务空间转型为经济、社会、人文、生态多元价值并重的城市综合空间，CBD 的管理运营方也应从商业地产经营者转型为城市空间运营者。

基于对 CBD 商业模式发展趋势的梳理和分析，本报告认为 CBD 的商业模式应从以下四个方面着力转型。

（一）完善 CBD 功能布局，打造活力经济空间

CBD 传统商业模式注重商务和商业功能，造成周末和夜间空城的现象，功能的单一也使得 CBD 在不断变化的竞争环境中面临风险。CBD 应完善功能布局，打造更具活力的经济空间。

第一，完善产业多样化发展功能。一方面，CBD 可通过街区更新将原本戒备森严的高端楼宇的大堂、中庭等公共空间对外开放为公共交流场所，定期举办行业分享会、路演等活动，营造利于交流共享的氛围。另一方面，可结合自身历史文化特色，通过常态化、系列化的商业、艺术、文化活动不断丰富 CBD 品牌印象，促进 CBD 文化旅游等产业的发展。例如，新加坡滨海湾 CBD 通过与社区、企业合作，改进小印度、唐人街等历史街区公共空间，引入节庆游园等活动，活化当地丰富的文化艺术遗迹，吸引大量游客。

第二，增强 CBD 生态功能。引入屋顶花园、垂直绿化、设计街角楼宇绿化共享空间等方式，为传统 CBD 水泥森林增添绿色。还可以通过城市更新等方式在商业街区内增加小游园、微绿地等生态设施，设计绿色步道连接 CBD 区域内的交通站点、零散绿地及重要建筑节点。另外，还可以在人行道、绿色步道等地点增添艺术装置，为人群沟通交流创造更多机会。在带来多重生态效益的同时，也可以设计绿色步道上的健身游园活动带动商业街区周边的地块活力。

第三，提升 CBD 生活居住功能。通过在新建 CBD 区域规划建筑更多复合功能型住宅、鼓励现有老旧商务办公楼转变为商住混合楼宇和公共租赁住房等方式，促进 CBD 区域职住平衡，在缓解潮汐交通压力的同时，增加更多零售业和餐饮服务业的消费人群，同时也为 CBD 内提供本地的社区文化支持，保持 CBD "7×24" 的空间活力。

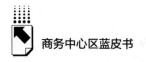

（二）提升配套设施，满足高质量发展要求

面对当前产业快速化、融合化发展的要求与人们对高品质工作生活空间的需求，CBD 相关配套设施亟待提质升级。

第一，传统基础设施扩容更新。面对长期困扰 CBD 就业人群和入驻企业的停车难、交通拥堵等问题，一方面可通过合理利用街边空间、改造老旧商业楼宇以及鼓励商场、楼宇开放停车场等方式增加可利用公共停车位数量。还可对已有停车场进行传统自走式和移动机械式相结合的智能化改造，最大限度地立体化利用城市空间，改善停车环境和秩序，给人们带来更加便捷高效的停车服务。另一方面要优化公共交通设施，加强周边公交、出租车接驳，引导网约车平台增加重点时段车辆调配，推进重点商圈及周边区域智慧交通引导系统改造提升，畅通城市交通网络。

第二，新型基础设施超前布局配套。随着产业发展对新型智能基础设施需求的增加，CBD 区域应完善 5G 网络覆盖，加强物联网、新能源等相关智能基础设施的配置，为区域内科技型企业提供相关技术研发的设施保障。规划智能网联汽车测试道路等，完善相关试验场景所需的新型基础设施建设配备，为企业前沿产品提供先行先试的平台。结合 CBD 消费特色，超前推动 5G+4K/8K、VR/AR 等信息技术在消费领域的融合应用。

第三，生活文化消费设施补齐短板。传统 CBD 高端服务业发达，但缺乏生活服务业相关业态和设施。CBD 商业运营中应加强商务区对生活服务和消费功能的兼容，加强对新业态、新消费模式的支持，鼓励更多联合办公场所、咖啡馆、特色餐厅入驻 CBD。结合自身产业特征，加强本地特色品牌培育和高质量运营，例如通州运河 CBD 可以与大运河景区、北京环球主题公园等相串联，布局高品质文旅消费。同时，CBD 内应加强建设剧院、图书馆、文化馆、体育馆等设施，提升文化、体育生活品质。

（三）增加高端消费供给，助力国际消费中心城市建设

建设国际消费中心城市，是助力高质量发展的必然要求，是顺应消费发

展新趋势、满足人民美好生活需要的关键之举。面对当前居民不断升级的消费需求，CBD 亟须提升高端消费供给。

第一，增加高端消费空间布局。由于 CBD 在规划建设时，相关商业消费的空间布局较少，相关高端消费的空间载体无法充分满足 CBD 区域内高端商务人群的消费需求，部分消费需求外溢。CBD 应增加消费空间的规划布局，特别是增加高端消费空间载体的建设布局，在针对性满足 CBD 客群高端消费需求的同时，凸显 CBD 的高端定位，引导区域内购物中心与其他区域的购物中心的差异化定位，与城市其他商业区域形成错位协同的良性发展格局。

第二，引入多元化高端消费品牌。当前，人们对高端消费品的需求越发多元，除了传统奢侈品牌的衣服、箱包、手表，人们对新兴奢侈品牌的多元化产品的关注度也越来越高。因此，在高端消费业态的招商过程中，应注意对高端潮流买手店、潮流消费电子品牌、高端新能源汽车等商家的招引。吸引国内外知名高端消费品牌在 CBD 区域内开设首店、旗舰店、体验店、定制中心，发展原创品牌概念店、定制店，鼓励本土品牌时尚化、国际化、国潮化、IP 化、高端化发展，构建高端品牌汇集、品质一流、品位独特的高端消费品供给体系，使 CBD 成为高端消费品的新品首发地和高端消费人群的必来体验地和首选购买地。

第三，发展免税购物。作为连接国内外消费市场的节点，免税购物在吸引消费回流，拉动相关的旅游、航空、酒店等行业消费增长方面具有重要作用。2022 年 4 月国务院办公厅印发的《关于进一步释放消费潜力促进消费持续恢复的意见》提出，"完善市内免税店政策，规划建设一批中国特色市内免税店"。CBD 也应加快区域内免税商店布局，学习迪拜、首尔、巴黎等国际一流消费中心城市在中高端购物中心及热点街区增设退税服务点，优化相关服务流程。不断激发内需潜力，引导高端消费回流，繁荣消费市场。

（四）优化 CBD 软环境，为 CBD 持续发展提供支撑

在各地 CBD 硬件设施均达到较高水平且配置趋同的当下，优化软环境

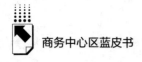
对 CBD 的持续发展进行保障支撑显得尤为重要。

第一，服务与运营质量的优化。一方面，CBD 应持续优化营商环境，进一步完善企业服务流程和机制，提供高效便利的一站式政务服务。优化大型活动审批流程，制订提升消费活动审批时效性和便利性的具体措施，降低市场主体举办活动成本。开通传统商圈、传统商业设施等重大商业项目建设改造审批"绿色通道"，为消费新模式、新业态、新场景发展提供有力保障。另一方面，CBD 应巩固其原有的国际化、高端化优势，完善区域内酒店、购物中心等对外窗口运营人员和服务人员的国际化培训，优化顾客在 CBD 购物、旅居的体验。

第二，品牌形象的优化。通过系列时尚秀展、文化论坛、体育赛事、潮流聚会、戏剧展演等活动，改变 CBD 原有的高不可攀的商务形象，丰富 CBD 的品牌形象，吸引全年龄层客户群体参与 CBD 的各项活动，提升 CBD 客流。依托全球商务区创新联合会和中国商务区联盟搭建首都高端交往的功能平台，通过国际化活动对外进行宣传推介，强化 CBD 传播力，持续增强 CBD 国际影响力。

第三，监管与信用体系的优化。加强信用平台建设，大力推进信用环境建设，推广事前告知承诺、事中分级分类监管、事后联动奖惩的信用管理模式，构建以信用为基础的新型监管机制，为信用良好的企业提供更加便利化的服务。坚持包容审慎监管，促进平台经济、夜间经济等新业态新模式健康发展。同时，加强对新业态新模式从业人员的劳动权益保障，促进新兴商业模式健康持续发展，打造"守信激励、失信惩戒"的 CBD 区域诚信生态圈。

参考文献

陈冬冬、郭婧：《北京与伦敦：商务区转型发展趋势与更新启示》，《北京规划建设》2022 年第 1 期。

刘丰、邢小强：《商业模式组合：理论框架和研究展望》，《经济管理》2023 年第 1 期。

刘丰、邢小强：《商业模式衍生式创新：动因、方式与类型识别》，《科学学研究》2023 年第 3 期。

柳思维：《加大体制创新，充分发挥消费对经济增长的基础作用》，《消费经济》2017 年第 6 期。

潘红玉、贺正楚、周建军：《高质量发展阶段高端消费增长点的培育及供给》，《财会月刊》2018 年第 11 期。

魏江、刘洋、应瑛：《商业模式内涵与研究框架建构》，《科研管理》2012 年第 5 期。

武占云、单菁菁：《中央商务区的功能演进及中国发展实践》，《中州学刊》2018 年第 8 期。

原磊：《国外商业模式理论研究评介》，《外国经济与管理》2007 年第 10 期。

总报告课题组：《CBD：打造国内国际双循环相互促进的战略枢纽》，载郭亮、单菁菁主编《中国商务中心区发展报告 No.7（2021）》，社会科学文献出版社，2021。

邹蕴涵：《当前我国消费市场供给端矛盾分析》，《中国物价》2016 年第 4 期。

商圈品质营造篇

Commerical District Quality Creation Chapters

B.7
CBD国际一流消费商圈标准建设研究

夏杰长　张雅俊*

摘　要： CBD作为城市贸易消费活动的中心和品质消费需求实现的窗口，是促进消费规模扩大、匹配消费提质升级趋势和挖掘超大规模国内市场的重要抓手。以消费商圈国际知名、消费资源优质集聚、消费模式融合创新、消费环境完善优质和消费商圈特色定位为框架建设CBD国际一流消费商圈，实现消费功能、消费空间和国际一流水平三次升级。目前各地CBD积极推动国际一流消费商圈建设，未来应稳步推动标准化与特色化建设，以数字经济、商旅文融合、国际交流合作等为抓手，建设具有韧性和国际影响力、更加包容和谐、支撑消费潜力充分释放的CBD国际一流消费商圈。

---

* 夏杰长，中国社会科学院财经战略研究院副院长，研究员，主要研究方向为服务经济与产业发展；张雅俊，中国社会科学院大学商学院博士研究生，主要研究方向为旅游与现代服务业。

关键词： 消费商圈　消费升级　CBD　标准建设

一　引言

CBD 是城市商业和商务活动的集聚地，也是该城市和区域的经济发展枢纽，成为经济发展实力和对外开放程度的重要表征。随着城市经济社会的发展，CBD 由单一经济职能快速向功能复合、产业结构高端、消费活动活跃等方向转变，发展成为兼具国际高端资源集聚高地、要素流动枢纽、现代流通体系的多定位特殊经济功能区。CBD 作为城市发展和现代服务业集聚的高地，同时具备商业和商务属性，拥有规模可观的人流、资金流、信息流和消费流等，是商圈经济的核心区域和城市的消费中心，引领着消费创新和消费风尚，是促进消费实现和提质升级的重要引擎。

在全球经济下行和外需明显回落的背景下，消费对拉动经济增长和提升经济内生发展动力的作用更加凸显。美国等发达国家私人和公共消费支出对经济增长的贡献率达 70% 甚至 80% 以上，而 2022 年中国最终消费支出对经济增长的贡献率仅为 32.8%，消费作为驱动经济增长的关键引擎作用尚未充分释放。2023 年政府工作报告提出，要"把恢复和扩大消费摆在优先位置"。扩大内需、刺激消费和强化消费对经济发展的基础性作用成为发展的重点。为更优发挥消费的驱动力，2021 年上海、北京、广州、天津和重庆五个试点城市率先展开了国际消费中心城市建设，CBD 成为国际消费中心城市建设的关键抓手。

未来城市将会更加偏向服务与生活功能，消费供给和服务成为城市发展建设的主要内容。CBD 作为城市贸易消费活动的中心和品质消费需求实现的窗口，是促进消费规模扩大、匹配消费提质升级趋势和挖掘超大规模国内市场的重要抓手。因此，如何推动 CBD 国际一流消费商圈标准建设、支撑国际消费中心城市建设、充分释放消费对经济发展的驱动作用，是 CBD 发展的重大课题和新设任务。

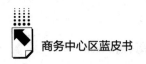

二 CBD 国际一流消费商圈建设的内在逻辑

（一）CBD 国际一流消费商圈的内涵

商圈是零售企业经营活动空间和消费者消费行为空间直接或间接重叠创造出的动态空间范围。相较于传统商圈和购物中心，CBD 国际一流消费商圈能更大程度释放消费潜力，引导消费需求，表现出消费功能、消费空间和国际一流水平三次升级，以消费功能和消费空间升级支撑 CBD 高水平建设具有国际影响力和国际水准的消费商圈，充分释放消费对经济社会发展的驱动力。

第一是消费功能升级。消费升级是消费重要的变化趋势。迅速发展的经济社会条件和强劲的消费者内在需求共同推动着消费升级，消费的关注焦点逐渐由消费对象向消费空间或消费氛围转移，消费空间愈发具有精神属性。部分国内外城市 CBD 主要功能构成如表 1 所示，除了商务办公这一核心功能，CBD 在商业娱乐和公共设施方面也承担了重要作用。CBD 包含了一定的交通、文化、休闲和生态等公共属性，承载了当地居民和外来游客的休闲购物等需求。CBD 国际一流消费商圈满足和匹配了消费者较高层次和品质的消费需求，打造了包容和谐的生活消费空间和具有高品质、智慧化、新消

表 1 国内外城市 CBD 主要功能构成

单位：%

功能分类	北京	上海	广州	深圳	杭州	巴黎	东京
商务办公	49	66	31	49	49	71	36
商业娱乐	19	15	42	13	17	11	19
公共设施	5	11	—	13	10	2	16
居住公寓	28	8	27	25	25	16	29

资料来源：陈一新《中央商务区（CBD）城市规划设计与实践》，中国建筑工业出版社，2006。

费等特点的新型消费商圈。

第二是消费空间升级。CBD 是商贸流通的重要枢纽，推动 CBD 国际一流消费商圈建设有助于优化消费空间和提升消费品质，扩大 CBD 消费商圈的吸引范围和吸引力大小。一方面，CBD 国际一流消费商圈代表着消费空间优化。高水平的消费商圈有赖于完善的消费基础设施、优质的消费环境和氛围。数字经济叠加的消费新业态进一步丰富了消费场景，促进了 CBD 商圈智慧化升级。另一方面，CBD 国际一流消费商圈代表着消费空间扩大。园区内企业工作人员的餐饮、购物、休闲、文化、娱乐等复合消费需求需要得到有效满足；CBD 还吸引了中心区周边、所在城市、周围城市、全国甚至全球的消费群体前往消费体验，打造多功能城市综合体，显著提升了城市的空间价值。

第三是国际一流水平。在实现消费功能和消费空间两次升级后，建设 CBD 国际一流消费商圈需要进一步提升国际影响力和商圈消费品质，立足本地、辐射周边、面向全球。国际一流水平意味着消费商圈的消费资源品质一流，具有很高的国际水准；消费对象包括国内外的产品和服务，在消费商圈内可以享受到来自世界各地的消费产品；消费群体来自世界各地，客源群体分布广泛，消费商圈具有较高的国际化水平，拥有完善的针对国际消费者的设施和服务。

（二）CBD 国际一流消费商圈的建设逻辑

第一，匹配消费提质升级。消费提质升级的重要表现之一是由实物消费为主向服务消费为主逐渐过渡，发展性和享乐性的服务消费规模和占比显著提升。CBD 以金融、贸易等中高端服务业为核心产业，能更好满足服务消费需求。同时，CBD 充分利用了城市核心空间，延伸了居民活动时间，提供了休闲和消费的场所，比如位于城市核心地位的 CBD 成为夜间经济的重要载体。夜间作为闲暇消费集中发生的时段，夜间经济的兴起是居民消费转型升级的必然趋势和方向。2019 年上海创新推出"夜间区长"与"夜生活首席执行官"制度，推动夜间经济高速高质发展，增强上海夜间经济治理

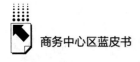

能力。夜间经济远非传统印象中的夜市经济，已发展成为深度结合食、住、行、游、购、娱、文、健等多行业的综合经济业态。随着居民收入水平和休闲娱乐需求的不断提升，消费时空持续延展，夜间成为消费活动实现的主要时段。发展夜间经济需要市场监管部门、交通系统、供给企业、服务人员等多主体的共同支撑，保障夜间活动安全且具活力。CBD 拥有优越的地理位置和便捷的交通体系，夜晚时间人流仍具规模，承担了人群集散的功能，具备发展夜间经济等新消费模式的优质条件，是夜间消费活动的重要发生区域。

第二，发挥 CBD 集聚效力。作为城市的核心，CBD 集中了所在城市和周围区域的经济、文化和科技力量，具备较为完备的金融、贸易、服务、咨询等综合功能和完善的交通与通信等基础设施，能为建设国际一流消费商圈提供优质的发展环境与聚集空间。CBD 作为以现代服务业为核心的特殊经济功能区，依靠区位优势和园区生态系统能快速吸引资源和要素集聚，激发和创新消费需求，支撑国际一流消费商圈建设。近年来中国 CBD 发展势头强劲，CBD 能级和区域影响力持续扩大，优质资源和先进的现代服务业不断向 CBD 集聚，但也呈现生活性功能凸显、生产性功能较弱的趋势，是整个城市乃至周边区域的消费中心。除了资源和要素的集聚，CBD 还辐射了包括周边城市的大范围消费人群，消费受众广泛，成为居民实现更高质量消费需求的重要选择。

第三，发挥消费驱动作用。从工业城市到后工业城市需要从以生产为基础向以消费为基础的社会经济秩序转变，Glaeser 等学者认为未来城市的发展愈发由其对消费者的吸引力决定，因此消费将显著驱动城市发展和升级。加之激发新一轮消费升级潜力被提升到了战略层次。在这一背景下，建设 CBD 国际一流消费商圈能够更好地实现城市消费功能，助力城市转型和繁荣。

三 CBD 国际一流消费商圈标准建设的整体框架

基于政府与市场关系，可以将 CBD 管理模式分为政府主导型和市场运作型。武汉王家墩 CBD 等少数 CBD 是市场运作型，运营决策主要考虑经济性、可行性、投资价值等市场性因素。我国绝大多数 CBD 以政府主导型为主，政府部门相关职能机构承担了 CBD 开发、建设和管理等大部分职能。因此，政府在 CBD 建设发展中承担了重要角色。为更好地建设 CBD 国际一流消费商圈，需要良好的顶层设计框架，以明确的建设方向与标准指导 CBD 国际一流消费商圈建设实践。参考《商务部等 14 部门关于培育建设国际消费中心城市的指导意见》（商运发〔2019〕309 号），基于 CBD 国际一流消费商圈的内涵与建设逻辑，以"规划先行、因地制宜"为原则，提出标准化与特色化相结合的 CBD 国际一流消费商圈标准建设的整体框架（见图 1）。

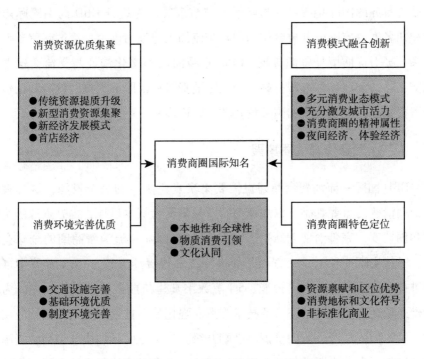

图 1　CBD 国际一流消费商圈标准建设的整体框架

（一）消费商圈国际知名

拥有国际知名度和美誉度是 CBD 国际一流消费商圈的重要标志。按照

CBD 分级标准，世界级 CBD 的特点包括：经济辐射范围覆盖全球、提供全球范围的商务服务；参与全球资源配置，跨国公司、总部企业、国际组织和人才等集聚，经济职能超越单一国家主体；具有国际接轨的营商环境，在产业发展、模式创新、文化理念、政务规范等方面具有较强的创新引领能力。参考该标准，CBD 国际一流消费商圈需要在消费内容和消费对象涵盖范围、影响力与竞争力、目标客源群体、基础设施与环境、商圈特色与定位等方面达到国际一流水平。国际一流消费商圈包括本地性和全球性，同时服务于本国消费和外国消费，表现出物质消费引领与文化认同。具体的衡量指标包括全球 CBD 竞争力排名、入境游客接待量与国别、入驻国际组织和企业数量、产品与服务的国际化程度、国际活动与节事等。为提升 CBD 商圈国际影响力和知名度，应围绕开放合作和国际交流加大建设力度，培育国际贸易合作关系，吸引优质境外资源集聚 CBD，重视海内外文化沟通与交流，建立文化交流驿站和涉外志愿服务站，为国际消费者提供服务支撑，营造和谐包容的消费氛围，吸引更多的国际消费群体，逐步提升国际影响力。

（二）消费资源优质集聚

CBD 国际一流消费商圈建设需要集聚复合优质的消费资源，这是吸引和带动消费的重要基础。以加速消费资源集聚为基本目标，提升资源的优质度和创新度，完善消费创新生态，提升 CBD 国际一流消费商圈的全球竞争力。具体实现路径上，一方面是促进传统资源提质升级。CBD 有着丰富的先进技术应用场景，人工智能、5G 等数字基建与数字技术发展领先，为消费模式创新升级提供了坚实的技术支撑。强化数字技术和数据要素的应用广度，助力传统消费资源向价值链高端升级。另一方面是加快新型消费资源集聚。以创新为核心驱动力，支持共享经济、平台经济等新经济发展，为新型资源集聚提供平台和环境。首店是品牌在一定地理范围内开设的第一家店面，首店经济是以首店布局和新品首发为手段来推动商业创新的经济发展模式。与消费密切相关的首店经济是实现消费结构升级与 CBD 消费功能升级的重要举措。鼓励和支持国际品牌和本地新设品牌在 CBD 开设各种级别的首店，协助品牌举办新品发布会和展览会，打造全球优质资源集聚地、首店开设首选地、国潮品牌发源地等。

（三）消费模式融合创新

为顺应和匹配消费提质升级等变化趋势，CBD 国际一流消费商圈建设需要推动消费方式、消费平台、消费空间、消费体验等消费模式融合创新。发展定制消费、个性消费、体验消费、智慧消费等多元消费业态模式，有效延伸消费者消费时间和空间。基于 CBD 便捷的交通体系和完善的照明等基础设施发展夜间经济，紧握夜间经济这一实现城市经济翻倍的机遇，更好体现 CBD 和城市的消费功能，增强 CBD 魅力和影响力，充分激发城市活力。借助数据要素、数字技术和数字平台等建设智慧消费商圈，推动数字经济赋能消费，以打造数字消费商圈为重要目标。深度融合线上线下消费时空，充分发挥线上消费的便捷性和突破时空限制等优势，强化 CBD 消费商圈的精神属性，增强消费的休闲感、体验感与社交属性，以数字经济赋能休闲交互式消费场域营造，将消费商圈全方面升级为休闲娱乐购物一体的综合空间。

（四）消费环境完善优质

第一，交通设施完善。可达性和易达性是 CBD 建设消费商圈的基础前提。一般而言，CBD 位于城市中心等黄金地带，配备有较为完善的市政交通设施，基本满足可达性要求。为建设国际一流消费商圈，需要进一步提升交通系统的易达性和舒适性。构建公共交通+共享出行+绿色慢行的低碳高效交通出行系统，对外部交通和 CBD 内部交通整体升级，顺滑衔接 CBD 内外交通，高效满足消费者交通需求。通过数字技术构建停车数据管理平台，引导消费者有序停车。为满足消费商圈夜间消费需求，优化夜间出行交通、街道照明设施等基础设施，保障消费者夜间活动的安全感。增强对极端天气、突发安全事件等危机事件的应对，提高交通系统的韧性和安全性，保障交通设施高效智慧运行。

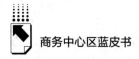

第二，基础环境优质。关注城市气候和自然灾害等问题，借助海绵城市建设对 CBD 基础设施进行升级改造，提升绿色生态景观品质，增强 CBD 韧性和环境品质，优化 CBD 应对极端天气等自然灾害的能力，通过森林公园、健康绿道、慢行系统等建设，改善 CBD 生态环境，优化消费者感官体验，保障消费环境的绿色宜人度。为提高 CBD 消费商圈的品质和竞争力，需要在原有商贸服务功能上扩展休闲功能，建设综合消费购物、绿色生态、休闲娱乐、文化展示等多元功能的 CBD 消费商圈。

第三，制度环境完善。打造适宜国内和国际消费者进行本地和国际消费的环境，加强国际消费者权益保护与设施服务国际化升级，完善相应的法律法规与政策措施，进一步加强服务业和 CBD 对外开放与改革创新力度，形成与国际接轨的消费资源供给体系和消费环境。不确定性城市风险愈发频繁发生，CBD 对外开放程度高、资源要素聚集密集、产业系统综合、区域内主体多元、社会系统运行复杂，危机风险极易扩散并产生连锁反应，带来严重的负面影响。因此，建立和完善危机管理体系和框架也是 CBD 国际一流消费商圈建设的重点内容，以此应对和减轻风险等负面事件带来的危害，提升 CBD 风险抵御能力。具体包括社会治安、突发事件、消费冲突、舆论管理、数据和网络安全等。

（五）消费商圈特色定位

除了标准化建设内容，CBD 建设国际一流消费商圈还需要认真研判和确定商圈的特色和定位。依托城市或区域的地域文化内涵和旅游吸引物等资源和区位优势，结合 CBD 发展现状、资源禀赋和消费习惯等，建设商旅文深度融合，涵盖历史文化、旅游休闲、商业娱乐等多元功能的特色国际一流消费商圈，营造差异化的消费体验，打造特色消费地标和城市文化符号，树立和传播消费商圈独特的整体形象，建立拥有文化认同感、依恋感和忠诚度的稳定客源群体。积极培育非标准化商业，突出消费商圈在空间、氛围、体验、环境和服务等方面的差异，结合区域文化和地缘属性，建设特色化、个性化、难以复制的国际一流消费商圈。具体定位选择上，可以借助首店经济、夜间经济、网红经济、时尚消费、商旅文融合等，建设具有优质、差异化和辨识度 IP 属性的消费商圈，进一步提升竞争力和影响力。

四 CBD 国际一流消费商圈建设的实践进展

CBD 国际一流消费商圈建设需要在标准化的基础上进一步实现特色化，结合当地实际情况和文化禀赋，因地制宜打造具有特色标识的国际一流消费商圈。目前各地 CBD 积极推动消费模式创新、优化消费环境、引领消费时尚潮流、激发消费活力，在建设国际一流消费商圈的过程中选择了不同的重点发展赛道，大力培育首店经济、会展经济、网红经济、夜间经济等消费新业态，积极探索 CBD 特色化建设和发展。北京 CBD 等一系列具有鲜明特色的国际一流消费商圈建设实践，为全国其他省市 CBD 建立国际或国内一流消费商圈提供了可借鉴、可优化、可推广的丰富案例。

（一）北京 CBD：以首店经济引领国际消费商圈建设

北京 CBD 依靠优质的商圈环境和国际化消费氛围，加速发展首店经济和品牌经济。2022 年 3 月，北京市商务局等部门联合印发《促进首店首发经济高质量发展若干措施》，以大力发展首店首发经济，加快推进北京国际消费中心城市建设。凭借实施品牌首店服务体系、品牌首发宣传平台和商业平台首发支撑等组合拳，北京 CBD 吸引了一大批国内外首店、旗舰店入驻。区内落地首店 400 家左右，国际品牌超过 1/3；从首店级别占比看，北京首店占比达 59%、中国首店占比达 34%、亚洲首店占比达 2%、全球首店占比达 5%；从首店类型看，零售类首店占比达 57%、餐饮类首店占比达 30%。2021 年北京 CBD 引入首店 157 家，是北京市引入首店最多的商圈，占全市的 17%。2022 年 4 月，北京 CBD 商圈联盟正式成立并推出 2022 北京 CBD 消费节，以促进商圈成员协同发展、首店和首发经济错位竞合等为主要目标，打造千亿级国际一流消费商圈生态。为更优发展首店经济，北京 CBD 设立了品牌孵化加速器，通过整合区域内 IP 等消费资源，助力文化内涵丰富的新设品牌孵化落地，

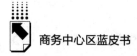
引入社会化资本，优化品牌经营全流程。2021年北京CBD功能区实现社会消费品零售总额1359亿元，SKP商场继续蝉联全球销冠。北京CBD依托华贸中心、国贸中心等形成的商圈聚集了千余项世界著名品牌。区域内有蓝色港湾等购物小镇，涵盖购物、娱乐、休闲、旅游与文化等丰富消费内容，吸引大量国内外消费者和旅游者前往。CBD区域内设有500家左右的餐饮店，其中售卖其他国家美食餐饮的店铺达200余家。为进一步增强国际影响力，北京CBD联合上合组织和新华社等宣传平台，推出"上合-北京CBD民族美食节"、国际消费城市名片等一系列国际消费节事活动，发布北京CBD首个"大使菜肴"指南、"丝路美食"、"CBD数字低碳餐饮新消费"等消费攻略，以建设国际一流消费商圈支撑北京建设国际消费中心城市。

（二）上海虹桥国际CBD：释放会展溢出效应，建设国际时尚新消费商圈

上海虹桥国际CBD通过构建高能级总部经济、高溢出会展经济等"四高"和数字新经济、时尚新消费等"五新"产业体系，发展国际一流的CBD。2021年上海虹桥国际CBD社会消费品零售总额达534.62亿元，显著促进地区消费和经济增长。上海虹桥国际CBD以进博会等知名展会为重要抓手，发挥重大会展的溢出效应，协同推进生产性服务业和生活性服务业，支持国外消费品首店、网红潮牌店等落地入驻，建设国际一流进口商品消费商圈。同时建设数字商圈，发展夜间经济，打造高能级、高吸引力和高文化浓度的ArtPark大融城、首位SHOWAY等全球消费新地标。为更好释放会展经济的溢出效应，上海虹桥国际CBD构建了全国最大的现代综合交通系统，辐射长三角、全国乃至国际，保障消费者可进入和易进入。

（三）广州天河CBD：创新消费业态，打造场景丰富型消费商圈

广州天河CBD充分发挥广州"千年商都"优势，以创新消费业态和消费模式为驱动，充分利用数字经济赋能效应，积极建设数字消费商圈。借助发达的商务贸易，CBD大力培育和引入电子商务等平台，推动传统零售业

转型和新零售业发展，创新定制消费、个性消费、智能消费、数字消费等消费业态，引领"线上唤起+线下体验+直播助购"的新模式。支持多渠道网络服务（MCN）、内容创作平台和工作者发展、电商平台和新媒体平台直播等，促进商务贸易服务业发展。广州天河 CBD 进一步完善创新孵化体系，包括国家级和市级孵化器、众创空间等，支持消费供给新主体发展。CBD 积极探索消费商圈在功能实现、消费品质等维度的建设路径，不断完善交通等基础设施建设，增强天河路 CBD 作为商贸业集聚枢纽的平台功能和对外形象，加速打造高品质"天河路世界级消费商圈"。

（四）成都锦江 CBD：打造消费风尚标，建设时尚活力消费商圈

成都锦江 CBD 积极打造消费时尚风尚标，全面建设国际知名的时尚消费圈。CBD 积极引入国际时尚奢侈品牌、私人定制品牌和高端小众品牌等，共引进国际知名品牌 500 余个，其中香奈儿、爱马仕等国际一线大牌 66 个，位居成都市之最。CBD 时尚活力区以时尚消费、国际商务、消费金融和数字文创四大产业为主导，通过提升 CBD 国际品牌聚集度和浓度，显著提升了商圈特色和竞争力，影响力持续向周边地区扩散和辐射。基于成都跨境电子商务综合试验区建设，推动相关企业数字化升级，深度链接线上和线下消费体验，打造跨境电商 O2O 体验店和智慧店铺等零售新业态。2021 年，成都市锦江区社会消费品零售总额实现 1324.3 亿元，同比增长 13.7%；限额以上单位通过互联网实现商品零售额、餐饮收入分别增长 58.9%、82.1%。成都 IFS、远洋太古里销售额稳居成都商业综合体销售额前二，显著推动区域经济增长。2021 年，以"成都十二月市"为主题，有机结合夜间经济、后街经济等消费场景，打造潮购、潮游等四条场景消费专题线路，打造国际时尚消费中心动力极和特色街区。

（五）西安 CBD：建设商旅文融合发展型消费商圈

西安碑林区 CBD 基于长安路中轴线，结合城市轨道交通，打造商旅文深度有机融合的文旅体验式消费商圈。CBD 以"聚核与辐射、破界与立场、

触媒与再生、缝合与织补"为路径，充分利用文化和旅游资源，建设具有西安特色的商旅文融合发展型消费商圈，强化和突出 CBD 商圈特性。2020年西安碑林区 CBD 社会消费品零售总额达 113.54 亿元，以西安优质的文化旅游资源为重要抓手，吸引国内外多元群体前往消费，有效促进了城市消费实现和经济增长。西安长安路 CBD 以打造特色商业街区为抓手，发展街区经济。主要对中贸广场餐饮步行街、榴园地下商业街、音乐街等商业街进行特色改造和升级，以特色街区促进文旅商联动和深度融合，打造复合型CBD。在对街区进行特色升级的同时，改造老旧街区，完善街区道路、电力、绿化等基础设施，优化街区整体形象。

（六）郑州郑东新区 CBD：以活力夜间经济引领消费商圈建设

发生在下午 6 点至次日早晨 6 点的夜间经济是城市消费的"新蓝海"，显著促进人际交往和消费需求增加，是城市和 CBD 促进消费升级和消费潜能释放的重要选择。为应对消费疲软趋势，结合当地发展情况，郑州郑东新区 CBD 以夜间经济为切入口，构建 CBD 夜间经济协调发展机制，主要从以下三个方面促进夜间经济高质发展，打造充满烟火气的郑州夜生活。第一，激发夜间消费需求。郑东新区 CBD 围绕文化、节日、主题事件等举办了丰富的夜间促消费活动，比如购物节、创意集市、展览会、跳蚤市场等，以激发消费热情和满足夜间消费需求。第二，增加夜间消费优质供给。以优质供给支撑夜间消费，进一步打造具备全球知名度的夜间消费品牌。鼓励体育馆、图书馆、艺术馆、文化馆、博览馆等承载公共文化艺术活动的场馆适度延迟开放时间。引入或创新国内外艺术表演，包括沉浸式演出、音乐剧话剧、电影、歌舞剧等。创新夜间经济形态和模式，发展绿色餐厅、智慧餐厅、无人餐厅、24 小时餐厅等新模式，支持深夜食堂、深夜影院、深夜书店等传统服务延展服务时间。第三，优化制度措施保障夜间经济发展。为保障夜间活动安全有序开展，创新设立"夜间区长""夜生活首席执行官"等配套制度，面向社会公开聘用经验丰富的工作人员开展夜间经济管理工作，试点放宽夜间外摆摊位管制，允许特定时间段特定餐饮店适度外摆。

五　CBD 国际一流消费商圈建设的对策建议

中国 CBD 应该科学统筹和紧紧把握国际消费中心城市建设等机遇，坚持"规划先行、因地制宜"的原则，有序推进国际一流消费商圈建设。基于 CBD 国际一流消费商圈标准建设的整体框架，稳步推动标准化与特色化建设，以数字经济、商旅文融合、国际交流合作等为抓手，建设具有韧性和国际影响力、更加包容和谐、支撑消费潜力充分释放的 CBD 国际一流消费商圈。

第一，加速推动优质消费资源集聚和消费环境优化。以高质量消费资源供给匹配消费提质升级趋势，建设包容、自由、闲适、品质和特色的 CBD 国际一流消费商圈。充分利用 CBD 空间和基础设施，为广大国内外消费者提供消费、社交、休闲和发展的场所，不断提高消费者满意度、认同感和依恋感。有效延伸 CBD 消费空间和时间，发展夜间经济，根据具体情况考虑推进 18 小时 CBD 甚至 24 小时 CBD 建设。针对 Z 世代等年轻消费群体，以夜间经济、微醺经济等新消费场景和体验为抓手，增强消费能级和消费氛围。优化 CBD 消费商圈为消费者提供的购物、休闲和放松时空，强化 CBD 为消费者带来的闲适、愉悦和舒缓的情感体验。

第二，充分发挥数字经济、商旅文融合、国际交流合作对 CBD 国际一流消费商圈建设的赋能作用。深度应用数字经济打造数字消费新业态，丰富消费场景，促进 CBD 商圈消费资源和消费体验升级，以新型消费驱动 CBD 消费商圈和城市发展。加速数字技术、数据要素、平台经济、共享经济、体验经济等新经济发展与应用，以颠覆性创新技术促进消费模式创新和消费提质升级，为 CBD 消费商圈建设和产业升级提供新的驱动力。加速完善 5G、高速无线宽带等数字经济基础设施建设，提高 CBD 数据获取和分析能力，通过消费者信令数据等行为数据深入分析消费者偏好和行为，建立 CBD 智慧综合管控中心，依靠数字智慧技术多维度动态管理 CBD。在消费对象和消费环境中有机融入更多的文化因子，推动音乐、美术、绿植、建筑等艺术元素深度融入商圈建设，丰富 CBD 国际一流消费商圈的文化内涵与艺术元素，促进商旅文深度融合，提升消费体验环境的品质和文化浓度。加深不同能级 CBD 商圈在消费、文化、产业发展等领域的交流合作，积极构建国际消费节、国际展会等促进国际交流和消费的平台，增强区域联动和协同发展，持续提升 CBD 消费商圈的国际水平和影响力。

第三，优化 CBD 营商环境，增强 CBD 韧性，实现可持续发展。优化 CBD 企业营商环境，强化相关政策支撑，优化税收、金融等政策工具的运用，激活市场主体发展活力和消费者消费动力。支撑众创空间、品牌孵化器、品牌发布会等软硬环境优化，为优质消费资源创新和集聚提供土壤，统筹协调 CBD 区域内要素资源，促进知识溢出和扩散，协同创新消费模式，促进消费潜力释放。目前中国 CBD 主要是政府主导的运作管理模式，未来需要逐步向多元主体合作共治的治理模式转变，充分释放 CBD 发展活力与人文魅力，协调多元主体的利益诉求，激发区域内经营企业、社会组织和消费者等多元主体的能动性，实现 CBD 国际一流消费商圈健康可持续发展。随着 CBD 国际一流消费商圈建设的推进，人群聚集程度越来越高，商圈开放时间延长，可能产生噪声、垃圾、公共安全等社会成本问题，需要通过政策等调控与把握 CBD 消费商圈发展走向和安全问题。平衡公共秩序管理与经济发展，合理规划 CBD 以减轻城市土地压力和最优利用空间，营造包容安全的城市公共空间，强化 CBD 内在的适宜性、多元性和包容性。

参考文献

陈一新：《中央商务区（CBD）城市规划设计与实践》，中国建筑工业出版社，2006。

高辰颖、刁琳琳：《构建首都高品质消费商圈的路径选择》，《前线》2023 年第 4 期。

毛中根、龙燕妮、叶胥：《夜间经济理论研究进展》，《经济学动态》2020 年第 2 期。

李文洁、单菁菁：《成都春熙路：以商圈建设提升经济活力》，载牛海龙、单菁菁主编《中国商务中心区发展报告 No. 8（2022）》，社会科学文献出版社，2022。

张杰、蒋三庚：《中央商务区以高水平开放推动区域发展报告》，载蒋三庚、张杰主编《中央商务区产业发展报告 No. 5（2019）》，社会科学文献出版社，2019。

张卓群、姚鸣奇：《韧性视角下 CBD 产业高质量发展研究》，载牛海龙、单菁菁主编《中国商务中心区发展报告 No. 8（2022）》，社会科学文献出版社，2022。

总报告编写组：《发挥 CBD 在区域协同发展中的核心引领作用》，载李国红、单菁菁主编《中国商务中心区发展报告 No. 2（2015）》，社会科学文献出版社，2016。

总报告课题组：《百年未有之大变局下韧性 CBD 建设》，载牛海龙、单菁菁主编《中国商务中心区发展报告 No. 8（2022）》，社会科学文献出版社，2022。

Ashton K. , et al. , "Developing a Framework for Managing the Night-time Economy in Wales：A Health Impact Assessment Approach," *Impact Assessment and Project Appraisal* 36 (1)，2018：81-89.

Glaeser E. L. , et al. , "Consumer City," *Journal of Economic Geography* 1（1），2001：27-50.

B.8
CBD 国际消费地标打造的思路及路径

董亚宁　王飞　顾芸*

摘　要： CBD 国际消费地标是重要的消费场景和消费中心。本报告在分析综述我国 CBD 发展研究的基础上，首先，从打造世界顶级商圈、建设国际消费中心城市、赋能新发展格局构建等方面提出打造 CBD 国际消费地标的现实意义；其次，梳理了当前 CBD 国际消费地标的发展趋势及其基础条件；再次，顺应新的发展潮流和时代背景，从以绿色低碳循环为理念、以文化历史保护为魂脉、以差异多元特色为原则、以科学技术手段为支撑四个方面提出打造 CBD 国际消费地标的主要思路；最后，对打造 CBD 国际消费地标提出对策建议：创新 CBD 地标打造思路、编制 CBD 地标建设规划、升级 CBD 地标消费场景和加强 CBD 地标运营监管。

关键词： 国际消费地标　建筑类地标　文化类地标　消费场景

中央商务区（CBD）拥有众多商务办公写字楼、高端商场、酒店和餐厅等，是众多商务人士和旅游者的汇聚地，也是重要的跨国公司总部集聚中心和城市商业与金融聚集地。CBD 消费地标是城市的重要消费场景和消费中心，大多 CBD 都有自己专属的地标，不同 CBD 的地标也不尽相同。CBD

---

* 董亚宁，中国社会科学院生态文明研究所助理研究员、博士后，主要研究方向为国土空间发展理论、生态经济学理论等；王飞，北京市住房和城乡建设执法总队干部，博士，主要研究方向为城市经济与管理、住房与土地；顾芸，首都经济贸易大学经济学博士后，主要研究方向为新空间经济学、教育经济与管理。

国际消费地标的繁荣发展能够反映一个城市的消费水平和现代化程度，其不仅是消费和体验的重要打卡地，更是城市消费竞争力的体现。由此，在恢复和扩大消费、推进高水平开放以及构建新发展格局的战略背景下，研究打造我国 CBD 国际消费地标的现实意义、主要思路及实施路径具有重要意义。

一　打造 CBD 国际消费地标的现实意义

CBD 国际消费地标是 CBD 建设发展的重要载体和引擎，将有助于赋能新发展格局构建、建设国际消费中心城市和打造世界顶级商圈。

（一）有助于赋能新发展格局构建

在加快构建以国内大循环为主体、国内国际双循环相互促进的新发展格局背景下，国内消费在新发展格局中发挥重要作用，亟须紧密结合 CBD 商圈建设引领城市高质量发展，紧密衔接全球经济分工格局，促进打通国内国际双循环，推动城市高质量发展。CBD 是高品质办公场所的汇集地，是跨国公司和头部企业落户的首选之地，同时也往往是世界著名文化艺术活动、传统节庆、高级别赛事以及高级别会议论坛的举办地，是全球游客的"打卡"必经点。这其中 CBD 国际消费地标打造不仅能够满足当地居民的品质消费需求，还应该满足现代金融、高端商务等优质企业和龙头企业需求，聚集优质头部商业资源，承载国内外综合性、高能级商业活动，形成国际消费集群。因此，打造 CBD 国际消费地标，培育 CBD 成为世界顶级商圈，对 CBD 迅速聚集高端消费资源、拥有全球消费资源的配置能力、提升其国际消费中心功能具有重要意义。

（二）有助于建设国际消费中心城市

CBD 地标不仅是所在 CBD 的重要标志，也是所在城市对外形象展示的名片，因此是城市发展建设的重要组成部分。CBD 地标是旅游业和商贸业

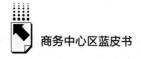

的重要资源，能够提高城市的知名度和美誉度，在一定程度上代表着城市的发展水平和繁荣程度，大量的游客和商业活动会被此吸引，大量的资源会集聚于CBD，从而提高消费规模和带动消费升级，进而推动城市的持续发展和繁荣，形成良性循环。在中国，培育建设国际消费中心城市是加快消费转型升级、推动经济高质量发展和新一轮高水平对外开放的重要举措，是党中央、国务院做出的重大战略部署。如果说国际消费中心城市是国内消费市场升级的高级形态，拥有全球范围最繁荣的消费市场、高效的消费配置功能以及突出的消费创新和引领功能，是对接全球消费市场、吸引全球消费者的枢纽和平台，那么城市中的CBD就是国际消费中心城市建设的重要承载地之一，其CBD国际消费地标打造也将有助于加快国际消费中心城市建设。2019年《商务部等14部门关于培育建设国际消费中心城市的指导意见》也明确提出培育建设国际消费中心城市的重点任务在于聚集优质消费资源、建设新型消费商圈、推动消费融合创新、打造消费时尚风向标、加强消费环境建设以及完善消费促进机制。因此，在我国高质量发展阶段，面向新一轮高水平对外开放，打造与国际消费中心城市定位相匹配的CBD国际消费地标具有重要的现实意义。

（三）有助于打造世界顶级商圈

根据2021年商务部发布的《城市商圈建设指南（征求意见稿）》，城市商圈主要指在城市一定经济区域内，由若干个商业综合体和商业设施构成商业集聚区，并以商业集聚区为中心向周边扩展，具有一定消费力、集聚力和辐射力的商圈，包含核心商圈、区域商圈和社区商圈。核心商圈主要指位于城市中心区或特定区域，面向全市，辐射周边地区、全国乃至国际消费人群，满足高端购物、文化旅游、特色餐饮、休闲娱乐、金融商务等多元化消费需求的商圈。CBD是大城市的重要代表性商圈，随着消费能级不断升级和CBD辐射范围扩大，晋升为世界顶级商圈是CBD发展的重要方向。同时，CBD地标是CBD商圈品牌力的最佳展示面，这使得打造CBD国际消费地标成为促进消费扩容升级、推动CBD加快融入世界顶级商圈的着力重点和突破方向。因此，对标国际一流商圈和消费中心，吸引国内外高端商业品牌和资源集聚，提升高端购物、文化旅游、金融商务等功能，努力打造一批 CBD 国际消费地标是形成一批世界顶级商圈的可行之策和当务之急。

二　CBD 地标类型及其国内外典型代表

（一）CBD 建筑类地标及其代表

CBD 建筑类地标不仅是 CBD 地标，也是城市的标志性建筑，为人们提供美丽的城市风景线。例如，北京 CBD 著名地标包括国贸大厦、中央电视总台大楼、建外 SOHO 等；中国香港中环著名地标包括国际金融中心、中银大厦、香港立法会大楼等；在美国的纽约曼哈顿 CBD，著名地标包括帝国大厦、洛克菲勒中心、克莱斯勒大厦和大都会人寿保险大楼等；在英国的伦敦 CBD，著名地标包括伦敦塔桥等；在法国的巴黎拉德芳斯 CBD，著名地标包括卢浮宫、巴黎凯旋门和大拱门等；在澳大利亚的悉尼 CBD，著名地标包括悉尼歌剧院、海港大桥等。这些世界著名的 CBD 建筑类地标有的建筑风格现代化，有的建筑风格复古，有的为整个城市增添现代感和时尚气息，有的为整个城市增加历史厚重感和人文情调，每年都吸引了众多游客前来参观、旅游和消费。CBD 建筑类地标除了在高度上引人瞩目，在造型、创意上也可谓别具一格，这些地标建筑往往因其造型而获得了形象生动的昵称并被大众所熟知（见表 1）。

表 1　中国若干 CBD 地标建筑特点

地标建筑	所处 CBD	主要特点
广州新电视塔/海心塔/广州塔	广州天河 CBD	建筑中部扭转形成"纤纤细腰"的椭圆形；中国第一高塔，世界第二高塔
中央电视总台大楼	北京 CBD	被美国《时代》周刊杂志评选为 2007 年世界十大建筑奇迹之一

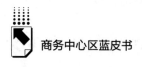

续表

地标建筑	所处 CBD	主要特点
千禧广场/千玺广场	郑东新区 CBD	夜色中建筑通体点亮黄色灯光,宛如一根"大玉米";中原第一高楼
上海环球金融中心、上海中心大厦、上海金茂大厦	上海陆家嘴金融城	上海环球金融中心是中国内地第三高楼、世界第五高楼;上海中心大厦是中国第一高楼、世界第二高楼
中信集团总部大楼	北京 CBD	建筑外形仿照古代礼器"尊";北京第一高楼
东方之门	苏州工业园区 CBD	一座双塔连体门式建筑,被誉为"世界第一门"

CBD 建筑类地标还可以是高品质的住宅和办公场所,吸引更多商务人士前来 CBD 定居工作。例如,澳大利亚墨尔本 CBD 西段地标住宅 The Spencer 公寓,出门就是公园绿地、办公场所或是美丽河滨步道,是一栋备受瞩目的摩天大楼;泰国曼谷拉玛九新 CBD 地标住宅 one 9 five 公寓,该"双子塔"公寓拥有现代化的设计和豪华的装修,视野广阔,繁华景色尽收眼底。可以说,CBD 地标住宅所处地理位置极其优越,休闲娱乐设施配套相当完备,与生活、工作、商业紧密结合,是寻求卓越生活方式的人们的理想之选。至于高品质的办公场所则不胜枚举,绝大部分位于 CBD 的摩天大楼都是高品质办公场所的典范。此外,CBD 建筑类地标还包括公园、广场等公共空间,如纽约曼哈顿 CBD 的中央公园。

(二)CBD 文化类地标及其典型

CBD 文化类地标是追求文化交流互鉴的人文旅游消费体验地,不仅能够体现 CBD 是一个充满活力和文化气息的地方,还能体现 CBD 是一个文化商业中心。CBD 文化类地标打造能够为其所在 CBD 和城市提供更多文化交流和互动机会的同时,还能催生更多消费场景,进而促进消费升级。从具体表现方式来看,通过举办形式多样、特色鲜明的文化活动,如会议论坛、音乐会、赛事、艺术展览、节日庆典和首发首秀首展等,可以促进文化多样性发展和文化消费。这些特色鲜明的文化活动一旦打造成 CBD 文化类地标，就可以吸引更多的游客和商务人士前来 CBD 消费和体验，为城市带来更多文化氛围的同时注入新的消费活力。

文化类地标不仅是城市文化的象征，也是城市发展的重要标志。例如，致力于打造国际级商圈的北京 CBD，继 2021 年举办首届"金台市集-CBD 咖啡青年节"以来，现已连续成功举办了 3 届，吸引了超过 4 万名消费者，不仅有北京及全国精品咖啡商户不断加入，同时将咖啡生活节、主题快闪店分享会、咖啡行业专业人士交流分享会、拉花表演、摇摆舞会、音乐演出等文化活动融入其中，不断丰富消费者的消费体验，展示北京 CBD 开放活力形象，从而助推了北京国际消费中心城市、朝阳"咖啡之城"建设。[1] 再比如，重庆解放碑 CBD 依托全市驻渝领事馆全部集中于此的资源禀赋，于 2022 年和 2023 年连续两年高规格举办福布斯中国城市消费发展论坛，推进离境退税示范街区建设，建成陆海新通道国际消费中心，实现"足不出户"一站式采购国际消费品。[2] 由此可见，CBD 文化类地标打造的重要性不仅在于促进所在 CBD 的发展建设，还在于增加城市的文化吸引力和知名度，为整个城市的经济发展和文化交流做出了重要的贡献。

CBD 建筑类地标也可以是重要的文化载体。一方面，有些建筑类地标蕴含着大量的文化内涵。例如，位于重庆解放碑 CBD 的解放碑是重庆城的地标建筑，是中国唯一的一座纪念中华民族抗日战争胜利的纪念碑，是中国人民反法西斯战争取得胜利的象征，代表着不屈不挠的抗战精神，在海内外具有非凡影响。另一方面，有些建筑类地标其本身就是文化和历史的传播场所，如上海的东方明珠塔和北京的国家大剧院既是 CBD 地标的经典代表，也是文化和历史的重要传播场所。例如，上海南京西路 CBD 着力打造百乐门海派文化风情地标和 800 秀现代文化时尚地标，对荣宅等大量历

---

[1] 资料来源：https：//baijiahao.baidu.com/s? id=1766310092849206571&wfr=spider&for=pc。

[2] 资料来源：https：//mp.weixin.qq.com/s/0p0CcXlhD6_ PNuir4RHrPQ。

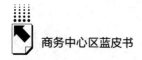

史建筑进行有机更新，依托美琪大戏院、艺海剧院、麦金农酒店等延展文化戏剧内涵，持续强化 CBD 的文化标签和旅游属性，助力 CBD 游客造访量攀升。

三　CBD 消费地标的发展趋势

随着我国 CBD 快速发展，依托 CBD 消费地标的消费活动也蓬勃增长。在此过程中，CBD 地标随着经济社会发展和新消费模式涌现，呈现出一定的新趋势、新特征，逐步形成了从建筑类、单一自发式和本地化消费地标转向文化类、集群目标式和国际消费地标的发展趋势。

（一）从建筑类消费地标打造到文化类消费地标打造

众所周知，以摩天大楼为代表的建筑类地标打造是一种经济和科技实力的表现。CBD 除了高度集中城市的经济和科技力量，还是城市文化力量的集中之地。现如今，越来越多的 CBD 将历史文化充分融入建筑类地标打造。例如，位于北京城市副中心通州区的通州运河 CBD 将挖掘大运河丰富文化内涵，推进瓮城遗址公园项目建设和潞河驿复建工程，探索研究钟鼓楼、北城门等古城北大街历史文化景观建设；配合研究实施皇木厂、通济桥遗址区域的古河道恢复工作，展示古河道历史风貌和古码头遗迹，打造充满人文底蕴的文化商务区。① 近年来，同样作为 CBD 形象的文化类地标越来越受到重视。文化已然成为商业消费发展的必需品。以文化赋能商业消费发展，建设历史文化和现代时尚交相辉映的文化类地标成为一种新的发展趋势。2019 年《商务部等 14 部门关于培育建设国际消费中心城市的指导意见》明确提出，"把握国际消费新潮流，培育发展一批'博览会''购物节''时尚周''消费展'等国际产品和服务消费新平台，打造适合不同群体的时尚消费地标，汇聚提升城市时尚消费的影响力和辐射力"。目前，中国

---

① 资料来源：https：//www. beijing. gov. cn/ywdt/gzdt/202303/t20230322_ 2941567. html。

国际进口博览会、"五五购物节"已在上海虹桥国际中央商务区成功举办数届，其中 2023 年上海虹桥国际 CBD 核心商圈"虹桥天地"举办了首届"虹桥数字黑科技嘉年华"活动，将 AI、区块链、云计算、5G 等数字科技融入文旅、娱乐、教育和生活等应用场景，创新探索"五五购物节"信息消费数字生活。① 北京 CBD 也以众多时尚消费地标著称，通过吸引一批具有全球引领性、标志性和首创性文化商业消费业态，形成了高质量现代化商业消费体系，这将助力打造国际品牌聚集地、时尚潮流引领地、消费创新策源地。

（二）从单一自发式地标打造到集群目标式地标打造

在早期 CBD 地标发展中，CBD 地标往往是单一自发式的，缺乏与周边地区的规划融合、衔接与联动。近年来 CBD 地标打造更多地被城市空间规划或商业消费空间规划纳入，有着明确发展目标和功能定位。例如，2022年 11 月发布的《北京市商业消费空间布局专项规划（2022 年~2035 年）》明确将"中国潮""国际范""烟火气"作为商业消费空间的发展目标，赋予了国际消费地标打造和 CBD 发展的历史文化定位、国际市场定位和商业消费定位（见表 2）。上海将着重打造首发首秀首展地标，打造"全球新品首发季"，举办具有重大影响力的国际、本土品牌和潮牌的新品首发、首秀、首展等活动，提高时尚首秀、剧目首演等活动的举办频率，如在南京西路商业中心做强新品首发功能，在小陆家嘴-张杨路商业中心打造首发首秀等时尚发布平台。② 此外，CBD 地标也形成了集群式发展态势，力图形成整体合力、共同发力，全面提升 CBD 消费能级。例如，郑州市郑东新区 CBD地标包括千玺广场、会展中心和艺术中心三大地标建筑，以青年文化为特色的永威木色购物公园，以"黄河文明"与"少林功夫"为特色的龙湖区域，共同赋能消费增极（见表 3）。这种 CBD 集群式地标打造，可以是地标建筑

---

① 资料来源：http://wap.51ldb.com/shsldb/cj/content/0187c7ddb3cec0010000df844d7e124a.html。
② 《上海市商业空间布局专项规划（2022—2035 年）》。

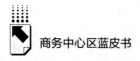

的集群式打造，也可以是地标文化的集群式打造，越来越多的集群式打造将形成优势互补、相互协调的新集群地标。

表 2　北京市商业消费空间布局专项规划之发展目标

发展目标	内涵诠释
"中国潮"	传承中华文明"城"与"市"和谐交融的空间传统，深植北京作为世界文化名城的文脉根基，大力推进新时代首都发展赋能商业消费，不断培育商业与历史文化、休闲体验、山水人居、智慧创新等深度融合的新消费场景，以商业消费空间擘画千年古都菁华，彰显中华文化自信
"国际范"	加快构建新发展格局，着力推动高质量发展。紧抓北京高标准建设国家服务业扩大开放综合示范区和中国（北京）自由贸易试验区契机，持续优化为国际交往、国际消费体验服务的软硬件环境，实现从"买全球"向"买全球、卖全球"转变，不断推动中国品牌、"中国设计"走向国际，以商业消费空间汇聚全球商贸精粹，谱写命运共同华章
"烟火气"	大力推进新时代发展、新技术迭代对商业消费模式的提档升级，持续提升基层商业保障能力，积极提供服务全龄、全时、全类型需求的有温度、有品质、有特色的业态与空间，不断实现人民对美好生活的向往，以商业消费空间演绎百味京韵故事，写意和谐人居画卷

资料来源：《北京市商业消费空间布局专项规划（2022 年~2035 年）》。

表 3　郑州市郑东新区中央商务区地标

地标类型	地标名/承载地	特点与功能
建筑类	千玺广场	总建筑面积 25 万平方米，其主楼为 280 米高塔状建筑，是中原第一高楼；集商业、办公、酒店、会议、休闲、展览、观光旅游等多功能于一体的城市综合服务设施
	会展中心	建筑面积 22.76 万平方米；由日本黑川纪章都市建筑事务所和机械工业第六设计院共同设计；集会议、展览、文娱活动、招待会、餐饮和旅游观光于一体的大型展览设施；郑州市会展活动的主要承办地，具有一定的国际知名度
	艺术中心	由加拿大国际著名设计大师卡洛斯·奥特设计；大剧院、音乐厅、小剧场、美术馆、艺术馆五个椭圆体建筑是由河南出土文物陶埙造型演变而来，艺术墙似黄河波涛翻卷的浪花，是古代中原文化与现代建筑艺术的完美结合；推动艺术中心文旅文创融合发展，全力打造文旅消费新地标

地标类型	地标名/承载地	特点与功能
文化类	永威木色购物公园	永威木色购物公园以青年文化为特色,打造成可供广大青年沉浸体验、社交互动、打卡消费、生活服务、进阶成长的新地标和栖息地,有效传达富有青年力的生活态度与精神内涵
	龙湖区域	打造以"黄河文明"与"少林功夫"为特色的文旅消费新地标;依托龙湖大面积水域和良好的硬件设施,集合休闲度假、主题娱乐、水上运动、体育赛事等主题推动该区域水资源更多元更深度地开发利用

资料来源:根据郑州市郑东新区中央商务区管理委员会提供资料整理而得。

(三)从本地化消费地标打造到国际化消费地标打造

在 CBD 更高的发展阶段,不仅要有本地消费引领能力,更要有全球消费引领能力,这需要发挥新消费理念、新消费场景、新消费潮流和新消费模式的引领作用。随着 CBD 自身发展升级的需要以及国际消费中心城市建设的需求,高标准打造 CBD 国际消费地标也将成为一种发展趋势。在全国第一批建设培育国际消费中心城市的城市中,已经有不少商业中心具备打造国际消费地标的条件,如上海的南京东路、南京西路、淮海中路、徐家汇、小陆家嘴、豫园商城、北外滩和虹桥商务区等商业中心,这也将开启 CBD 国际消费地标打造之路[①];广州市将天河路-珠江新城商圈的发展目标定位于汇聚国际时尚消费地标的世界级地标商圈。[②] 这些 CBD 国际消费地标打造重在顺应消费升级趋势,旨在提高商业配套的档次和品质,聚集更多全球优质企业和优质商品、服务,培育更多本土品牌,引领国际消费潮流风尚,努力构建融合全球消费资源的集聚地,吸引更多国外消费客群前来消费和体验。

---

① 《上海市商业空间布局专项规划(2022—2035 年)》。
② 《广州市重点商业功能区发展规划(2020—2035 年)》。

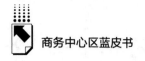

四　CBD 国际消费地标打造的新思路

在新的背景下，CBD 国际消费地标需要新的打造思路，包括以绿色低碳循环为理念、以文化历史保护为魂脉、以差异多元特色为原则、以科学技术手段为支撑打造 CBD 国际消费地标。

（一）以绿色低碳循环为理念打造 CBD 国际消费地标

如果说美观度、实用性和便捷性是打造 CBD 国际消费地标的外显理念，那么绿色低碳循环则是打造 CBD 国际消费地标的内隐理念。简单而言，绿色低碳循环理念就是要求 CBD 国际消费地标打造注重环保性和能源利用效率，降低二氧化碳排放量，减少对生态环境的负面影响。对于 CBD 建筑类地标建设而言，需要充分考虑可持续性和生态环境保护，通过使用绿色建筑材料和环保技术，减少能源消耗和碳排放，降低对水土和大气等环境的污染，避免过度开发和破坏生态环境，也为城市的可持续发展和全球气候治理做出贡献。对于 CBD 文化类地标建设而言，绿色低碳循环理念可以直接成为其文化内涵的重要部分，即可以将绿色低碳循环理念打造成 CBD 文化类地标，积极推广绿色低碳循环理念，为 CBD 树立良好的公益形象和社会声誉，引导消费者形成良好的消费习惯和生活方式，提升企业对 CBD 的信任度和认可度，吸引更多志同道合的消费者和企业前来 CBD 消费和落户，进而推动经济、社会和环境的可持续发展。

（二）以文化历史保护为魂脉打造 CBD 国际消费地标

CBD 地标打造需要注重文化和历史的保护，尊重当地的文化特色和历史遗产，展示当地独特的文化和历史价值。对于 CBD 文化类地标打造而言，CBD 文化类地标建设不仅有助于保护文化遗产，也有助于提高城市的文化吸引力和历史记忆。对于 CBD 建筑类地标建设而言，在其建设过程中，我们也应该注重地标建筑的文化内涵和历史意义，让建筑类地标也能成为城市文化和历史传承及传播的重要组成部分。注重将文化元素和历史遗产融入 CBD 建筑类地标建设这一做法不仅仅是为了体现、传承和弘扬当地的文化特色和文化精神，使 CBD 地标建筑更具当地文化内涵和吸引力，还有利于促进国际消费，进而提高城市的经济发展水平和国际知名度。同时，在 CBD 建筑类地标规划和建设中，应该加强历史保护保留建筑的活化利用，尊重当地的文化和历史遗产，避免对其造成损害。

（三）以差异多元特色为原则打造 CBD 国际消费地标

以差异多元特色为原则打造 CBD 国际消费地标，带动 CBD 差异化、多元化、特色化的发展。就差异化原则而言，强调 CBD 国际消费地标在地区间的差异，旨在构建形成具有区位特征、区域差异的 CBD 国际消费地。CBD 国际消费地标打造需要在综合比较地方优势和现有模板的前提之下，找到地方的独特之处，形成 CBD 之间错位发展的良性发展趋势。就多元化原则而言，强调 CBD 国际消费地标的要素多元，旨在构建形成形式多样、内涵丰富的 CBD 国际消费地。CBD 国际消费地标打造需要统筹兼顾经济、科技和文化等多种资源要素，并且充分利用这些优势资源丰富地标的种类和内容，合力形成相互补充、相互协调的集群地标。就特色化原则而言，强调 CBD 国际消费地标的地域特色，旨在构建形成高识别性、特色鲜明的 CBD 国际消费地。CBD 国际消费地标打造需要注重地方文化和品牌建设，打造具有地方特色和文化内涵的国际商业形象和品牌，提高消费者的认同感和归属感。

（四）以科学技术手段为支撑打造 CBD 国际消费地标

CBD 国际消费地标打造还可以借助科技手段，加强数字化、智能化建设，提升消费体验和服务质量，培育数字服务业，充分释放数字文化消费潜力，推进智慧 CBD 建设，打造全景智能化 CBD。例如，通过智能化管理系统，提高商业中心的安全性和便捷性，提高商业运营效率和服务质量，提升消费者的满意度和忠诚度；引入云计算、大数据、人工智能等技术，打造网络办公、网络会议、网络会展、网络医疗、网络教育等新型消费场景，为消费者提供更加个性化、便捷化、互动化和多样化的服务，满足新兴消费需求；构建智慧交通网络，完善公共交通网络，提高交通便利性和舒适度；引导应用虚拟现实、艺术光影等新媒体技术，塑造沉浸式、有科技感的消费新地标；借助技术赋能文化，丰富文化消费内容，提升地方文化的国际影响力。在数字经济时代，大数据中心、VR/AR、元宇宙等新型数字产业将成为服务消费的主导力量，这些新型数字产业也将成为CBD国际消费地标打造的着力方向，吸引新数字经济企业入驻，使得其所在CBD成为数据要素及相关技术的汇集地，进而带动城市数字经济发展。

五　CBD国际消费地标打造的实施路径

为了打造世界顶级商圈、建设国际消费中心城市、赋能新发展格局构建，顺应CBD地标打造的发展趋势，应该明确CBD国际消费地标打造的实施路径。

（一）创新CBD地标打造思路，推动CBD地标持续发展

只有不断创新，才能持续发展。无论是新增培育CBD地标，还是更新提升CBD地标，都应该创新CBD地标打造思路，强化集聚辐射和引领带动作用，着力推动CBD地标持续发展。既要打造具有地域历史特色和国际影响力的建筑类地标，又要打造彰显文化时尚魅力的文化类地标，用文化定义潮流，借助文化活化优势，形成具有独特魅力的国际文化消费新地标。特别注意的是，CBD建筑类地标也不应再以高度论英雄，[①] 而应将人文、功能、特色作为规划设计的首选。鼓励邀请国内外知名或新锐设计团队，在符合整体规划的前提下，通过建筑形态、外立面材质、景观设计、科技元素等，打

---

① 2020年4月27日，住建部和国家发改委联合发布《关于进一步加强城市与建筑风貌管理的通知》，严格限制各地盲目规划建设超高层"摩天楼"，一般不得新建500米以上建筑。

造吸引游客打卡的地标建筑,营造时尚的国际化商业风貌,提升 CBD 知名度和影响力。就北京 CBD 而言,北京 CBD 在北京市的定位是打造千亿级世界商圈,瞄准这一目标应着力培育世界级文化艺术地标,如依托国贸、嘉里中心、银泰购物中心、正大中心、SKP 等载体,打造市内免税综合体、国际顶级文化艺术地标项目;以通惠河为载体,扩展创意亲水休闲空间,打造品质生态文化地标;以 CBD 核心区文化中心、国华热电厂等文化场馆为承载空间,引进国际文化艺术交流演出和展出,打造首都国际化文化新地标。

(二)编制 CBD 地标建设规划,优化 CBD 地标空间布局

要注重编制 CBD 地标建设规划及具体实施方案,积极调动多元主体广泛参与,实现规划共语、共编、共治与共享,做好优化 CBD 地标空间布局工作。在编制 CBD 地标建设规划的过程中,至少可以考虑以下八点。一是建设规划的科学性,即要在建设 CBD 地标前进行充分的规划和设计,确保建设项目的科学性和合理性,如京华贸中心在规划设计阶段,就携手国际顶尖设计团队,在立面形象、建筑空间、低碳环保等各个层面做到高标准。二是确定建设目标,即要明确 CBD 地标建设的目标和定位以及对城市的经济和社会发展的贡献,与城市发展规划目标方向相一致,如国际消费中心城市建设目标。三是充分利用城市资源,即要充分利用城市的土地、建筑物和文化历史资源等。四是建设可持续性,即要考虑 CBD 地标建设的可持续性,包括绿色、低碳、环保、节能和资源循环利用等,如截至 2023 年 7 月,北京 CBD 区域 LEED 认证项目累计达 34 个,总计超过 500 万平方米,约占全市认证总规模的 20%,超高的 LEED 渗透率让北京 CBD 成为国际上写字楼"绿化"程度最高的 CBD 之一。五是统筹空间布局,即要统筹考虑 CBD 地标建筑与其他 CBD 建筑和配套设施等在空间上的布局,如建筑的高度、形状和位置应该与周边环境和交通基础设施相协调,做到相得益彰,形成一个有机的整体。六是重视当地居民利益诉求,即要充分考虑当地居民的需求和利益,确保地标建设项目对当地居民的影响最小化。七是注重社会责任,如为社会公益事业做出贡献、为当地社区和居民创造就业机会和发展机会等,

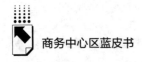

提高城市居民的生活质量等。八是吸引国际投资，即要吸引国际投资以支持CBD地标建设，同时增加城市的国际影响力。

（三）升级CBD地标消费场景，激发CBD国际消费潜能

CBD国际消费地标打造可以积极探索新发展格局下的商业模式和消费场景，拓展CBD消费空间，全面激发CBD国际消费潜能，增强CBD的国际知名度和综合竞争力，推动CBD向世界顶级商圈方向迈进。要重点面向本地及周边地区和国际消费人群，紧抓地标特色化、体验性、多元化的发展趋势，以升级CBD地标为抓手，深度挖掘历史文化资源禀赋，创新塑造消费体验丰富、消费场景多元的核心场景，引入和积极打造体验类、餐饮类、酒店类等高品质、国际化品牌，加大引进和培育壮大首店、旗舰店、概念店、线下融合体验店、全场景智慧门店、免税商店，形成线上线下一体化、智慧化消费场景，建设一批具有国际特色和优质体验的CBD国际消费地标，更好地服务国内外商务及休闲客群，提升CBD集聚度、辐射力和国际影响力，如朝阳蓝色港湾-亮马河国际风情水岸作为"夜京城"的特色消费地标，以水面为载体，将水与光影相结合，打造出流动的水幕灯光秀，为朝阳"24小时不眠城区"和国际消费中心城市建设持续"加码"，让"不夜朝阳"越夜越精彩。

（四）加强CBD地标运营监管，保障CBD地标价值释放

坚持CBD地标的全生命周期高质量运营思维，全面统筹规划引领、市场主导、政策保障与行动支撑，不断加强CBD地标运营过程中的公开、公正和透明的监督管理，保障CBD地标价值的充分释放，让CBD地标成为CBD国际化发展的动力和推动器，也为建设成为国际消费中心城市做出贡献。当然，成功的CBD国际消费地标打造需要政府、业界和社会各方的共同努力，保持开放、包容和合作的态度，共同推动城市建设成为国际消费中心城市。由此，CBD地标运营监管要高度重视宣传工作，将CBD地标运营监管纳入CBD整体宣传计划，通过宣传栏、官网、公众号等多种平台和形

式加大 CBD 地标运营监管进展和成效的宣传，扩大影响力，鼓励企业、公众等利益相关方广泛参与监督工作，形成社会高度重视的良好氛围，如北京打造 CBD 全球数字会客厅，通过导入更多媒体资源，帮助区域企业通过数字会客厅进行宣传。在宣传基础上，主管部门还需要建立常态化反馈渠道和定期沟通机制，加强主管部门与利益相关方间的有效沟通，便于利益相关方及时、积极、主动表达诉求或反馈进展情况，利于发现和解决 CBD 地标运营过程中的问题和难点，以此增强用户的满意度和忠诚度，更有效地保障 CBD 地标价值充分释放。此外，就 CBD 地标运营方面，可以适时组织开展国际交流合作，积极调动多元主体参与度，充分对标和借鉴国际成功经验和先进做法，促进 CBD 国际化发展。

参考文献

武占云、单菁菁、张双悦：《中央商务区融入双循环新发展格局的优势、问题及对策》，《商业经济研究》2022 年第 14 期。

汪婧：《国际消费中心城市：内涵和形成机制》，《经济论坛》2019 年第 5 期。

徐向梅：《加快培育建设国际消费中心城市》，《经济日报》2022 年 11 月 21 日。

樊志宏：《建设国际消费中心的关键是打造系列国际性消费目的地》，《武汉社会科学》2022 年第 3 期。

B.9
数字经济背景下 CBD 智慧商圈建设现状、问题及思路

王 菡　端利涛*

摘　要： CBD 是培育建设智慧商圈、引领建设国际消费中心城市的核心载体。近年来，随着数字经济的飞速发展以及具有通用目的性的数字技术的加速迭代，传统商圈的数字化转型以及商圈的数字化智慧化建设进程逐渐加快。CBD 在推进数字信息基础设施建设、助力企业数字化转型、培育数字消费新场景等方面取得积极进展。未来，CBD 应通过商圈能级提升、数字消费场景打造和体制机制创新等举措，进一步推动 CBD 商圈数字化转型和智慧化发展。

关键词： 数字经济　CBD　智慧商圈　企业数字化转型　数字消费场景

　　当前，全球经济发展都面临着巨大挑战。从国际来看，世界百年未有之大变局加速演进，经济全球化遭遇逆流，国际环境日趋复杂，不稳定性不确定性加剧，全球经济面临诸多下行风险。从国内来看，我国已由高速增长转向高质量发展阶段。随着低成本竞争力削弱，劳动力比较优势弱化，资源能源等基础要素的"红利期"也日渐期满，经济增速逐渐放缓。经济高质量发展阶段强调要优化经济结构、提高发展质量，培育新增长点、形成新动

---

* 王菡，中国社会科学院生态文明研究所博士后，主要研究方向为城市与区域经济、数字经济等；端利涛，中国社会科学院数量经济与技术经济研究所助理研究员，博士，主要研究方向为数字经济。

能。智慧商圈作为智慧城市的重要组成部分，以新一代信息技术为基础，重塑商业活动与消费者相互关系，是构筑商业发展新生态、激发商圈发展新活力、挖掘商圈新增长点、推动建设国际消费中心城市的重要手段，也是传统商业转型发展的重要路径。CBD 是城市商业商务活动的最主要载体和平台，大力推进 CBD 商圈数字化转型和智慧化发展，打造国际一流智慧商圈对推动城市经济高质量发展、加快融入新发展格局具有重要意义。

一 CBD 推进建设智慧商圈的背景

（一）CBD 打造智慧商圈面临的政策机遇

"十四五"规划强调，要"深入实施扩大内需战略，增强消费对经济发展的基础性作用和投资对优化供给结构的关键性作用，建设消费和投资需求旺盛的强大国内市场""培育建设国际消费中心城市，打造一批区域消费中心"。2022 年 4 月，国务院办公厅发布《关于进一步释放消费潜力促进消费持续恢复的意见》，提出要加快推进国际消费中心城市培育建设，推进消费平台健康持续发展，不断增强消费发展综合能力，促进消费持续恢复。为贯彻落实中央、国务院关于实施扩大内需战略、建设高标准市场体系和引领新型消费加快发展的系列部署，商务部制定了《智慧商圈、智慧商店示范创建方案》，提出要立足于各地经济社会发展基础，结合国际消费中心城市培育、智慧城市建设和区域协调发展战略部署，科学合理谋划商圈建设，并于 2022 年 12 月将杭州武林商圈、广州天河路商圈、重庆解放碑-朝天门商圈①等 12 个商圈以及 16 个商店确认为我国首批全国示范智慧商圈、全国示范智慧商店（见表 1），强调各示范商圈、示范商店要把握新形势新任务新要求，进一步加强探索和创新，持续促进消费恢复和扩大。智慧商圈是城市商业体系建设的重要内容，是扩大内需的重要载体，是促进消费升级的重要

---

① 杭州武林商圈、广州天河路商圈、重庆解放碑—朝天门商圈均为中国商务区联盟成员 CBD。

平台。CBD 作为城市商业发展高地，更需要把握好这一政策机遇，积极顺应消费需求变化，持续优化商圈环境，不断提升商圈质量，充分发挥 CBD 的提升引领作用，更好地满足人们品质化、多样化的消费需求。

表 1　中国首批全国示范智慧商圈、全国示范智慧商店名单

序号	地区	全国示范智慧商圈	全国示范智慧商店
1	北京	北京市三里屯商圈	三里屯太古里南区
2	天津	天津市佛罗伦萨小镇商圈	创意米兰生活广场
3	上海	上海市豫园商圈	外滩金融中心
4	江苏	南京市新街口商圈	金鹰国际南京购物中心
			新街口苏宁易家旗舰店
5	浙江	杭州市湖滨商圈	湖滨银泰
			解百商业
6		杭州市武林商圈	杭州大厦
7	安徽	合肥市淮河路商圈	百大鼓楼名品中心金座
8	山东	济南市泉城路商圈	泉城路贵和购物中心
9	广东	广州市天河路商圈	正佳广场
			广州友谊商店正佳店
10		广州市北京路商圈	新大新国风
11	重庆	重庆市解放碑-朝天门商圈	重庆环球购物中心
			重庆来福士购物中心
12	四川	成都市春熙路商圈	成都国际金融中心

资料来源：《商务部关于公布首批全国示范智慧商圈、全国示范智慧商店名单的通知》。

（二）CBD 打造智慧商圈的数字经济基础

数字经济以体现信息生产方式为特质，是一种以数字化的知识和信息为关键生产要素，以数字技术或数字化方式驱动生产方式和生活方式重塑的新经济形态。新经济形态下，数据作为生产要素嵌入生产过程，并且作用于传统生产要素，不仅丰富了原有生产要素体系，还丰富了生产要素的组合方式，催生了新的价值创造和价值攫取（分配）途径，产生了新的创新过程，成为驱动城市高质量发展的核心力量。党的二十大报告提出，要加快发展数

字经济，促进数字经济与实体经济深度融合。2023 年政府工作报告也对大力发展数字经济做了重要部署，这表明党和国家把数字经济提升到了前所未有的高度。智慧商圈是利用数字技术整合传统商圈的商业服务，实现业态融合互补、信息互联互通、客户资源共享和精准营销服务的一种新型服务体验环境或服务生态系统，是传统商圈与虚拟商圈融合发展的新型商圈形态。商圈是线下消费的主要场所，智慧商圈建设需要以现代信息技术应用带动传统商圈、商店的数字化、智慧化转型，推进商圈管理、基础设施、消费服务和消费场景的智慧化提升。数字技术的通用目的性及快速迭代为传统商圈的数字化转型提供了技术支撑，也为推进基础设施的智慧化建设、提升管理服务的智慧化水平、拓展营销方式的智能化以及培育形成消费新模式新产品新业态、打造智慧商圈提供了坚实基础。

二 CBD 智慧商圈建设进展与成效

在传统实体商业竞争优势减弱、数字经济快速发展的背景下，商圈的主要活动开始从商品销售转向围绕消费者个性化需求的服务提供，经营业态开始从传统零售业转向体验性零售业、休闲娱乐业、数字服务业等，商业活动的空间形态开始从实体空间转向虚实相结合的空间综合体。各 CBD 作为城市商业商务活动高度集聚地，积极推进数字信息基础设施建设，充分运用数字技术推动企业数字化转型，积极培育数字消费新场景推动零售业态创新转型，有效推进了商圈数字化转型和智慧化发展。

（一）数字信息基础设施建设稳步推进

数字信息基础设施建设是以新发展理念为引领，以数字创新为驱动，以现代通信网络为基础，提供数字转型、智能升级、融合创新等方面基础性、公共性服务的现代化基础设施体系，是建设智慧商圈的重要支撑。中国各地 CBD 积极推进数字信息基础设施建设，为推动商圈数字化转型、智慧化转型注入了强大动力。北京 CBD 建成国内首个 L4 级别高精度城市级数字孪生

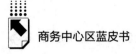

平台，实现了北京 CBD 的 1∶1 全要素、高拟真还原，为推进数字化生态打造、企业数字化转型，开展数字产业链和数字产业集群招商持续赋能，成为引领全国数字化基建和城市智慧平台建设的新标杆。北京通州运河 CBD 推进布局主干道、部分公共区域、三峡集团等楼宇智能基础设施，积极实施地上地下一体化建设，通过优化完善地下空间智慧化交通导视系统，有效提高核心启动区 43 个地块间商务楼宇间的通行便利，通过布局建设车联网系统，开展车路协同，形成智慧、快捷的地下交通基础设施体系；并鼓励和引导社会资本投入建设 5G 基站、特高压、新能源汽车充电桩、数据中心、工业互联网等新型基础设施，有效增加了运河商务区智慧化设施建设的资金支撑。上海虹桥国际 CBD 依托政务服务"一网通办"和城市运行"一网通管"平台、国际互联网数据专用通道，规划布局离岸功能型数据中心，推进建设一流数字基础设施。济南 CBD 加快推动信息化基础设施、智能化终端设施以及智能运维设施，在整个 CBD 片区布局建设 5G 智慧杆，用以支撑 7×24 小时视频监控巡查、AI 场景自动识别、节能照明控制、广播喊话、党建宣传、紧急求助联动、充电服务、查询诱导、违停抓拍、娱乐互动等不同的场景化应用。宁夏银川阅海湾 CBD 支持中国移动在区内布局建设 5G 基站，实现了全区首个区域级 5G 网络全覆盖，并在园区公共区域实现了 Wi-Fi 全覆盖、监控无死角，组建了智慧园区综合管控中心和智慧旅游分析系统；推进建设宁夏首个智能体验中心，建成城市数据湖项目展厅，为园区企业数据存储提供了有力支撑；落户国家北斗导航位置服务数据中心，成为全国第三个完成验收的省级北斗分中心。

（二）CBD 助力企业数字化赋能进程加快

各 CBD 基于各自产业基础，聚焦数字经济领域，开展培育数字经济新业态，并利用 5G、数字孪生技术、AI、云计算等对传统产业进行数字化重塑。

上海虹桥国际 CBD 鼓励新一代通信技术推广应用，开发商务贸易、交通组织、城市运行、产业发展等方面的场景应用，以数字底座、赋能平台、数字经济等为抓手，探索具有虹桥特色的城市数字化转型建设模式，推动形成智慧交通、智慧会展、智慧商务和智慧生活功能体系，打造智慧虹桥。北京通州运河 CBD 搭建智慧楼宇能源管理平台，选取部分商务楼宇为试点，实时展示楼宇、设备和环境监测等重要信息，为企业提供精细化、定制化服务；推进智慧城市标杆项目建设，组织协调中企华、中联资产、天成通链、联合信用等重点企业，推动数字人民币区域场景开放，支持开展数字资产交易，推动基于区块链技术的"近零碳排放智慧能源示范区"建设。

广州天河 CBD 以数字技术赋能培育药品和医疗器械流通新增长点，支持区内医药流通企业、软件企业等联合搭建医药企业数字化升级服务平台，拓宽了电商业务；支持有条件的医药龙头企业发展医药 B2B 业务、药品 B2C 业务，布局电子处方业务，实现从医生到门店到患者的药品流转循环；支持行业组织、贸易促进机构、龙头企业联合搭建一站式外贸公共服务平台，设立市场采购贸易服务中心和数字贸易服务中心，为企业提供通关、退税、结汇、物流、仓储、融资等业务服务，以及国际交流展示、创意产品孵化、国际人才培训、国际贸易动态和行业研究等服务；发挥国家文化出口基地、国家数字服务出口基地等带动作用，依托天河区专业服务机构集聚优势，进一步拓展天河区文化出口贸易合作单位，为企业提供境外法律、金融、知识产权、数字营销等领域专业服务。

北京 CBD 发布全球首个基于真实场景还原的全球数字会客厅，从数字化招商、办公服务及商务拓展与推广三个方面，帮助企业实现线上办公和真实场景的商务洽谈，打造"元宇宙+会议、会展、购物、交通"等八大体验场景，推动北京 CBD 数字化招商与服务工作提质增效；发布首个数字空间创新创业平台——全球创新创业云中心，为企业整合全球资源、撮合产业资源、寻找发展机遇，提升了 CBD 创新活力，并将进一步加强与研究机构、产业智囊团合作，通过区块链、智能合约等技术，推动创意向资产转变，更好地为 CBD 创新创业提供全生命周期服务；与北京国际大数据交易所联合发布北京 CBD 跨国企业数据流通服务中心，依托 CBD 在产业方面的资源优势与北京国际大数据交易所在数据交易方面的专业优势，为企业提供数据跨

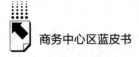

境业务咨询、合作对接等专业服务，并进一步探索数据跨境的安全合规流动，构建数据安全产业体系和数据跨境生态体系；依托朝阳文旅金融综合服务平台，面向全国文旅企业，帮助企业获得无抵押、无担保的线上融资，有效推动了文旅企业数字化发展；搭建产业链供应链数字服务平台，与区域重点产业链、科技平台企业和金融机构等形成政、企、银合作，并立足于北京自由贸易试验区商务服务片区朝阳组团，服务全国各行业、各产业，为企业提供政策、市场、金融、数据等综合性服务。

（三）数字消费新场景不断涌现

我国数字经济相对发达的中央商务区，以数字技术赋能，打造数字消费新场景，积极培育以沉浸式体验、数字消费等新业态新模式引领的新型消费，取得了实质性进展。北京 CBD 通过数字孪生技术，在数字空间中搭建元宇宙"第二个三里屯"购物街，为消费者打造线上的、沉浸式的、交互式的消费场景，使用户在进入元宇宙空间后，可以塑造属于自己的独特形象，身临其境般畅游于商铺之间，并可驻足商铺沉浸式了解商家动态，通过扫码查看商品及一站式购物体验，在元宇宙中不断解锁更多时尚、潮流新玩法，促进了 CBD 区域资源联动和消费提质升级，为 CBD 全领域数字化探索和前沿消费创新策源提供了新动能。此外，北京 CBD 还联合京东消费及产业研究院、人大高瓴人工智能学院等发起成立了北京 CBD 消费大数据实验室，并进一步推进与消费领域研究机构合作，发挥大数据和人工智能等数字技术对商圈和消费工作的数据支持和监测指导作用。

广州天河 CBD 加快推进零售业态创新转型，培育以消费者体验为中心的数据驱动型新零售，以数字技术赋能推动消费升级。其中，天河路商圈依托天河电脑城、展望数码广场、百脑汇广州店、总统数码港等数码零售综合体，发展科技体验、消费电子、游戏娱乐等业态，打造"信息消费体验式潮流区"；做大做强天河直播购物节，充分调动天河直播节活动分会场、各大商圈载体、电商平台、直播电商基地、电子商务 MCN 机构以及品牌商家直播间等，实现线上线下联动、多点全域直播、全网全平台互动。国际金融城商圈依托金融方城，在地上岭南风情街、珠江沿岸建设智慧喷泉、智能长椅、互动式照明、虚拟花园、数字地板等数字化场景；支持 VR、AR、5G+4K/8K 超高清等技术应用，推出一批沉浸式娱乐体验馆和演艺项目；探索推出城市灯光秀、数字烟火场景等沉浸数字体验，打造城市数字打卡地标；拓展"数字人民币+智慧商圈"应用范围，在商圈内推动数字人民币终端设备铺设，推动了数字人民币线上线下场景应用落地示范和移动应用创新。金融城东区依托尚品宅配、鹏瑞、美林天地、居然之家等项目，以前进村更新改造为增长机遇点，建设新品发布中心、智慧家居体验中心和大型定制中心，拓展"人工智能+数字经济"应用新场景，打造"智慧家居定制体验"类新型产业观光化业态，发展数字家居购物体验，有效促进了线上线下联动；建设科技体验主题零售店和旗舰店、数字化无人商店、24 小时无人健身仓、智能停车场等，提高了商圈的数字化水平。珠江新城商圈在楼宇、住宅、景点布局一批智慧驿站、智慧书店，在载体引入 AR 虚拟试穿、VR 虚拟购物等体验式消费场景；支持花城广场以及联动周边商业综合体建立专区，为智能家居、智能网联汽车、VR/AR、无人机、可穿戴设备等数字技术企业提供产品展示销售空间。

三 CBD 智慧商圈建设面临的问题与挑战

尽管我国 CBD 在推进商圈数字化转型、建设智慧商圈方面取得了实质性进展，但大部分 CBD 商圈与国际一流智慧商圈相比仍存在较大差距。

（一）数字经济市场主体能级有待提升

目前，我国部分地区数字经济市场主体能级有待提升，数字经济发展不平衡现象较为突出。首先，数字市场主体、数字创新资源、数字经济核心产业等集中分布在北京、上海、浙江、广东等东部地区，东北部、西部地区数字经济发展相对滞后，数字产业基础薄弱，产业链条尚未形成。根据《全国数字经济发展指数 DEAI（2022）》，2022 年北京数字经济发展指数为

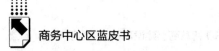

215.4，位居全国第一，广东、浙江、上海数字经济发展指数分别为213.6、207.5、202.0，全国有11个省份数字经济发展指数高于全国平均水平（132.2），其中约72.7%省份位于东部地区，数字经济发展不平衡现象较为突出。其次，部分CBD商圈内市场主体能级较低，与北京CBD、广州CBD、上海虹桥CBD等存在较大差距，数字经济发展不均衡较为突出，传统产业数字化程度不高、数字产业发展落后，数字经济多处于产业链中低端，特色优势不明显，数字经济相关产业和企业能级有待提升。

（二）商圈数字化智慧化水平不足

部分CBD商圈普遍存在实体零售企业线上线下融合不足问题。线上线下融合发展是智慧商圈的典型特征，也是其优势所在。零售企业进行线上线下融合过程中需要增加高新技术人力资本投入，加大平台基础设施建设，这会加大企业高成本运营压力，导致线上线下服务完美融合的商圈较少，甚至部分商圈出现线上资源和线下资源的对立、竞争，或者出现只注重线上平台搭建，脱离线下资源，形成信息孤岛和组织内耗。此外，商业业态比较单一，体验性消费业态偏少，且消费环境数字化水平不高，利用新一代信息技术、大数据，推进元宇宙与实体消费空间的深度融合，重构消费者、消费场景和商品零售服务等要素之间的关系，营造沉浸式体验消费场景是智慧商圈的核心价值。但多数CBD实体商圈存在困难，在消费空间设计中缺乏系统规划方案，难以满足数字时代消费者的新需求。

（三）现有制度规范相对滞后

传统商圈的推动主体主要是政府和商业企业，而智慧商圈是多主体参与共建的商业服务生态系统，除了政府和一般商业企业，民众、科技企业与社会组织等也是重要的参与主体，且智慧商圈的经营业态和空间形态也发生了很大变化。原有管理制度、运行规范不能满足新发展阶段的需求，亟须建设能够适应于创新性强、综合性强、多元主体参与的长效运营管理体制机制，同时与之相适应的联合多主体、跨部门、跨层级的协调管理机制也尚未构建或者有待完善。此外，智慧商圈是数字技术和实体产业的深度融合发展的商圈形态，海量消费者数据要素的投入使用有利于创新消费场景、释放消费潜力、激发消费活力，但数据资源的开放共享、信息安全和隐私保护制度均需要在实践中不断探索和完善。

四　CBD 智慧商圈建设的思路与建议

基于我国 CBD 在商圈智慧化建设过程中取得的成效以及可能面临的问题和挑战，顺应商圈数字化智慧化发展趋势，从进一步强化 CBD 商圈能级、积极培育打造数字消费场景、强化数字基础设施建设以及积极探索体制机制创新等方面提出对策建议，以期更好地推动 CBD 智慧商圈建设。

（一）进一步强化 CBD 商圈能级

进一步强化资源要素保障，加快集聚高能级市场主体、高层次人才、全球性资金等全球高端要素资源，大力吸引国际产业链供应链资金、人才、技术等生产要素向 CBD 商圈聚集，健全供应链服务体系，同时推动现有供应链体系向数字化转型，持续引入数字经济龙头企业，开展数字产业链和数字化产业集群招商，逐步建成数字化产业供应链服务体系。重视引进跨界、复合型人才，强化对复合型人才的引进及其相应配套服务，同时进一步优化人才激励机制，探索多元化人才激励模式，激发人才创新活力，着力完善表彰奖励和包容机制。进一步做大做强首店首发经济，充分发挥 CBD 商圈高端商业载体集聚优势，吸引国内外知名品牌在区内开设亚洲首店、全国首店、区域性首店，支持国内外知名品牌在 CBD 举办大型新品首发活动，培育发展一批网红打卡新地标，满足年轻时尚消费需求。继续培育数字经济新产业、新业态、新模式，打好"产业、项目、基建、场景"组合拳，支持新零售行业企业综合运用大数据、人工智能、元宇宙等先进数据和创新手段，试点建设数字化商店、智慧商店，提升数字经济与商圈经济融合、联动水平。此外，还应进一步梳理盘点 CBD 商圈各类商业

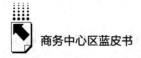

载体资源，与片区内各商业开发运营主体深入沟通引导各商业开发运营主体错位发展、良性竞争。

（二）积极培育打造数字消费场景

依托 CBD 培育打造数字新场景，增加数字场景应用，促进"商品+服务""线上+线下"联动发展。强化线上线下融合发展意识，充分结合线上线下功能差异，强化线上信息交互、精准营销及在线交易等功能，发挥实体零售企业信誉、品牌等无形资产优势，同时借助线上零售企业的资金优点，以资本合作、交叉持股等方式强化企业合作，有效实现资本整合、资源共享，推动线上商城与线下消费深度融合。推进商贸企业消费场景数字化和信息化，创新数字化沉浸式体验。立足于城市传统文化、现代文化以及优势场景资源，通过数字虚拟技术，培育打造沉浸式精神文化产品。鼓励探索"元宇宙+消费"，推动元宇宙与 CBD 特色文化元素创新融合发展，积极培育云演艺、云文博、云展览、云游戏等在线文旅新业态，深化人工智能、虚拟现实、8K 高清视频等技术融合，建立虚实融合文化元宇宙开放式平台，打造沉浸式数字化消费场景。同时，深刻把握数字时代消费者对产品和服务的个性化、定制化等方面的需求，注重新零售企业与消费者的互动合作，吸引消费者参与产品的创造过程和营销过程，提高消费者的体验感和忠诚度。

（三）强化数字基础设施建设

打造智慧商圈，夯实数字基础设施是基本条件。各 CBD 应顺应我国数字经济发展趋势，积极发挥引导作用，通过优化、创造软环境，优化资源和服务供给，积极争取国家重大科技基础设施落户 CBD，同时鼓励企业投资建设以新一代信息技术为基础且能够提供数据感知、采集、存储、传输、计算、应用等支撑能力的数字信息基础设施，逐步实现商务区基础设施向绿色低碳、高速泛在、云网融合、智能便捷方向转化。争取更多 CBD 开通国际互联网数据专用通道，增强商务区用户跨境信息交互体验，满足企业发展实际需求，提升国际交往的服务质量。积极开展数字创新探索，大力推进数字孪生、人机交互、区块链、人工智能等多种前沿数字技术向智能交通、环境治理、应急安全等商圈建设的各个领域快速渗透，培育打造数字经济生态环境。

（四）积极探索体制机制创新

强化组织协调，加强管委会、企业、消费者及社会组织之间联动，充分发挥联席会议、管委会作用，统筹推进商圈建设重点工作，及时研究解决商圈智慧化建设过程中的各种问题。支持 CBD 商圈龙头企业主导和参与制订数字技术标准、数据安全标准、数据流通标准等标准研制工作，促进标准研制与创新能力提升。进一步加大政策支持力度，优化政策支持体系，积极争取数字经济、元宇宙、服务贸易、金融改革等领域创新政策在 CBD 先行先试，建立适应新业态、新模式发展的包容审慎监管机制，积极探索创新符合数字产业化、产业数字化发展的监管模式，分领域制订监管规则和标准。进一步放宽市场准入条件和资质审批条件，加大对外摆经营、户外文化商业活动的支持力度。实行市场准入负面清单制度，赋予市场主体更多的主动权，在电商节、传统节假日等重要消费节点，支持市场主体在商业用地红线范围内依法依规开展促销活动。探索创新投融资机制设计，搭建投资基金平台，引导社会资本设立数字经济领域股权基金、创业基金、产业基金，有效激发社会资本积极参与数字经济投资和建设，以多元化投融资模式强化项目现金流培育，解决项目资金的供给困难。

参考文献

郭亮、单菁菁主编《中国商务中心区发展报告 No.7（2021）》，社会科学文献出版社，2021。

单菁菁、武占云：《数字经济助力提升 CBD 经济韧性的现状、问题和对策》，载牛海龙、单菁菁主编《中国商务中心区发展报告 No.8（2022）》，社会科学文献出版

社，2022。

单菁菁、武占云：《CBD 韧性基础设施建设现状、问题及建议》，载牛海龙、单菁菁主编《中国商务中心区发展报告 No.8（2022）》，社会科学文献出版社，2022。

单菁菁、武占云：《建设新型商圈增强 CBD 经济韧性的思路与对策》，载牛海龙、单菁菁主编《中国商务中心区发展报告 No.8（2022）》，社会科学文献出版社，2022。

钮钦：《面向体验经济的智慧商圈：理论阐释和建设路径》，《中国流通经济》2018年第 10 期。

王鹏：《数字赋能融合发展 助力商圈提质升级》，《前线》2023 年第 4 期。

消费环境培育篇

Consumption Environment Cultivation Chapters

培育文化旅游消费、助力 CBD 一流商圈建设的研究

王庆龙　秦卫娜　陈 说[*]

摘　要： 文化旅游消费已成为我国经济增长的新动力和新引擎，在促进各地 CBD 一流消费商圈建设、消费提质升级方面发挥着重要作用。本报告系统梳理了国内典型 CBD 在促进文化旅游消费方面的进展成效及面临问题，结合 CBD 一流商圈建设重点和文化旅游产业发展新趋势，从挖掘 CBD 内在价值和文化特色、培育发展 CBD 文化旅游消费新业态、文化旅游消费要素融入 CBD 商圈规划、科技赋能文化旅游消费新场景和营造促进文化旅游消费的良好外部环境等五个方面提出通过文化旅游消费助力 CBD 一流消费商圈建设的思路与建议，以为 CBD 消费能级提升和经济高质量发展提供有益借鉴。

---

* 王庆龙，成都理工大学马克思主义学院讲师，博士，主要研究方向为环境经济学、气候变化与可持续发展、低碳经济绿色发展；秦卫娜，西南石油大学讲师，主要研究方向为国际关系；陈说，四川省成都市武侯区人民政府专业技术人员，博士，主要研究方向为环境经济学、区域经济学、政治经济学。

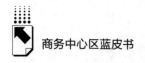

关键词： CBD　文化旅游消费　消费商圈建设

2022 年 12 月，中共中央、国务院印发了《扩大内需战略规划纲要（2022～2035 年）》，提出将进一步推动旅游业高质量发展，从旅游场景消费、旅游产品消费等方面提振文化旅游消费潜力。党的二十大报告指出，要加快建设现代化经济体系，并做出了新的战略部署。2023 年 7 月，《国务院办公厅转发国家发展改革委关于恢复和扩大消费措施的通知》（即恢复和扩大消费 20 条措施），其中进一步明确了"丰富文旅消费"的重要性，强调要"积极举办文化和旅游消费促进活动"。2023 年 7 月 24 日，中共中央政治局召开会议，分析研究当前经济形势和经济工作，会议指出"要积极扩大国内需求，发挥消费拉动经济增长的基础性作用""推动体育休闲、文化旅游等服务消费"。在消费升级、产业转型的后疫情时代，文化旅游消费已然成为我国经济持续增长迈向高质量发展阶段的新动力和新引擎。文化和旅游产业规模的持续扩大，市场主体数量的持续增长，有效促进了国民经济的转型升级与提质增效，为满足人民对美好生活的向往奠定了坚实基础。文化旅游消费的快速发展为中央商务区（CBD）一流商圈建设创造了良好契机。一方面，文化旅游消费的快速发展为 CBD 一流商圈建设孕育了肥沃土壤，吸引外部人口尤其是高端商务人士的集聚，通过匹配、学习和分享的外溢效应，为 CBD 一流商圈建设集聚了人才、信息、资本等要素资源禀赋；另一方面，文化旅游消费的发展壮大本身内涵于 CBD 商圈建设之中。促进文化旅游消费是 CBD 商圈建设的重要内容，是 CBD 商圈培育可持续的文化旅游消费业态、支撑 CBD 商圈迈向一流水平的重要支撑。

一　文化旅游消费的现状与趋势

消费是推动经济高质量发展的重要抓手，消费对国民经济的重要性日益凸显。文化和旅游消费作为服务性消费的重要组成部分，在满足人民群众多样化、个性化以及不断升级的消费需求方面发挥着重要作用。^① 同时，由于文化旅游消费因其关联产业众多，产业影响力系数和感应度系数较大，能极大地带动上下游和旁侧关联产业的集聚和发展壮大，加速要素与产业集聚，为 CBD 商圈建设赋予较大的动力支撑。

（一）促进文化旅游消费发展的政策支撑体系不断完善

随着改革开放进程的深入发展，我国文化旅游消费不断复苏，尤其进入20 世纪 90 年代之后，人们的文化旅游消费潜力不断得到释放，各种文化旅游消费景点如雨后春笋般"涌现"出来。从 1991 年的国家"八五"计划到2021 年的国家"十四五"规划，对文化旅游业的支持政策相继经历了从"大力发展旅游业"到"深度开发文化旅游"再到"文化和旅游融合发展"的变化。文化旅游作为一个相对独立的概念，长期出现在国家和相关部委的政策文件中。国务院发布的《中华人民共和国国民经济和社会发展第十四个五年规划和 2035 年远景目标纲要》明确提出"推进文化和旅游融合发展"。党的二十大报告进一步指出，"坚持以文塑旅、以旅彰文，推进文化和旅游深度融合发展"。

在具体的政策实施层面，由文化与旅游部牵头制定了一系列支持政策，着力提振文化旅游消费，推进文化和旅游在产业维度层面深度融合发展（见表 1）。

表 1 截至 2023 年 2 月国家部委发布的文旅行业支持政策

发布时间	发布部门	政策名称	内容解读
2022 年 11 月	文化和旅游部	《文化和旅游部关于推动在线旅游市场高质量发展的意见（征求意见稿）》	推动旅游行业的创新发展和智慧化水平，促进新技术应用和迭代创造更多新就业形态和新就业岗位，成为旅游产业升级和旅游消费激发的新引擎

① 张苏秋：《后疫情时期文化旅游深度融合的三重维度：理论基础、现实挑战和创新路径》，《北京文化创意》2022 年第 4 期。

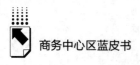

发布时间	发布部门	政策名称	内容解读
2021年12月	文化和旅游部、人力资源社会保障部	《关于持续推动非遗工坊建设助力乡村振兴的通知》	支持非遗工坊及相关企业运用短视频、直播等形式讲述产品的地域和民族特色，以及其中所蕴含的文化内涵和工匠精神。依托乡村旅游创客基地，推动非遗工坊建设与乡村旅游相结合，培育特色鲜明、体现地方人文的研学旅游项目
2021年12月	文化和旅游部	《文化和旅游部关于推动国家级文化产业园区高质量发展的意见》	到2025年，国家级文化产业示范园区达到50家左右，规模优势和聚集效应更加明显，培育一批具有发展潜力的国家级文化产业示范园区创建单位，不断提高创建水平，形成高质量创建梯队
2021年7月	文化和旅游部	《关于组织开展2021年全国文化和旅游消费季活动的通知》	以国家文化和旅游消费示范城市、国家文化和旅游消费试点城市为主要依托，举办线上线下深度融合的系列促消费活动，维护消费者合法权益，营造良好消费氛围，激发居民文化和旅游消费热情，促进消费市场复苏和产业高质量发展
2020年11月	国家发改委	《关于深化"互联网+旅游"推动旅游业高质量发展的意见》	到2022年，建成一批智慧旅游景区、度假区、村镇和城市，全国旅游接待总人数和旅游消费恢复至新冠肺炎疫情前水平
2020年11月	文化和旅游部	《文化和旅游部关于推动数字文化产业高质量发展的意见》	推进数字经济格局下的文化和旅游融合发展，以文塑旅，以旅彰文。促进文化产业与数字经济、实体经济深度融合，构建数字文化产业生态体系。加强国际交流合作，培育新形势下我国参与国际合作和竞争新优势
2020年10月	文化和旅游部	《关于开展文化和旅游消费试点示范工作的通知》	到2022年，建设100个试点城市、30个示范城市，文化和旅游消费保持快速增长态势；示范城市居民人均文化娱乐支出占消费支出比例超过6%，旅游收入增速保持两位数以上增长，进一步发挥示范引领作用
2020年9月	国家发改委	《关于促进特色小镇规范健康发展的意见》	促进产城人文融合，叠加文化功能，挖掘工业文化等产业衍生文化，促进优秀传统文化与现代生活相互交融等

（二）文化旅游消费日益成为经济增长的新动力新引擎

文化旅游消费不仅是人类精神世界的必需品，也是维系人们身心健康的必然选择。文化旅游消费不仅是劳动密集型行业，有极强的劳动吸附力，也是畅通国内大循环的关键环节和重要引擎，对国民经济具有持久拉动力与引擎带动作用。同时，文化旅游消费上下游和旁侧关联的行业十分广泛，它能为工业、农业、建筑业等提供巨大的消费市场与产业空间，而且还能有效促进金融保险业、交通运输业、信息通信业与外贸行业的发展，甚至可以衍生出一些新的产业，如直播带货、流量经济与体验经济等。据世界旅游组织测算，旅游业每直接收入 1 元，会给国民经济相关行业带来 4.3 元增值效益。[①] 2012~2021 年，全国规模以上文化企业数量从 3.6 万家增长到了 6.5 万家，年营业收入从 5.6 万亿元增长到 11.9 万亿元。截至 2021 年末，全国共有旅行社 4.2 万家，A 级景区 1.4 万个，星级饭店 8771 家，文化产业和旅游产业对国民经济的带动作用逐步凸显。[②] 根据文化和旅游部发布的 2023 年上半年国内旅游数据，2023 年上半年，国内旅游 23.84 亿人次，比上年同期增加 9.29 亿人次，同比增长 63.9%。其中，城镇居民国内旅游 18.59 亿人次，同比增长 70.4%；农村居民国内旅游 5.25 亿人次，同比增长 44.2%。[③] 文化旅游消费的不断增加为各大行业提供巨大的消费机会，作为经济发展的第三产业将日益成为经济增长的新动力新引擎。

（三）文化旅游消费呈现新特征与新趋势

伴随"互联网+旅游"日益兴起，文化旅游消费日益成为人民对美好生活向往的现实选择。文化旅游消费不再是"有闲阶层"的特权，日益变成普通人满足自身精神需求的新选择。在文化旅游消费市场，以城市为旅游目

---

① 资料来源：http：//www.pddjw.com/lylx/36296.html。
② 文旅部：《十年来文化产业和旅游产业对国民经济的带动作用逐步凸显》，https：//baijiahao.baidu.com/s？id=1742010856820719597&wfr=spider&for=pc。
③ 《2023 年上半年国内旅游数据发布》，《中国旅游报》2023 年 7 月 14 日。

的地的选择导向日益明显，而城市以 CBD 为中心的一流商圈景观备受文化旅游消费者的青睐。城市 CBD 逐渐成为文化旅游消费的空间载体，展现出强大的吸引力。例如，城市 CBD 往往集聚大量的人文景观与消费景象，吸引大量年轻人进行体验式消费。据不完全统计，跨市游玩的人群中有超过 70% 的文化旅游消费者会到城市 CBD 游玩并消费。此外，文化旅游消费备受年轻人青睐尤其是夜生活场景。文化旅游消费的新场景——"观演+旅游""观展+旅游"成为年轻人出游的新选择，文化旅游消费既满足了年轻消费人群的精神文化需求，也带动了周边配套旅游消费的兴起。银联商务数据显示，2019 年全国有将近 1300 家景区开放了夜游，春节期间国内夜间总体消费金额、笔数分别达全日消费量的 28.5%、25.7%，晚上 6~10 点是游客与当地居民交融互动、体验当地民俗的最佳时段，如超级文旅 IP 紫禁城"上元之夜"一经推出就万众瞩目。① 此外，沉浸式文化旅游消费拓展消费"新蓝海"，典型的如沉浸式公园、沉浸式演艺、沉浸式展览、沉浸式娱乐等新业态不断涌现。例如，西安"长安十二时辰"主题街区开业一年来，累计接待游客量超过 200 万人次。在城市 CBD 内部，文化旅游消费越发受到人们欢迎，成为提升城市 CBD 发展绩效的"新引擎"，尤其是以博物馆、展览馆为目的地的文化旅游消费，极大提升了城市 CBD 的美誉度与影响力。

二 CBD 文化旅游消费发展经验与成效

（一）文化旅游助力 CBD 一流消费商圈建设的经验

1. 北京通州运河 CBD 建设经验

北京通州运河 CBD 充分发挥五河交汇区位优势，加快实施大运河滨水空间品质提升工程，构建大运河生态文化景观廊道。打造连接中心城区和城市副中心的魅力走廊，推进大运河景观提升工程和照明亮化工程，营造

---

① 孙九霞：《文旅新消费的特征与趋势》，《人民论坛》2022 年第 5 期。

"白天看景，晚上看灯"的历史光影长河。强化运河商务区楼宇与城市道路、绿化景观分层次规划设计，推进商务区建筑楼宇灯光在重要节日、特殊活动时统一调控，研究市场化投资运营模式，多场景、多应用实现人与建筑、水系的良性互动发展。打造长度 1.3 公里、宽度 60~80 米的北运河西滨水岸线，建成滨水互动全景公园。在新光大中心、复地联合体等楼宇街区设置文化艺术展览空间，定期举行高品质艺术展览，提升城市公共空间的艺术魅力。在运河两岸标志性节点建成一批具有国际影响力的雕塑群等公共艺术杰作，营造精致艺术、高品位商务活动空间。鼓励企业举办各种文化艺术活动，支持新光大中心继续举办各种文化艺术活动。继续举办"大运市集"等丰富区域居民生活的文娱消费活动。推动北京（国际）运河文化节、文创大赛等系列展览、精彩大秀场等文化艺术活动在运河商务区举办。

2. 四川天府总部 CBD 建设经验

四川天府总部 CBD 的成都西部国际博览城以展览为主，同时补充文体娱游等引流其他配套的业态，在规划中为未来的大型博物馆、剧院、图书馆、演艺中心、科技馆、体育馆等公共文体设施产业和消费升级留存拓展空间，积极补充其他体验感强、与消费关联度高的功能业态，促进实物消费、精神消费、知识消费、文化消费融合联动，拓宽外来客流招引渠道。从未来发展看，西博城商圈位于连接双机场的黄金分割点，毗邻天府枢纽站，具有先天的区位优势，但商圈内需要进一步引入强引流力的地标性景点或文化娱乐场所，使得消费场景和文旅消费业态更具差异化的博览城特色。成都西部国际博览城商圈建设中，通过不断提升优质商圈增强属地化客群消费黏性，充分联动商圈范围内各种载体资源，促进商业与文化、体育、旅游等各类元素融合发展，增强对更大范围客群的辐射力度，支撑商圈能级提升。采用便捷的轨交系统与路网，增加商圈内部交通的连续性和舒适性，通过延长消费者的停留时间触发更多消费。

3. 济南 CBD 建设经验

近年来，济南 CBD 致力于重建济南老商埠，传承济南百年"商埠文化"，打造历史文化街区，引入太古里的招商团队和运营模式，打造龙头商圈。为进一步引导各开发主体错位发展、良性竞争，管委会与区域内的商业载体、品牌商家、运营机构等多次会议协商，CBD商圈联盟将推行"管委会+行业自治"的管理模式，合力提升CBD商圈的品牌能级和消费层级。将通过组织各种形式的联盟活动，交流发展经验，实现优势互补，合力推进国际化消费商圈建设。通过联合龙湖天街开展插花美学赏、CBD春日专享消费券等活动，与市商务局联合筹备CBD国际化商圈建设发展推介会活动，激励首店品牌发展，揭牌成立CBD商圈联盟。充分利用CBD内绸带公园、商业街区等公共空间，将商业高地与产业高地协同发展，通过举办咖啡文化节、音乐节、时尚秀场等活动，打造具有CBD特色的文化IP，培养个性化、品质化的消费意识，提高消费品质，推动消费升级在营店铺以花店、咖啡店、小吃店、茶舍、服装店、艺术馆等轻奢商家为主，客群年轻化特征明显。传承非遗文化，统筹百花洲非遗文化园、山东手造展示体验中心等载体，推动传统工艺与现代商贸融合发展。

4. 郑州郑东新区CBD建设经验

在持续发挥现有生态优势的前提下，郑东新区CBD依托如意湖、龙湖、湿地公园、郑州之林等景观建设环CBD慢行绿道网络，重点实现"龙湖内环路-如意东路-商务内环路-如意西路"特色绿色廊道，成为商务休闲、市民健身、旅游观光的重要载体，全力营造绿色、低碳、健康的办公居住环境。以CBD区域为国际消费中心门户，在CBD区域打造郑州国际会议会展高地、国际总部经济高地、国际时尚创意高地、国际文旅休闲高地，加快形成以郑州本地市场为核心、国内市场为主体、促进国内国际双循环的超级消费载体。通过优化消费环境、创新消费场景、丰富消费业态，按照"政府引导、市场运作，立足存量、提档升级，示范带动、整体推进"的总体思路，着力打造一批具有示范和带动作用的特色商业街区，增加优质的商品和服务供给，扩大文化休闲服务，满足群众多层次、多样化的消费需求。推进龙湖水系的建设，届时与如意湖、南北运河融为一体，推出水上巴士、休闲泛舟、亲水自驾等方式，共同打造"绿色生态CBD"品牌，不断提升CBD区域宜商宜居环境品质。

表 2 为国内 CBD 四大类型及目标定位案例。

表 2　国内 CBD 四大类型及目标定位案例

省份	案例	目标定位
北京	北京通州运河 CBD	"两区"建设示范样本和城市副中心高质量发展的重要引擎
成都	四川天府总部 CBD	力争用 8~15 年时间达成"成都城市会客厅,国际消费新中心"的发展目标
济南	济南 CBD	济南国际消费中心 CBD 商圈规划
郑州	郑州郑东新区 CBD	打造立足中原、辐射中西部、影响全国的区域性重点中央商务区

（二）文化旅游助力 CBD 一流消费商圈建设的启示

1. 完善体制机制改革，激活发展动能

通过相关部门完成片区内经济摸排调研，摸清区域内市场主体、产业规模、经济体量、税源情况等底数，构建中央商务区文化旅游助力指标体系。配备专业统计人员力量，全面负责中央商务区经济文化旅游运行统计分析工作以及数据审核、监控、评估等各项工作。突出金融和总部经济辐射引领作用和国际化定位，全面提升中央商务区服务管理工作质效水平。

2. 优化发展"硬支撑"，提升发展能级

加快推进园林绿化等基础设施配套工程建设，完善文化旅游综合服务功能。聚焦交通秩序"难、堵、乱、盲"，深入调研，分步实施，开展集中整治，设置交通隔离护栏，完善交通设施，合理实施规划临时停车泊位，推进非机动车停车场建设，构建平安、畅通、有序的道路交通秩序。协调推进区域内灯亮工程和广告牌匾、标识标牌设置，加快商圈数字化改造，完善东西绿廊、绸带公园文化服务和休闲娱乐设施建设，提升国际化消费场景建设层次。

3. 加强一流消费商圈建设，构建文旅产业高地

聚焦商务楼宇载体，着力引进总部企业、商贸服务、人力资源、金融服

务等优质产业项目。引进大型央企省企、世界 500 强企业和行业领军企业，在中央商务区设立区域总部或功能性总部。完善片区金融生态体系，引导设立更多特色专营机构。依托城市金融大厦，大力开展科创金融主题活动，研究出台支持中央商务区科创金融发展相关政策。强化招商推介效果，针对五大超高层等重点项目组织专题推介、政策宣讲等活动，通过举办和参加城市招商引资大会、上海进博会，加强对外推介力度，扩大 CBD 一流消费商圈知名度。

三 CBD 文化旅游消费发展面临的问题与挑战

伴随我国人均 GDP 超过 10000 美元时代的到来，物质生活条件的改善刺激着人们对文化旅游消费支出的扩张，无论是马斯洛需要层次理论还是经济发展的一般国际经验都表明，文化旅游消费日益成为刺激国民经济发展质量提升的重要抓手。2022 年，我国常住人口城镇化率达到 65.22%，再加上我国庞大的人口基数，CBD 商圈建设与文化旅游消费的潜力均十分巨大，而 CBD 文化旅游消费的逐年增加成为可预期的大概率事件，CBD 文化旅游消费必将迎来快速增长期。然而，在 CBD 文化旅游消费发展进程中依然面临诸多变数，典型的如文旅消费尚未充分挖掘 CBD 文化价值和特色、CBD 文化旅游消费商圈内部同质化现象突出、新型文旅消费业态培育不足等诸多现象。

（一）文化旅游消费尚未充分挖掘 CBD 文化价值和特色

新时代背景下，我国文化旅游消费取得长足进步，很多城市 CBD 拔地而起，文化旅游消费呈现如火如荼的发展态势。但在文化旅游消费爆发式增长过程中，CBD 文化价值和特色优势并未得到彰显，不少文化旅游消费集散地仅仅沦落为产品销售场地，城市 CBD 仅仅是其空间载体，并未实现文化旅游消费与 CBD 文化价值的深度融合。另外，不少城市的 CBD 展示出某一方面的城市文化特色，而文化旅游消费产品却是全方位的，这极度不匹配文化旅游消费所在城市的文化特征与价值内涵。例如，北京 CBD 是多元文化的融合载体、通州运河 CBD 集中展示了运河文化特色、西安碑林路 CBD 着力打造现代商务聚集区，聚力彰显现代商业文明气息。在这方面比较典型的是郑东新区，郑东新区将文化旅游消费融入 CBD 一流商圈建设，通过优化消费环境、创新消费场景、丰富消费业态，着力打造一批具有示范和带动作用的特色商业街区，大力发展"五官"经济，围绕能吃、能看、能听、能闻、能体验"五项全能"，创新发展"消费+人文""消费+艺术""消费+体育"新业态，增加优质的商品和服务供给，扩大文化休闲服务，激活文化旅游消费新场景，不断挖掘 CBD 人文艺术价值与文化旅游消费产品特色，加快建成以郑东 CBD 国际区域金融中心为主要支撑的国际化中央商务区及和谐宜居智慧城市示范区域。

（二）CBD 一流商圈建设中文化旅游消费同质化严重

在我国众多的城市 CBD 商圈建设中，将文化旅游消费融入 CBD 一流商圈建设进程之中已成为人们的共识。但是，在经济增速和地区生产总值的考核指挥棒下，不少 CBD 一流商圈都有意或无意地抛弃了"CBD 商圈建设与文化旅游消费"互促互助的融合发展共识，一味地追求大而全的城市综合体运营模式，开发大量的商业写字楼、大型商铺和商超等商业运营空间，并通过招商引资的形式"繁荣"和"发展"现代服务业，盘活存量资源，做大做强地区生产总值，反而使得 CBD 商圈丧失了让人感悟地域文化、增强文化自信和培育旅游消费新热点，打造旅游消费新领域和传播城市文化与展现城市人文形象和文化内涵的重要内容。CBD 一流商圈建设催生出文化旅游消费热点实属必然，尤其是数字经济背景下，文化旅游消费产品在"大海效应"和"流量密码"带动下，其底层逻辑不仅是异质产品或服务的汇聚所在，也是城市 CBD 商圈彰显出来的城市综合实力的体现。但是城市 CBD 建设进程中追求千篇一律的同质化景观打造，必然会降低文化旅游消费产品的区域竞争力。2022 年《中国青年报》的一份问卷调查显示，53.6% 的受访青年觉得 CBD 商圈建设中存在文化旅游消费产品或服务同质化倾向。

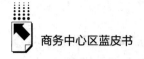

（三）新型文化旅游消费业态培育不足

自疫情防控新常态以来，全国文化旅游消费市场得到激活，文化旅游消费得以快速增长，与此同时 CBD 商圈建设也取得显著成绩。但是，新型文化旅游消费业态的培育则显得不足。例如，沉浸式文旅新业态①的培育依然面临文化底蕴开发不足、资金短缺、创意不足、内容简单重复等症结，极大地制约了沉浸式文旅新业态的培育和发展。一是现有文化旅游消费企业数量虽多，但规模偏小，有核心竞争力的大企业较少。主要原因在于新的文化旅游消费业态所延伸的产业链环如文化创意、内容生成、技术集成、空间设计等发育不足，不能支撑新的文化旅游消费业态持续发展。二是培育新的文化旅游消费业态是文化和科技融合的产物，需要大量兼具科技和文化素养的复合型人才，但是这种复合型人才的缺失极大地阻碍了新型文化旅游消费业态的培育。三是社会大众和地方政府对新型文化旅游消费业态的培育和发展不够重视，无论在品牌推广、宣传引导、市场培育、政策引领和企业孵化等方面都存在不足，制约了我国新型文化旅游消费业态的培育和发展。

四 文化旅游消费助力 CBD 一流消费
商圈建设的思路与路径

文化旅游消费是 CBD 一流消费商圈建设的活力与源泉，文化旅游消费通过空间结构调整优化补齐 CBD 商圈对接文化旅游消费基础设施建设的短板，立足提供便捷的公共服务基础设施，增强城市的源头活水。文化旅游消费助力 CBD 一流消费商圈建设必须从以下几个方面精准发力，提升 CBD 商圈高质量发展水平。一是充分挖掘城市 CBD 内在价值与文化特色，彰显出

---

① 所谓"沉浸式旅游新业态"，是指以游客为感知主体，以文化为核心，依托人文自然景区，规划设计融声音、视觉、表演、互动等要素为一体的艺术与科技深度融合体验项目，其将文化融入旅游消费，能更加全面地展现景区风土人情并深度挖掘景区核心价值，形成可持续发展的文化 IP，给游客创造新的感知和别样的身心体验。

区域化、特色化的文化旅游消费张力，做大做优 CBD 一流消费商圈。二是大力培育发展 CBD 文化旅游消费新业态，不断提升 CBD 一流消费商圈价值品牌。三是将文化旅游消费要素融入 CBD 商圈规划，把 CBD 商圈建设成为彰显文化旅游消费的主阵地和载体。四是深入推进科技赋能文化旅游消费新场景，在 CBD 一流商圈建设和文化旅游消费新场景塑造等方面融入更多科技元素，适应数字经济发展的时代背景。五是营造促进文化旅游消费的良好外部环境，积极围绕城市特色，推进共享空间的打造，着力塑造文旅品牌，构建宜商宜游的城市 CBD 商业空间。

（一）充分挖掘 CBD 内在价值和文化特色

一个城市及其商业的发展在其历史长河中是不断演进和变化的，会受地理、人文、气候环境等因素影响，从而形成自身独特的文化氛围和文化"性格"。助推 CBD 一流消费商圈建设必须因地制宜地把当地文化旅游消费的内在价值和文化特色挖掘出来，推动城市 CBD 的"新城代谢"。推动 CBD 一流消费商圈建设既要有力有效地传承当地的历史文化与城市文化基因，又要拓展国际视野，把文化旅游消费产品或服务融合市场化创新空间，为全社会供应契合时代发展和人文发展需求的文化旅游产品。在宏观上，要做好 CBD 一流消费商圈更新改造规划，系统化梳理城市历史文化体系，明确城市文化品牌方向，统筹塑造城市精神、基调和风格，制订完善历史文化传承实施细则和工作方案。在微观上，要打造一系列体现地域文化旅游消费特色的"微"项目，将 CBD 一流消费商圈的建设同历史遗迹、历史文化街区、知名旅游景点串珠成链，并将城市文化内容、文化符号、文化故事，纳入 CBD 一流消费商圈的设计与项目建设。

（二）培育发展 CBD 文化旅游消费新业态

文化旅游消费是培育发展 CBD 新业态的重要动能，是繁荣市民文化生活的着力点所在，是助力 CBD 一流商圈建设，打造文化旅游消费新业态的重要选择。一是要延伸拓展城市 CBD 文化旅游消费产业链条，通过上下游和旁侧延伸产业链环的形式，将传统文化与现代文明交相辉映的契合点完美展现出来，塑造 CBD 文化旅游消费的新业态。二是高质量培育发展夜间经济和周末经济，激活城市 CBD 商圈文化旅游消费市场。积极出台延长文化馆、博物馆等公共文化场所营业时间，在八小时之外免费设立停车场，针对城市 CBD 区域的旅游景点设立周末免费开放日，对某些市场化运行的景点则实行夜间和周末促销票价。三是加强城市 CBD 区域的智慧文化旅游消费场景运营，利用人工智能、大数据等技术为来访游客及时发布城市 CBD 商圈人流量、车流量、人口密度、交通预警等实时信息，提升城市 CBD 商圈建设与文化旅游消费的智能化、数字化服务水平。

（三）将文化旅游消费要素融入 CBD 商圈规划

CBD 建设风貌是城市建筑特色、文化和经济发展水平的综合表现，也是吸引文化旅游消费的一个方面，CBD 商圈规划不仅要体现城市的传统历史，也要体现城市的自然生态，最终体现为当地人民生活情况。各个城市在 CBD 商圈规划中要将文旅要素融入商圈规划。首先，融入历史文化之风。通过积极规划传统文化建筑风格、历史城市生活气息，逐步焕发 CBD 一流消费商圈新活力，实现 CBD 文化建设风貌与文旅产业融合发展的构想。其次，融入自然生态之风。自然生态之风也是 CBD 建设风貌规划的基础，可以有效助力文化旅游长期发展，帮助 CBD 商圈建设风貌多样化，实现文化旅游消费体验和自然风光相统一。最后，融入市民生活之风。市民生活之风是 CBD 建设风貌的主体，能维系生态系统正常运转。通过将市民生活之风的消费要素融入 CBD 商圈规划，提升天际线、色彩等 CBD 附近的街区和景观构筑等公共界面设计，使得市民生活之风与 CBD 商圈融为一体。

（四）科技赋能文化旅游消费新场景

在高质量发展要求下，CBD 一流消费商圈更新和完善行动要积极运用大数据、智能云计算、人工智能等前沿技术，推动 CBD 一流消费商圈管理理念、管理模式、管理手段的创新，并积极打造 CBD 一流消费商圈数字文化产业、更新数字化体验场景，让 CBD 一流消费商圈在文旅消费者体验的过程中更智能、更方便。一方面，鼓励文旅企业和科技企业积极优化 CBD 一流消费商圈中的文旅产业园区、高科技园区等发展载体的环境和氛围。另一方面，借助新技术、人工智能革命，推动文旅产业布局与存量空间的改造提升相结合。抓住对一些旧的 CBD 消费商圈更新场景，围绕人工智能、虚拟现实、增强现实等新技术在文旅领域的深度应用，大力发展数字娱乐、线上演播、沉浸式体验等文化产业新业态。以科技驱动激活相对落后的 CBD 发展空间、属于 CBD 一流消费商圈在文旅消费中的新的增长动能。基于 5G 通信功能、VR 可视化系统、数字节能设施的应用实现 CBD 与城市的各个景观功能区之间形成相互互补，增强各个步行街的互动体现旅游促进 CBD 消费、CBD 消费带动文旅产业可持续发展理念。

（五）营造促进文化旅游消费的良好外部环境

CBD 一流消费商圈作为游憩需求和供给的高端接纳地，其休闲娱乐的载体作用也越来越明显，让文旅消费者能够体验更加舒适的环境、享受当地特有的文化特色、让游憩空间融入当地的风俗习惯。通过设计 CBD 商圈中游憩的六个层次创新，增加主客互动的游憩模式、明确文旅主题的游憩线索、调整富于变化的游憩节奏、丰富功能复合的游憩内容、塑造立体的游憩氛围、达成顿悟的游憩效应。最终将游憩落实到空间设计、建筑改造、景观提升、游乐互动、照明设计上，将富有生活气息的 CBD 商圈游憩作为民生工程和社会服务，有效地提供给省内居民和外来旅游者。打造"夜间文娱活动品牌"，鼓励重点街区的综合体组织开展夜间灯光节、文化演出、美食节等活动，推动开展夜间游览活动。开发"夜间休闲消费打卡地"，支持品牌连锁企业加大 24 小时便利店建设布局。引导重点商业延长营业时间，开展自然闭店、不打烊等夜间促销活动。推动体育馆、图书馆、群艺馆延长夜间时间，免费对外开放，方便市民参观学习、比赛锻炼。优化夜间公交停车服务，优惠夜间运营费用，对于夜经济相关的业态给予租金补贴。推动线上线下互动，便利夜间消费。

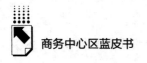

参考文献

张苏秋：《后疫情时期文化旅游深度融合的三重维度：理论基础、现实挑战和创新路径》，《北京文化创意》2022 年第 4 期。

孙九霞：《文旅新消费的特征与趋势》，《人民论坛》2022 年第 5 期。

李小永：《游客视角的乡村旅游地主观同质化：构成、测度与形成机制》，陕西师范大学博士学位论文，2021。

卢云其：《江苏省体旅产业融合发展的现状分析、体系构建与优化路径》，《文体用品与科技》2023 年第 11 期。

汪霏霏：《人民城市理念下文旅产业赋能城市更新的机理和路径研究》，《东岳论丛》2023 年第 5 期。

夏杰长、贺少军、徐金海：《数字化：文旅产业融合发展的新方向》，《黑龙江社会科学》2020 年第 2 期。

徐梁欣：《数字赋能文化旅游新消费的路径探讨——以景德镇陶瓷文化旅游为例》，《广东经济》2023 年第 4 期。

B.11
发展商贸流通体系、推动 CBD 建设
消费中心的问题与对策

张卓群　侯宇恒*

摘　要： 在中央商务区建设的过程中，商贸流通业是促进消费升级、建设消费中心城市的重要抓手。本报告从商贸流通业促进消费发展与升级的作用入手，阐述 CBD 商贸流通业发展促进消费中心建设的主要经验，分析现阶段面临的主要问题与挑战。在此基础上，提出大力发展智慧物流仓储、增强物资运输保障消费发展能力，建立健全联系协调机制、形成消费中心合理排布区域格局，扎实奠定新型消费基础、创新绿色消费场景践行低碳生活，积极吸引消费领域人才、优化营商环境支持消费中心建设的对策建议。

关键词： 中央商务区　消费中心　商贸流通体系

一　引言

随着中国经济发展进入新时代，新旧动能发生转换，消费替代投资成为拉动经济增长和促进经济高质量发展的第一动力。2022 年 12 月，习近平总书记在中央经济工作会议上指出，把恢复和扩大消费摆在优先位置，要增强

---

* 张卓群，博士，中国社会科学院生态文明研究所副研究员，主要研究方向为可持续发展经济学、城市与环境经济学、数量经济与大数据科学；侯宇恒（通讯作者），博士，广东海洋大学经济学院讲师，主要研究方向为宏观经济分析、数量经济学。

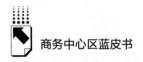
消费能力，改善消费条件，创新消费场景，使消费潜力充分释放出来。中共中央、国务院印发《扩大内需战略规划纲要（2022～2035年）》提出，顺应消费升级趋势，提升传统消费，培育新型消费，扩大服务消费，适当增加公共消费，着力满足个性化、多样化、高品质消费需求。

在促进消费的全局工作中，商贸流通业发挥着不可替代的作用。商贸流通业是指商品流通和为商品流通提供服务的产业，主要包括批发和零售贸易业、餐饮业、仓储业，并涉及交通运输业等。实际上，商贸流通业是由商业和专门为商业服务的行业两大部门组成。前者对消费具有直接的提升作用，后者是消费发展与升级的重要保障。

中央商务区是城市商业和商务活动的汇聚之地，也是城市的消费中心。作为城市中商贸流通业最具活力的区域，中央商务区中商贸流通业的发展构成促进消费升级、建设消费中心城市的重要抓手。因此，有必要深入剖析商贸流通业促进消费发展与升级的重要作用，研究CBD商贸流通业促进消费发展与升级的典型模式，识别问题与风险点，为发展商贸流通体系推动CBD建设消费中心提供对策建议。

二 商贸流通业促进消费发展与升级的重要作用

商贸流通业是生产者和消费者之间的桥梁，其具有实现货币收入的重要作用，即在货币收入增加以后或在收入既定条件下，如何通过优质服务，最大限度实现名义购买力，最充分满足居民的消费意愿。商贸流通业中的批发和零售贸易业、餐饮业可以归属为商业，仓储业、交通运输业可以归属为专门为商业服务的行业。这两部分分别直接和间接作用于消费，且均对消费发展与升级具有重要促进作用。

一方面，零售贸易业、餐饮业是不断满足人民群众多元化消费需求的重要抓手。近年来我国经济快速发展，居民可支配收入快速上升，消费者在消费数量得到满足的同时消费倾向日益呈现多元化趋势，从纯粹满足生存意义的消费购买活动转向以关注消费安全、消费环境乃至消费享受为核心的广义消费。零售贸易业、餐饮业作为重要的生活性服务业，其主要功能不再是单纯满足人们基本的消费需求，而是逐步转向多元化、多层次的消费情景。以餐饮业为例，2022 年 9 月，中国饭店协会与新华网联合发布《2022 中国餐饮业年度报告》，认为全国正餐业均呈现增长态势，但 90 后、00 后消费能力和意愿强于其他年龄群体，且对火锅、茶饮和烧烤烤串情有独钟。虽然在疫情期间线下零售贸易业、餐饮业受到了较大冲击，但我国消费升级的总体趋势没有变，促进和恢复线下零售贸易业、餐饮业也成为当前经济工作的重点内容。

另一方面，仓储业、交通运输业是加速消费回暖、促进消费良性循环的重要保障。交通运输业是国民经济中的基础产业，与其他产业相互依存、紧密相连；交通运输业也是畅通物资流动的重要血脉，与仓储业相互结合，通过科学的物流交通布局，保证物资通达运行。特别是在疫情期间，交通运输成为抗击疫情的生命线，在保证人民基本消费需求的同时，为疫情防控和经济社会发展提供了坚强支撑。随着经济进入疫情之后的恢复期，仓储业、交通运输业促进消费良性循环的作用进一步凸显。2023 年 6 月，中国物流与采购联合会发布的中国物流业景气指数为 51.7%，较上月回升 0.2 个百分点；反映需求的业务总量指数、新订单指数小幅回升，库存周转次数指数、资金周转率指数、设备利用率指数继续保持在景气区间，交通物流支持消费增长、促进经济向好的力度有所增强。

三　CBD 商贸流通业发展促进消费中心建设的主要经验

中央商务区作为城市消费中心，承担着城市消费发展与升级的重任。近年来，我国多地 CBD 提出打造国际消费体验区、建设国际化商圈的目标，在推进内外贸流通一体化发展、完善商贸流通基础建设、推进商贸流通数字化建设以及培育商贸流通新业态方面有着富有成效的一些经验和做法，商贸流通业在其中发挥重要的支撑和引领作用。

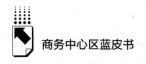

（一）推进内外贸流通一体化发展

随着电子商务和远程服务的快速发展，各商务区为积极搭建国际标准化交流合作平台提供便利，以更好地推动完善要素和资源市场，促进跨境贸易便利化。

一是完善跨境贸易标准体系。青岛实施"标准化+"战略，打造具有国际水平的"青岛标准"。围绕跨境电商、分布式海外仓、国际供应链等重点领域，以提高产品质量和服务水平为目标，制订商贸流通标准化发展规划和标准化工作管理办法，以点带面构建以国家标准和行业标准为主体、地方标准为补充的内外贸一体化标准体系，推动商品和服务市场高水平发展。

二是畅通跨境电商全业务链条供应链体系。江苏围绕产品、数据、流程、服务，以大数据为支撑，以云端外贸综合服务平台"贸互达"为载体，通过与关、检、汇、税等监管服务机构系统直接对接，将流程与岗位职责、制度、标准、考核及风控体系融合，建立起以流程为主线的供应链标准体系，打通专业、部门、层级壁垒，提高工作协同和业务执行效率，推动管理体系协同运转。

三是推动国际消费业务的多样化合作。四川天府总部 CBD 引入万达集团携手美国匹兹堡医学中心打造成都万达匹兹堡医院，这座医院占地 166 亩、建筑面积 14.7 万平方米、床位 500 余张，按照国际医疗卫生机构认证联合委员会标准建设和运营，医护团队由匹兹堡大学医学院附属的学术医学中心专家、海外华人医生、国内知名专家组成，拥有先进的信息化管理技术，致力于为患者提供国际一流标准的医疗服务。

（二）完善商贸流通基础建设

CBD 拥有现代化的生产与办公场地、便捷的交通网络、发达的网络通信系统以及充足的公共服务资源等基础设施，为商贸流通提供便捷平台。

一是推动绿色出行，打造慢行交通系统。CBD 作为"大城市病"的典型区域，发展慢行交通有利于引导居民采用绿色交通方式出行，从而营造舒适、便捷、安全的城市环境。上海虹桥国际 CBD 在规划建设的过程中，对地上、地下空间进行统一部署，通过四通八达的地上空中连廊和地下通道将核心区的建筑与交通枢纽相互连接，形成多组团分布、立体分层、发达完善的复合慢行交通体系。

二是完善楼宇建设，倡导低碳办公。楼宇经济是 CBD 的一种特色经济形态，广州天河 CBD 聚焦楼宇可持续发展，发布《广州市天河区中央商务区楼宇可持续发展指数》，创立"天河标准"，区域内共有 68 栋重点楼宇开展可持续发展指数评定；广州天河 CBD 内通过 LEED 认证的商业建筑共有 9 个，占全市的 56%；通过坚持以人为本和可持续发展理念，不断促进绿色办公新模式普及推广。

三是加速职住平衡，促进居住消费健康发展。CBD 作为城市中心，也是城市"高房价"的痛点和难点区域。通州运河 CBD 统筹考虑周边住房资源，提出构建"多主体供给、多渠道保障、租购并举"的住房保障体系；"十四五"时期规划实施重点住宅项目 25 个，预计供给约 3 万套超过 400 万平方米的住房，为有效降低房价收入比、促进职住平衡和居住健康消费提供坚实保障。

（三）推进商贸流通数字化建设

5G、人工智能、物联网、区块链等新技术的应用，数字经济等新业态新模式的建设，促使线上服务、网络零售等线上消费需求快速增长，"线上+线下"的新方式进一步打破传统消费市场的时间空间限制，促进消费规模与消费种类不断扩大，市场消费潜力不断释放。

一是依托数字经济，丰富消费体验。智慧商圈致力于使用大数据、云计算、物联网等新技术对商圈设施、服务和场景开展智慧化管理，满足消费者感官体验、情绪交互等深层次的消费需求。上海南京路步行街，采用电子围栏的方式，对游客、消费者的情况进行数据采集，通过大数据分析、线上线下融合等手段，将南京西路的商家串联起来，形成不同业态的关联性营销；打造上海首个带有 AR 虚拟增强现实功能的商圈导游导购 App"玩转南步

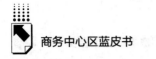

街"，将南京路步行街的商业信息、旅游路线、历史文化、潮流元素通过全新的方式展现，提升消费者购物体验。

二是聚焦智慧交通，释放出行消费潜力。智慧交通是智慧城市的重要组成部分，也是CBD缓解中心城区交通拥堵的重要手段之一。广州琶洲CBD大力支持5G技术、人脸识别、车辆特征识别、车联网等技术在交通管理、停车服务、无人驾驶等场景的应用，通过对琶洲地区交通基础设施智能化建设，打造交通智能管理系统，目前自动驾驶便民线已经正式进入公测阶段。

三是推进全面健身战略，促进群众体育消费。CBD既是商务办公的集中场所，也承担着发展全面健身事业的重任。杭州紧抓亚运会举办机遇，以数字人民币红包的形式发放体育消费券，鼓励全民共享亚运红利；杭州（武林）CBD积极承办"全民健身·共享亚运"杭州毅行大会暨绿道毅行系列活动，营造全民参与、支持亚运的浓厚氛围。

（四）培育商贸流通新业态

随着新一代信息技术的快速发展和居民收入的稳步提升，以新风貌、新模式、新场景为特色的新型消费成为居民生活不可或缺的内容。2020年9月，国务院办公厅印发《关于以新业态新模式引领新型消费加快发展的意见》，提出到2025年，培育形成一批新型消费示范城市和领先企业。CBD能够为新型消费提供丰富的应用场景，是拓宽新型消费发展空间的"先行区"。

一是发展"文旅复合"新风貌。我国的部分CBD建设在城市文化核心区，历史遗迹众多、文化积淀深厚，具备推进文旅深度融合发展的基础。西安碑林长安路CBD依托西安城墙、永宁门、小雁塔等名胜古迹，以"保护世界遗产，延续历史文脉"为准则，以"展示盛唐文化、再现大唐气势"为目标，着力打造"小雁塔、西安博物院——历史文化街区"，通过形成"文化+商业+旅游"的商圈发展模式，建设多功能复合的全域旅游型中央商务区。

二是构建"首店经济"新模式。首店经济作为观察消费市场的一个风向标，正成为各地加快创建国际消费中心城市、提升城市商业魅力、激发消费活力的重要抓手。北京 CBD 持续发力支持北京国际消费中心城市建设，大力发展首店经济，2021 年引入首店 157 家，占朝阳区的 32%、北京市的 17%；2022 年引入首店 121 家，位于全市各商圈之首。通过促进新产品、新品牌、新业态加速聚集，引进更多的国际高端品牌，北京 CBD 已经形成了国际大牌、名牌、潮牌产品的聚集区。

三是发展"夜间经济"新场景。夜间经济是以城市空间为依托，发生在下午 6 点到次日早上 6 点以服务业为主的相关经济活动，其对带动经济增长、提升城市魅力、塑造社会空间、满足居民社交需要等具有重要作用。郑东新区 CBD 将发展夜间经济作为拉动消费的着力点之一，通过放宽夜间外摆位管制，鼓励适时延长图书馆、文化馆、博物馆、群众艺术馆等公共文化场馆的开放时间，加强夜生活集聚区灯光造景，建立"夜间区长"和"夜生活首席执行官"制度，营造良好夜间消费氛围，全面促进夜间经济高质量发展。

四　CBD 商贸流通业发展促进消费中心建设的主要问题

在 CBD 打造城市消费中心的过程中，商贸流通业的支撑作用凸显。但在我国进一步促进消费升级、扩大内需、构建"双循环"格局的过程中，CBD 商贸流通业发展促进消费中心建设仍然面临一系列的问题与挑战。

（一）重商业、轻物流现象较为突出

商贸流通业中的商业直接作用于消费升级，因此受到各地 CBD 的普遍重视，而物流业是间接作用于消费发展，其对消费支持的显性作用弱于商业，在 CBD 的发展优先级上处于滞后地位。一方面，多数 CBD 将优化交通系统摆在重要地位，而交通系统建设又将缓解交通拥堵作为首要任务，对智慧物流系统建设的考量不足，难以通过提升物资流动效率支持消费发展。另一方面，智慧仓储在各地 CBD 的规划和建设过程中少有提及，诚然现今大

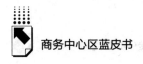

型仓储布点并不适合部署在"寸土寸金"的CBD，但科学合理的小型仓储布点有助于改善CBD物流微循环。

（二）不平衡、不充分发展亟须解决

自CBD建设模式引入中国以来，已经经过30多年的发展历程，我国各个主要城市基本都建设有CBD，而随着经济资源的高度集聚，一线城市CBD的消费水平和消费层次与二、三线城市CBD的差距愈发显著。2021年，北京CBD、上海虹桥国际CBD的营业总收入超过5000亿元，广州琶洲CBD、南京河西CBD、宁波南部CBD、郑东新区CBD、西安碑林长安路CBD营业总收入超过1000亿元，北京SKP单店全年销售收入超240亿元，继续蝉联全球"店王"；相比之下多数二、三线城市CBD营业总收入不足百亿元，与一线城市形成鲜明对比。此外，国际消费、高端消费也主要集中在一线城市CBD，二、三线城市的部分CBD"空有其名"，难以发挥其作为城市消费中心的重要功能，对城市周边地区消费的辐射带动作用不强。

（三）新型消费、绿色消费基础不牢

一方面，新型消费作为新业态、新模式、新场景的消费模式，其产业链条还不完善、发展模式还不清晰、供给程度还不充分，各地CBD正处于"摸着石头过河"的探索阶段，部分CBD通过探索"智慧商圈""首店经济""夜间经济""网红经济"走在前列，但多数CBD新型消费发展滞后，没有形成支撑消费发展和升级的新增长极。另一方面，绿色消费在国内CBD的发展普遍滞后，目前仅在绿色出行、绿色建筑领域取得一定成果，而以绿色商场、绿色餐厅、绿色社区建设引领绿色消费的风潮尚未形成，资源回收利用循环体系不甚完善，制约绿色消费潜能的释放。

（四）人力资本、营商环境有待提升

人才是促进消费发展与升级的重要资源，特别是在服务消费和新型消费领域，人才是决定消费品质的重要因素。对于一线城市CBD来说，消

费领域高端人才缺口较大、国际化水平不高直接制约高端服务消费发展；对于二、三线城市 CBD 来说，薪酬水平低、职业发展机会少难以吸引到发展服务消费和新型消费所需人才。此外，受疫情冲击影响，各地 CBD 普遍出现消费疲软和消费场景受限等问题。虽然进入 2023 年之后，商业和消费发展有所恢复，但效果仍然不甚理想，各地 CBD 对外资的吸引能力与疫情前相比有着较大差距。这就需要进一步优化营商环境，"筑巢引凤"提升 CBD 内企业数量和质量，进一步发挥 CBD 作为城市消费中心的支撑作用。

五　CBD 商贸流通业发展促进消费中心建设的对策建议

持续扩大内需、多措并举推动消费升级为经济迈向高质量发展注入新动能。在此过程中，CBD 需要在大力发展智慧物流仓储、增强物资运输保障消费发展能力，建立健全联系协调机制、形成消费中心合理排布区域格局，扎实奠定新型消费基础、创新绿色消费场景践行低碳生活，积极吸引消费领域人才、优化营商环境支持消费中心建设等方面持续发力，不断促进 CBD 城市消费中心建设。

（一）大力发展智慧物流仓储，增强物资运输保障消费发展能力

一方面，要大力发展智慧物流产业，将大数据、物联网、卫星定位、智能软硬件等智能化技术手段运用到物流全产业链的各个环节之中，实现动态化、精细化管理，提升生产者和消费者之间的衔接效能，提高物资运输的管理效率，保障 CBD 区域内物资运输的安全性、稳定性和时效性，及时满足各类消费需求。另一方面，要在 CBD 区域内发展小面积、高效率的智慧仓储。在物资管理上，将仓储设备、传感器和终端设备相连接，实现仓库内的货物、货架、搬运设备的实时监测和追踪，提高仓储管理的效率和准确性。在仓库布局上，要充分利用 CBD 区域内的地上和地下空间，并与智慧物流

相衔接，合理规划仓库布点，畅通微循环，打造物资运输智能化、一体化网络。

（二）建立健全联系协调机制，形成消费中心合理排布区域格局

第一，鼓励各个城市 CBD 依托中国商务区联盟等平台，加强交流与合作，分享消费发展与升级的经验；可以采用"市长联席会议""管委会主任论坛"等多种形式开展实质性合作，形成一线城市和二、三线城市 CBD 消费错位竞合格局。第二，鼓励一线城市 CBD 提升消费能级，通过持续引进国际 500 强企业入驻、积极发展首店首发经济、大力推进国际时尚文化产业建设，不断提升北上广深等一线城市 CBD 的国际影响力，建设国际消费中心。第三，与一线城市 CBD "大而全"的消费格局不同，鼓励二、三线城市 CBD 发掘城市潜力，打造特色消费产业，例如西安碑林长安路 CBD、重庆江北嘴 CBD 依托各自独特的历史遗迹和文化资源发展文旅消费，郑东新区 CBD 发展夜间消费等，建设"特而精"的消费格局，在保证营业收入规模的同时，突出本地特色，打造区域消费中心。

（三）扎实奠定新型消费基础，创新绿色消费场景践行低碳生活

在新型消费上，一方面，要大力开展新型基础设施建设，在 CBD 区域内按照人口密度和产业分布合理布局 5G、物联网、数据中心、新能源充电桩等新型基础设施，积极开展各类智能平台建设，为新型消费提供基础保障；另一方面，要加快新型消费产业链培育，例如促进消费新业态与柔性生产融合发展，满足消费者的个性化、定制化需求，进而提高新型消费供给水平，不断创新新业态、新模式、新场景，促进线上消费与线下场景融合发展，促进新型消费提质扩容。在绿色消费上，要持续推进绿色商场、绿色餐厅、绿色社区建设，大力发展绿色交通消费，有条件的 CBD 可以发放绿色消费券，积极引导人民群众加快形成绿色生活方式；要构建废旧物资循环利用体系，例如通过"互联网+回收"等模式，加速推进线上交废与线下回收有机结合；政府要带头开展绿色办公、绿色政采，引领绿色消费新风尚。

（四）积极吸引消费领域人才，优化营商环境支持消费中心建设

CBD 消费发展与升级离不开人才，一线城市 CBD 必须大力引进消费领域的国际高端人才，例如顶尖设计师、培训师、健康顾问、销售顾问等，提升区域消费领域的国际化水平，助力国际消费中心建设；二、三线城市 CBD 更多的是要锚定适合本地区特色消费产业的国内骨干人才和具有扎实功底的基础人才，在持续吸纳就业的同时，促进地方区域消费中心建设。在优化营商环境方面，一方面，要进一步提升投资和贸易便利化程度，特别是在当今的疫情恢复时期，要注重对外资的利用和引进、提升外贸的通关时效、推进跨境人民币结算和外汇收支便利化；另一方面，要服务好、保障好区域内企业，加快政府职能转变，构建服务型政府，持续开展简政放权，优化涉企事务服务审批流程，通过"企业服务专班""政府开放月"等形式，切实解决企业所面临的现实困难，强化 CBD 实体经济基础，不断促进消费发展与升级。

参考文献

陈宇峰、章武滨：《中国区域商贸流通效率的演进趋势与影响因素》，《产业经济研究》2015 年第 1 期。

陈瑶：《发展新型消费助力提升中国 CBD 经济韧性的思路与对策》，载牛海龙、单菁菁主编《中国商务中心区发展报告 No. 8（2022）》，社会科学文献出版社，2022。

单菁菁、武占云、邹晓霞：《百年未有之大变局下韧性 CBD 建设》，载牛海龙、单菁菁主编《中国商务中心区发展报告 No. 8（2022）》，社会科学文献出版社，2022。

单菁菁、武占云、邹晓霞：《新时期 CBD 引领区域协同发展研究》，《区域经济评论》2019 年第 2 期。

杜丹清：《消费理念多元化视角下的流通模式创新研究》，《经济问题》2013 年第 1 期。

宫汝娜、张卓群：《西安市碑林区长安路 CBD：支持西安深度融入国内国际双循环的经验与对策》，载郭亮、单菁菁主编《中国商务中心区发展报告 No. 7（2021）》，社会科学文献出版社，2021。

刘娜：《新消费的理论内涵、实践样态与创新经验》，《消费经济》2023 年第 3 期。

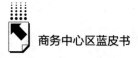

毛中根、龙燕妮、叶胥：《夜间经济理论研究进展》，《经济学动态》2020年第2期。

宋则、王雪峰：《商贸流通业增进消费的政策研究》，《财贸经济》2010年第11期。

王本举：《为疫情防控和经济社会发展提供交通运输坚强支撑》，《人民论坛》2020年第20期。

王家庭、赵亮：《我国交通运输与经济增长关系的实证研究：1978~2007》，《四川大学学报（哲学社会科学版）》2009年第6期。

王艳华：《首店经济：消费中心城市的新风标》，《群众》2021年第6期。

武占云、单菁菁、张双悦：《中央商务区融入双循环新发展格局的优势、问题及对策》，《商业经济研究》2022年第14期。

《〈2022中国餐饮业年度报告〉发布》，新华网，2022年9月30日。

张颖熙、徐紫嫣：《新经济下中国服务消费升级：特征与机制研究》，《财经问题研究》2021年第6期。

张卓群、姚鸣奇：《韧性视角下中国CBD产业高质量发展研究》，载牛海龙、单菁菁主编《中国商务中心区发展报告No.8（2022）》，社会科学文献出版社，2022。

赵凯、宋则：《商贸流通服务业影响力及作用机理研究》，《财贸经济》2009年第1期。

中国物流信息中心：《2023年6月物流业景气指数显示：需求略有改善、预期稳中向好》，2023年7月3日。

B.12
完善消费促进机制，助力 CBD
一流消费商圈建设

王 微 陈丽芬*

摘　要： 近年来，我国 CBD 商圈积极构建消费促进机制，在创新消费、引领消费、集聚消费、优化消费环境等方面取得积极成效。但与国际著名的 CBD 商圈比较，我国依然存在不小差距，综合消费功能不完善、消费设施规划不足、全球消费资源配置力较弱、消费监管和服务机制不健全。未来，我国服务消费将进一步提质扩容、消费将更加多元和细分、高品质消费需求潜力将进一步释放、数字经济将引领消费新业态新模式发展，消费国际化步伐将进一步加速，为 CBD 一流商圈建设带来新机遇新要求，迫切需要针对短板弱项，结合未来趋势，构建国际化、品质化、多元化、数字化发展的消费促进机制，更好助力 CBD 一流消费商圈建设。

关键词： CBD　商圈　消费促进机制

　　CBD 商圈是城市经济发达程度、国际化水平的主要标志之一，是促进国内国际双循环的重要平台。近年来，我国超大特大城市加快推进 CBD 一流商圈建设，积极构建 CBD 商圈消费促进机制，极大地提升了 CBD 商圈对

---

* 王微，国务院发展研究中心市场经济研究所所长，研究员，主要研究方向为消费、流通、服务业、市场体系；陈丽芬，国务院发展研究中心市场经济研究所研究员，主要研究方向为消费经济、流通经济。

商务和消费的集聚力、吸引力和创新力。但与国际著名的 CBD 商圈比较，我国还存在不小差距。迫切需要针对商圈消费的短板弱项，结合未来消费发展新趋势，推动构建国际化、品质化、多元化、数字化发展的消费促进机制，更好助力 CBD 一流消费商圈建设。

一 我国 CBD 商圈积极构建消费促进机制

近年来，针对我国消费升级加快趋势，以及服务经济、数字经济、体验经济蓬勃发展，各大城市的 CBD 商圈积极构建新型消费、高端消费、服务消费的促进机制，创新消费环境治理机制，在创新消费、引领消费、集聚消费、优化消费环境等方面取得积极成效。

（一）以数字技术应用为核心，积极构建消费创新促进机制

随着人工智能、物联网、大数据等数字信息技术的广泛应用，数字化成为消费创新的主要动力来源。为此，各大城市 CBD 商圈积极推动数字技术应用，围绕商业数字化、吸引数字头部企业和创新平台集聚发展以及消费新场景、新模式、新业态创造，加快构建消费创新促进机制。一是打造数字消费场景，促进交互式、体验式、沉浸式消费创新。随着人工智能、物联网、大数据等数字信息技术的广泛应用，虚拟现实终端逐渐成熟，线上线下融合加深、交互式服务逐步完善，商圈不再局限于到场消费，跨时空、跨边界的沉浸式消费越来越流行。例如，北京 CBD 商圈以数字赋能传统商业，持续挖掘数字消费场景，打造"元宇宙·第二三里屯商街"，消费者可通过微信公众号云宇宙空间，塑造自己的形象，沉浸式逛街购物，体验线上线下交互式的消费场景，享受与线下同步的新品发布和折扣活动。杭州武林 CBD 商圈依托数字技术打造"云上武林"互动平台，举办"云购武林"消费嘉年华、"云逛夜市"、"爱购武林线上消费节"等各类活动，打造"宋韵国风体验"场景及丝绸文化数字体验馆、"5G+VR 试衣镜"云上直播间等提高购物体验，极大提升了商圈消费。二是建设智慧商场、智慧商圈，满足多元化

的消费新需求。重庆解放碑 CBD 商圈开发建设大数据平台，打造"爱尚解放碑"新媒体平台，消费者可通过小程序进入平台，享受智慧游览、智慧泊车等多项服务功能。杭州武林 CBD 商圈建设武林银泰、杭州大厦、国大城市广场等智慧商场。其中，武林银泰开发银泰喵街 App，使其成为全球"不打烊的百货公司"；杭州大厦推进商场智慧化转型，推出商场小程序，实现社群运营线上线下一体化。三是加速全渠道的数字升级，推动消费生态体系创新。构建商圈数据中台，借助大数据精准画像和分析，打造智慧化供应链体系，催生 C2M、C2B 等消费者反向定制的模式，实现消费者与商品和服务的全场景触达。

（二）以提升消费引领能力为目标，着力构建高端消费促进机制

针对我国消费提质升级的新趋势，CBD 商圈通过集聚国内外知名品牌、支持新品发布、首展首秀等机制，不断提高 CBD 商圈消费的吸引力和创新引领能力，推动 CBD 商圈成为高端消费的集聚区。例如，2021 年北京市 40% 的首店由北京 CBD 引入。2020 年，位于 CBD 商圈的 SKP 商场销售额为 177 亿元，接待了 1500 万人次，单店销售额、每平方米销售产出均居全球首位，爱马仕、LV 等一线奢侈品牌云集。北京 CBD 商圈不仅有高端商业，还聚集了超甲级写字楼、奢华酒店、国际化公寓，各业态联动发展、彼此促进。广州的天河路商圈，素有"华南第一商圈"美誉，在不到 3 公里的天河路沿线分布着太古汇、正佳广场、天环广场、天河城等 23 家高端商贸综合体，集聚了近 2000 个国内外知名品牌、300 多家首店，成为"万亿级"商圈。合肥天鹅湖 CBD 也汇聚了银泰百货、天鹅湖万达广场、天鹅湖保利 MALL、合肥万象城等多家顶级商贸综合体。

（三）以加快消费升级为方向，加快探索服务消费培育机制

CBD 商圈是全球总部企业、跨国公司布局的核心区，国内外商务人员往来密集，对商务和生活的服务需求比较高，也对城市及周边地区的服务消费有较强的引领带动作用。为此，CBD 商圈从建立服务平台、加快服务业

集聚、打造服务品牌等方面，加快探索服务消费的培育机制。例如，北京CBD打造全球数字会客厅、创新创业云中心、数字经济创新中心等，提供数字化创新创业全周期服务和孵化；打造"元宇宙+会议、会展、购物、交通"等八大体验场景，成立北京CBD跨国企业数据流通服务中心，提供数据跨境咨询服务。上海虹桥国际CBD重点培育高端服务、数字经济、贸易经济、时尚消费等4个千亿级产业集群，打造虹桥进口商品展示交易中心"6+365"常年展销平台，汇聚全球90多个国家或地区的9万多种商品。合肥天鹅湖CBD打造安徽省的金融业发展高地、华东中部地区金融商务核心区，被誉为"安徽陆家嘴"，推动金融产业整合，吸引中国出口信用保险、南洋商业银行等国内外大型金融企业入驻。深圳福田CBD引进人工智能实验室，建立知识产权法律服务平台。南京河西CBD打造"C++青创空间""米立方开放创意实验室"等平台，推动商业服务模式创新。另外，CBD商圈的文化服务消费氛围凸显，逐渐成为城市重要的文化消费地标和展示窗口。CBD商圈聚集了大型的文化艺术展、公共文化活动、文化演艺等活动和演出，合肥天鹅湖CBD布局了合肥大剧院、市奥体中心、省博物馆等城市重要文化消费载体。重庆解放碑CBD商圈建有地名博物馆、筑城等展览馆群落，打造"老重庆的底片、新重庆的客厅"，文化内涵不断提升。

（四）创新消费环境治理机制

CBD商圈治理机制不断创新，构建商圈联盟，打造信用商圈，营造国际化消费环境。例如，北京CBD管委会联合商圈的多个企业，成立北京CBD商圈联盟，组织北京CBD消费节，举办时尚消费、美食评选、音乐季、影像季等系列活动。杭州武林CBD探索数字化信用商圈建设，将信商誉积分化，制订奖惩机制，形成商家自我管理、政府数智治理、公众参与监督的商圈信用体系。通过社交平台，武林CBD加强舆情监测，及时关注和回应消费者的评价和需求。武林CBD商圈还积极打造智慧商圈数字人民币试点。合肥天鹅湖CBD成立商务区商会，充分发挥在联系和服务企业、管理会员等方面的作用，建立企业与政府之间的沟通桥梁，推动天鹅湖CBD与长三角城市商务区的对话交流。郑东新区 CBD 实施试点放宽夜间外摆位管制，在夜间特定时段允许有条件的酒吧、饭店等开展外摆试点；发布相关管理指引，鼓励经营主体与社区居民共同开展自律管理，维护和谐社区环境；建立"夜间区长"和"夜生活首席执行官"制度，鼓励公开招聘具有夜间经济相关行业管理经验的人员担任"夜生活首席执行官"，协助"夜间区长"工作。

二 CBD 商圈消费促进机制有待进一步完善

我国 CBD 商圈促消费机制建设取得积极进展，消费集聚力、吸引力和创新力得到明显提升，但对比国际著名的 CBD 商圈，我国 CBD 商圈依然存在短板和弱项，消费促进机制仍待加快完善。

（一）CBD 商圈综合消费功能不强

国际著名的 CBD 商圈不仅关注工作环境，更注重商圈内人群的生活质量，强调"以人为本"，谋求生活、消费、文化、生态等多种复合功能共同发展。例如，著名的纽约曼哈顿 CBD 商圈除了有帝国大厦、洛克菲勒中心等摩天大楼，还有百老汇剧院、第五大道等，不仅集聚了全球最著名的国际品牌以及上千家不同业态的商铺，还汇聚了大量餐饮、休闲、演艺、展览、娱乐等消费场所，商业氛围浓厚，人们在此工作、居住、消费、休闲毫无障碍。对比之下，我国大多数 CBD 商圈定位为特定的功能区，规划更加侧重商务功能，而忽视了商业和居住配套，造成白天上班和晚上下班后人数极大反差，夜晚、周末和节假日变成了一座"空城"，CBD 商圈商务、休闲、商业、居住等复合功能失调，服务于人的消费功能还比较弱。

（二）CBD 商圈消费设施规划不足

国际著名的 CBD 商圈既是高端商务集聚地，同时也是国际消费高地。例如，日本丸之内 CBD 是全球著名的消费区域，1996 年日本政府对丸之内 CBD 进行再开发，思路为构建 ABLE 城市〔Amenity（宜人）、Business（商

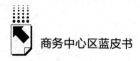

务）、Life（生活）、Environment（环境）]，改变原来商务比重过高的情况，商圈内的商业和餐饮、商务办公、居住用地分别占比50%、37%、13%，商业餐饮设施与办公设施配比平衡，为消费注入持续活力，使其成为东京著名的时尚街区。对比之下，我国大部分CBD主要聚焦商务核心功能，职住不平衡的现象比较突出，"人口导入不足商业难以存活，商业配套不完善人口不愿导入"的阶段性矛盾较为凸显，能够激发消费活力的特色活动、营造消费氛围的消费设施等还不足。

（三）CBD商圈全球消费资源配置力较弱

国际著名的CBD商圈具有完整的消费链条，具备引进世界500强企业、国际知名酒店、国际顶级奢侈品牌旗舰店等高端业态的能力，对知名商贸企业全球总部、区域总部、采购中心、结算中心、运营中心，以及具有品牌运作能力、全球视野的商业运营商、品牌贸易商的吸引力高。例如，法国拉德芳斯CBD汇聚了全球1600多家企业总部，其中包括世界50强中的15名，拥有欧洲第一大购物中心——四季购物中心（Les Quatre Temps），每年吸引来自全球的游客超过800万。相比之下，我国CBD商圈对全球消费资源配置力还比较弱，国际消费比重不高，商圈商旅文娱体等融合发展互动不够，消费模式和业态创新能力有待进一步加强。

（四）CBD商圈消费监管和服务机制不健全

国际著名的CBD商圈经常举办大型消费节庆活动，既为全球消费者提供了便利和实惠，也为各国的消费品牌提供了难得的展示平台。在相关活动期间，政府部门采取了包容审慎的监管方式，允许在不影响公共安全、卫生等前提下利用商业节点位置、临街店铺进行外摆经营，并延长营业时间，允许利用室外场地开展促销宣传活动，从而营造了浓厚的消费氛围。为支持和促进夜间经济健康发展，2017年伦敦任命了由政策研究专家、行业领军人物组成的"夜间委员会"（The Night Time Commission），旨在为市长提供咨询建议，并通过与企业、居民、夜间消费者、地方议员以及交通、警察、应急服务管理部门等对话的方式听取各方意见，平衡相关群体的利益诉求。相比之下，我国 CBD 商圈对相关消费展销活动管制严格，促进消费的相关机制缺失。

三　CBD 商圈促进消费面临的新趋势

当前，我国已经开启建设现代化国家的新阶段，消费增长空间巨大，不仅体现在追赶发达经济体的消费梯次升级，还反映在与发达经济体同步甚至领先的消费创新，成为实现高质量发展的重要内生动力。从发展趋势来看，未来 5~10 年，我国消费服务化、高端化、多元化、数字化、国际化的趋势将快速发展。

（一）高品质消费需求潜力将进一步释放

收入水平提高及中等收入群体持续扩大对消费升级提出新要求。从发达经济体的经验看，跨越高收入门槛时期是国民收入水平稳定提升和中等收入群体规模扩大的关键阶段。随着经济社会发展，预计未来 10 年我国中等收入群体人数将有明显增长，成为扩大内需特别是品质消费的主力。据测算，2025 年我国中等收入群体人数将增加到 5.5 亿人，占总人口的 38%，2030 年将进一步增加到 7.5 亿人，占总人口的 51%。与此相应，中等收入群体消费规模占居民消费的比重也将持续提升。据测算，2018 年占总人口 27% 的中等收入群体贡献了 42% 的居民消费支出，72.5% 的低收入群体贡献了 57% 的居民消费支出。假设未来 10 年中等收入群体消费增速高于全体居民消费的趋势保持不变，预计 2025 年中等收入群体消费占居民消费的比重将达到 59%，2030 年将进一步上升到 79%。中等收入人群通常具有较好的教育背景，收入水平、边际消费倾向较高，具有享受更高品质消费和新型生活方式的能力和意愿，是一国迈向高收入阶段扩大消费的主力，也是消费升级和创新的引领者。中等收入群体中高端消费需求将从单纯追求品牌标志向更具个性和品位的定制化商品和服务转变，将驱动定制消费、智能消费、健康消费、绿色消费等持续快速发展。例如，中等收入群体普遍追求食品安全营养健康，而且随着收入增长对品质也更加重视，对健康食品的购买频率明显更高。"十三五"期间，我国健康食品消费规模持续扩张，年均增速为4.2%，2020年市场规模突破8000亿元，已成为全球最大的健康食品消费市场。[①]预计未来随着中等收入群体数量的不断增长，健康食品消费规模有望保持"十三五"时期的较快增速。预计2025年健康食品消费规模将接近1万亿元，2030年可达12200亿元。

（二）消费需求更加多元化和细分化

人口规模和结构是影响消费的基础性因素。随着出生人口规模的降低，我国人口将在2022年达到峰值。[②] 人口年龄结构及家庭结构的加速调整，将凸显不同代际、不同性别、不同类型家庭之间的消费需求差异，将孕育和创造更加多元、更加细分的新需求。

一方面，以"Z世代"为代表的我国年轻群体规模大、活力足，消费具有明显的个性化、时尚化特征，消费意识超前，是引领消费创新升级的生力军，也是引领新产品、新服务、新业态快速发展的最主要群体。据测算，2020年"Z世代"创造了4万亿元的新兴消费市场规模，相当于社会消费品零售总额的10.2%，预计2035年将增长到16万亿元。[③]

另一方面，随着老龄化进程的加快，规模庞大的低龄老年群体将有力地推动"银发经济"加速形成，促进保健食品、商业健康保险、养老消费、智慧健康养老等成为重要增长领域。据测算，2019年我国"银发经济"规模约为4.3万亿元，2015~2019年年均增长15.2%。[④] 预计未来10年仍将保持较快增长，按"十三五"的年均增速推算，2025年"银发经济"规模将达到10万亿元，2030年可达20万亿元。

此外，家庭规模日益小型化，单身、独居家庭的占比不断提高。2020

---

① 观研天下：《2021年中国健康食品市场分析报告》。
② 国务院发展研究中心社会和文化发展研究部人口迭代宏观仿真模型的测算结果。
③ 华兴资本：《中国创新经济报告2021》。
④ 头豹研究院：《2020年中国银发经济市场分析概览》。

年平均每个家庭户人口为 2.62 人，比 2010 年减少 0.48 人；目前以未婚单身青年为主的单身人口规模已达到 2 亿多人，空巢和独居老年人已达到 1.2 亿人，合计占到总人口的 22.5%,[①]"萌宠经济""单身经济"等蓬勃发展。

（三）服务消费将成为最大的消费增长来源

服务消费需求从生存型到发展型持续升级，从同质化、单一型向个性化、多元化的定制型发展，优质化、专业化、高技能、高标准的服务消费供给更加丰富，文化、旅游、体育、健康、养老、托幼、家政、教育培训等领域的服务消费发展空间持续扩大。根据发达经济体服务消费的发展规律和我国近年来服务消费的总体趋势，预计到"十四五"末期或"十五五"初期，我国居民服务消费比重有望上升到 50%，未来 10 年居民服务消费年均增速将达到 9%，超过商品消费 2.5 个百分点。

一是文化娱乐消费增长强劲。近年来各类实景游戏、沉浸式演艺展览、VR 主题公园等消费快速增长。2015~2019 年，我国沉浸式体验文化娱乐消费规模从 2 亿元增加到 28.2 亿元，年均增长 89%。[②] 总体上看，沉浸式体验文化娱乐消费正处于起步阶段，增长潜力巨大，预计"十四五"将保持 50%左右的年均增速，2025 年消费规模约为 540 亿元，预计"十五五"年均增速可达 20%，2030 年消费规模为 1300 亿元左右。同时，数字影音、图书、游戏动漫等消费也呈快速增长态势。2015~2020 年，我国数字文化娱乐市场规模从 3100 亿元增加到 6894 亿元，年均增长 17%。[③] 随着移动互联网的普及渗透以及"元宇宙"[④] 的兴起，预计未来 10 年数字文化娱乐消费年均增长 10%左右，2025 年数字文娱消费有望达到 11000 亿元，2030 年可达 18000 亿元。

二是旅游消费空间大。近年来，我国中等收入群体对旅游休闲个性化、

---

① 穆光宗：《当前中国家庭户小型化的社会意涵》,《人民论坛》2021 年第 21 期。
② 观研天下：《2020 年中国沉浸式体验娱乐行业分析报告》，2020 年。
③ 易观分析：《中国数字文化娱乐产业年度综合分析 2021》，2021 年。
④ 元宇宙（Metaverse）是利用科技手段进行链接与创造的、与现实世界映射与交互的虚拟世界，是具备新型社会体系的数字生活空间。本质上看，元宇宙是对现实世界的虚拟化和数字化过程。

体验感的要求逐步提升，促进了自驾游、亲子游等多样化旅游消费场景的不断创新。2015~2019 年，国内旅游收入从 34195 亿元增加到 57251 亿元，年均增长 13.8%。随着未来中等收入群体出游热情的企稳回升，预计 2022~2025 年国内旅游市场将逐步复苏，旅游消费有望实现 5% 的年均增速，"十五五"年均增速将提升到 10% 左右。到 2025 年、2030 年我国旅游消费规模将分别达到 28400 亿元、45800 亿元。

三是时尚消费成为热点。消费更注重"悦己"，促进了时尚消费市场的快速成长。例如，近年来在本土快时尚品牌持续崛起的带动下，我国快时尚消费市场规模在 2019 年达到 2735.4 亿元，是 2015 年的近 1.6 倍，年均增长 12.2%。[①] 预计未来 10 年，我国快时尚消费市场有望保持 12% 左右的增速，预计到 2025 年消费规模将达到 5400 亿元，2030 年约为 9500 亿元。医疗美容也逐渐受到消费者的青睐。2020 年，我国医疗美容行业市场规模为 1518 亿元，"十三五"时期年均增长 15.9%。据测算，未来 10 年我国医疗美容消费还将保持 15% 左右的较快增长，到 2025 年消费规模将达 3050 亿元，2030 年约为 6140 亿元。

（四）数字经济将引领消费新业态新模式发展

人工智能、区块链、大数据、5G 技术等加快产业化和商业化，推动消费领域新产业、新业态、新模式不断涌现。数字技术进步成为促进消费创新的主要驱动力量。以大数据、云计算、人工智能等为代表的数字技术蓬勃发展并深度应用，涌现出多样化的消费创新，极大地改变了人们的消费方式。以网购为例，2013 年我国网络零售交易额突破 1.8 万亿元，超过美国成为全球最大的网络零售市场，2020 年进一步增长到 11.8 万亿元。近年来特别是疫情期间，社交电商、直播带货、社区团购等新模式迅猛发展，新型线上消费创新更为活跃，消费场景日益丰富，创造了诸多新的消费需求，对扩大消费产生显著的带动作用。数字技术普及将日益强化内需创新发展的动力。

---

① 智研咨询：《2019 年中国快时尚行业市场规模及发展趋势分析》。

预计到 2025 年，我国网络零售额将达到 18.5 万亿元，"十四五"期间年均增长 9.5%，高于社会消费品零售总额增速 3.5 个百分点。居民每增加 1 元线上消费，虽对线下消费有所替代，但仍可带来 0.36 元的新增消费。[①]

另外，智能设备将为便捷数字消费体验提供重要支撑。2020 年，我国居民每百户移动电话拥有量为 253.8 部，比上年增长 0.2%。虽然手机市场总的消费规模趋于饱和，但 5G 手机等升级类商品消费较快增长。预计未来 10 年，我国智能手机市场出货量增速将有所放缓，但单价会继续提升，消费规模总体将保持稳定。如果在可穿戴设备等领域出现技术突破创新、带来颠覆性的新电子消费品，还将创造更大规模的新增市场需求。综合考虑，未来 10 年智能电子设备的消费规模有望达到 7000 亿元至 10000 亿元。

（五）消费国际化步伐将进一步加速

随着我国对外开放水平不断提升和更高水平开放型经济新体制的加快建设，国内国际消费市场融合将进一步加深，北京、上海、天津、重庆、广州等城市国际消费中心城市建设成效逐步显现，国际进口博览会、国际消费品博览会等消费国际化窗口的资源聚集能力日益提升，将推动我国消费市场国际化步伐不断加快。

一是进口消费规模将进一步扩大，成为居民消费升级的重要表现。跨境电商是重要的国际化消费载体，近年来跨境电商政策红利不断释放，跨境电商零售进口规模持续攀升。2021 年，国家进一步扩大跨境电商零售进口试点，将试点范围扩大至所有自贸试验区、跨境电商综试区、综合保税区、进口贸易促进创新示范区、保税物流中心（B 型）所在城市（及区域）。2022 年，我国跨境电商进口规模达到 5600 亿元，90%以上为消费品，主要为美妆及洗护用品、医药保健与母婴产品及食品生鲜等，进口货物主要来自日本、美国及韩国等。进口货物的消费地集中在广东、江苏、浙江、上海和北京等经济发达地区，消费占比达 50%。随着消费升级步伐加速，《跨境电子商务零售进口

---

① 国务院发展研究中心课题组：《转向消费驱动》，中国发展出版社，2023。

商品清单》不断加长。2016 年两批清单共包括 1240 项商品，2018 年清单商品数达 1321 个，2019 年达 1413 个，2022 年 1476 个。① 免税品消费也是近年来进口消费增长迅速的重要领域。由于免除进口环节关税、增值税和消费税，免税品消费具有一定的价格、场景和渠道优势。特别是消费税税率较高的高档化妆品、香水、手表、珠宝等，成为中等收入群体消费升级的重要内容。"十三五"时期，我国免税品消费规模快速增长，从 2015 年的 242 亿元增加到 2019 年的 545 亿元。2020 年由于疫情影响，跨境旅行基本停滞，境外消费回流明显，免税品消费规模增长到 670 亿元，比 2019 年增长 23%。

二是入境消费逐渐增多，消费主体国际化趋势明显。2009~2019 年，我国入境游客由 1.26 亿人次增长至 1.45 亿人次，增长了 15.1%；国际旅游收入由 396.75 亿美元增长至 1312.54 亿美元，增长了 3.2 倍。随着疫情政策全面放开，各地积极改善入境消费体验，改善商圈外卡受理环境，不断提升入境消费支付便利化水平。据报道，2023 年上半年中国入境游市场平均景气指数达到 15，较 2019 年上半年提升 13 个点。随着我国国际消费中心城市和大型城市的国际影响力和知名度进一步提升，加之积极恢复和扩大入境游消费措施推进，消费国际化步伐将进一步加速。

三是中国消费品牌国际化和"走出去"步伐加快。中国消费品牌国际化和加快"走出去"步伐主要得益于三个因素。一是中国消费企业在产品、技术、市场、要素等方面形成独特的竞争优势，为品牌开拓海外市场奠定了良好基础。经过改革开放 40 多年的发展，中国生产与服务能力得到巨大提升，特别是已经拥有全球最为丰富、完善的产业体系，正经历从中国产品到中国品牌的转变、从价格优势向品牌质量优势的转变、从产品输出到创新输出的升级，中国品牌在全球产业链中的位置已经实现明显跃升。二是中国规模庞大的消费市场为企业提供了创新试验场，消费市场的新品类新品牌层出不穷，为企业将产品推向海外市场创造了有利条件。三是近年来在资本的支持下，国内市场孵化出众多消费品牌并迅速布局全国，为消费品牌"走出

---

① 国务院发展研究中心课题组：《转向消费驱动》，中国发展出版社，2023。

去"，构建全球流通渠道、经营全球市场积累了实践经验。

四是国际消费中心城市在全球引领地位进一步上升。国际消费中心城市是具有丰富消费内容、高端消费品牌、多样消费方式、优越消费环境，吸引全球消费者的高度繁荣的消费市场，是全球消费资源的配置中心以及引领全球消费发展的创新高地。20 世纪 90 年代以来，发达国家的一些国际大都市依托发达的消费市场、便利的交通网络和完善的消费环境，极大地吸引和集聚了来自全球的商品、服务等消费资源和消费人群，迅速成为国际消费中心。2021 年 7 月 19 日，经国务院批准，上海、北京、广州、天津、重庆五个城市率先开展国际消费中心城市培育建设，出台多项扩大内需、促进消费政策，提升供给质量，打造消费地标，强化枢纽功能，优化消费环境，加快建设具有全球影响力、竞争力、美誉度的国际消费中心城市。从发展趋势来看，伦敦、纽约、巴黎、东京等已经成为全球领先、相对成熟的国际消费中心城市，亚洲地区的大型消费城市数量居于优势地位（见图 1），且呈快速发展态势，其中北京、上海、广州已经进入全球领先性国际消费中心城市。据国际货币基金组织《亚洲及太平洋地区经济展望报告》预测，亚太地区对全球消费增长的贡献率将达 70% 左右，其中中国的贡献率将达到 34.9%，中国国际消费中心城市的发展及在对亚洲乃至全球消费市场的地位将进一步上升。

四 完善 CBD 商圈消费促进机制的政策建议

针对 CBD 商圈消费促进机制存在的短板，综合未来消费发展趋势，构建 CBD 商圈消费国际化、品质化、多元化、数字化发展的促进机制。

（一）将 CBD 商圈打造成标志性国际消费商圈

扩大全球优质商品供给。集聚全球高端品牌，打造高端消费综合体，鼓励品牌企业在 CBD 商圈开设高端旗舰店、体验店，进一步提升国际品牌的商品种类丰富度和高端品牌集聚度。丰富高品质消费品供给，推广绿色、低碳、健康消费理念，推动消费向吃出健康、穿出时尚、用出品位转变。扩大

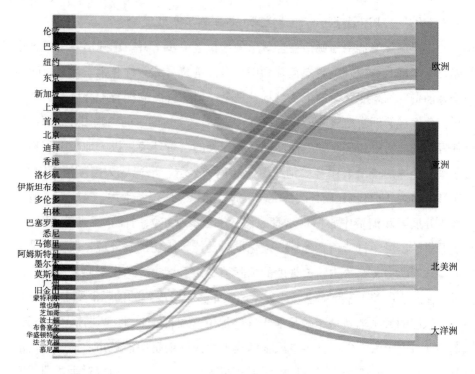

图 1　各大洲的大型消费城市

资料来源：中国经济信息社：《2023 全球消费中心城市发展报告》。

中高端移动通信终端、智能家居、虚拟现实、智能汽车、服务机器人等前沿
信息消费产品。扩大钻石珠宝、金银首饰、钟表等消费市场规模。

打造全球新品发布地标性载体。支持全球品牌首店、首展活动，为首店
入驻创造便利条件，在活动审批、宣传保障等方面为品牌新品首发活动和首
店落户提供支持，提升商圈的新品集聚能力，支持龙头电商平台打造全球新
品网络首发平台，加强融媒体平台对首发经济的宣传力度。完善服务保障体
系，将符合标准的国内外品牌纳入知识产权重点保护名录。

（二）大力培育 CBD 商圈新型消费

积极培育商圈数字消费新场景新生态。增强商圈大数据归集能力，打造
一批集精准营销、虚拟导购、智能购物、AR 互动、无感支付等功能于一体

的智慧商圈公共服务平台。支持各大电商平台与 CBD 商圈在流量和数据方面合作发展，开展商圈数字化营销。推动无接触经济在零售、餐饮、酒店、健康、医疗等行业加快发展，支持大数据、虚拟现实等新技术加快在各类消费场景深化应用。扩大数字人民币在 CBD 商圈的覆盖率。

加快商圈实体商业数字化改造和转型升级，打造一批高科技、定制化、体验式商业新业态新模式，建设一批智慧购物示范场景。鼓励商圈实体商业企业打造数字化商业操作系统，构建大数据和数字化组织体系。加强数字化技术在零售终端、支付结算等方面应用推广。推动智能售货机、智能饮料机、智能回收站、智慧微餐厅等各类智慧零售终端发展。推动电商平台赋能商圈消费，发挥电商企业大平台、大流量优势，联动线上线下消费、老字号线上购物、首店经济等。

（三）积极扩大 CBD 商圈服务消费

打造商圈成为会商旅文体联动发展的重要孵化器，支持商业综合体融入旅游、文化、体育等多种元素。建设 CBD 商圈商旅文联动载体平台，促进会展场馆、旅游景点、文体场馆等设施的联通与互动，打造一体化的会商旅文体联动网络体系。加快推进文旅场馆智能化升级，打造一批具有国际影响力的文化设施集聚区。大力发展体育消费，打造健身休闲多层次的消费场景，优化观赛配套服务，吸引观赛+观光休闲。

打造 CBD 商圈夜间经济。增加常态化、标志性实景演出，推动夜购、夜秀、夜游、夜娱、夜食、夜健、夜读等领域跨界融合，打造一批具有全球影响力、能吸引国内外游客的夜秀夜游夜娱项目。优化提升夜间经济推进机制和城市配套水平，增设出租车候客点和夜间道路临时停车场，扩容夜间停车资源。优化监管服务，放开商圈酒吧、咖啡店等的外摆位限制，允许在不扰民的重点区域设置 24 小时经营区域；探索对重点区域夜间营业给予政策优惠，加强夜间经营区域安保资源配置。

（四）提高 CBD 商圈消费便利度

提升商圈消费支付便利度。鼓励相关银行和非银行支付机构在商圈布放

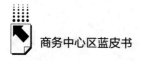

可受理境外银行卡的终端设备，完善外卡收单受理环境和支付便利度。在出租汽车候客站新增英语使用页面。开发集商圈消费场所查询、空间定位、智能交通引导、地址标注收藏等功能于一体的多语种电子地图。

发展商圈免税店。在 CBD 商圈建设市内免税店，并增加免税购物额度。推动国产商品进入商圈免税店，积极探索扩大免税店经营国产商品面积，打造国产品牌进入免税店渠道的集聚地。提升离境退税便利度。实现退税标识全覆盖，新增境外旅客购物离境退税商店，重点支持增加国产新品牌、老字号退税商户数量。优化离境退税"即买即退"服务流程，探索引入自助退税机，并将微信、支付宝等便捷方式纳入退税便利支付渠道。

（五）优化 CBD 商圈消费环境

建设商圈诚信体系。扩大线下零售企业"七日无理由退货"服务承诺覆盖面，推广 CBD 商圈异地退换货服务。拓展商圈信用应用场景，发布"CBD 商圈诚信指数"。完善商务诚信平台功能。鼓励平台型企业推出信用消费模式，进一步完善平台信用评价和风险管理，在线下零售连锁企业中推广商户信用分类管理模式，助力发展"信用销售"、促进"信用消费"。

积极探索消费领域监管服务创新。推动符合消费企业特色的改革创新，加快规范商圈广告、展示、促销等事项办理流程和标准，优化文化演出管理，完善新消费品牌孵化服务机制。简化证照办理流程，优化商场工程建设审批手续，加大电子证照推广应用力度。进一步规范对消费企业的监管执法，加强监管的科学性、规范性。

（六）加强 CBD 商圈政策支持力度

鼓励国际消费中心城市等大城市发挥引领带动作用，加大对 CBD 商圈的消费支持力度。探索建立商圈统筹协调机制，整合产业资源，在用地、金融等方面给予支持。制订商圈改造提升行动计划，改造提升商圈及周边区域智慧交通引导系统，推动轨道交通站点与重点商业设施融合衔接。鼓励商圈发展线上线下融合的新零售、智能消费体验中心或体验店等新模式新业态，推进科技赋能数字化商圈。支持商圈开设首店、开展首发活动，对符合条件的首店和首发活动给予财政支持，支持商圈引入优质市场主体。支持商圈内传统商场外立面改造、店内装修更新、设备购置及水电气热等配套设施建设及数字化改造建设等。

参考文献

国务院发展研究中心课题组：《转向消费驱动》，中国发展出版社，2023。

王微、王青、刘涛等：《国际消费中心城市：理论、政策与实践》，中国发展出版社，2021。

王微：《以消费为主导扩大内需》，《上海企业》2023 年第 2 期。

陈丽芬：《消费成为支撑经济发展稳定力量》，《经济日报》2023 年 1 月 3 日。

陈丽芬：《新发展格局下应加快构建消费主导型经济体系》，《重庆理工大学学报（社会科学版）》2022 年第 6 期。

中国经济信息社：《2023 全球消费中心城市发展报告》。

观研天下：《2020 年中国沉浸式体验娱乐行业分析报告》。

穆光宗：《当前中国家庭户小型化的社会意涵》，《人民论坛》2021 年第 21 期。

易观分析：《中国数字文化娱乐产业年度综合分析 2021》。

智研咨询：《2019 年中国快时尚行业市场规模及发展趋势分析》。

张俊杰：《国际一流中央商务区发展经验及对广州的启示》，《城市建筑》2021 年第 21 期。

国内案例篇

Chinese Experience Chapters

B.13
北京CBD：打造创新消费策源地的
成效及经验

邬晓霞　王雪媛*

摘　要： 北京CBD是北京"两区"的政策叠加区，北京数字经济、国际消费中心城市建设的主承载地，发展优势明显。北京CBD为打造创新消费策源地，大力引进优质品牌企业，构建多元消费场景，发展商旅文体消费，激发区域消费活力，取得了显著成效。通过借鉴北京CBD打造创新消费策源地的经验，可以从营造开放包容的消费氛围、打造国际一流的营商环境、开展精准便利的人才服务等方面助力中国CBD发展提质增效。

关键词： 北京CBD　创新消费策源地　营商环境　消费商圈

---

* 邬晓霞，博士，首都经济贸易大学城市经济与公共管理学院教授、硕士生导师，主要研究方向为区域政策、城市与区域发展；王雪媛，首都经济贸易大学硕士研究生，主要研究方向为城市与区域发展。

随着疫情防控政策调整，复工复产、复商复市持续推进，北京市消费市场已呈现迅速恢复的态势。为对标国际消费中心城市发展目标，服务公众多层次消费需求，北京市规划自然资源委联合市商务局共同编制了《北京市商业消费空间布局专项规划（2022 年~2035 年）》，提出将北京 CBD 划分为四大国际消费体验区之一，还将重点打造郎园 Vintage 等艺术消费集聚区。北京市商务局发布《北京市商圈改造提升行动计划（2022~2025 年）》，提出到 2025 年，北京市将在巩固上一轮 22 个商圈改造提升效能基础上，完成新一轮 54 个商圈改造提升工作，进一步增强全市商圈的整体性和差异化。到 2025 年，北京将打造 2~3 个千亿规模国际级商圈，打造一批具有全球影响力的标志性商圈。北京 CBD 依托现有优势，把握发展机遇，通过产业融合升级，加速消费新产品、新品牌、新业态聚集，培育一批具有中国特色的新锐消费品牌，形成了高质量现代化商业消费体系，持续打造国际品牌聚集地、时尚潮流引领地、消费创新策源地。在不断探索的过程中，北京 CBD 汇总提炼出可复制、可推广的经验举措，并在优化营商环境、吸引高端要素集聚、促进经济发展等方面成效显著。

一　北京 CBD 打造创新消费策源地的创新做法

（一）引进优质品牌企业

北京 CBD 作为朝阳区重点商圈，基于体量大、业态全、国际化、品质高、活力强等优势，率先打造千亿规模国际级商圈，着力发展首店首发经济，吸引具有全球引领性、标志性和首创性商业消费业态，并积极培育具有中国特色的新锐消费品牌，形成高质量现代化商业消费体系，助力朝阳区国际消费中心城市主承载区建设。

1.发展首店首发经济

首店经济是指在一个区域利用特有资源，吸引国内外品牌首次开设门店，由此带来的客流增加、税收增长、消费升级、就业扩大等积极正向的经

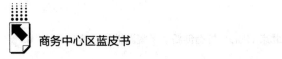

济形态。北京市推动首店发展起步较早，自 2019 年起，相继出台多项首店支持措施。2023 年，《促进首店首发经济高质量发展若干措施》（即"首店3.0 版措施"）发布。为贯彻落实首店 3.0 版措施，又出台了《北京市商务局关于发布 2023 年度鼓励发展商业品牌首店首发项目申报指南的通知》，北京首店落地扶持政策再度升级，使更多优质品牌落地北京 CBD。此外，随着疫情防控政策的调整，复工复产、复商复市不断推进，北京消费市场逐步恢复，2022 年推迟入市的更新和新建商场在 2023 年迎来开业，将进一步释放北京首店经济潜能。北京 CBD 具有国际化区位优势、高品质服务以及不断优化的营商环境，以北京 SKP、国贸商城等地标为主要承载地，鼓励高端品牌旗舰店、概念店、主力店、买手店等建立"首店"，大力吸引国际高端品牌、时尚前沿品牌、原创设计品牌等首发新品，打造全球新品首发首秀活动平台，在新品发布资源对接、活动审批、宣传推广等方面给予便利化服务，力争同巴黎、米兰、纽约保持国际时尚潮流的"零示范时差"。此外，北京 CBD 引入海外潮流、颜值美妆、国货新品等时尚前沿消费业态，激发起群众丰富、多元、细分的消费新需求。

2. 培育本土消费品牌

为加快推进北京国际消费中心城市建设，2023 年 4 月，北京市商务局印发《加快恢复和扩大消费持续发力北京国际消费中心城市建设 2023 年行动方案》，提出应完善本土品牌培育孵化体系，加大对新消费品牌企业、孵化基地和专业机构支持力度，引导重点平台搭建"北京品牌"活动专区。2023 年，朝阳区政府工作报告指出，要积极孵化新消费品牌，大力引入品牌首店、新品首发、时尚首秀。2022 年 7 月，北京 CBD 国潮孵化器正式揭牌，助力中国本土品牌发展，实现文化传承、品牌创新和企业焕新。孵化器整合北京 CBD 国潮国牌 IP 资源，重点孵化培育更多具有创新性和文化特色的原创自有品牌，支持其进商场、上平台、入驻特色街区，拓宽优质特色国潮商品销售渠道，为新成长起来的"国潮、国货、国牌"和国潮设计师提供展示舞台，助力国潮文化消费升级和国潮文化高质量发展，并推动国内国际市场互联互通，让国潮文化成为连接中国和世界的新文化桥梁。此外，北京 CBD 商圈联盟和行业协会等组织也为新锐品牌提供行业信息、设计工具、设计标准、柔性试制、检验检测、产业化对接、人才实训等公共服务，助力本土品牌影响力和美誉度提升。

（二）构建多元消费场景

随着物质生活水平的提高和消费观念的升级，人们越来越重视个性化服务和优质体验，打造多元消费场景成为必然趋势。北京 CBD 通过打造时尚消费地标，积极培育创新业态；通过建设深夜特色街区，持续繁荣夜间经济；通过培育数字消费生态，形成新的生产和消费模式，从而构建多元消费场景，激发消费潜能。

1. 打造时尚消费地标

北京 CBD 着力打造时尚消费地标，助力商业复苏。一方面，为避免市场同质化严重，北京市积极培育创新业态。首个片区更新类公共空间试点项目——北京 CBD 商圈朝外大街街区更新一期工程"THE BOX 朝外"打造完成，标志着中国首个 UIC 产业片区（北京朝外大街）改造拉开序幕。"THE BOX 朝外"秉持"文化先行，消费随至"理念，打造集创新零售、艺术展览、智能科技、娱乐体验于一体的消费目的地，吸引一批首店和品牌独家概念店入驻，为北京 CBD 商业注入更多活力。另一方面，华贸中心和北京 SKP 两大综合商业体，基于自身优势，成为时尚消费标地。华贸中心凭借最新款、限量版、买手店、网红店等优势吸引潮流青年。北京 SKP 拥有"全球店王"称号，连续十年蝉联中国高端时尚百货第一名。SKP-S 将时尚、潮流的高端奢侈品牌通过空间和陈列进行重塑，打破传统奢侈品时尚边界，使消费者沉浸式体验潮流时尚艺术购物。此外，为对接市场需求，培育引领时尚行业特色人才，朝阳区依托北京服装学院-北京侨福芳草地时尚人才实践基地，为时尚类企业、设计师工作室提供集多种功能于一体的空间资源，加强政产学研深度融合，拓展专业人才市场化发展场景，构建时尚产业"全链条"。

2. 建设深夜特色街区

"夜间经济"是城市消费的"新蓝海"，有助于释放休闲消费新潜力。

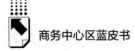

为持续繁荣夜经济，助力北京国际消费中心城市建设，北京国际消费中心城市领导小组办公室发布《北京市促进夜间经济繁荣发展的若干措施》，着重突出"北京范""时尚潮""文化芯""科技核"四大特点。《加快恢复和扩大消费持续发力北京国际消费中心城市建设2023年行动方案》也指出，应打造具有国内外影响力的"夜京城"特色消费地标、融合消费打卡地、品质消费生活圈。

北京CBD持续打造夜间经济消费新格局，推出多种特色夜间消费活动，拓展多元消费场景，发展夜购潮地、文博夜游、地景打卡、茶咖酒肆等夜消费新业态，形成文态、生态、商业"三态"合一的夜间经济生态圈，满足消费者高品质、多层次的夜间消费需求。着力发展夜间书店、美术馆等商业体，积极引进培育沉浸式话剧、音乐剧、脱口秀等夜间文化娱乐业态，打造7×24小时永不打烊的活力街区。在"2023北京消费季夜京城"活动中，北京CBD国贸中心凭借举办多元特色活动，提供夜间灯光、交通、安保等配套措施全方位保障，入选"夜京城"特色消费地标。北京CBD国贸商城、北京银泰中心in01、华贸中心等多个商业体入驻朝阳区商务局联合高德地图打造的"2023潮朝阳消费地图"，提供更好出行服务。为丰富夜间消费体验，助力发展夜间经济，中骏世界城引入各国异域品质美食，融合特色酒吧业态，打造"微醺"一条街。通过街区环境迭代升级，商业美陈和亮化，打造"一店一特色，一铺一景观"的全景式露天街区，塑造街区独具特色的形象和风格，并推出"酒巷FUN WORLD"光影墙，为消费者营造拍照打卡氛围。"华贸17街"主打"美食、酒馆，欢聚"，汇集9家营业时间至零时的特色小馆，是北京CBD深夜食堂特色餐饮街区。此外，北京CBD依托东三环沿线央视大楼、中信大厦、国贸商城、嘉里中心、三星大厦等地标建筑物，打造连片夜间灯彩工程，不断强化夜间消费氛围。

3. 培育数字消费生态

数字技术已成为社会经济发展和产业创新的重要引擎，数字化赋能传统行业，打造数字商业、数字文化、数字购物等丰富的数字新场景，形成新的生产和消费模式，激发消费潜能，拓展市场空间，能给消费市场注入新活力，创造更高的经济社会价值。北京 CBD 是北京市打造全球数字经济标杆城市的重要承载区。现已建成国内首个 L4 级别高精度城市级数字孪生平台、北京 CBD 全球数字会客厅、北京 CBD 全球创新创业中心和北京 CBD 招商服务云中心等多个数字新场景。

北京 CBD 持续挖掘数字场景应用，鼓励美食直播、智慧餐厅、云厨房等"餐饮+互联网"新模式发展，率先形成数字零售、社交电商、在线健身、云旅游、云展览、云演出等数字经济新模式，支持秀水街、东郎电影创意产业园打造直播基地等功能平台，构筑"品牌+线上平台"网络流量孵化群。联合 CBD 商圈联盟，通过数字孪生技术，在数字空间搭建了一个精度高、真实感强的"元宇宙·第二三里屯商街"，为消费者打造了一个线上沉浸式交互消费场景。消费者进入元宇宙空间后，可对自己的专属形象进行塑造，并在商街中体验"年货嗨翻购""艺术之旅""北京 CBD 商务美食节"等八大主题板块。用户可驻足正大商城、华为、泡泡玛特、几何科技等 10 余个品牌线上商铺，进行一站式购物，不断解锁时尚潮流新玩法。此外，北京 CBD 高质量完成"智慧商圈数字孪生底座"揭榜挂帅项目，争创国家级智慧商圈示范、扶持形成一批国家级智慧商店。

北京 CBD 消费大数据实验室正式揭牌，为区域消费工作开展提供有力支撑。实验室由北京 CBD 管委会联合科技公司、支付清算机构、商圈和消费品牌等联合发起，与消费领域研究机构联动，发挥大数据和人工智能等数字技术对商圈和消费工作的数据支持和监测指导作用，逐步构建 CBD 消费指数体系和消费市场大数据监测平台，发布《北京 CBD 消费大数据蓝皮书》《国际消费中心城市蓝皮书》等作品，助推消费动能升级。

（三）发展商旅文体消费

为深化"消费+""+消费"，促进商旅文体消费融合发展，带动餐饮、购物、休闲、娱乐等其他业态发展，北京 CBD 积极营造文艺消费氛围，丰富商圈消费场景和文化内涵；打造冰雪消费名片，提升朝阳体育消费的影响力和品牌效应，为区域注入新的活力。

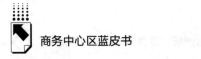

1. 营造文艺消费氛围

北京 CBD 积极营造文艺消费氛围，丰富商圈消费场景和文化内涵，助力朝阳区"艺术之城"建设，提升区域软实力。北京 CBD 通过举办艺术季、影像季、艺术展等艺术文化活动，加强顶级文化艺术资源在 CBD 聚集。携手众多音乐家和音乐团体在 CBD 商圈和写字楼举办多场精品音乐会、小型公共音乐会、商圈音乐角、音乐快闪活动，借音乐活跃商圈氛围，提升公共文化服务水平，强化国际交往功能。北京 CBD 积极构建具有 CBD 特色文化标识的亲民体验活动，打造京绣等非遗体验系列活动，推动国风、京韵文化嵌入消费环节。北京 CBD 打造多处艺术文化空间，探索区域艺术文化发展的多样性与可能性。郎园 vintage 是集创意、时尚、人文、高端设计、艺术、美食等多种元素于一体的文化创意产业园，是公共空间艺术主题可视化表达的集聚地。SKP-S 的 T-10 文化艺术空间是连接前沿思想、未来科技和概念零售的艺术文化空间。北京银泰中心 in01 的"遇见博物馆·in Space"与国内外各大主流文化机构及世界级博物馆深度合作，开展优质文化艺术项目，举办多元文化活动。北京 CBD 环球金融中心的金杜艺术中心举办当代艺术展览，推介及收藏国内外优秀当代艺术家作品，开展与时尚、设计、建筑的跨界合作，开办艺术教育活动和课程。侨福芳草地 D 座 10 层的侨福当代美术馆全年免费开放，不定期举行高水平展览。正大中心的正大宝库打造衍生艺术开发平台，为宝库会员客户和战略合作伙伴们提供不同品类臻宝、艺术品及贵重物品鉴赏、收藏、保管服务权益。此外，北京 CBD 打造众多公共艺术雕塑，与周围文化、建筑、生态相辅相成，建设"公园里的绿色商务区"，将文化艺术融入人们的工作和生活，激发人们文化消费、旅游消费热情。

2. 打造冰雪消费名片

《加快恢复和扩大消费持续发力北京国际消费中心城市建设 2023 年行动方案》提出深化"消费+""+消费"，激发潮流体育消费新活力，打造冰雪消费名片。朝阳区坚持培育"潮朝阳·潮体育"特色 IP，拓宽体育消费场景。利用商圈产业空间，引入汽车、网球、篮球、滑板等国内外大型赛事活动，拓宽体育消费业态。以北京冬奥会、冬残奥会举办为契机，积极利用全民冰雪运动的热情，充分挖掘体育资源，着力发展冰雪产业，刺激大众"后冬奥"时期体育消费。北京 CBD 商圈的国贸商城积极引入冰雪运动和相关品牌。国贸溜冰场是北京第一个在商场内修建开放的真冰冰场，全年持续面向公众开放，让冰雪运动不再受地理和季节的限制。随着冰雪运动的普及，冰场受众群体越来越年轻化。国贸商场内还引入高端滑雪服品牌 KJUS 中国首家旗舰店、SOLOX·SNOW51 北京首店和多个专业滑雪品牌，激发冰雪消费活力。北京 CBD 商圈的 SKP-S 北广场新搭建了冰室，用恒温系统将温度控制在-5℃，冰室所有的展品、家具、娱乐设施都由纯冰打造。消费者可以参与冰上桌球和砸冰盲盒游戏，或在纯冰打造的吧台上享用冬日下午茶或鸡尾酒。

（四）激发区域消费活力

为助力消费复苏，丰富消费体验，北京 CBD 举办多主题消费节，整合多项特色活动，推动北京 CBD 向 CAZ（中央活力区）转型。北京 CBD 依托元旦、春节等重要节点推出节日一站式指南，为市民打造全区域、全渠道的消费新场景。北京 CBD 还创建了 CBD 餐饮联盟，引入丰富的餐饮业态，打造商务人士首选地。

1. 举办多主题消费节

为提振消费，惠民利企，北京 CBD 举办多场内容丰富的消费节。2022年 4 月，北京 CBD 消费节以"致敬美好生活"为主题，开展"国际"遇见"国风"、艺术流淌在 CBD 消费节、消费链接美好生活等系列时尚消费活动，突出数字商圈、绿色商圈、人文商圈建设；2022 年 12 月，北京 CBD 跨年迎新消费节以"助力消费复苏，焕新美好 CBD"为主题，按消费、文艺、出行、美食四大板块，开展 10 余项特色活动，推出北京 CBD 商务美食地图；2023 年 3 月，北京 CBD 咖啡文化节暨春季消费节启动，正大中心举办咖啡社交知识分享沙龙、咖啡市集、咖啡品鉴、素人拉花赛及互动游戏等多个板块，北京银泰中心 in01 引入国内首个以东方经典符号葫芦 HAHALULU为主题的沉浸式潮流艺术展，SKP 开展店庆活动，朗园 Vintage 举办北京图书市集春季场，世贸天阶开展"拥抱春天·花 YOUNG 市集"，国贸商城带来华纳百年亚洲首展等。自 2021 年起，CBD 咖啡青年节凭借良好的服务、优质的咖啡商户、丰富的内容和互动，积累了良好口碑，形成了咖啡文化IP。第三届北京 CBD 咖啡青年节春季档在北京财富金融中心与财富购物中心内举办，除了邀请 136 个咖啡行业参展商开展咖啡专业活动，还邀请了北京本地独立餐饮品牌提供高品质的美食美酒，邀请了独立设计师品牌创作文化衍生产品，丰富消费者的消费体验。

2. 推出节日一站式指南

为助力消费升温，为消费者提供便利，北京 CBD 依托元旦、春节、元宵节等重要节点，打造吃喝玩乐购一站式指南。春节期间，国贸商城与故宫文创合作推出"福兔吉春"系列主题活动；侨福芳草地举办"好彩集"新春市集；北京 SKP 开展新春花市、舞狮纳福；北京嘉里中心推出"兔LOVE"艺术装置。北京 CBD 还将新春花灯与科技 AR 秀相结合，打造独特的视觉光影体验。元宵节期间，中骏世界城举办后备箱市集，国贸商城开展趣味手作。情人节期间，世贸天阶开展抖屏霸屏活动；北京金地中心举办消费得积分赠送礼品的活动；北京财富购物中心举办在朋友圈、小红书或抖音平台分享现场打卡照片可获得一支玫瑰花的活动；北京嘉里中心举办"开工嘉市·爱有喜事"集市；正大中心举办浪漫快闪集市。此外，五一假期、六一假期、端午假期等，北京 CBD 也都积极开展各类主题活动、福利活动，为消费者打造全区域、全渠道的消费新场景，全面优化消费供给。

3. 创建 CBD 餐饮联盟

借助朝阳区国际化、高品质的特色优势，北京 CBD 构建餐饮联盟，搭建 CBD 餐饮孵化加速器，充分激发区域餐饮消费活力，进一步提升餐饮行业对消费升级的带动性作用。北京 CBD 不断吸引高端国际餐饮和精品餐饮品牌入驻，商圈内的米其林星级餐厅数量占全市的近 60%，黑珍珠餐厅数量占全市的 60% 以上，咖啡厅数量占全市的 40% 以上，是国际化要素最为集中的商圈。基于此，北京 CBD 将景祥街打造成中国"米其林黑珍珠"一条街，建设数字化体验式商业街区，引进有中国文化底蕴的时尚餐饮，打造新零售模式，并形成"商旅文体"融合发展的夜经济消费氛围，提升夜经济消费品质。北京 CBD 还将依托餐饮联盟和餐饮孵化加速器，通过科技赋能餐饮业数字化转型升级，探索"餐饮+互联网"的新型营销模式，不断吸引国内外知名餐饮品牌入驻北京 CBD。此外，为稳定就业、促进消费，北京 CBD 餐饮联盟承办以"稳就业、促消费"为主题的餐饮企业招聘对接会，为餐饮业人才提供就业机会，为 CBD 区域内餐饮企业提供人才保障，助力区域餐饮消费可持续发展。

二 北京 CBD 打造创新消费策源地取得的成效

（一）商圈规模提质升级

北京 CBD 整体经济运行稳定，商圈规模提质升级，是北京经济增长的重要支撑。2022 年，中心区税收 588.7 亿元，占朝阳区税收的 30.4%，占北京市税收的 4.3%。北京 CBD 功能区税收 1162.4 亿元，占朝阳区税收的 59.4%，占北京市税收的 8.4%，高品质商务楼宇近 300 座，税收过亿楼宇 131 座，过 10 亿楼宇 21 座，过 50 亿楼宇 4 座，其中中信大厦 2022 年税收超 135 亿元。

北京 CBD 商圈是北京市重点商圈，连续两年位居北京市商圈活力排名榜首。商圈汇集了北京 SKP、国贸中心、北京银泰中心等高品质商业综合体，体量接近 80 万平方米，年客流约 1.8 亿人次。2022 年，销售额过百亿商业体 2 家、过亿商业体 12 家，北京 SKP 连续三年蝉联全球"店王"。2022 年，商圈共引入首店 121 家，占朝阳区首店引进总量的 27.9%，占北京市首店引进总量的 14.9%，是全市引进首店最多的商圈。奢侈品销售额占区域消费品总销售额约 50%，是全国拥有奢侈品牌数量最多的商圈。同时，金盏园区也正在建立跨境电商产业园，打造跨境商品消费集散地。

（二）区域吸引力持续增强

北京 CBD 是北京"两区"政策叠加区，北京数字经济、国际消费中心

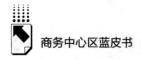

城市建设主承载地，发展优势明显，是我国对外开放的重要窗口和企业"引进来""走出去"的重要平台。

北京CBD着力打造招商引资金字招牌成效显著。北京CBD功能区聚集的跨国公司地区总部占北京市的60%，国际金融机构占北京市的70%，国际组织和国际商协会占北京市的80%、国际传媒机构占北京市的90%。并与欧盟商会、中美商会、中日商会等搭建交往平台，是驻华使馆、国际组织最集中的区域。北京CBD功能区聚集的甲级写字楼占北京市的50%以上，五星级酒店占北京市的30%，开展的国际商务展览占北京市的90%，举办的国际会议占北京市的50%，着力打造"国际会议之都"。北京CBD还是全球商务区创新联合会副主席单位，在2020年发布的《全球商务区吸引力报告》中，排名全球第7位、亚洲第2位，并蝉联中国第1位。

北京CBD不断优化营商环境，加快全球招商进程。目前，北京CBD全球招商联络站已建成上海、香港、新加坡、广州、深圳、中东6个分站。中国（北京）自由贸易试验区国际商务服务片区北京CBD招商服务中心尽力实现企业"零跑腿"服务，"B&R·RCEP创新服务中心"助力企业享受RCEP带来的红利，"北京CBD-天津港京津协同港口服务中心"将为企业通关提供便利服务，推动京津冀协同发展。北京CBD大力发展数字经济，打造数字经济发展示范区和标杆区。2022年，北京CBD已建成国内首个L4级别高精度城市级数字孪生平台，发布北京CBD全球数字会客厅、北京CBD全球创新创业云中心、北京CBD跨国企业数据流通服务中心和北京CBD数字经济创新中心，发起数字经济科技联盟，聚集数字经济全产业链资源，构建现代化经济体系。

（三）产业空间持续提质

北京CBD通过重点项目建设、空间功能疏解转型和盘活存量空间等举措，大力推进产业空间提质升级。一是积极推进重点项目建设，保障高品质办公空间供应，为高端金融、商务产业提供更多承载空间。其中，北京CBD核心区共有18个二级地块，已有中信、正大、众秀、阳光、泰康、国寿、三星等 7 个项目完成建设并投入使用，新增高品质产业空间约 116 万平方米；Z3（中金）、Z4（民生银行）、Z5（大家保险）、Z6（远洋）等重点项目已陆续启动建设；其余项目也在加快推进前期工作。预计 2030 年前后 CBD 核心区全部建成后，将累计投放近 250 万平方米产业空间。二是结合城市更新促进空间疏解转型提升。CBD 西区规划实施率较高，目前正在大力推进的永安里旧城区改造项目已进入入市准备阶段、化石营旧城区改造项目已基本完成居民腾退，未来将通过用地整理整体提高地区周边城市空间环境。三是盘活存量产业空间。招商局大厦完成整体更新升级改造，成为创新投资模式实现楼宇更新的典范案例；国贸中心推进一期饭店改造，为 CBD 区域最老牌商业体注入新生活力。

（四）区域功能配比不断完善

北京 CBD 区域功能配比和配套服务不断完善，为满足 CBD 核心区未来 10 万工作岗位的交通、景观、市政、艺术、公共服务等需求，政府投资超过 50 亿元，打造完善的配套服务设施，公共绿地广场、地下公共空间、文化设施，为区域办公人群提供良好的公共配套服务，打造成 24 小时城市生活新客厅。

便捷的交通是保障民生的基础，也是推动经济发展的关键要素。北京 CBD 在原有交通线路基础上，规划新增四条轨道交通线路，一是以服务 CBD 为核心，串联现有轨道网络的 28 号线；二是南北纵向依次串联亦庄、朝阳港、CBD、工体、望京、天通苑、未来科学城的 17 号线；三是从 CBD 直达副中心、燕郊、平谷的 22 号线；④借用铁路资源，加强 CBD 与西北方向望京、天通苑、回龙观通勤联系的市郊铁路东北环线；同时规划建设与两大国际机场、三大高铁枢纽直连，联系两大使馆区和三大自贸组团的 R4 线，以及远期与 1 号线的京城东西轴线 R1 线。

高水平的健康服务可以保障区内白领和国际人士高效工作和健康生活。北京 CBD 积极对接中日医院、朝阳医院、安贞医院等优质医疗资源，依托垂杨柳医院国际医疗部、北京和睦家医院等开通了综合性绿色通道，提升区域国际化高水平医疗急救服务能力。

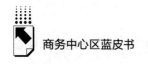

三 北京 CBD 打造创新消费策源地的经验借鉴

（一）落实细致完备的保障措施

一是强化组织领导。成立商圈建设工作领导小组，定期研究商圈建设重大项目、协调解决重点问题，统一部署具体工作，形成有效工作合力。有关部门（单位）强化统筹协调，加快构建有效协同、科学联动的工作体系，明确职责分工，细化目标任务和时间表，落实工作举措，确保年度工作任务有序推进。二是加大政策支持。强化财政支撑，积极引导社会资本参与商圈建设，加大对商圈内市政、交通和配套基础设施建设项目等资金支持力度。出台促进 CBD 商圈消费升级发展专项政策，支持企业围绕消费升级、环境提升进行商圈和特色商业街区改造，开通传统商圈、传统商业设施等重大商业项目建设改造审批"绿色通道"。鼓励举办促消费活动和深夜特色街区建设，鼓励商业体和门店数字化融合和跨境电商发展。推出重点消费类企业政策"服务包"，优化惠企举措、提升服务效能。三是健全管理机制。做好实施工作各项任务的分解落实，细化任务分解，明确责任分工，强化方案对年度计划和重大项目安排的统筹指导，确保各项任务落到实处。结合业界共治模式，打造商圈公共空间管理 BID 模式。健全工作考核机制，将商圈培育建设工作列入全区重点工作，制订路线图、时间表和工作清单并定期督促检查。强化统筹指导、督促落实，适时邀请群众开展体验式督查，用好各地市民服务热线、微信公众号等平台，开通商圈意见征求渠道。强化工作督察，对工作推进缓慢、责任落实不力的及时通报整改，鞭策后进，确保商圈建设实效。

（二）营造开放包容的消费氛围

营造开放包容的消费氛围可以激发更大的发展动能。一是创新消费场景。为满足区域多样化、多层次消费需求，应积极培育创新业态，建设集创新零售、艺术展览、智能科技、娱乐体验等多重消费体验于一体的消费目的地，激活商圈活力。"夜间经济"是城市消费的"新蓝海"，推出多种特色夜间消费活动，完善周边配套设施，释放休闲消费潜力。利用数字化赋能传统行业，持续挖掘数字场景应用，打造线上沉浸式交互消费场景，培育数字消费生态。二是提高消费能级。发展首店首发经济，在吸引国际高端品牌、时尚前沿品牌、原创设计品牌入驻的同时，完善本土品牌培育孵化体系，助力国潮国牌高质量发展。三是优化交通体系。搭建轨道交通网络，构建公交接驳地铁体系，为远途工作者和消费者提供便利。设立 CBD 免费商务班车和区域慢行系统，途径 CBD 各大特色商业体，解决通勤"最后一公里"。

（三）打造国际一流的营商环境

打造国际一流的营商环境有助于吸引国内外优质企业入驻，保护和激发市场活力，推动经济高质量发展。一是健全商务服务体系。CBD 根据自身定位和优势，制订切实可行的招商引资总体指导方案和考核办法，明确目标任务，细化责任。建立招商引资联络站，进行精准招商。建立招商服务中心，为入驻企业提供"管家式"服务。落实外籍人员工作许可和居留许可"一窗通办"工作，为将在 CBD 就业的外籍人士提供便利。二是构建数字化服务平台体系。CBD 大力发展数字经济，通过大数据赋能产业链精准招商，提升招商效率。搭建数字会客厅，提供线上招商洽谈服务，构建跨国企业数据流通平台，助力数据要素市场化跨境流通。三是举办国际商务交流论坛。吸引政府部门、国内外专家学者、全球商务精英针对如何打造以中央活力区为导向的 CBD 进行交流与探讨，提升 CBD 国际影响力。

（四）开展精准便利的人才服务

持续强化人才服务有助于吸引和培养符合产业发展需要的优秀商务人才，为 CBD 发展提供人才支撑。一是搭建人才一站式服务平台。CBD 全面打造人才引、用、育、留的全链条服务体系，提供就近办理和网上办理服务，满足人才的全方位需求。二是提供人才培训讲座。CBD 依托所在地区的高端教育机构，开展涉及经济热点问题、企业发展、产业结构优化等多主题知识讲座，优化人才发展软环境。三是强化人才安居保障。为在一定程度上满足区域人才住房需求，CBD向区域企业配备CBD人才公租房，对人才租房进行补贴，及时同步当地租房、购房支持政策，对符合条件的人才给予住房支持。四是举办特色人文体育活动。为提升CBD区域职工的凝聚力和向心力，CBD积极开展特色文体活动，举办健步走、篮球、足球、乒乓球等系列精彩赛事，提供免费法律援助、心理咨询等服务，保障区域职工的身心健康，增强人才的归属感。

参考文献

北京商务中心区管理委员会：《从北京CBD商圈看朝阳"时尚之城"风貌》，https：//mp. weixin. qq. com/s/kiAhnpvhUWXTiDRAXyjiXg，2023年5月20日。

北京商务中心区管理委员会：《媒体视角：北京CBD稳中求进竞逐国际一流商务中心区》，https：//mp. weixin. qq. com/s/dEQgitr-EYn8q45m7TBqLQ，2023年1月12日。

北京商务中心区管理委员会：《动态联播：北京CBD多方位优化营商环境，让"软"环境助力城市"硬"发展》，https：//mp. weixin. qq. com/s/HwDRBpLPSElxqoDfdNmMPQ，2023年4月6日。

北京商务中心区管理委员会：《2023北京消费季夜京城启动，夜经济多彩活动燃爆夏夜!》，https：//mp. weixin. qq. com/s/MVVV307mQ3iNJuk2 _ AKAig，2023 年 5 月15日。

北京商务中心区管理委员会：《24小时CBD：中骏世界城——"微醺"新地标》，https：//mp. weixin. qq. com/s/Sx8NaRlP4GcMiVnxgPF4tg，2023年6月12日。

北京商务中心区管理委员会：《北京CBD×金盏"元宇宙·第二三里屯商街"开街》，https：//mp. weixin. qq. com/s/Y996OEyhGCt63bnFHpZKaA，2023年1月6日。

北京商务中心区管理委员会：《媒体视角：北京CBD打造更高品质国际一流商务中心区》，https：//mp. weixin. qq. com/s/0FonTjHnXxSJGcP7hzylPw，2023年1月18日。

北京商务中心区管理委员会：《北京CBD音乐季：律动14号线商业带，"奏响"促消费新乐章》，https：//mp. weixin. qq. com/s/C-CRuewMh_ 1NDwCUuiy1YQ，2023年1月13日。

北京商务中心区管理委员会：《〈朝阳区推进艺术之城建设三年行动计划〉发布，解锁艺术范儿的北京CBD!》，https：//mp. weixin. qq. com/s/TQaUVhtY1S82ufmkAPoX0Q，2023年5月16日。

北京商务中心区管理委员会：《CBD 知多少：隐藏在北京 CBD 的绝美艺术空间》，https：//mp. weixin. qq. com/s/7n4X1evpzSkbmQ9GNu5wfQ，2023 年 2 月 16 日。

北京商务中心区管理委员会：《动态联播："两区"建设高质量发展，北京 CBD 商圈助力消费升级》，https：//mp. weixin. qq. com/s/IV8LvVc4mxTvk3ULGkj-0Q，2023 年 2 月 7 日。

北京商务中心区管理委员会：《一杯咖啡唤醒春天：北京 CBD 咖啡文化节暨春季消费节启动》，https：//mp. weixin. qq. com/s/4Gj7Zx6kOmWwpoVcMxHajw，2023 年 3 月 9 日。

北京商务中心区管理委员会：《打造"咖啡之城"释放消费活力：北京 CBD 咖啡青年节一站式打卡咖啡文化》，https：//mp. weixin. qq. com/s/Kf5IHVUUFEsH-A5TYxv6iA，2023 年 5 月 18 日。

北京商务中心区管理委员会：《开工大吉｜北京 CBD 商圈欢乐年味，助力消费升温》，https：//mp. weixin. qq. com/s/1Q9PSM-Fknrgi2iIRqGDCw，2023 年 1 月 28 日。

北京商务中心区管理委员会：《后备箱市集、花环 diy、心愿投壶，北京 CBD 商圈"花式"闹元宵》，https：//mp. weixin. qq. com/s/v2dB1L7lpoxzf-ewKv6EqQ，2023 年 2 月 3 日。

北京商务中心区管理委员会：《爱在 CBD：奔赴一场浪漫之约》，https：//mp. weixin. qq. com/s/dcNg-P5GrdzhNGvWKq5VXw，2023 年 2 月 13 日。

北京商务中心区管理委员会：《朝阳："美食之城"为时尚消费"添滋加味"》，https：//mp. weixin. qq. com/s/zou5uCdbBii5rkFzzJXFLQ，2023 年 2 月 13 日。

北京商务中心区管理委员会：《稳就业、促消费——北京 CBD 餐饮企业招聘对接会举办》，https：//mp. weixin. qq. com/s/GRU4gFSN00KwTYkMiNbIUQ，2023 年 3 月 28 日。

北京商务中心区管理委员会：《北京 CBD——活力开放的商务中心区》，https：//mp. weixin. qq. com/s/zYnZPKhb0Y1QyOLBAoOMNg，2023 年 1 月 31 日。

北京商务中心区管理委员会：《北京 CBD 5 个地块陆续启动地下结构施工，实地探访——》，https：//mp. weixin. qq. com/s/Isk2ys1RgyjQhXDvfQdymA，2023 年 2 月 21 日。

北京商务中心区管理委员会：《北京 CBD 核心区 Z4 地块大体积底板浇筑完成，民生银行项目主体结构施工拉开帷幕》，https：//mp. weixin. qq. com/s/Px5sWVTqF4BTFSnR6AAecg，2023 年 3 月 15 日。

北京商务中心区管理委员会：《昆泰大厦"腾笼换鸟"织补城市功能，换得"凤凰涅槃"》，https：//mp. weixin. qq. com/s/54XuvAR8oyr8t262Z4Hm2w，2023 年 6 月 21 日。

北京商务中心区管理委员会：《动态联播：地铁、铁路、快巴……共同织密北京 CBD 交通网》，https：//mp. weixin. qq. com/s/fCdn02U4Xlsebbwn VMXR4A，2023 年 6 月 25 日。

北京商务中心区管理委员会：《北京 CBD 大健康论坛暨北京 CBD 大健康产业联盟成立仪式举办》，https：//mp. weixin. qq. com/s/UWJzr9wQglpykhqIZMOi-g，2023 年 1 月 13 日。

B.14
虹桥国际中央商务区：国际贸易中心新平台的实践探索

李 涛 张伊娜*

摘 要： 2021年国务院批复《虹桥国际开放枢纽建设总体方案》，明确国际贸易中心新平台是虹桥国际开放枢纽的核心功能。虹桥国际中央商务区在打造国际贸易中心新平台方面进行了大量卓有成效的探索，未来应进一步强化在流量汇聚的国际贸易经济、首发引领的国际商品零售、潮流创新的中国品牌孵化等领域的改革创新，助推上海国际贸易中心建设再上新台阶。

关键词： 虹桥 中央商务区 国际贸易

2021年2月，国务院批复《虹桥国际开放枢纽建设总体方案》（以下简称《方案》），明确了虹桥国际开放枢纽成为继自贸试验区临港新片区、长三角生态绿色一体化发展示范区之后，落实国家战略的重大平台。根据《方案》，虹桥国际中央商务区主要承担国际化中央商务区、国际贸易中心新平台和综合交通枢纽等功能。目前，虹桥国际商务区在国际贸易中心新平台方面进行了大量探索，对未来进一步推进虹桥国际开放枢纽建设工作具有很好的启示作用。

---

* 李涛，复旦大学社会发展与公共政策学院助理研究员，主要研究方向为城市与区域发展、产业大数据；张伊娜，复旦大学社会发展与公共政策学院教授，商务部消费大数据实验室主任，消费市场大数据实验室（上海）主任，主要研究方向为消费和产业大数据、城市与区域发展。

一 虹桥国际商务区建设成效

（一）进博会影响持续扩大

五年来，中国国际进口博览会已经成为中国构建新发展格局的窗口、推动高水平开放的平台、全球共享的国际公共产品。展会越办越好的同时，传播影响力越来越大，海内外反响越来越好。2022年，进博会意向成交额达到735亿美元，进博会参展500强和行业龙头企业284家，进博会国外传播量2.6万条，新产品新技术新服务展示438项，较2018年首届进博会均显著提高。进博会会展经济溢出效应明显，虹桥国际商务区累计引进会展促进机构以及与会展相关的专业服务业企业200多家，云上会展功能成功落地（见表1）。

表1 进博会相关指标

指标	2018	2019	2020	2021	2022
进博会意向成交额（亿美元）	578	711	726	707	735
进博会参展500强和行业龙头企业数量（家）	183	250	274	280	284
进博会国外传播量（万条）	1.6	1.6	1.5	1.8	2.6
新产品新技术新服务展示（项）	—	391	411	422	438

资料来源：中国国际进口博览局：《中国国际进口博览会企业商业展展后报告》，2022年11月；中国国际进口博览局：《中国国际进口博览会传播影响力报告》，2023年1月。

（二）进出口规模持续提升

以进博会为契机，虹桥国际商务区主动承接进博会溢出效应，进出口商品总额实现了快速增长。2022年，上海虹桥商务区货物进出口总额617亿元，同比增长8.6%，连续多年实现快速增长，并快于全市平均水平。其中进口449亿元，出口168亿元。商务区货物进出口总额占全市比重逐步上升

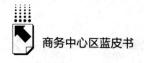
为 1.5% （见表 2）。

进口贸易促进创新示范区建设稳步推进，虹桥品汇、绿地全球贸易港等内外贸一体化平台成熟运作，虹桥海外贸易中心累计吸引 35 家贸易投资促进机构入驻，初步形成全球化贸易投资服务网络。

表 2　上海市和虹桥国际商务区货物进出口总额

单位：亿元，%

项目	指标	2018	2019	2020	2021	2022
上海市	总额	34123	34065	34707	40554	41903
	进口	20413	20341	21043	24857	24769
	出口	13709	13724	13664	15697	17134
虹桥商务区	总额	—	—	241	568	617
	进口	—	—	133	427	449
	出口	—	—	109	141	168
虹桥占上海比重	总额	—	—	0.7	1.4	1.5
	进口	—	—	0.6	1.7	1.8
	出口	—	—	0.8	0.9	1.0

资料来源：《上海统计年鉴》（2018~2022 年）、《虹桥商务区统计年报》（2018~2022 年）。

（三）平台赋能模式创新

作为进口商品展示交易平台，上海虹桥进口商品展示交易中心（又称"虹桥品汇"）按照"政府引导、海关监管、国企负责"的原则，形成了"保税展示与交易结合、体验和培训结合、批发与零售结合、保税贸易与一般贸易结合、免税与完税结合、线上与线下结合"，试点实施"店库合一"和"前店后库"相结合的运营模式。

依托虹桥国际商务区保税物流中心（B 型），积极开展"提前申报""两步申报""分送集报""跨境电商网购保税进口""转口贸易""离岸贸易""保税展示交易"等业务。2022 年全年进出口额 13.7 亿元，单位坪效进口额排名第 8（全国共 84 家）。

积极开展保税展示交易、跨境新零售、保展互转等业务。保税展示交易是指海关特殊监管区域内企业将区内保税货物凭保后运至区外进行展示和销售的经营活动，保税展示货物发生交易销售时才须缴纳税款。通过这种"前店后库"的运营模式，缓解企业资金压力，进一步畅通供应链，使发展"提质增效"。在跨境新零售方面，跨境货品进入保税仓后，以保税展示的形式于前店进行陈列和展出。客户可进行现场扫码下单，所选商品在短时间内即可送达指定地址。在展转保方面，进博展品能够继续留在上海，留在虹桥品汇。虹桥品汇作为一个保税展示交易平台，通过举办各种市场化的活动，帮助展商和品牌进行推广，使进博会的溢出效应发挥更大的效果。在保转展方面，通过保税展示交易模式为诸如宝玉石等展品参加进博会提供功能支撑，为其进博会参展提供便利。

（四）平台贸易渠道拓展

在贸易渠道方面，成立服务进博会参展中小企业的常年展销平台——进博好物畅贩集，四年来累计服务 500 多家展商，汇集了来自 90 多个国家（地区）的 6000 多个品牌。与国际对外贸易组织合作，将进博会的展台在虹桥品汇进行了复刻演绎，集商品展示、销售、线下体验于一体。成立"上海国际友城港"，由上海外办牵头，组织 59 个国家或地区的 92 个友好城市，进行主题展示、商品展销、商贸对接、文化交流等活动。在全国成立虹桥品汇分中心，通过品牌输出和管理，与当地政府和企业合作，已在长三角和全国陆续开设 17 家展贸结合分中心，2022 年新增 9 家。成立虹桥品汇直播电商基地，拥有 59 间直播间，是上海市首批直播电商示范基地，提供 KOL 和 KCL 主播、视频制作、内容创作、平台分发、直播培训等服务。

（五）数字贸易方兴未艾

目前，商务区规模以上数字企业达到 2200 多家，集聚了一批数字贸易领域的领军企业，例如携程、拼多多、美团和驴妈妈等电子商务企业，爱奇艺、灿星传媒、亦非云、FunPlus 等数字内容制作企业等。

近年来，虹桥国际商务区全力推进"全球数字贸易港"建设，重点建设上海阿里中心智慧产业园、长三角电子商务中心、虹桥跨境贸易数字经济中心等九大平台（见表3）。

表3 虹桥国际商务区"全球数字贸易港"九大平台

平台	区域
上海阿里中心智慧产业园	集聚区
长三角电子商务中心	集聚区
虹桥跨境贸易数字经济中心	集聚区
虹桥 WE"硅谷人工智能中心	集聚区
携程智慧出行园	东虹桥
上海虹桥临空经济示范区	东虹桥
苏河汇全球共享经济数字贸易中心	东虹桥
中国北斗产业技术创新西虹桥基地	西虹桥
国家对外文化贸易基地(上海)北虹桥创新中心	北虹桥

（六）直播经济异军突起

受移动互联网快速发展和疫情的影响，直播经济已成为上海在线新经济发展的新名片。携程、唯品会、驴妈妈、爱奇艺等商务区数字经济龙头企业纷纷通过自有平台发展直播经济。2022 年，虹桥国际商务区有 5 家企业店铺进入"上海 Top100"（在点淘、抖音、快手三大直播平台销售额前 100 位的店铺），包括华硕官方旗舰店、迪桑特官方旗舰店、欧普照明官方旗舰店、薇诺娜旗舰店、奥伦纳素旗舰店。商务区内直播经济产品涵盖旅游、服装鞋包配饰、化妆品、电子设备、电器设备、家居、食品等品类。进宝汇、我爱我秀、银科创展等项目开始汇聚网红和内容资源，百秋尚美集团旗下容么么直播中心为直播经济提供专业配套服务（见表4）。

与上海市中心各商圈相比，虹桥国际商务区在中心区位、交通条件、地区消费需求等空间要素方面处于劣势。以直播经济为代表性的在线新经济，由于对空间要素选址不敏感，可以有效弥补这一短板。因此，直播经济作为商品服务销售的新渠道，其快速崛起对虹桥集聚区的商业发展而言机遇和挑战并存。

表4 虹桥国际商务区直播经济代表性企业

企业	区域	店铺名称	产品	备注
上海携程商务有限公司	东虹桥	携程旅行网	旅游	独立直播平台
唯品会(中国)有限公司	集聚区、西虹桥	唯品会	综合	独立直播平台
上海驴途国际旅行社有限公司	北虹桥	驴妈妈旅游	旅游	独立直播平台
北京爱奇艺科技有限公司上海长宁分公司	集聚区、东虹桥	爱奇艺旗舰店	社交综艺	独立直播平台
上海智凝网络科技有限公司	南虹桥	asus 华硕官方旗舰店	电子设备	上海 Top100
迪桑特(中国)有限公司、上海迪晟服饰有限公司	集聚区、西虹桥	DESCENTE 迪桑特官方旗舰店	服装鞋包配饰	上海 Top100
欧普(上海)电子商务有限公司	东虹桥	欧普照明官方旗舰店	电器设备	上海 Top100
上海贝泰妮生物科技有限公司	东虹桥	薇诺娜旗舰店	化妆品	上海 Top100
奥洛纳斯(上海)有限公司	北虹桥	奥伦纳素旗舰店	化妆品	上海 Top100
爱室丽家居(上海)有限公司	集聚区	Ashley 旗舰店	家居	
锅圈供应链(上海)有限公司	集聚区	锅圈食汇旗舰店	食品	
上海容么么数字科技有限公司	集聚区	—	直播服务	
上海进宝汇网络科技有限公司	集聚区	进宝汇企业店	综合	
上海群鲤服饰有限公司	西虹桥	FILAKID 奥莱旗舰店	服装鞋包配饰	
上海斐乐体育发展有限公司	西虹桥	FILA 旗舰店	服装鞋包配饰	
完美(上海)商业有限公司	西虹桥	完美(中国)商城	服装鞋包配饰	
可隆体育(中国)有限公司、上海群隆服饰有限公司	西虹桥	KOLONSPORT 旗舰店	服装鞋包配饰	
宝可梦(上海)玩具有限公司	东虹桥	宝可梦旗舰店	玩具	
上海迪睿纺织科技有限公司	东虹桥	哈吉斯旗舰店	服装鞋包配饰	
汤美费格(上海)服饰有限公司	东虹桥	TommyHilfiger 旗舰店	服装鞋包配饰	
统一企业(中国)投资有限公司	东虹桥	统一官方旗舰店	食品	

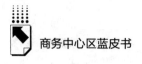
续表

企业	区域	店铺名称	产品	备注
约克(中国)商贸有限公司	东虹桥	约克水生态中央空调旗舰店	电器设备	
上海卡米其服饰有限公司	东虹桥	CAMICISSIMA 官方旗舰店	服装鞋包配饰	
上海拉谷谷时装有限公司	北虹桥	LAGOGO 旗舰店	服装鞋包配饰	
上海仪菲电子商务有限公司	北虹桥	仪菲美妆专营店	化妆品	

注:"上海Top100"是指2022年在三大直播平台(点淘、抖音、快手)销售额前100位的店铺。"独立直播平台"是指除了三大直播平台,企业主要通过自有直播平台进行销售。

二 虹桥国际商务区国际贸易中心建设趋势

(一)多层面战略目标推动贸易转型升级

面对新的国际国内环境,国家提出加快构建以国内大循环为主体、国内国际双循环相互促进的国家战略,上海市提出打造国内大循环中心节点城市与国际国内双循环战略链接的发展目标。在这一背景下,虹桥国际商务区将推进国际开放枢纽建设,着力构建国际贸易中心新平台,着力提升服务长三角和联通国际的能力,以高水平协同开放引领长三角一体化发展。促进贸易发展是扩大内需、加强国内大市场、推动供给侧改革、实现多层面战略目标的重要举措,这都要求虹桥商务区扩大贸易规模,提升贸易质量,尽快实现贸易的转型升级。

(二)多支柱产业体系要求贸易资源集聚

在国际开放枢纽建设过程中,虹桥国际商务区"大商务、大会展、大交通、大科创"四大核心功能深度融合,"四高五新"产业体系快速发展。其中,"高流量贸易经济、高溢出会展经济""数字新经济、生命新科技、汽车新势力、时尚新消费"与贸易发展密切相关。因此,虹桥国际开放枢纽的建设和"四高五新"产业体系的发展必然会推动贸易规模的快速发展和贸易资源的高度集聚。其中不仅包括面向个人消费者的功能业态，例如零售、文娱、健康等，还包括面向个人消费者和企业消费者的专业业态，例如会展、物流等与国际贸易中心新平台密切相关的业态。

（三）多维度贸易差距要求贸易质量提升

我国服务贸易规模不断扩大，2021 年服务进出口总额达到 8212.5 亿美元，但服务贸易占货物贸易比重明显低于发达国家。2010 年以来，我国这一比重在 12%～18%，美国则为 29%～36%。与商品贸易顺差有所不同，我国服务贸易长期处于逆差状态，在 2018 年达到最高位。2020 年以来，由于疫情影响（例如旅行受阻），服务贸易逆差显著缩小。从服务贸易结构看，我国的运输服务（32%）、商业服务（18%）、旅行（15%）、电信、计算机和信息服务（15%）比重较高。美国的商业服务（26%）、金融服务（16%）、运输服务（13%）、知识产权使用费（12%）比重较高。与美国相比，我国价值链环节较高的服务门类中，只有电信、计算机和信息服务比重高于美国，其他门类比重明显偏低，例如商业服务（包含各类高端生产性服务业）、金融、保险、知识产权使用费等，这表明我国服务贸易的发展水平仍需提高。上海的服务贸易以运输服务（42%）、商业服务（24%）、旅行（15%）为主，体现了其"五个中心"（国际经济中心、金融中心、贸易中心、航运中心和全球科创中心）的职能特征。其中，体现"全球科创中心"职能的服务贸易门类是知识产权使用费（上海为 7%，美国为 12%），电信、计算机和信息服务（上海为8%，中国为 15%），这两项指标与中美两国平均水平相比仍有提升空间。

三 虹桥国际商务区建设国际贸易中心的政策建议

（一）流量汇聚的国际贸易经济

优化展示交易服务平台功能。做精做优做强"6+365"常年展示交易平

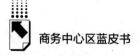
台。依托商务区保税物流中心（B型），做实和扩大以虹桥进口商品展示交易中心、绿地全球商品贸易港等为重点的常年展销平台，培育保税展示、保税交易、价格形成、信息发布等核心功能。建设面向"一带一路"国家或地区的商品直销平台、国别商品交易中心和专业贸易平台。加快贸易商、厂商入驻，加大品牌和商品集聚，扩大保税交易规模。

吸引培育高能级总部机构。大力培育高端消费市场，支持高端消费品牌跨国公司设立亚太地区总部和贸易总部，推动国际知名高端品牌、新兴时尚品牌集聚。以进博会为契机，争取进博展商或其代理商在商务区投资入驻，设立贸易总部。吸引跨国公司在商务区设立进口商品运营总部或分拨中心，开展面向中国乃至亚太市场的集散分拨业务。鼓励具有国际竞争力的商贸龙头企业通过基金投资、企业品牌收购、品牌资产股权融资等市场化方式做大做强，培育壮大一批有影响力的平台。建设长三角区域城市展示中心暨长三角商会企业总部园，加快集聚长三角企业总部和功能性机构，打造浙商总部园和苏商总部园。

打造贸易促进机构集聚高地。优化提升虹桥海外贸易中心功能，吸引国际经贸组织、贸易促进机构、仲裁机构、商会协会等国际贸易功能性机构落户集聚区。积极探索并建立多平台规范化的海外机构承接体系，强化提升贸易及投资服务功能，形成多层次、多功能、开放型的功能性平台体系，为促进商务区创新发展提供支撑。

打造辐射服务长三角的枢纽门户。加快集聚长三角企业总部和功能性机构，更好服务长三角地区开展招商引资、人才招聘、外国人来华就业、金融服务等商业合作。优化保税展示交易功能，提升服务长三角联通国际的消费枢纽功能。依托虹桥国际贸易新平台，鼓励专业贸易、跨境电商等交易平台为长三角省市设立专区，定期发布国际贸易企业机构名录、进出口商品供需信息，推动国际贸易企业、机构到长三角省市投资兴业。鼓励长三角地区各类品牌展会和贸易投资促进活动加强协调和联动，探索长三角城市会展联盟等合作机制。积极推动长三角国际贸易走廊建设，跨省、跨城整合国际贸易产业链及贸易流量，构建一体化互联互通综合国际贸易产业及现代流通体系。

提升知识密集型服务贸易能级。扩大在线旅游平台和国际旅游服务、文化艺术品服务（如艺术品保税拍卖）、医疗健康服务、知识产权服务等知识密集型服务贸易规模，提升法律、设计和知识产权服务等跨境专业服务质量。用好区域全面经济伙伴关系（RCEP）协定在投资、服务贸易和自然人移动等领域进一步开放的机遇，吸引金融、电信领域等服务业领域的投资者通过参加进博会进入中国。健全服务贸易促进体系，稳步提升服务贸易综合竞争力。推进长三角服务行业标准与管理规则对接，探索优势互补的服务贸易集群发展模式，推动长三角服务品牌"走出去"。

扩大技术贸易规模。依托进博会，吸引全球企业发布最新创新成果。依托上海国际技术交易市场，推进 InnoMatch 全球技术供需线上对接平台落地，创新技术交易服务新模式，打造跨境技术转移转化高地。支持全球跨境技术贸易发展，健全面向国际的科技服务体系，形成国际化的科技创新成果发现、项目储备对接和跟踪服务机制。做强国际技术转移中心功能，完善贸易配套服务体系。聚焦重点产业领域、基础科学研究、关键核心技术，对上海市急需并纳入国家《鼓励进口服务目录》的服务进口加大支持力度，促进技术进口来源多元化。

打造全球数字贸易港。对标全球数字贸易发展趋势，促进数字经济和实体经济深度融合。高水平、多方位布局数字贸易特色支柱产业发展。积极对接电子商务新模式、新规则、新标准，推动云服务、数字内容、数字服务的行业应用以及跨境电子商务等特色数字贸易。加快形成联通全球的数字贸易枢纽。

形成跨境电商生态圈。做大做强综合型电商，进一步发挥龙头数字贸易企业的创新发展带动作用，加快引进跨境电商龙头平台型企业，形成跨境贸易数字经济中心功能。围绕进博会特色领域，持续布局汽车、医疗器械及母婴、食品等领域的垂直型电商，关注自主品牌独立站建设，打造跨境电商生态圈。建设虹桥品汇、绿地全球贸易港进口商品线上交易平台，助力"6+365"一站式交易服务平台功能完善升级，打通线上线下贸易渠道。鼓励跨境电商模式创新，建设跨境电商营运中心、物流中心和结算中心。深化海关跨境电商企业对企业出口监管试点，支持物流、平台或贸易企业建设海外仓，丰富海外仓功能，扩大服务范围。提升跨境电商公共服务平台能级，支持专业服务机构提供通关、物流、品牌营销、融资、法律等服务，形成具有国际竞争力的跨境电商产业集群。

推动数据安全有序流动。加快建设以虹桥商务区为主体的数字贸易跨境服务集聚区，促进贸易监管数字化转型、便利化发展。根据相关法律法规的规定，在商务区内探索制订低风险跨境流动数据目录，促进数据跨境安全有序流动。围绕数字资产的确权、定价、交易、存储、转移等关键环节，引育一批具有市场影响力的数据交易主体及从事数据合规咨询、质量评估、资产价值评估、数据交付等业务的专业服务机构，为数字贸易企业"走出去"提供服务。

对接数字行业规则标准。立足虹桥商务区高水平制度性开放，接轨数字贸易国际规则，积极参与国内外数字贸易规则构建，努力提升数字贸易产品或服务的定价影响力。结合跨境电商、垂直细分行业等场景应用，在数据流通、数据安全、网络内容监管等方面，开展事中事后监管技术建设和试点示范。加强跨境数据保护规制合作，研究信息技术安全、数据隐私保护、数据共享、数据确权和数据交易定价相关规则。搭建数字贸易仲裁平台，以规则标准为引领，掌控数字贸易话语权。

（二）首发引领的国际商品零售

第一，打造国际消费首发地。依托进博会和"6+365"平台的流量效应，建设国际消费首发地。围绕汽车、新能源、医疗器械、半导体、人工智能、高端装备等新兴产业领域以及电子产品、食品、服装纺织、文娱等消费端特色展会活动，打造专业新品发布平台。支持重点电商平台打造全球新品网络首发中心，鼓励国际品牌和本土知名品牌设立中高端消费品发布展示中心，举办具有国际重大影响力的品牌首发活动。支持打造地标性高端商业综合体，积极引入在世界范围内具有广泛影响力、知名度、美誉度，产品辐射全球，引领业界发展方向的重量级品牌的首店、旗舰店、体验店、集成店、概念店和快闪店，形成全球知名品牌区域消费中心、国际化消费体验中心。引入保税展示展销、免税购物、离境退税及内外贸易相结合的购物业态。按规定申请扩大虹桥国际机场免税购物场所，开展离境退税"即买即退"试点。

第二，鼓励发展数字新零售。支持人工智能、大数据、区块链等新技术广泛应用，鼓励直播电商、社交电商、小程序电商等新模式创新发展，着力培育一批在线新经济领军企业，打造国内领先的直播电商示范区。依托电商企业的平台优势和品牌集聚效应，鼓励电商平台与"上海制造"品牌深度对接，为企业提供全渠道、全品类、全体验的销售模式，形成面向垂直领域、细分客户的网络新消费品牌。推动化妆品、服装鞋帽配饰、家居用品、电子设备、家用电器等线上品牌做大做强。支持线上线下结合的综合零售龙头企业建设医药保健、进口商品、生鲜等细分领域即时零售平台。发展个性化定制、智慧零售和智慧服务等消费新业态。运用叠加虚拟地标、虚拟促销、互动游戏、全息广告等新方式，拓宽商业运营新思路，融合增强现实、现实扩展等元宇宙技术，优化线上购物零售新模式和虚实融合消费新体验。

（三）潮流创新的中国品牌孵化

第一，积极培育本土消费品牌。支持其在进博会展示推介、进驻集聚区商圈、上跨境电商平台，提升品牌影响力和美誉度。挖掘本土时尚要素，发展城市定制商品和高级定制品牌。推动本土国潮品牌店铺在集聚区落地，鼓励"国潮新品"发布活动。培育零售企业自有品牌，支持大型连锁商业企业和电商平台实施自有品牌战略，形成一批面向垂直领域、细分客群的新消费品牌。依托大数据精准发掘消费需求，提升商品管控能力，运用先进生产工艺，提升自有品牌产品品质。培育外贸企业自有品牌，推动"上海制造"品牌建设，扩大"同线同标同质"实施范围。

第二，打造标志性精品活动。推进进博会与"五五购物节"联动，打造国际一流重大商业节庆活动和展会活动，展示推广全球消费新理念、新模式、新业态、新品牌。不断提升国际影响力。加强集聚区自有品牌宣传推广力度，培育自有品牌消费环境，提升自有品牌形象。开展知名商圈商街与国际知名商业地标的互动交流和节庆联动，提升集聚区对全球消费者的吸引力和影响力。深化长三角联动，建立"客流共享、平台互联、主体互动、宣传互通"的联动办节机制，相互合作、相互促进、共同提升的消费资源联动推广载体和平台。

第三，打造对外投资贸易桥头堡。加快培育、集聚一批具有全球影响力的本土跨国公司和消费品牌，推动对外投资和扩大出口更好结合。支持国内民营企业在商务区申请设立跨国公司地区总部，拓展研发、贸易、物流、结算中心等功能性机构。构建面向全球的投资促进网络，支持企业建立海外分销中心、展示中心等营销网络和物流服务网络。鼓励长三角企业抱团、联动发展。健全由政府、专业机构、商协会、企业组成的"四位一体"投资促进体系，持续增强与主要投资来源地及潜力国家（地区）的经贸及投促机构合作，加快构建境外经贸合作伙伴网络。

参考文献

《关于印发〈虹桥国际开放枢纽建设总体方案〉的通知》（发改地区〔2021〕249号）。

《商务部等14部门关于培育建设国际消费中心城市的指导意见》（商运发〔2019〕309号）。

《商务部等9部门关于印发〈商贸物流高质量发展专项行动计划（2021—2025年）〉的通知》（商流通函〔2021〕397号）。

《上海市人民政府办公厅关于印发〈上海市建设国际消费中心城市实施方案〉的通知》（沪府办发〔2021〕24号）。

《"十四五"时期提升上海国际贸易中心能级规划》（沪府发〔2021〕2号）。

《上海市商业空间布局专项规划（2022—2035年）》。

《上海市国民经济和社会发展第十四个五年规划和二〇三五年远景目标纲要》（2021年）。

《虹桥国际中央商务区产业发展规划（2021—2025年）》。

《上海市人民政府关于印发〈虹桥国际开放枢纽中央商务区"十四五"规划〉的通知》（沪府发〔2021〕14号）。

北京通州运河商务区：特色文旅发展实践及经验

冯冬发[*]

摘 要： 北京通州运河商务区依托自身得天独厚的空间区位优势、历史悠长的运河文化底蕴、先行先试的政策叠加优势、卓有成效的对内对外开放，通过高水平建设各类基础设施、打造大运河文化系列品牌、主办承办各级别体育赛事、培育高端消费客群聚集地，在发展特色文旅的过程中取得了一系列辉煌成就，有力地支持了北京市培育建设国际消费中心城市的战略目标。基于此，本报告建议中国其他 CBD 可以在深化体制机制改革、发掘传统文化新价值、打造现代商贸综合体、运用前沿数字科技等方面加大投入，为培育建设国际消费中心城市提供支撑。

关键词： 通州运河商务区 特色文旅 国际消费中心

一 引言

迈入 21 世纪以来，国内国际形势都在发生深刻变化。国内，社会主要矛盾已经转化为人民日益增长的美好生活需要和不平衡不充分发展之间的矛盾，经济已由高速增长阶段转向高质量发展阶段，人民群众在基础性物质需求得到满足后，开始向往高水平、全方位、多层次的产品和服务。国际，新

---

* 冯冬发，北京大学国家发展研究院数字金融研究中心博士后，主要研究方向为发展经济学。

冠疫情严重冲击了人类社会，逆全球化浪潮此起彼伏，世界经济增长的不平衡性和不确定性激增。在这样的背景下，党和政府适时提出扩大内需战略，着力提升有效供给能力、消弭分配差距、畅通现代流通体系，将发展成果惠及普罗大众，不断增进民生福祉，更能通过自身的稳定发展有效应对外部的风险挑战。2023年第一季度经济数据显示，该季度的社会消费品零售总额为114922亿元，占国内生产总值（GDP）比重达40.32%，同比增速为5.8%，尤其2023年3月的同比增速高达10.6%，创下近两年来月度同比新高；最终消费在"三驾马车"中对经济增长的贡献率达66.6%；升级类商品销售额大幅增长，如书报杂志类商品增长率达13.4%。① 这充分说明消费成为拉动中国经济增长的主要动力，居民消费提档升级趋势明显，伴随消费者信心稳步回升，需求还将进一步释放，坚定实施扩大内需战略大有可为。

中国大部分人口集中在城市，商务中心区（Central Business District，CBD）作为城市商业活动的核心区域，高度集中了资金、人才、科技、政策等关键要素，是城市经济发展的绝对中枢，更是中国落地扩大内需战略的主阵地。通州运河CBD是北京城市副中心建设的先行区、示范区，在北京市提出"培育建设国际消费中心城市"发展目标的背景下，勇于承担时代赋予其的新使命，持续厚植新经济业态、创造新消费场景、提升新消费体验，探索出一系列行之有效的解决方案，有力地推进了城市副中心新型消费圈的建设进程，为贯彻落实国家扩大内需战略做出了应有的贡献。梳理通州运河CBD的成功经验可为其他CBD实践扩大内需战略和实现高质量发展提供丰富启示，无疑具有重要的理论价值与现实意义。考虑到培育完整内需体系是一项繁复的系统性工程，本文选取扩大文化和旅游消费这一关键环节，力图全面细致地分析通州运河CBD在发掘传统文化宝贵价值和健全现代文化产业体系方面的既有基础、重要举措和取得成效，总结蕴含其中的借鉴启示，为其他CBD通过发展特色文旅建设国际消费中心城市、打造区域消费中心提供一定的有益参考。

---

① 中国政府网，http://www.gov.cn/lianbo/2023-04/18/content_ 5751960.htm。

二 通州运河商务区发展特色文旅的既有基础

通州运河 CBD 具备得天独厚的空间区位优势、历史悠长的运河文化底蕴、先行先试的政策叠加优势、卓有成效的对内对外开放，拥有成为城市副中心河润古今的生态典范、水绿相融的滨水空间的前提条件，非常适合通过发展特色文旅来打造区域消费中心。

（一）得天独厚的空间区位优势

通州运河 CBD 位于北京市通州区百里长安街东延长线与六环路交会处，北运河贯穿其中，由运河商务区核心启动区、新城金融服务园区和副中心站综合交通枢纽（0101 街区）三个开发区域组成，总体规划面积为 20.38 平方公里。① 在自然地理方面，通州运河 CBD 地势平坦、土壤肥沃、资源丰富、依水傍河、气候宜人、降水适中、温度适宜、风光旖旎、蓝绿交织、清新明亮，拥有对标伦敦金丝雀码头、东京新宿新都心、巴黎拉德芳斯、丹佛中央商务区等全球知名 CBD 的地理优势，为通州运河 CBD 的要素汇聚和经济发展提供了有利的基础性条件。在空间毗邻方面，通州运河 CBD 居于大运河通州段的西北侧，向东南方向可延伸至城市绿心，即拥有城市森林公园、博物馆、露营地等现代公共文化设施的市民活力中心；东侧是北京副城市中心的行政办公区，目前北京市级机关中已有 35 个部门、165 家单位、1.2 万余名机关干部搬迁至此；② 南侧是以北京环球主题公园及度假区为代表的文化旅游区；北侧拥有若干大学校园和工业园区；西侧则是北京市的经济重镇朝阳区。在跨省格局方面，通州区是北京市唯一同时与天津和河北接壤的行政区，如今河北省廊坊市北部三县均已被纳入北京城市副中心规划框架，通州运河 CBD 正在成为京津冀协同发展的高质量样板。简而言

---

① 北京市通州区人民政府网：http://www.bjtzh.gov.cn/bjtz/jdhy/202305/16516483.shtml。
② 北京市人民政府网：http://www.beijing.gov.cn/ywdt/202303/t202317.2938617.html。

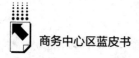

之，通州运河 CBD 拥有优越的空间区位优势，具备发展特色文旅的硬件基础。

（二）历史悠长的运河文化底蕴

早在新石器时期，通州区域内便已有人类活动。西汉初期置路县，取水路、陆路交通便利之义。扩建于隋代的京杭大运河贯通了涿郡（今北京）至余杭（今杭州）的河运通道，其最北端起点便是通州运河。京杭大运河自修通之日始便开始承担漕运重任，极盛于元明清三代，直至 1901 年由当时的清政府废除漕运制度，在长达 750 年的漕运使命过程中，其对中国南北地区经济文化的交融与发展起到了巨大的作用。通州运河在此期间始终是水运漕船来往北京的汇聚之地，诗人王维珍留下的名句"一支塔影认通州"描述的便是北向商旅船工远远望见燃灯塔便知通州已到，为北京城的发展与繁荣提供了重要的支撑，甚至有类似"大运河飘来的北京城"的民间说法。步入近代，黄河改道致使京杭大运河山东段逐渐淤废，旧中国积贫积弱无力疏浚，加上津浦铁路的强替代作用，大运河最终停运。新中国成立以后，中国共产党领导中国人民数次大规模整修运河，2014 年大运河申遗成功，2022 年重新实现了大运河的全线水流贯通。由此可见，运河文化不仅包括了中国古人挑战自然、战胜自然的伟大智慧和勇气，也蕴含了当代中国人对实现中华民族伟大复兴的不舍追求。通州因运河而兴，运河给城市带来了灵气，运河文化塑造了通州的精气神，运河沿线留下的众多历史文化遗产和历史长河中涌现的名人大家为通州运河 CBD 发展特色文旅提供了宝贵的文化基础。

（三）先行先试的政策叠加优势

通州运河 CBD 是多项重要国家级战略的承载区，具有非常明显的政策叠加优势。《国务院关于支持北京城市副中心高质量发展的意见》指出，规划建设北京城市副中心是以习近平同志为核心的党中央做出的重大战略决策部署，是千年大计、国家大事。《北京城市副中心控制性详细规划（街区层面）（2016年~2035年）》指出，城市副中心聚焦行政办公、商务服务、文化旅游三大主导功能，按照"一带、一轴、多组团"空间结构优化城市功能布局，其中通州运河CBD是建设国际化现代商务区的桥头堡，是以大运河为骨架构建的生态文明带的核心功能和展示段。《中国（北京）自由贸易试验区总体方案》和《深化北京市新一轮服务业扩大开放综合试点建设国家服务业扩大开放综合示范区工作方案》同时将通州运河CBD覆盖其中，使其成为国家"两区"建设的重要载体。推动京津冀协同发展是党的二十大报告和国家"十四五"规划当中同时确立的区域重大战略，通州运河CBD与天津、河北在地理位置上非常接近，是建设全国科技创新中心、有序纾解北京非首都功能、优化提升首都核心功能的前沿阵地。《大运河文化保护传承利用规划纲要》《长城、大运河、长征国家文化公园建设方案》《大运河国家文化公园建设保护规划》提出"深入挖掘以大运河为核心的历史文化资源，打造大运河文化带"，是党中央、国务院做出的一项重大决策部署，通州运河CBD以运河为名，具有深刻的运河文化烙印，是保护传承利用大运河文化的关键力量。诸多政策汇聚于通州运河CBD，使其具有广阔的制度创新和先行先试空间，能够通过改革为发展特色文旅提供强大动力。

（四）卓有成效的对内对外开放

文化旅游是一类典型的开放型经济，通州运河CBD在运河文化的熏陶下始终注重高水平对内对外开放，为吸引人流汇集、发展特色文旅创造了有利条件。在吸引国内机构方面，当前中国唯一的国家级绿色交易所——北京绿色交易所已正式迁入办公，并实现碳配额成交额超过30亿元；[1] 北京首只百亿规模绿色基础设施投资基金项目成功落地；国内最大城市商业银行理财子公司北银理财入驻办公；工农中建等国有银行、北京银行、华夏银行、邮储银行等金融机构的办公楼宇已交付使用，中金资管已完成批筹手续；成

---

[1]　北京市人民政府网：http://www.beijing.gov.cn/ydwt/gqrd/202210/t20221012_ 2833840.html。

功引进北京建院投资、三峡集团、绿色金融研究院等知名机构入驻发展。在吸引国际机构方面，通州运河 CBD 入驻了中国唯一一家外资独资货币经纪公司——上田八木货币经纪（中国）有限公司，在不到两年的经营时间内便已撮合各类交易 10.2 万笔，涉及金额 28 万亿元；[①] 落户了国际四大会计师事务所之一的普华永道，并与之合作启动建设了"领导驾驶舱系统"，能够通过各类智能化手段有效提升 CBD 服务企业的能力；以安塔卫信息技术咨询（北京）有限公司、北京卫斯理莱顿国际贸易有限公司、法奥斯（北京）建筑设计有限公司为代表的外资企业也为通州运河 CBD 的悄然崛起做出了重要贡献。通州运河 CBD 正逐渐成为北京连接全球的枢纽、世界走进中国的门户，为发展特色文旅营造了良好氛围。

三 通州运河商务区特色文旅发展的重要举措

通州运河 CBD 依托自身独特优势，走出了一条颇具通州特色的特色文旅发展之路，推出了高水平建设各类基础设施、打造大运河文化系列品牌、主办承办各级别体育赛事、培育高端消费客群聚集地等重要举措，取得了许多宝贵的可复制可推广经验。

（一）高水平建设各类基础设施

完备且舒适的基础设施是发展旅游业不可缺少的物质基础，通州运河 CBD 坚持规划引领、超前谋划、精心部署，以高水平基础设施建设赢得战略主动。在交通基础设施方面，在建的副中心站综合交通枢纽是北京唯一连接两大国际机场的铁路综合枢纽，是城市副中心唯一连接京津冀和城市中心区的换乘枢纽，是亚洲最大的 TOD 项目和最大的地下交通枢纽，将成为北京十大铁路门户枢纽之一，预计 2024 年底具备通车条件。届时，通州运河 CBD 可以 15 分钟到达首都机场、35 分钟到达大兴机场和河北唐山市、1 小

---

① 大运通州网：http://www.dayuntongzhou.com/web/ct41292。

时内到达滨海新区和雄安新区。S1线（市郊铁路副中心线）和22号线（平谷线）、M101线等内外联络线路也在建设过程中，北环环遂、东关隧道则已全面通车运行。在数字基础设施方面，通州运河CBD积极引导社会资本投入建设5G基站，目前已基本实现了5G网络的全域连续覆盖；稳步推进智慧城市标杆项目建设，形成了云宇宙会客厅、智慧园区管理等数字技术应用场景；组织协调中企华、中联资产、天成通链、联合信用等重点企业，推动数字人民币区域场景开放，支持开展数字资产交易，已成功开展数字人民币线上消费季活动，通过发放数字人民币红包等形式带动消费并助力复产复工。在市政基础设施方面，通州运河CBD大部分的公共服务项目均已基本完工，综合配套服务中心建成投入使用，千荷泻露桥慢行系统提升完成，220千伏电站、燃气调压站、岳庄110千伏电站已建成具备使用条件，园林绿化提升项目（一期）已启动施工。良好的基础设施为发展旅游商贸和服务外地游客提供了坚实的前提条件。

（二）打造大运河文化系列品牌

极具魅力的大运河文化是吸引游客的根本，通州运河CBD多措并举积极打造"大运河文化+"系列品牌，努力塑造城市副中心鲜亮的城市文化新名片。通州运河CBD支持了"三庙一塔"景区整改提升工程，修缮了景区文物，提升了景区环境、公共服务设施、智慧管理等方面，实现了"三庙一塔"从文物景观向旅游景点的转化，还运用人工智能、全息投影等技术为游客打造出虚拟与现实相结合的沉浸式体验。通州运河CBD在运河文化广场、运河奥体公园、生态公园的基础上扩建改造整合出一个大型绿色生态公园——通州运河公园，允许游客以水上游乐观光的形式重走运河水道，近距离感受运河的古风古韵。通州运河CBD已初步形成瓮城遗址公园项目设计方案，将尽快推进建设，计划让游客在公园休闲漫步中同步欣赏遗址风貌，近距离感受漕粮进城门户的壮丽之美。通州运河CBD还将配合研究域内古河道的恢复工作，深化创建通州大运河国家5A级景区，建设标志性景观打卡地，不断丰富运河文化旅游与业态产品和消费场景。除建设景区外，通州运河CBD在发展

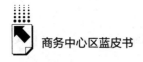

文化艺术活动方面，正积极申请承办北京（国际）运河文化节，致力于讲好运河故事，传承弘扬中国运河文化；申请承办大运河文化创新创意设计大赛，通过激发全社会创造力打造特色文创产品和运河特色美食；鼓励举办北京通州运河文化庙会，以大型游艺、天桥艺术、非遗展演等形式展示大运河文化。运河在历经数百年变迁后仍在以另一种形式惠泽通州。

（三）主办承办各级别体育赛事

互联网时代下，知名度较高的区域更容易得到外地游客的关注并前来观光游览，通州运河 CBD 别出心裁地通过承接各类体育赛事来快速提升其域外知名度。在单项赛事上，通州运河 CBD 连续多年为北京城市副中心马拉松提供赛事场地，该项赛事办赛元年便获得"中国田径协会铜牌赛事"和"自然生态特色赛事"荣誉称号，并在 2019 年升级为"中国田径协会金牌赛事"，海内外近万名选手奔跑在大运河文化带上感受大美通州；2022 北京城市副中心运河赛艇大师赛、2023 年全国电动冲浪板联赛（北京大运河站）、北京桨板公开赛等水上赛事均在北运河上举行；首届北京飞盘公开赛、2023 年通州区青少年轮滑邀请赛、2023 中国田径大众达标系列赛暨北京田径公开赛等在通州运河 CBD 的各类体育场馆中举行。在综合赛事上，北京市第十四届全民健身体育节开幕式在运河奥体公园体育场举行，2023 年"徒步京津冀"活动、"寻找美丽中华"全国旅游城市定向系列赛北京城市副中心站等绿色生态赛事即将在 2023 年下半年开赛。在低级别业余赛事上，通州运河 CBD 还将继续加大专业体育场馆建设，鼓励民间自发组织篮球、足球、游泳等传统运动联赛，引导年轻人参与攀岩、小轮车、水下曲棍球等潮流运动。各类体育赛事自带"流量"，成功引流全国各地选手，向全国民众展示了通州运河 CBD 朝气蓬勃的年轻姿态，极大地拓展了特色文旅的潜在客群。

（四）培育高端消费客群聚集地

伴随中国逐步迈入大众旅游时代，旅游消费持续升级，传统的门票经济模式已经开始发生转变，通州运河 CBD 在创新旅游新业态、营造消费新场景上发力良多。在商场建设上，通州运河 CBD 已经拥有了远洋乐堤港、爱琴海购物公园、新光大中心等大型商超，其中远洋乐堤港项目于 2023 年 6月底正式开业，特设一处"听潮码头"观景平台，可俯瞰 CBD "五河交汇处"并欣赏夜间灯光秀；推进建设合景泰富悠方天地商业项目、财富港高阶 MALL 项目等，届时 CBD 内累计开业面积将达到 45 万平方米。① 在促进消费上，通州运河 CBD 组织爱琴海购物公园开展"仲夏大行动""甜蜜七夕""开学季"等促销活动；启动"让快乐飞一会儿"的新时代文明活动，包括露营、飞盘、DJ、露天电影、嘻哈包袱铺等丰富内容，点亮夜经济；成功举办第一期"大运市集"，吸引超过 6000 名市民参观游览，进一步丰富了 CBD 的特色消费文化场景。在品牌建设上，通州运河 CBD 积极建设"环球影城×大运河"国际消费体验区，探索设计免税商店，吸引环球主题公园游客及津冀地区消费人群；促进与张家湾设计小镇、太湖演艺小镇、宋庄原创艺术小镇的文旅融合；吸引国际知名品牌和中华老字号集聚发展，加快引进一批首店、旗舰店、体验店、概念店。如今，通州运河 CBD 正在朝向现代化、国际化综合商业中心区稳步迈进，特色文旅消费活力得到充分激发。

四 通州运河商务区特色文旅发展取得的成效

通州运河 CBD 通过多年以来的不断探索和努力奋斗，在发展特色文旅上取得了一系列的重要成效，包括文旅业市场主体高速发展、商务区运河品牌深入人心、旅游景点关注度稳步上升等，为通州运河 CBD 实现高质量发展做出了突出贡献。

（一）文旅业市场主体高速发展

从市场主体的整体表现来看，截至 2022 年 12 月底，通州运河 CBD 域

---

① 北京市通州人民政府网：http://www.bjtzh.gov.cn/bjtz/xxfd/202305/1651448.html。

内共有注册企业 19672 家，注册资本金共 4560 亿元，企业总数同比增长 24%，占全区企业总数的 13.8%，其中实际纳税企业 10017 家、外资企业 88 家、总部企业 48 家、金融企业 289 家。2022 年新设注册企业 4285 家，注册资本金 456 亿元，同比增长 11.6%，占全区新设企业 27.8%。域内企业共形成营业收入 598 亿元，利润 23 亿元，税收 61 亿元，同比增长 25.7%。形成区级财力 20 亿元，占全区税收总额 22.9%。其中总部企业贡献税收 9.39 亿元，占比 16.9%；金融企业贡献税收 21.11 亿元，占比 37.9%。从产业结构来看，通州运河 CBD 域内企业主要分布在以租赁和商务服务业、科学研究与技术服务业、批发和零售业、文化体育和娱乐业为主的第三产业，共有 16399 户，占 CBD 企业总数的 83.8%。其中文化体育和娱乐业的企业数目为 3290 户，占第三产业企业总数的 20%，占所有企业总数的 16.7%。从企业规模来看，通州运河 CBD 域内企业基本呈现纺锤形，微型企业和规模以上企业占比相对较少，注册资本金规模处于 100 万元到 1000 万元之间的企业总数为 11310 家，占所有企业数目比重达 57.4%。从区域分布来看，大部分企业的注册地集中在金融街园中园、绿地集团、朝北、世界侨商中心等重点商圈内，不过共有 18578 家企业为虚拟注册企业，占比高达 94.4%，仅极少数企业实地办公，平均每家实地办公企业的办公人数为 15 人。① 简而言之，通州运河 CBD 域内的文旅业市场主体数目较多、增长迅速，为 CBD 的经济发展和税收增长做出了较大的贡献。

（二）商务区运河品牌深入人心

在品牌建设方面，通州运河 CBD 举办了京交会"创新金融和高端商务"推介论坛、城市副中心产业高质量发展推进大会、HICOOL 2022 全球创业者峰会北京城市副中心主题展、服贸会城市副中心主题活动、"两区"建设贸易投资便利化专场新闻发布会，参加了澳门国际贸易投资展览会、商务服务企业走进副中心等活动，推出了"两区"重点园区纪录片，向全世

---

① 通州运河商务区产业服务部：《运河商务区企业注册及运营分析报告（2022 年 1～12 月）》。

界展示了通州运河 CBD 的高精尖产业项目成果和品牌形象。在传统媒体推介方面，CBD 在全国两会期间，以"北京城市副中心运河商务区诚邀全球企业共谱开放新篇"为题，在光明日报刊登宣传推介文章，被凤凰网、北青网、中国日报等多家媒体转载；与北京电视台配合推出专题片《"大美京津冀 献礼二十大"——北京城市副中心运河商务区加速崛起》，多角度全方位介绍了 CBD 的产业发展状况和宜居宜业的良好环境；配合区委宣传部、网信办、融媒体等部门，在党代会期间、党的二十大前夕等重点时段多次接待媒体代表团，全面展示了 CBD 的建设发展成果。在新媒体方面，通州运河 CBD 全力打造"运河范儿"品牌，做好微信公众号推送工作，截至 2022年 10 月，共发布 616 篇稿件，其中原创精编稿件 389 篇，稿件阅读量达21.3 万次，关注人数达 4513 人；发布运河商务区舆情报告共 32 期，拍摄 V观副中心系列短视频，亮出亲商名片；组织开展了"路通天下 大运之城"的主题云推介直播活动，并通过多平台同步在线直播，实时观看人数超 4万，活动总阅读量达百万人次。在行业协会方面，通州运河 CBD 于 2019 年10 月 30 日正式加入中国商务区联盟，充分利用联盟影响力，有效提升了CBD 的管理服务水平和影响力。

（三）旅游景点关注度稳步上升

参考现有文献当中的通行做法，使用百度指数衡量通州运河 CBD 域内若干旅游景点在近期的关注度，并将相应结果汇总在图 1 当中。图中显示，以运河公园、西海子公园、大运河森林公园、运河文化广场等为代表的旅游景点的关注度在近期内稳步上升。从样本末期与样本初期的对比情况来看，大运河森林公园在 2023 年第二季度的关注度是 2021 年第四季度的 3.2 倍，运河公园、西海子公园、运河文化广场的倍数分别是 2.9、2.5、2.3，说明通州运河CBD 域内旅游景点得到了全国人民更多的关注，这也意味着有更多的游客前往了上述景点观光旅游。从同期对比情况来看，运河文化广场在 2023 年第二季度的关注度同比增长幅度最大，是 2022 年第二季度的 3 倍，运河公园、大运河森林公园、西海子公园的倍数则分别是 2.2、2.1、1.6。这说明在排除了

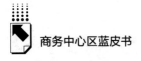

季节性因素干扰以后，前述结论依然显著成立，即通州运河 CBD 域内旅游景点的关注度涨幅明显，这从侧面佐证了通州运河 CBD 各项重要举措的有效性，再度说明通州运河 CBD 的特色文旅发展取得了阶段性成果。

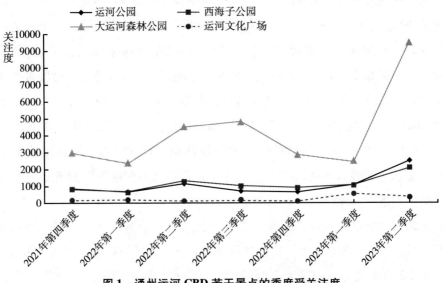

图1　通州运河 CBD 若干景点的季度受关注度

资料来源：百度指数（https://index.baidu.com）。

五　通州运河商务区特色文旅发展的借鉴启示

通过梳理总结通州运河 CBD 发展特色文旅的既有基础、重要举措及取得成效，本文认为中国其他 CBD 可以在进一步深化体制机制改革、努力发掘传统文化新价值、积极打造现代商贸综合体、高水平运用前沿数字科技等方面有所作为，尽快发展富有独特地域特色的文化旅游业，助力所在城市建设区域消费中心和国际消费中心城市。

（一）进一步深化体制机制改革

第一，深化"放管服"改革。CBD 要针对性研判自身发展特色文旅的优劣势，分析文旅业市场主体在经营过程中面临的实际问题，编制详细的审批权限下放清单并积极地向省、市申请，力争获得文化和旅游方面的试点政策。通过优化办理流程、整合政务资源等方式，推动建立文化旅游新业态多部门联合监管工作机制，持续深化"最多跑一次"改革，高质量地服务好域内的文旅企业。第二，形成跨区域旅游合作体系。CBD要依据自身在国家区域协调发展战略当中的角色定位，高标准制订文旅业发展规划，科学划定各类旅游功能区并稳步推进建设，与其他区域建立协调联动机制，合力打造互补旅游精品线路，努力提升全域旅游竞争力。第三，认真做好旅游宣传引导工作。CBD应设计专门响应机制，在重大赛事、盛大庆典、特色活动的事前、事中和事后，通过组织新闻发布会、专家解读、在线直播、新媒体推介等方式，宣传旅游品牌、引导社会预期、吸引民众关注。

（二）努力发掘传统文化新价值

第一，保护传承文化遗产。CBD要调查研究、仔细甄别域内的珍贵文化遗产，通过登记造册、建馆储藏等形式善加保护，做好历史建筑传统风貌管理。规划建设传统文化公园，合理设计城市雕塑，打造传统文化重要标识。记录保存传统工艺、民族服饰、经典文献、传统体育等，并加强社会面传播。第二，深入阐发文化精髓。CBD要加强传统文化的研究阐释工作，深入了解其历史渊源、发展脉络和基本走向，深刻阐明传统文化与现代化建设之间的内在关联，力争形成一套逻辑严密的学术体系和话语体系，为发展特色文旅提供权威的标准化素材参考。第三，滋养文艺创作。CBD要鼓励专家学者、相关从业人员从传统文化中提炼选题、获取灵感、汲取养分，将传统文化的精神内核与当前时代的社会变迁相结合，运用丰富多彩的艺术形式进行表达。支持传统文化主题相关纪录片、动画片、出版物的创作，并通过互联网分发和传播。第四，发展文化旅游。CBD要充分利用传统文化资源优势，规划设计专题研学旅游路线，引导游客在文化旅游过程中感受当地的传统文化魅力。

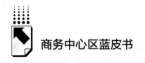

（三）积极打造现代商贸综合体

第一，优化商贸空间布局。CBD应以满足人民美好生活向往为出发点和落脚点，统筹兼顾本地居民、国内和国际访客的消费需求，为当下及未来各类消费活动的蓬勃发展提供空间支持，规划设计布局协调、结构合理、层次分明、功能健全的商贸空间布局，并合理控制各级各类商业设施的建设和更新。力争同时满足居民日常生活基本消费和品质消费，打造业态多元汇聚的"15分钟便民生活圈"。第二，完善基础设施配套情况。CBD应保证商贸中心水电热气的稳定供应，推进周边停车场建设、亮化绿化、环境卫生、雨污管网改造、污水处理等市政工程，优化公共交通网络，保障物流配送畅通。第三，提升商贸综合体活力。CBD应不断优化营商环境，鼓励国际知名商业企业设立全球性、全国性和区域性的品牌首店、旗舰店、体验店，鼓励品牌商开设直营门店，形成国内外高端品牌集聚效应，不断提高中高端品牌的投放首位度。第四，探索"旅游+商贸"新模式。CBD应在商贸综合体的建设过程中融入旅游元素、地方文化和民俗特色，大力实施旅游商品研发制造战略，丰富产品种类，提升产品内涵，推动商贸城变身为旅游景区和文化传播大使。

（四）高水平运用前沿数字科技

第一，推动数字化改革。CBD应加快实现部门间数据共享，推动智慧文旅大脑建设，构建数字政务服务体系、数字公共文化服务体系、数字文化和旅游产业发展体系、数字文化和旅游治理体系等数字化应用场景，提升文化和旅游领域整体数字化治理水平。开展文化遗产数字化保护，实现文物的永续利用，赋予文物更加强大的生命力。第二，探索大数据治理手段。CBD应更多地使用数字化技术提高文化和旅游统计服务能力，建立健全文化和旅游相关产业核算体系，利用社交平台上的文本大数据监测游客对景点的反馈并及时调整。第三，鼓励发展数字文化产业。CBD可以推进建设数字文化产业示范区，鼓励发展数字音乐、网络文化、数字文化装备、线上演播、数字艺术展示等产业，引导旅游景点实施数字化转型，推动形成具有较大国内国际影响力的数字文化产业集群。

参考文献

刘宽斌、张卓群：《重庆江北嘴 CBD：支持重庆建设内陆开放高地的作用与担当》，载郭亮、单菁菁主编《中国商务中心区发展报告 No. 7（2021）》，社会科学文献出版社，2021。

邬晓霞、王雪媛：《北京 CBD：打造千亿级商圈的成效及经验借鉴》，载牛海龙、单菁菁主编《中国商务中心区发展报告 No. 8（2022）》，社会科学文献出版社，2022。

张涛、李奥、冯冬发、侯宇恒：《人流动向、规模与结构变迁能解释国内大循环吗？——基于网络搜索大数据的研究》，《中国软科学》2021 年第 9 期。

B.16
重庆解放碑 CBD：以智慧商圈
助力国际消费中心城市建设*

李均超　张卓群**

摘　要： 培育建设国际消费中心城市意味着打造一国甚至全球消费市场制高点，对于推动消费模式向高级形态演进、发挥消费对国民经济增长持续拉动作用具有重要而深远的意义。作为商业发展重要载体和消费品牌前沿阵地的城市商圈是激发消费的核心动力，在数字化浪潮下，传统商圈向"智慧化"转型将进一步聚集优质消费资源、优化消费服务场景、引领消费创新风向，是培育建设国际消费中心城市的关键力量。解放碑 CBD 是西部地区的代表性商圈，一直占据重庆商业中心地位，现阶段着力推进智慧商圈建设，并在优化新消费智能场景、建设新功能"智慧"实体、打造新管控数字平台上均取得显著成效。总结来看，重庆解放碑 CBD 在培育特色消费板块、鼓励传统商贸转型、健全数字公共服务等方面的经验做法，在推进商圈"智慧化"改造上能够发挥示范引领作用，有利于夯实国际消费中心城市建设之基。

关键词： 解放碑 CBD　国际消费中心城市　智慧商圈　数字化转型

＊ 本报告受中国社会科学院大学人文社科类重大项目培育专项"平台经济影响效应分析及综合治理研究——基于互联网消费大数据的视角"（项目编号为校20220080）资助。

＊＊ 李均超，中国社会科学院大学博士研究生，主要研究方向为平台经济、零工经济；张卓群，经济学博士，中国社会科学院生态文明研究所副研究员，研究方向为可持续发展经济学、城市与环境经济学、数量经济与大数据科学。

　　国际消费中心城市往往代表一国甚至全球消费市场制高点，如何加快推进消费业态和商业模式调整、高效聚集国内外消费资源成为国际消费中心城市培育建设不可回避的重要问题。商圈是城市商业发展的重要载体和打造国际消费品牌的前沿阵地，对区域消费发挥着重要引领和带动作用。重庆作为2021 年首批唯一入选国际消费中心城市培育试点的西南部城市，不仅是海内外品牌西进中国的综合枢纽和货物转运中心，也是成渝地区双城经济圈巴蜀文化的国际消费目的地之一，有利于辐射整个西南地区的消费品牌和产品发展。2021 年 10 月，《重庆市培育建设国际消费中心城市实施方案》提出，要"建设解放碑-朝天门世界知名商圈，打造具有高度国际认同感和本地归属感的国际消费重要目的地、巴渝特色文化体验地"。然而，世纪疫情和百年变局交织背景下，"经验"对传统商业经营的作用愈发有限。对于"块头大"的传统商圈而言，需站在数字化转型的风口上，借力"智脑"推进改造提升和自我更新，以应对变幻的消费趋势和多元需求。作为渝中地区打造国际消费中心城市的核心商圈，重庆解放碑 CBD 一直积极践行"世界知名商圈"的定位。现阶段"智慧"已成为这个知名商圈的"内核"，正引领新型消费加快发展，拉动中国西南地区消费持续恢复。

一　重庆解放碑 CBD 发展概况

（一）重庆解放碑 CBD 发展演变

　　作为重庆最具代表性的城市符号之一，人民解放纪念碑承载了重庆特有的历史内涵。在此基础上，1997 年由重庆渝中区投资 3000 万元，打造解放碑中心购物广场，后经多年拓展，成为餐饮娱乐、零售批发、酒店金融等行业云集的商务区，是重庆核心的对外名片和经济心脏，奠定了解放碑 CBD建立的基础；2003 年 7 月，重庆市政府通过《重庆市中央商务区总体规划》，确定了解放碑 CBD 为重庆 CBD 的核心区，包括硬核-解放碑地区和核缘-朝天门地区，合计 1.61 平方公里，着力发挥商务、商贸双重功能；2013

年，重庆市政府出台《关于加快中央商务区建设的意见》，要求对原有 CBD 进行大规模扩容，致力于打造具有现代化 CBD 特点的核心增长极，其中解放碑 CBD 由 1.61 平方公里扩容到 3.5 平方公里，迎来全新发展机遇；根据 2019 年 12 月重庆市政府出台的《解放碑步行街改造提升工作方案》，解放碑步行街被赋予建设国际消费中心城市核心承载街区的重任；2021 年 11 月，重庆市人民政府办公厅印发的《重庆市商务发展"十四五"规划（2021~2025 年）》指出，新阶段下要"推动解放碑、江北嘴、南滨路（弹子石）三个片区联动发展"，要求"解放碑以提质发展商贸商务服务为重点，打造国际高端消费目的地"。当下，重庆解放碑 CBD 已形成了以现代金融、现代商贸、专业服务、都市文旅、数字科技为主的产业协同发展生态，是重庆现代商圈升级的最大依托。据统计，2022 年解放碑 CBD 获增加值 667.1 亿元，增长了 2.9%，占渝中区同期 GDP 的比重达 42.7%，以不到重庆万分之零点四的土地面积贡献了重庆 2.3% 的 GDP。受 2022 年疫情影响，解放碑 CBD 社会消费品零售总额为 933.6 亿元，下降了 4.1%，但占渝中区社会消费品零售总额的比重为 71.3%、占重庆的 6.7%。[①] 可以看出，此功能区已成为激发城市消费潜力、拉动重庆地区经济增长的强力引擎。

（二）国际消费中心城市培育建设基础

1. 人文历史厚重底蕴

综观众多世界级商圈，无一不在上百年规划建设中持续提升文化内涵，这是其自身最特别和最具区分性的符号标识，也突出了一座城市甚至国家的灵魂。三千年江州城、八百年重庆府、一百年解放碑，作为重庆的历史见证，解放碑 CBD 不仅承担了经济发展的重任，还孕育了浓厚的人文历史气息。该地区不仅诞生了全国唯一一座纪念中华民族抗日战争胜利的纪念碑，还保留了十八梯、鲁祖庙、戴家巷、南宋衙署遗址、湖广会馆、石灰市、山

---

① 资料来源：《2022 年渝中区国民经济和社会发展统计公报》《2022 年重庆市国民经济和社会发展统计公报》。

城巷、白象街等历史风貌区和山城老街区，形成了带有重庆母城特色的"半岛文旅通廊"，前身解放碑中心购物广场更是"中国第一条商业步行街"，厚重的人文历史底蕴能够吸引国内外商务人群和青年消费群体的青睐，使其始终站在重庆"商文旅"的 C 位。

2. 区域商贸发展底座

国际消费中心城市培育建设的实质在于升级产品供给体系，没有优质供给，高质量消费服务便为无本之木。"十四五"期间，解放碑 CBD 在原"内陆国际金融中心集聚示范区""国际消费中心城市核心承载区""中西部国际交往中心重要窗口区"三区优势的基础上，充分发挥"全市商贸核心区"的示范带动作用，当下已形成了以金融业、商贸业、专业服务业为核心的现代服务业发展体系，并涵盖了楼宇经济、总部经济、夜间经济、美食经济、互联网经济等诸多消费新业态，地均 GDP 产出居于全国 CBD 前列，也是重庆年度社会消费品零售总额唯一突破 900 亿元的商圈。同时，各领域总部（重点）企业、世界 500 强企业、市级金融机构纷纷入驻，形成了浓厚的商贸发展环境，国际化与本土商业模式的碰撞激发了企业创新和发展灵感，成为引领成渝商界甚至辐射西南地区的现代化 CBD。

3. 对外交流重要窗口

国际消费中心城市培育建设面临本地性和全球化的权衡。本地性是中流砥柱，高品质消费市场和生活方式有利于引领全球消费潮流，本地消费基础不牢固将使城市发展缺乏韧性。全球化是价值引领，国际消费中心城市追求的将不仅仅是物质消费，更多是精神文化上的追求和向往，同时还要求城市对外开放的持续深化。解放碑 CBD 作为中国仅次于北京王府井、上海南京路的第三大商圈，消费市场和潜力巨大，而且解放碑 CBD 虽然地处内陆，却是长江经济带和丝绸之路经济带、21 世纪海上丝绸之路"Y"字形大通道战略节点的交通枢纽，发挥了承东启西、贯穿南北的作用。同时，交通网络发达，航运、轨道、江运、公路条件便捷，拓展了商圈的辐射范围，且依托自贸试验区、中新互联互通示范项目、中央商务区、服务业扩大开放综合试点区"四区叠加"开放优势，集聚了重庆全部 13 家驻渝领事机构、80 家世界 500 强企业以及 700 余家外资企业，先后举办首届中国城市商圈发展大会、福布斯中国城市消费发展论坛、中新金融峰会等重大国际经贸交流活动，定期举办国际消费节、国际咖啡节以及新加坡周等中外沙龙、文化节，提高了所在辖区的国际影响力和外向经济实力。

4. 多元品牌聚集高地

培育建设国际消费中心城市应立足本地特色，积极引入国内外优质品牌服务，加快培育本地品牌，打造全球消费品牌和消费资源集聚地。一方面，解放碑地区凭借"全国第一条商业步行街"缔造了"中国西部第一街"的商业传奇，并享有"中国十大新地标商务区""中国最具投资价值 CBD""中国最具影响力 CBD""中国最具增长潜力 CBD""全国示范步行街"等诸多殊荣，商圈对外品牌识别度明显。另一方面，解放碑 CBD 加强对辖区及周边门店和业态的引导，在保证业态均衡的基础上，升级单一品牌模式，形成了兼顾国际品牌认同感和巴渝特色文化体验感的现代商圈。如福布斯中国首次走出黄浦江畔、进驻重庆，携手解放碑落地"重庆会客厅"并联名举办解放碑·福布斯论坛；华润首进解放碑，在十字金街极核区域打造 8.8 万平方米建筑功能别致、人文底蕴交融、消费体验舒适的万象系高端商业地标；重庆大都会东方广场启动"蝴蝶计划"，瞄准"国际范"，基于商场改造、引入可持续发展因素、业态重新定位以及打造商务地标等方式构建"世界都会高级生活场"；时代广场持续引入圣罗兰、TASAKI、MaxMara 等一批国际知名品牌旗舰店；PARK108 国泰优活城市广场优先布局有"小样天堂"之称的新锐零售品牌 HARMAY 话梅，锚定"时尚潮"，开业即引发排队热潮；"一巷一特色"建设商圈周边罗汉寺妙街、督邮街、铁板巷、筷子街等支巷，立足"巴渝味、烟火气"，打造"后街"经济集群。

二　智慧商圈建设及其现实意义

"智慧商圈"一词可从"智慧"和"商圈"两个角度来理解。"智慧"是核心抓手，是指采用新一代网络信息技术与线下商圈的经营、管理以及业态布局进行有机结合，进而实现线下零售服务业智能化改造升级的目的，也是智慧商圈区别于传统商圈的关键所在。"商圈"是赋能底座，是指某一商业综合体对于消费者的市场辐射区域，本质是基于地理视角的市场细分模式，不同细分市场主体能够在对应区域进行高效交易和交互。当下经济实践中，智慧商圈通常被视为智慧城市建设的重要组成部分而出现，特指将线下门店与线上服务进行有机融合，借助数字信息系统完成商家数字化转型升级，通过提升商圈服务水平来促进实体商圈繁荣的 IT 应用场景，是实体商圈在数字空间的延伸。智慧商圈的优势在于能够基于不同平台的运营逻辑，将多个商家链接，促进各门店的私域流量共享，提升各品类之间的客户转化效率，促进消费回补和潜力释放。2023 年 1 月，中国商务部公布 12 个全国示范智慧商圈和 16 个全国示范智慧商店，旨在以现代网络信息技术为支撑，推动传统实体商圈和门店的智能化改造和协同化发展，并将其视为促进消费恢复和扩大的重要载体。解放碑-朝天门商圈、重庆环球购物中心、重庆来福士购物中心是重庆首批入选的商圈和商店，对于重庆打造国际消费中心城市的意义不言而喻。除此之外，北京三里屯商圈、上海豫园商圈、南京新街口商圈、成都春熙路商圈等也纷纷上榜。

当下，购物已不再是消费者对商圈的唯一需求，沉浸式消费体验和智能互动模式成为商圈未来发展亮点。作为第五代商圈，智慧商圈是网络信息技术在传统市场深入发展的必然产物，表现出"功能化""立体化""复合化""特色化""智慧化"等五大新特征，其中"智慧化"特征使其显著区别于前四代商圈，是构建现代商圈体系的"锚点"。根据智慧化程度和虚实融合水平，可将智慧商圈建设分为三个层次。第一个层次是虚实结合，该层次智慧商圈主要在自身门户网站和信息栏中提供关于购物、娱乐、餐饮、商务的引导服务，并基于网络信息技术不断实时更新，但该类商圈仅能为消费者提供便捷的信息服务和引导，智慧化和交互性不强，难以支撑实体商圈经营取得突破式进展；第二个层次是以虚促实，该层次智慧商圈为客户提供了更为个性化、差异化的服务查询和产品推荐服务，有效推进了商圈的客户转化和业务发展，智慧化程度有所提升，但服务交互性还有待提高；第三个层

259

次是以虚强实，该层次智慧商圈基于对消费者行为信息和偏好的分析，对消费者进行精准服务实时推送，对门店消费服务进行动态反馈，给商圈合理有序运行提供决策依据，基于数字平台交互实现了三方主体的利益最大化，该类商圈表现出极高智慧化程度和交互性水平，能够有效利用网络信息技术为实体商圈服务，深化线下商圈在数字空间的拓展和服务水平的提高，也是智慧商圈未来发展的必然趋势。目前，中国新一代网络信息技术在商圈中的应用不断推广普及，处于世界前列水平，但受技术门槛和专业人才限制，国内大部分商圈仍处于第二甚至第一层次，"智慧"建设局限于地区性综合类信息发布系统，门店数字化管理也大多处于品牌展示阶段，难以成为实体零售业的驱动力量，建设更为智慧化、更具互动性的现代商圈任重而道远。

中国仍处在结构调整和动力转换的关键变革期，发挥国际化城市的消费中心作用，要奠定集聚消费资源、优化商业要素配置的"全球枢纽"地位，发挥促进消费模式升级、激发消费潜能的"强力引擎"作用，具备引领潮流、促进消费创新创意的"策源中心"功能。新阶段下，智慧商圈建设能够成为中国培育建设国际消费中心城市的关键助力。

第一，智慧商圈建设有利于集聚优质消费资源。城市商圈一般具备区位便捷、空间规划专业、商业成熟度高、运营经验丰富等优势，是各类消费产品和商业资源的聚集地，也是同城异地人群消费的首选地区，存在"天然"关注度。商圈"智慧化"升级能够进一步引导国内外知名品牌率先落地，品牌自带的流量和消费密码既有利于提升商圈知名度和获客量，又有利于发挥资源集聚和协同效应，培育新的消费业态。在"智慧+"的持续赋能下，辖区门店能够降低商业运营成本、提升运营决策效率，并能及时感知消费者的差异化需求，灵活调整产品库存和营销重心，优化产品供给结构与质量，实现人、货、场的高效匹配，加速释放商圈消费潜力。

第二，智慧商圈建设有利于优化消费服务场景。互联网经济下，单一线下运营模式已难以满足市场需求，智慧商圈建设有利于门店依据云端信息形成不同用户画像，针对不同受众群体提供更为个性化、智能化的零售服务，促使商品和内容通过社交媒体、泛娱乐平台等各类智慧终端快速触达消费者，在降低获客成本的基础上提高零售效率和用户黏性，衍生出即时零售、无人零售、直播电商等一系列新消费场景。另外，目前消费者偏好和习惯已经从过去单纯购买商品转向购买体验，商圈内各类"智慧"实体能够满足消费者追求新鲜感和互动性的消费需求，依托虚拟现实、全息投影、智能交互等技术给消费者带来沉浸式消费新体验，并将其转化为切实购买力。

第三，智慧商圈建设有利于引领消费创新风向。数字化转型天生自带创新基因，靶向瞄准科学创新的自立自强。传统商圈生产经营模式向数字化、智能化迈进有利于加快新型消费的内容产生和形式创新，推进商圈创新供给，塑造所在城市的引领能力和在全球消费网络的中心地位。综观世界各大消费标杆城市，纽约、伦敦、巴黎、东京等无一不是全球消费创新市场的风向标，在某些消费领域发挥重要示范作用。同时，智慧商圈建设的典型经验也会对城市产业转型升级产生重要影响，实现数字创新潜力在商业中的充分释放，更好地服务于现代化产业体系建设和扩大内需战略。

三　重庆解放碑 CBD 智慧商圈建设成效

重庆解放碑 CBD 经过二十多年深厚积淀和多次拓建升级，商圈发展能级和影响力持续提升。随着网络信息技术思维在商业服务中不断进行重大创新应用，"智慧"已然成为重庆解放碑 CBD 的升级抓手和建设落脚点，新场景、新业态、新功能、新模式不断涌现，为商圈消费主体带来全新体验。

（一）多元融合，优化新消费智能场景

重庆解放碑 CBD 加速多元业态融合互补，充分利用线上线下促销手段，引导商圈服务、场景和经营方式的智能化提升，有效提振了解放碑-朝天门地区的市场活力和消费潜力，为重庆打造国际消费中心城市提供了重要支撑。一方面，随着未来多元化、个性化、体验式消费诉求的愈加明显，重庆

解放碑 CBD 不断挖掘和满足潜在消费客户的感官、交互、情绪等层次需求，依托云端商城、网上餐厅、平台直播间、微信小程序等数字营销手段精准匹配和引流，有效提升获客量和交易转化率，加强客户消费黏性。相关资料显示，2023 年春节期间，解放碑-朝天门商圈日均客流量达 51.8 万人次，同比增长 35.2%，实现销售额约 1.5 亿元，全国商圈消费增速排名前 10。[1] 同时，解放碑 CBD 还推出来福士 Sky Walk 探索仓、PICO 高级形象体验店、亚洲第 7 家失重餐厅等一系列"智慧杰作"，持续解锁沉浸式消费新体验。另一方面，通过数字技术改造，重庆解放碑 CBD 将持续打造 VR 过山车、VR 场景密室、数字孪生等虚实融合新场景，辖区内部分门店还通过智能机器人提供迎宾、办理服务。如解放碑-朝天门地区的智慧 DIY 银行既能基于智能橱窗感应和引导业务办理，又会通过"大堂经理"智能服务机器人和人脸识别技术根据客户需求，协助和量身定制理财计划，同时银行内的智能引导台还能帮助客户直观了解智慧银行各区域分布及功能，查看当前热销产品，并实现智能预约，能够办理超过 90% 的传统银行业务。

（二）完善服务，建设新功能"智慧"实体

解放碑-朝天门地区在传统商圈基础上，兴建配套数字基础设施，依托"智慧"实体加强线下商圈承载力，提升消费环境满意度，成为拉动成交额、刺激消费的重要底座。在 5G+物联网技术的支撑下，解放碑地下环道智慧交通体系将 17 栋重点楼宇、约 1.2 万个车位纳入智慧停车联网系统，支持各类智慧终端导航的无缝衔接，高效缓解了地面交通压力，同时该智慧交通系统能够实时监控环道车流量动态，并根据车位情况为进入车辆自动分配停车库，以更为智慧化的服务为商圈运行保驾护航；为确保"重庆窗口"安全可靠供电，解放碑核心地区依托"井"字配网双环网架，构成与配电自动化技术深度融合的主配电网，配套建设 100 座"机器人+视频"智能巡

① 杨野：《重庆烟火气回归 观音桥解放碑入围全国最热商圈榜》，重庆日报网站。原文网址为 https：//wap. cqrb. cn/detail？ classId=1092&id=1362160。

检所，率先建成西部首个服务 CBD "零停电" 感知示范区，供电可靠性提升至 99.99%；[①] 解放碑–朝天门地区建设有中国西南首个 GOGO 无人超市，推广并引导无人购物、智慧导购、智慧物流等技术在商圈经营中的开发应用，智能货架、虚拟试衣镜等智能运用覆盖率近 40%；解放碑–朝天门地区建有超百个 5G 基站和公共 Wi-Fi 亭，致力于实现商圈网络全覆盖，同时地区依托 "多杆合一" 智慧灯杆项目，整合原有通信基站、道路照明、交通信号、平安监控、道路指示等多个功能，成为城市智慧大脑的 "触手"，为商圈智慧运营提供基础的信息数据支撑；商圈还提供无障碍地图、多功能智能座椅、无障碍信息服务亭、无障碍盲文等智能终端产品，基于智慧引导程序，为行动不便或弱势群体实现无障碍出行。

（三）建管结合，打造新管控数字平台

重庆解放碑 CBD 在大数据、物联网、人工智能等新技术的持续赋能下，强化信息网络技术对各领域的渗透，引导商圈资源整合和管理方式变革，打造商圈 "智慧中枢"。重庆解放碑 CBD 打通了多个区级职能部门的数据通道，打造了 48 个维度的大数据平台，系统整合了商业、楼宇、人口、设施等维度数据，实现了商圈动态感知和智慧管理，可对商圈客流、品牌热度、企业入驻情况等进行系统分析和实时监管，并允许辖区内 3.5 万家市场主体、57 栋重点楼宇、175 个重点品牌按权限、需求查询，提供数字化精准营销、定制化贴心服务、差异化消费体验，不仅能够捕捉消费者的需求和行为规律，分析消费倾向喜好，为各类商家业态布局和营销服务提供决策依据，还在消费维权、商圈管理、风险防控等方面实现部门积极联动、快速响应。特别是解放碑–朝天门商圈在 1.2 平方公里的核心区内布设了约 1.2 万个人流量监测点位，实时采集数据并自动分析，一旦某个区域的人流密度超过警戒值，系统会自动触发不同层级的安保，管理者可及时进行人员疏导和分

---

① 重庆解放碑中央商务区管理委员会：《解放碑率先建成西部首个服务中央商务区 "零停电" 感知示范区》，重庆市渝中区人民政府网站。原文网址为 https：//www.cqyz.gov.cn/bm_229/zqjfbzyswqglwyh/zwxx_ 97154/202301/t20230128_ 11536619. html。

263

流，保障商场在高压人次下平稳运行。凭借这一响应机制，商圈曾创下重大节庆日均客流超百万人集聚"零事故"的记录。智能控电、智能环境监测、能耗管理监测等智能运维系统的投用，更是极大降低了商场管理成本，提升了管理效率。重庆解放碑CBD基于智能数字平台积极推进"一网统管"、"一网通办"、"一网调度"和"一网治理"，营造更加国际化、便利化、人性化、智慧化的消费环境，为商圈管理和经营提质增效，阔步迈向智慧商圈建设。

四 以智慧商圈助力国际消费中心城市的经验启示

现阶段中国正面临扩大内需和培育建设国际消费中心城市的重大使命，商圈是地区中高端消费的重要平台和载体，与新一代网络信息技术的交互融合将有利于实现内涵功能"智慧化"的转变，对于城市转换消费动能、构建竞争新优势、提质增效扩内需具有重大意义。目前，中国大部分商圈"智慧化"改造相对缓慢，难以实现"以虚强实"的目的。作为中国首批示范智慧商圈，重庆解放碑CBD的经验做法和建设成效为国内CBD打造智慧商圈、加速推进国际消费中心城市建设提供了重要的启示价值。

（一）培育特色消费板块，丰富"智慧"消费内涵

国际消费中心城市是对接全球消费市场、吸引全球消费群体的平台和枢纽。在智慧商圈建设背景下，需着力培育特色消费业态，引领新型消费风尚，为"智慧+"提供新内涵，为商圈建设注入新流量。作为重庆商业发展核心区，解放碑CBD不断培育和打造特色消费板块，吸引业态资源聚集，激发城市商圈新活力。重庆渝中区聚焦"夜购、夜玩、夜赏、夜味、夜养"等新"夜态"，整体建设大鹅岭夜游带和十八梯-解放碑-朝天门黄金消费带，凭借渝中独特资源延伸和完善夜间消费生态，倾力打造"重庆味、国际范"的夜间经济集聚区，景区夜间演艺项目、夜间展览、夜间康养、深夜美食等"夜态"消费助推了重庆夜间消费热度的持续攀升。美团、大众点评数据显示，仅在2023年五一假期的前三天，重庆夜间消费规模占比已

较上年增长 158%，其中解放碑夜间消费规模更是居于全国商圈首位；① 解放碑-朝天门地区加快布局和发展包含"首店、首牌、首发、首秀"在内的"四首"经济，力争在 2023 年内亮相 100 个"四首"新业态，致力于实现全市首个千亿级商圈，② 目前商圈内既聚集了 Nike rise1200 西区首店、李宁 9 代西南首店、C4A X MR. OMG 重庆联名首店、硬折扣连锁品牌奥特乐、国际设计师品牌折扣集合店 THE WAREHOUSE BY 时堂等时尚潮流品牌，也引进了开心麻花、索道喜剧、华为全屋家居体验店、乐高全新品牌旗舰店等体验消费品牌首店，在重庆率先打造 e 码头、CW"保税展示+跨境电商"新模式新业态，彰显了重庆城市消费活力，也进一步助力重庆解放碑 CBD 打造国际知名商圈和首店品牌始发站。另外，"十四五"期间，重庆渝中区还将依托各商区辐射区域持续推出云端消费、美食消费、网红消费等特色消费板块，致力于为各大商圈成为国际性消费核心区打造新增长极。

（二）鼓励传统商贸转型，构建"智慧"服务生态

国际消费中心城市培育建设需着力提高消费体验感和互动性，并结合全球消费升级和发展趋势，刺激消费质效提升。数字经济时代，新一代网络信息技术不断更新消费内容和消费模式，"互联网+消费"的新业态日渐普及和成熟，便捷、智能的购物方式叠加线上、线下新场景将促进消费供需进行精准衔接，提高服务消费者的能力。智慧商圈建设呈现集线上、线下于一体的"智慧化"特征，并衍生出即时零售、跨境电商、直播电商、社交电商等数字商务新形式，不断提高网络消费能级，因此应鼓励传统商贸主体积极打造国际化消费平台，借助各类数字化手段对门店进行数智改造，借助平台优势不断提升"全球买卖"能力，并将数字技术嵌入消费产业的各领域和全过程，持续释放数字潜能。作为国家级数字经济应用示范高地，重庆渝中

① 郭欣欣：《重庆解放碑夜间消费位居全国商圈首位》，百度网站。原文网址为 https://baijiahao. baidu. com/s？id=1764763811051571969&wfr=spider&for=pc。

② 左黎韵：《解放碑—朝天门商圈年内亮相 100 个"四首"经济新业态》，重庆日报网站。原文网址为 https：//wap. cqrb. cn/detail？classId=10&id=1359529。

区不断敦促传统商业综合体进行数字化转型，加强数字商务和智慧商圈建设，探索建设沉浸式高能级商圈，提高商圈便利化、智能化水平。积极支持解放碑商圈、大坪商圈等区域实体门店进行智能化升级，运用5G、大数据、物联网、云计算等新一代技术，推动实现消费者咨询维权服务、智能交通引导、客流疏导、信息推送、消费互动、物流配送管理、商圈运营管理等智能化管理应用。另外，渝中区还将商务服务的数字化转型融入重庆"智慧名城"的大局，大力推进智慧交通、智慧市政、智慧旅游、智慧景区、智慧医院、智慧就业、智慧社区、智慧公共安全等应用，打造"智慧+"合力，以新一代网络信息技术赋能商务发展、社会民生以及城市治理等领域，为培育建设国际消费中心城市提供重要支撑。

（三）健全数字公共服务，推进"智慧"管理平台

国际消费中心城市培育建设的推进会导致外来人口的不断涌入，若引导不善，核心商圈必然面临巨大客流经营压力和管理成本，不利于构建安全舒适的消费环境，降低商圈承载力。在建设智慧商圈的理论和逻辑下，数字技术能够引起顾客消费模式和门店生产经营方式的深刻变革，商业综合体的管理服务也应遵循数字逻辑。管理服务向数字化迈进既有利于降低监管成本、提高运营效率，又能拓宽实体商圈的数字服务空间，提升区域容纳力。重庆解放碑CBD已成功搭建商圈"智慧中枢"管控平台系统，并基于全国首个5G智慧步行街展厅实现全商圈的数字化管理，以智慧化手段塑造了安全舒适、高效便捷、多元融合的消费环境，满足了消费者更高层次的消费诉求。但需要注意的是，健全数字化管理服务平台需以新一代数字基础设施的规模化推进为前提，因此应鼓励商圈适度超前部署数字基础设施，同时加强其与商圈智能应用的融合、协同发展，以各类智能场景牵引落地，严防"重建轻用"问题。在此基础上，通过铺设人脸识别、人流监控镜头、感温探测器、能耗传感器、天眼系统等物联网设备实现"万物互联"，基于商圈智能平台对相关数据进行批量采集和统计分析，动态推送商圈预警信息，并结合应急智能管控平台，衔接城市管理执法和应急指挥系统，做到统一部署以应

对突发事件，实现一体化智能管控；采用智能网关、智能 Wi-Fi、移动支付等线上手段，配合多重营销方式，形成高忠诚度的消费者群体，鼓励消费者针对门店布局、产品质量、服务态度、消费体验等进行实时反馈，提升网络维权便利化水平，加强门店服务意识和服务质量，并配合舆情监管平台，对商圈敏感信息进行全面监测和分析，为精准施策提供参考。

参考文献

关利欣：《顶级世界城市的消费中心功能比较及其对中国的启示》，《国际贸易》2022 年第 7 期。

刘馨蔚：《智慧商圈，智在哪?》，《中国对外贸易》2023 年第 6 期。

陶希东：《国际消费中心城市的功能特征与核心要义》，《人民论坛》2022 年第 5 期。

吴陆牧：《数字技术引领提档升级》，《经济日报》2023 年 3 月 19 日。

俞芳：《解放碑冲击千亿商圈频"放大招"》，《国际商报》2023 年 5 月 10 日。

张惠琳、张平淡：《培育建设国际消费中心城市的高质量中国式新供给》，《求是学刊》2023 年第 1 期。

B.17
广州琶洲CBD：会展经济促进消费发展实践及经验借鉴

钟迪茜 罗秋菊*

摘 要： 琶洲是广州人工智能与数字经济试验区的核心区，以"数字+会展+总部+高端商贸"融合创新新高地的产业定位，赋能广州城市创新与高质量发展。琶洲CBD发轫于会展经济，会展业规模领先、质量持续提升、影响力稳步扩大，在拉动广州城市消费和城市创新中发挥着重要作用。本报告梳理琶洲会展经济促进消费发展的实践，发现高质量的消费拉动、服务业态的空间重购、产业创新的供给升级是关键的消费拉动作用路径。中国其他CBD可充分发挥会展经济的平台作用、触媒效应，培育品牌会展高地，促进城市消费与高质量发展。

关键词： 琶洲 会展经济 消费拉动 人工智能与数字经济试验区

一 引言

随着我国进入消费结构升级加快发展阶段，消费在拉动经济增长中发挥着愈发重要的作用，扩大消费成为我国推动经济高质量发展的内在要求。2020年5月，习近平总书记指出"要逐步形成以国内大循环为主体、国内

* 钟迪茜，华南师范大学旅游管理学院，特聘副研究员，研究方向为会展经济与管理、会展知识管理与创新、旅游可持续发展；罗秋菊，中山大学旅游学院教授，博士生导师，主要研究方向为会展业与活动管理、旅游文化体验与传播、旅游社交媒体管理、旅游危机管理。

国际双循环相互促进的新发展格局"，并强调"构建新发展格局，要坚持扩大内需这个战略基点，使生产、分配、流通、消费更多依托国内市场，形成国民经济良性循环"。这是党中央根据我国发展阶段、环境、条件变化做出的战略决策，是事关全局的系统性深层次变革。消费对经济发展的基础性作用备受关注。

广州是我国华南地区的经济中心，是我国首批国际消费中心城市。2022年，广州市实现地区生产总值（初步核算数）28839.00 亿元，人均地区生产总值达到 153625 元。2021 年，国务院批准包括上海、北京、广州、天津、重庆 5 个城市率先开展国际消费中心城市培育建设，带动一批大中城市提升国际化水平，加快消费转型升级，这对促进形成强大国内市场、增强消费对经济发展的基础性作用具有关键意义。建设国际消费中心城市是广州市"十四五"时期的重点工作与发展目标，率先发布《广州市建设国际消费中心城市发展规划（2022~2025 年）》，明确统筹用好国际国内两个市场、两种资源，着力提升供给的创新性、丰富性、适配性，携手港澳全面增强对全球消费的集聚辐射力、资源配置力、创新引领力，加快建成具有全球影响力、美誉度的国际消费中心城市的目标。

广州是中国会展业发展最为活跃的城市之一，是中国进出口商品交易会（以下简称广交会）的举办地。历经 60 余年发展，广州从唯一的广交会孕育出丰富的会展市场结构，规模化、品牌化、国际化水平都达到了全国领先。会展业对城市经济具有强大的带动效应，作为实体经济产业链供应链的枢纽节点，在深度融合产业与市场、生产与消费、国际与国内方面有着基础性、战略性作用。会展经济是广州市多年经济发展的重要助推力，尤其是在消费拉动和建设产业创新高地方面，发挥着不容忽视的作用。

其中，琶洲片区是广州乃至我国会展经济的国际名片。琶洲的发轫始于会展经济，是广州城市"南拓、北优、东进、西联"空间战略的前瞻布局。如今，坐拥全球最大会展场馆综合体，琶洲形成了全球闻名的国际会展商务区。频繁的会展活动集聚了大量人流、物流、资金流和信息流，深远地影响着广州整个城市经济发展。受益于会展经济，琶洲片区越来越得到国家、广东省和广州市的关注，片区功能不断拓展。2020年，为落实习近平总书记视察广东重要讲话和重要指示、批示精神，广东省推进粤港澳大湾区建设领导小组印发《广州人工智能与数字经济试验区建设总体方案》，标志着广州琶洲人工智能与数字经济试验区（即琶洲CBD）的成立。琶洲CBD紧紧围绕"数字+会展+总部+高端商贸"融合创新新高地的产业定位，重点打造"数字+会展+总部"集聚区、数字文旅协同区以及数字生态拓展区。2021年，琶洲CBD登记注册企业就超过8万家，数字经济核心产业企业超1万家，其中高新技术企业460家；2022年第一季度，广州试验区纳入统计的1680家"四上"企业实现营业收入1205.38亿元。2022年伊始，琶洲迎来了新一轮的战略部署，与广州地标广州塔联动，构建广州塔-琶洲世界级地标商圈。2022年10月，广州琶洲经济开发区获批，实行现行省级经济开发区的政策。随后，广州塔-琶洲世界级地标商圈专项规划发布，明确将广州塔-琶洲世界级地标商圈打造为国际消费中心城市标杆区，重点发展地标消费、会展消费、商务消费、数字消费等业态。

综上所述，从琶洲会展经济到琶洲CBD，琶洲被赋予了广州以消费和创新促进高质量发展的重要意义，在广州经济发展中起到愈发重要的作用。因此，本章聚焦会展经济，梳理琶洲会展经济的发展历程、消费拉动作用与意义、会展经济发展成效，从中归纳可借鉴的经验与启示。

二　琶洲会展经济的发展历程

2000年开始，琶洲会展经济在广交会迁址的大背景下起步。当时，广州的城市中心还在越秀一带，以天河和珠江新城CBD闻名的新城市中轴线尚未形成，而琶洲更是偏僻的城郊。从城郊到备受重视的CBD，广交会新址的落子琶洲，让琶洲首次站在了全球的聚光灯之下。

2002年，中国进出口商品交易会展馆（以下简称广交会展馆）A区投入使用。2004年，广交会开始同时使用广交会展馆与流花路展馆办展。2008年，正式全部移师琶洲。当时，广交会展馆已是亚洲规模最大、设施最为先进的

会展中心。借力会展中心建设的发展机遇，广州"十一五"规划将琶洲定位
为未来的中央商务区，并加快了琶洲的基础设施建设和商业设施配套。这一
阶段，广交会及会展中心建设的强辐射力极大地推进了琶洲向商务区的转变。
琶洲的土地价格上涨远高于广州其他区域，写字楼价格和租金稳步上升。2005
年和 2006 年，琶洲两次"收获"当时的"广州地王"。保利世贸博览馆、一
批会展场馆相继落成，形成全球闻名的会展场馆集聚区，为广州会展业的发
展提供了充足的空间，为国内其他城市所不及。2012 年，琶洲片区内广交会
展馆以外的其他展馆可供展览面积就达到了 36.5 万平方米（见图 1）。

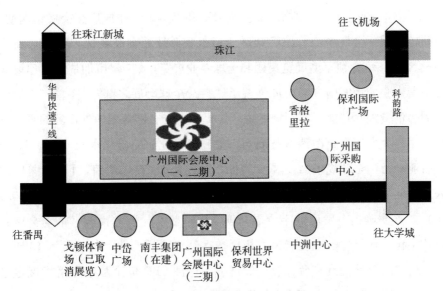

图 1　琶洲片区展馆分布（2012 年）

随后，琶洲会展经济开始了快速发展，国际化与品牌化进程加快，会展
业市场主体也越来越多元化。一方面，广州成为境外跨国展览公司在中国布
局的重要市场，出现了一批中外合资企业和项目。例如，广州光亚展览公司
与法兰克福展览公司合资建立广州光亚法兰克福展览有限公司，举办广州国
际照明展览会（光亚展）；汉诺威米兰展览（上海）有限公司与广州市巴斯
特会展有限公司成立汉诺威米兰佰特展览（广州）有限公司，举办广州国
际物流装备与技术展览会。另一方面，广州展会的品牌化也获得了突破，形

成了一批享誉盛名的顶尖展会，例如中国（广州）国际建筑装饰博览会、中国广州国际家具博览会、中国（广州）国际美博会等。2022 年底，广交会展馆第四期落成并投入使用后，展馆总建筑面积超 162 万平方米，室内展览面积达 50.4 万平方米，成为全球最大的会展综合体。[①] 展馆的领先使得广州具备承办超大规模展会的能力，进一步推动琶洲会展经济的国际化、品牌化和领先度，成为国际交流和创新要素聚合的重要窗口。

如今，会展经济在广州城市发展和琶洲 CBD 发展中备受重视。《广州市国民经济和社会发展第十四个五年规划和 2035 年远景目标纲要》明确提出"建设国际会展之都"，提高广交会辐射面和影响力，建成广交会展馆四期、广州空港国际会展中心、国际金融论坛永久会址等会展场馆，探索"新业态+会展"，培育领军型展览集团和全球专业展览。《广州市加快培育建设国际消费中心城市实施方案》亦强调了"打造全球会展之都"，完善广交会展馆周边消费配套功能，实现展城融合，提升广交会链接国内外市场的平台枢纽作用；大力培育新型消费类展会，提升国际化、品质化水平，形成 10 个左右亚洲乃至全球规模第一展会，带动产业投资和高端消费。再者，《广州人工智能与数字经济试验区琶洲核心区数字经济产业发展规划（2021~2025年）》亦明确提出发展数字会展，创新展馆数字化服务模式，推动会展企业数字化，数字化赋能会展聚力拓展数字经济融合产业。基于琶洲 CBD 会展业构建的对外交流平台，会展经济成为琶洲 CBD 健全数字经济发展生态的一环，通过举办数字经济主题展会和高端论坛建立创新与交流的窗口与媒介，助力产业集聚与龙头企业引领作用。

三　琶洲会展经济的发展成效

历经 20 余年的发展，琶洲 CBD 已经成为广州会展经济的代表区域。广州绝大部分的展会均在琶洲举办，助力广州在全国会展业中取得领先优势。

---

① 资料来源：广交会展馆官方网站。

以 2019 年为例，广州市总展览面积为 1501.6 万平方米，其中广交会展馆展览会总面积约为 887 万平方米，保利世贸展馆展览总面积约为 323 万平方米，两馆合计展览总面积已达 1210 万平方米，即广州全市的 81%。[①] 因此，本部分将基于广州市会展业统计数据，从会展业发展规模、会展业品牌化程度和会展业影响力三个方面总结琶洲 CBD 会展经济的发展成效。

（一）会展业发展规模领先

我国会展业呈"一超两极"格局，广州市的会展业规模无论是展会数量、面积还是硬件设施均为全国领先。根据中国国际贸易促进委员会发布的《中国展览数据统计报告》，2019 年广州市共举办经贸类展览 260 场，仅次于上海 545 场，位列全国第二。受新冠肺炎疫情影响，2022 年广州市共举办经贸类展览 127 个。在展览规模方面，2019 年广州市举办展览面积共 1501.6 万平方米，是第三位北京市的 1.5 倍，第四位深圳市的 3 倍。2022 年展览面积有所回落，为 447 万平方米。但总体而言，2023 年开始无论是展览数量还是展览面积均稳步复苏，亦有新展落户与举办。在展馆规模方面，广交会展馆总室内展览面积达 50.4 万平方米，已成为全球规模第一的会展综合体，凸显国内外领先优势。由此可见，琶洲会展经济的持续全国领先，为琶洲 CBD 乃至整个广州市搭建了国内外贸易交流的优势平台。

（二）会展业品牌化程度持续提升

广州市会展业的品牌化程度持续提升，呈现高质量发展态势。UFI 认证展会是城市会展业发展质量的体现，反映国际化程度和认可度。根据中国会展经济研究会的《中国展览数据统计报告》，2022 年广州共 14 项展览通过 UFI 展览认证，共 18 个机构成为 UFI 会员，[②] 位居全国前列。2019 年办展数量前 10 的组展企业中，共有 2 家总部位于琶洲 CBD 的企业。其中，2019

①　中国国际贸易促进委员会：《中国展览经济发展报告》（2019~2022）。
②　中国会展经济研究会：《中国展览数据统计报告》（2019~2022）。

年广东鸿威国际会展集团有限公司共举办 28 个展览，办展数量在内地组展企业中位居首位，振威展览集团办展 23 个，体现了琶洲 CBD 的展览企业竞争力。在琶洲 CBD 的产业数字化要素集聚赋能下，广州鸿威国际会展集团有限公司开始研发创新云上会展，一批琶洲 CBD 内企业开始数字会展创新，在会展经济新业态发展中逐渐发挥重要作用。

（三）会展业影响力稳步扩大

广州会展业具有国内外高影响力，为琶洲 CBD 经济发展与创新突破构建了平台与媒介。琶洲 CBD 具有国际影响力的代表性展会必然是广交会。广交会是中国目前历史最长、规模最大、商品种类最全、到会采购商最多且分布国别地区最广、成交效果最好、信誉最佳的综合性国际贸易盛会。其创办于 1957 年春，每年春、秋两季在广州举办，是中国对外贸易的窗口，是中国对外贸易变迁的缩影。2019 年春季广交会共吸引全球 213 个国家或地区 195454 名境外采购商到场，2023 年广交会的国际影响力持续，首届恢复线下展的国际采购商人数达 129006 人，[①] 反映了国际市场对广交会的信心与信赖。此外，琶洲 CBD 一批品牌展的影响力也持续增强。例如，广州光亚展已经成为全球照明和 LED 产业的风向标、重要的行业盛会。2023 年共吸引来自 140 个国家或地区的 207681 位观众，其中海外观众 19828 人。再如，中国国际建筑装饰博览会（以下简称中国建博会）迄今已举办 24 年，是目前世界上该领域展览面积最大的展会。未来，琶洲 CBD 将进一步加强落实《广州市海珠区会展业高质量发展扶持办法》，争取引进培育一批具有国际知名度的展会品牌，充分发挥会展业的生产性服务属性，打造数字经济主题展会、赋能商务区内企业创新与产业生态建设。

四 琶洲会展经济的消费拉动作用

琶洲 CBD 作为广州会展经济的核心区，是广州城市消费的重要动能。

---

① 资料来源：广交会官网。

具体而言，琶洲会展经济通过高质量的消费拉动、服务业态的空间重构、产业创新的供给升级，赋能广州促进消费发展的策略与实践。

（一）高质量的消费拉动：1∶13.6经济拉动系数

会展业受到的关注很大程度上来自其创造的城市经济获益。除了会展场馆与相关设施建设为当地注入的新资金，会展业的"游客"在地吃、住、行、游、购、娱等消费支出，以经络式的方式带动整个城市的经济总量。曾经，学界与业界认为从会展活动所获得的实际收入（或创造游客参加展会的消费）与假设没有事件发生时的收入之间的差额，就是会展活动的经济影响。但现在这一观点已被认为有巨大误差，因为忽视了观众或企业在举办地产生的额外消费是需要举办地整个经济循环体系支持的，将引起地方经济总量的变化。如果没有会展活动吸引参展企业、参展代表和采购商等参与者到来，这些消费支出就不存在。为了满足广交会各类参与者的消费，广州市其他各个产业部门需要增加投入，因而就产生了间接的经济拉动。以琶洲 CBD 的龙头展会广交会为例，一届广交会对广州市的直接与间接效应合计163.24亿元，占广州当年全年 GDP 的 1.98%，经济拉动系数为 1∶13.6，远高于业界广为传播的 1∶9 效应。由此可见，琶洲会展业对广州城市经济的拉动是相当可观的，消费是关键一环。

第一，广交会等大型展会的周期性举办为广州带来不同程度的瞬时游客流。广交会每届分三期举行。自 2000 年以来，每届广交会期间引发近 20 万名外埠客商集中到访。加上每届 2 万~3 万家的参展企业，每家企业若按 10人派出，则参展商与采购商总到访人数达 40 万人。根据广州市统计局数据，每年 3~4 月、10~12 月为广州接待过夜游客人数高峰期，其中 4 月和 10 月为外埠游客接待高峰。将广交会到会采购商人数与广州市当月外埠游客接待人次进行估计，在不考虑重复外埠过夜游客量的重复计算情况下，广交会为城市接待外埠游客量贡献 18%~30%。

第二，会展业聚集大量商务游客，1 个商务游客相当于 10 个普通旅客的消费量。商务游客消费模式的一个重要特点是企业买单，因此其购物花费

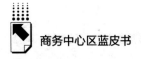
更高且更追求品质。笔者团队曾将广州亚运会与广交会的经济带动效应做对比，发现广交会外地客商的平均支出是亚运会外地游客的 9.58 倍。2023年，团队进一步调查到广州参展观众的住宿消费，发现采购商的平均房价更高，而且更追求住宿品质。采购商倾向于选择经济型酒店（24.81%）和四星级酒店（22.75%），而外地普通观众则更多选择经济型酒店（34.74%）和三星级酒店（21.31%）。此外，商务游客还会产生一系列商务洽谈、拜访客户、娱乐休闲等费用。国际采购商的住宿和餐饮消费会更加重视服务，部分采购商受参展企业邀请参加并买单，消费拉动一般比国内展客商高。

第三，广州会展业规模领先，为城市"吃、住、行、游、购、娱"多部门多产业带来多点持续的刺激，是琶洲会展经济促进广州城市消费的一大助力。参展期间，企业为了品牌宣传与达成交易，在展位搭建和人员住宿上均有较大支出。参展之余，广交会来自全球各地的展客商会渗入城市，产生一系列的娱乐休闲与商务消费。笔者通过对广交会案例的研究发现，广交会带动效应从大到小的产业部门依次为商务服务业、住宿业、批发和零售商务业、居民服务和其他服务业、餐饮业等，消费支出从大到小依次为采购商、参展企业、参展个人。琶洲会展经济每年带动至少几百万客流来到广州，是广州文旅酒店餐饮交通等消费和生产供应链条中的稳定因素。

（二）服务业态的空间重构：酒店业集群转移

琶洲会展经济的发展也引导了城市土地利用与空间发展，改变和重构了城市的空间结构，引导了经济要素的聚集。这一带动效应是围绕交通、展馆、餐饮、住宿、商务办公、购物、休闲娱乐等消费需求的会展基础设施与配套服务集聚，而交通、住宿、餐饮是核心要素。琶洲恰恰处于广州新城市规划"东移"轴和"南移"轴的过渡地带，琶洲会展经济的发展推动了广州市酒店集群空间布局的集聚与转移，是会展经济资源配置力的典型体现。

展客商的酒店选择会尽量使时间、精力、交通综合成本最小化，因此会展中心附近的酒店需求更大，尤其是中高星级酒店。在广交会迁往琶洲以前虽然三易其址，但一直在广州老城市中心举办，在广交会老展馆（流花路展馆）周边带动了流花路、沿江路和环市东路三个广州酒店集聚区的形成。随着琶洲逐渐接替流花路一带的会展经济功能，加上广州亚运会推动的广州新中轴线建设，广州酒店集群呈现明显的东拓，向琶洲会展场馆集聚区附近及与之连接的交通干线附近集聚。一方面，琶洲 CBD 逐步配套了不同层次的住宿供给。在广州会展业蓬勃发展所产生的巨大需求下，琶洲的住宿配套设施逐步提升，也带动了琶醍等餐饮与娱乐休闲街区的发展。另一方面，珠江新城的酒店聚集区形成除了受新中轴线的影响，也离不开琶洲会展经济的发展。琶洲与珠江新城隔江对望，猎德大桥的开通大大缩短了两者的空间距离，在一定程度上促进了酒店在珠江新城的集聚。

（三）产业创新的供给升级：引领新消费培育

不可忽视的是，会展业也是生产性服务业，服务于区域产业创新的价值，对于推动广州市产业升级转型与高质量发展，从而从源头推动消费升级具有重要意义。如今，国际会展业已跨入新时代，从促成交易为主转向以服务产业创新为导向。品牌展会不仅是贸易平台，更是来自全球（区域）企业发布新品的竞技场、行业前沿知识传播的引爆点，引领以企业与市场为主体的新产品与新技术研发方向。国际领先展览会在短时间内集聚特定产业的全球产业链条，形成临时产业集群，已然成为具有全球高影响力和显示度的前沿产业资讯中心。

与此同时，"创新"已成为广州与粤港澳大湾区驱动发展的战略引擎，创新驱动发展、产业高端化、打造产业创新高地等重要规划的实施，均需要找到一系列高效的支点。会展业对产业创新的撬动作用，也正是一种从产业源头促进消费升级的体现，可起到"四两拨千斤"的效果。其中一个典型体现是家居类展会对广州乃至粤港澳大湾区家具产业的引领作用，尤其是近年来广州设计周和广州定制家居展所展现的最新家居设计潮流趋向，促进了家居设计的升级，也引领了大众对家居设计的审美提升与消费转型。

以会展经济为原点，琶洲将逐步推进以数字经济为代表的新型消费发展。2014 年，琶洲西区正式被选定为广州市的互联网产业集聚区，助力广州国家电子商务示范区和跨境贸易电子商务服务试点城市的建设。其引入了网易、微信、百度、阿里、唯品会、欢聚时代等著名互联网企业，完善产业配套服务，促进互联网产业的集聚发展。随着琶洲人工智能与数字经济试验区的设立，其聚焦人工智能与数字经济，依托总部企业打造世界一流的数字经济示范区。2022年，海珠区发布《广州市海珠区关于加快培育建设国际消费中心城市的扶持办法》，明确推动琶洲互联网龙头企业建立化妆品、服装、个护等直播电商基地，支持引进免税店，推动新型消费。

因此，琶洲每年呈现多场高影响力品牌展会，并着力发展数字经济等新型业态，通过引领供给侧的产业创新，推动需求侧的消费升级，促使广州在消费结构上的转型。这对促进建设国内大循环、引领广州向国际消费中心城市转变具有重要意义。

五　琶洲会展经济促进消费发展的经验借鉴

琶洲CBD以会展经济为触媒，构建国内外贸易交流与创新集聚平台，吸引大规模高质量商务游客在地消费，推动会展服务业态的空间布局重构，促进产业创新引领消费升级的消费拉动实践。梳理与归纳琶洲会展经济促进消费发展的实践与经验，对于甄别以会展业激活CBD及城市发展、助推构建国内国际双循环、建设国际消费中心城市等均具有借鉴意义。

第一，重视会展经济的平台作用。在当今知识经济时代，知识已经成为继土地等传统要素外促进地区高质量发展的关键要素。CBD应充分重视会展经济的平台作用，基于会展业的生产性服务功能，引进或打造以CBD重点产业为题材的展览会，通过临时集聚国内外产业链与龙头企业、人物，促进CBD对外交流与知识生产，推动创新要素的集聚与城市消费的拉动。

第二，发挥会展经济的触媒效应。会展经济引致高消费商务客群，其所产生的吃住行游购娱在地消费，助推CBD服务要素的集聚，拉动餐饮、住宿、商场零售、城市休闲等服务业的空间集聚与重构。尤其是符合城市产业交流需求的、规模适宜的专业展馆建设，往往要求周边的服务配套完整，将成为 CBD 餐饮、住宿、交通、休闲等品质配套发展的催化剂。CBD 可充分论证与研判建设规模适宜的会展业场馆等硬件设施，服务区域内企业与创新人才的展示和交流需求。

第三，培育品牌展会构筑产业高地。国内外领先展会不仅是交流的平台，还是产业最新产品的集中发布场合，代表着产业最高发展水平，是产业高地的象征，有利于 CBD 推动产业集聚、龙头企业落户、产业链的补链与强链。鼓励 CBD 围绕重点产业，打造品牌展览、会议和高峰论坛，建设产业高地形象，进一步从供给侧端助推产业升级与新消费。

参考文献

广东省大湾区秘书处：《多措并举推动广州人工智能与数字经济试验区建设全面提速：粤港澳特色合作平台系列成效之一》，http：//drc. gd. gov. cn/sxdt5619/content/post_4021619. html。

罗秋菊、靳文敏：《广州琶洲地区展馆搭便车现象研究：成因及影响》，《旅游学刊》2012 年第 10 期。

中国国际贸易促进委员会：《中国展览经济发展报告》（2019～2022）。

中国会展经济研究会：《中国展览数据统计报告》（2019～2022）。

罗秋菊、庞嘉文、靳文敏：《基于投入产出模型的大型活动对举办地的经济影响——以广交会为例》，《地理学报》2011 年第 4 期。

罗秋菊、卢相宇：《大型体育事件游客消费经济影响实证研究——以第 16 届广州亚运会为例》，《体育科学》2011 年第 9 期。

彭青、张骁鸣、曾国军：《广交会与 2010 年亚运会对广州酒店空间格局的影响》，《地理科学》2009 年第 2 期。

Zhong D. , Luo Q. , " Knowledge Diffusion at Business Events：The Mechanism," *International Journal of Hospitality Management* 71, 2018：111-119.

国际案例篇

International Experience Chapters

B.18
伦敦国际消费商圈建设的经验借鉴

张壹铭*

摘　要： 伦敦作为国际性都市和商业金融中心，其 CBD 建设具有重要的
战略意义，备受全球关注。伦敦以其多个著名的国际商圈而闻
名，如伦敦西区、骑士桥、国王十字街区商圈等，每个商圈都具
有自身特色和特殊背景，凭借其繁荣的商业环境和丰富的社会文
化背景，吸引了来自世界各地的消费者和商业机构。伦敦商圈注
重利用文化创意产业拉动商圈消费，利用交通枢纽搭建宜居、可
持续的商圈生态，通过政企合作打造商圈品牌，积累了丰富的建
设经验和特色，对中国 CBD 的商圈建设具有很高的参考价值。

关键词： 伦敦　商圈建设　文化创意产业　交通导向型发展　商务促进区

---

* 张壹铭，中国政法大学政治与公共管理学院讲师，主要研究方向为欧盟政治、环境治理、海
外中国研究。

一 引言

作为国际性都市和商业金融中心，伦敦有众多大型消费商圈，其中最具代表性的是伦敦西区（West End）及其周边街区，包括牛津街、摄政街等知名购物街。牛津街向西延伸连接邦德街，后者向南衔接上皮卡迪利街，再向东与摄政街相接。四条街道形成一个庞大紧密的消费商圈，其中既有著名连锁品牌店，也有 Selfridge、John Lewis & Partners、Fortnum & Mason 等高端商场。位于其西南方的骑士桥街，坐落着著名商场 Harrods 和 Harvey Nichols，它们和邦德街一样，都是高端奢侈品消费区，常有名流和明星光顾，也吸引着世界各地的游客来观光。伦敦西区及其周边街区不仅是国际性购物中心和时尚的汇集区，也是艺术和娱乐的胜地。这里云集着与纽约百老汇齐名的诸多剧院，近年来该区域的文化和创意产业蓬勃发展，艺术机构、剧院和创意产业的兴起为伦敦西区带来了新的活力和多样性，进一步推动了消费商圈的繁荣。

除了以西区为代表的传统商圈，伦敦还有一些借由交通设施建设和城市再生计划崛起的新兴消费商圈，诸如道路改进、桥梁建设和地铁扩建等项目改善了此类城区的可达性和连接性，基础设施的重建和更新也提升了区域内的舒适性和品位，从而打造出具有吸引力和竞争力的消费商圈，以国王十字街区（King's Cross）为中心的消费商圈就是其中有代表性的一个案例。同时，此类重建和更新也施惠于上述的传统商圈，在其悠久的文化吸引力上又叠加了现代化的便利和设计。

在建设和打造国际性消费商圈的规划中，伦敦政府尝试打破城区内单一的商务、金融功能，力图建造零售、旅游、文化多功能融合的城市生活空间，从而为商圈赋予更高的城市形象和品牌价值。同时，政府与当地企业、业主合作，共同出资开发，共同享受收益，这种政企合作的商业促进区（Business Improvement District，BID）建设模式不仅提高了城区内各方的参与积极性，也极大提升了该区域的商业价值，有助于推动该区域消费商圈的

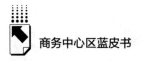
建设。其中有代表性的是河岸街奥德维奇（Strand Aldwych）项目。

为了探究伦敦国际消费商圈的建设经验，本报告将从文化创意、交通建设和政企合作三个方面，以伦敦西区、国王十字街区和河岸街奥德维奇为案例进行研究，发掘如何充分利用社会多元力量，搭建基础配套设施，打造多元复合的消费商圈，并探讨如何学习和借鉴这些经验，为快速发展的中国CBD提供裨益。

二　伦敦国际消费商圈的建设经验

伦敦的国际消费商圈在国内外都享有很高声誉，被认为是全球最重要的消费商圈之一。打造一个成功的消费商圈得益于多方面的助力，其中繁盛的文化创意产业、便利的交通系统与完善的配套设施，以及公私合作的城市治理模式，是伦敦商圈建设的主要特点。

（一）利用文化创意产业拉动商圈消费

伦敦的文化创意产业对伦敦和整个英国的经济非常重要。2019年伦敦的文化创意产业占据了该市经济的12.6%，是除金融和房地产之外伦敦的第三大支柱产业。2019~2020年，伦敦的创意产业为英国政府缴纳了130亿英镑的税款，约占伦敦税收的8%。[1] 创意经济带动了咖啡馆、酒吧、商店等本地服务业的需求，为当地带来大量就业机会，更为消费商圈带来了额外的购物需求和客流量，其中最为典型的就是伦敦西区。西区的文化生活充满活力，极大带动了该区域商圈的繁荣，其影响力主要得益于以下四点。

1. 充分发挥文化优势，营造浓厚文化氛围

伦敦西区与纽约百老汇并称世界两大戏剧中心。伦敦西区在不到1.6平方公里的范围内聚集了40多家剧院，吸引着大量观众和艺术家。从历史悠

---

[1]　Mike Hope, "The culture sector and creative industries in London and beyond: a focus on levelling up, provision, engagement and funding," Greater London Authority, June 2023, p. 92.

久的皇家歌剧院、英国国家剧院等国家级剧院，到商业剧院和更加小众的实验剧场，不同层级的剧场构成了阶梯状的剧院群。剧院的不同档次与风格，加上多样的剧目类型，为当地人和游客提供了丰富的消费选择。伦敦西区的文化根基深厚，除了众多剧院，周围还有英国博物馆、英国国家美术馆等世界知名文化景点，吸引了全球各地慕名而来的游客。这些游客在观剧和观展之余，会就近在周边商场购物，也会在附近餐馆、酒吧消费。这样由文化产业带动的一系列消费为当地经济带来了可观收益，也助力伦敦西区商圈的蓬勃发展。

2. 利好政策帮扶文化产业从业者

伦敦西区商圈的打造还得益于政策和资金的积极支持。在政策方面，2021 年颁布的《伦敦规划：大伦敦空间发展战略》（The London Plan：the Spatial Development Strategy for Greater London）强调了对创意产业的保护和支持，划定"创意企业区"（Creative Enterprise Zones）①，为小型创意工作室和艺术家提供经济实惠的工作空间和更多展示、销售产品的机会，预计到 2026 年，伦敦的 12 个创意企业区能提供约 10 个足球场大小的廉租创意空间，支持 800 个中小文化创意企业及新增 5000 名年轻的文化创意工作者。②同时，规划鼓励将空置建筑临时用作创意用途，如"临时性使用"（Meanwhile Uses）和"快闪店"（Pop-Ups）；并设立了首个文化风险办公室（Culture at Risk Office）来保护濒临关闭的艺术家工作空间和其他场所。在资金方面，成立"创意土地信托基金"（The Creative Land Trust）、"好增长基金"（Good Growth Fund）等，以供文化艺术从业者申请资助。这样的举措不仅促进了本土文化创意产业的繁荣，也为中小型文创企业提供了生存空间，

---

① Jules Pipe, Souraya Ali, et al., "The London Plan：the Spatial Development Strategy for Greater London," Greater London Authority, March 2021, p. 302.

② Mayor of London, "Mayor expands Creative Enterprise Zones as new report reveals they are a game changer for jobs, businesses and local economies," Greater London Authority, 13 July 2023, https：//www.london.gov.uk/media－centre/mayors－press－release/mayor－expands－creative－enterprise-zones-as-new-report-reveals-they-are-a-game-changer-for-jobs-businesses-and-local-economies.

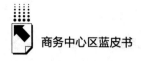

更为消费者展示了独特而具有个性化的产品选择。

3.鼓励大众文化消费

伦敦西区雄厚的文化实力并不总依赖于专门的文化设施或场地,而是灵活利用街道、公园及社区空间。这一点不仅在于商业区巧妙融入艺术品、艺术装置和雕塑来美化商圈环境,更多的是利用地区现有文化特色和设施,打造包括咖啡馆、餐馆和酒吧在内的"文化区"(Culture Quarter),承接展览、表演等长期性或临时性文化活动。另外,文化区还加强了商圈与学校和高等教育机构之间的协同,例如伦敦西区周边有国王学院、威斯敏斯特大学、伦敦艺术大学等知名学府,可以利用丰富的学术资源举办艺术工作坊、讲座等,同时与区内图书馆、博物馆、画廊、剧院等文化组织合作,创造消费者与艺术互动的机会,不仅提高了消费者对艺术和文化的认知和欣赏能力,也培养了他们对文化产品和创意设计的兴趣,促进了相关领域消费的发展。

此外,伦敦政府还推出了社区文化项目"文化种子"(Culture seeds)来资助推动社区发展和文化参与的项目,包括推出"伦敦地铁街头表演计划"(London Underground Busking Scheme),为街头艺人举办试镜、比赛,鼓励街头艺人成为持牌表演者,在促进文化活跃度的同时也规范市场,减轻之前困扰城市商圈的治安问题,打造了一个兼具活力与秩序的消费商圈。

4.注重培育夜间经济,活跃商圈氛围

伦敦西区除了承担文化娱乐的功能,还肩负发展夜间经济的功能。夜间经济一般指从当日下午6点至次日早上6点间的经济文化活动。粗略估计,伦敦有1/3的人口在夜间工作,而文化创意产业中夜间从业者的比例更是高达一半,据统计,除工作外,2/3的伦敦人有夜间活动的习惯,一般会进行社交及参与文化活动。[①] 2021年的《伦敦规划:大伦敦空间发展战略》提到,伦敦的目标是在核心CBD打造70多个夜间经济战略集群,在这些区域

---

① GLA Economics, "London at night: An evidence base for a 24-hour city," Greater London Authority, November 2018, pp. 5-6.

提供地铁夜行线路、夜间公交等交通保障；并提供警力治安保障，保护酒吧、夜总会、电影院、音乐厅等夜间文化场所；同时建议延长商店、图书馆、画廊、博物馆等日间场所的营业时间。西区旺盛的夜间经济除了依赖丰富的文化活动，还受益于友好完善的社会基础设施，例如24小时免费开放的公共厕所、多种无障碍设施等，对夜间经济活动人群尤为重要。除此之外，伦敦市还专门成立了"夜间市长"（Night Czar），从政府、文化提供方、营业者和公众的层面加强合作，多管齐下，努力实现伦敦"24小时不夜城"的愿景。在这种努力下，伦敦西区吸引着众多消费者前来，人们在进行购物消费和文化消费之余，还可以安心地在周边的其他娱乐场所继续消费，极大地拉动了夜间经济的发展。

（二）利用交通枢纽搭建宜居、可持续的商圈生态

如今伦敦市中心的商圈堪称是老城改造的典范，既保留了象征悠久历史的建筑和文化，又融合了现代商业设施和城市生活理念。但伦敦老城区也曾一度存在混乱、拥堵、治安差等问题，在老城复兴的城市战略中，"交通导向型开发"理念起到了重要作用。2000年以来，伦敦大多数发展项目都与新铁路建设和地铁网络相一致，伦敦政府还在产业相对衰败、城市空间混乱的区域划定了"机遇区"（Opportunity Areas），引导较大规模的城市开发，将其整合到交通网络中，围绕未来新交通线路的开设来进行住房开发和招商引资，带动城市更新。其中，国王十字街区和市中心老城区都是"机遇区"下结合交通枢纽打造商圈的成功案例。

1.国王十字街区案例

国王十字街区可以说是伦敦市中心最大的交通枢纽，是集铁路、地铁和公交等多种交通方式于一体的综合商圈。有6条地铁线路在国王十字站交汇，国王十字火车站及其旁边的圣潘克拉斯车站便利地连接着英国各地，后者更是通过"欧洲之星"高铁连接英国和欧洲大陆的国际火车站，许多游客从欧洲大陆穿越两个小时的海底隧道，下车后首先抵达的就是国王十字街区。

便利的交通和健全完备的配套设施吸引了众多企业入驻，该街区的企业

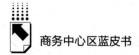

数量从2010年到2021年翻了1倍，其中就包括互联网巨头谷歌的新伦敦总部，就业人数也从2011年的8000人增长到2019年的27000人。在高需求的推动下，国王十字车站的承租价值也大幅增长，从2010年低于伦敦市中心平均水平48%，到2022年上升至高于19%。[①]然而在开发之前，这个地区曾经是一片废弃的工业用地，周边是倒闭的厂房、仓库和铁路配套房屋，20世纪80～90年代甚至被列为"伦敦十大贫困选区"之一。伦敦政府针对国王十字街区的再生改造主要包括以下几个方向。

（1）充分结合周边环境和历史文化，在建筑规划上重新布局，在增加活动密度的同时注重公共空间的设计。规划中明确了要保留40%的公共空间，依据可达性、综合利用等原则，围绕交通枢纽建设公园、花园和广场，形成了便利的步行交通网络，有效地连通被铁路东西割裂、被运河南北分隔的区域，为消费者在商圈内的行动提供了便利。

（2）大力发展社会经济的同时实践绿色理念。一方面，街区吸引多功能企业和机构入驻，带动科技、媒体、时尚产业发展，形成丰富的产业和零售生态，从创新零售到国际奢侈品品牌都有所覆盖。另一方面，国王十字街区从交通枢纽到公共设施均采用节能建筑，并利用可再生天然气为整个商圈的供暖、制冷提供动力支持，2021年11月国王十字街区宣布实现碳中和，并朝着净零排放的目标努力，实现环保可持续的经济发展，[②]通过引领绿色理念，为互联网工作者和年轻人搭建了符合发展潮流的消费环境。

（3）在文化产业方面，国王十字街区巧妙利用原有的仓库建筑，引进中央圣马丁艺术学院，将原本废弃的工厂建筑改造成该地的景观地标。同时，街区结合流行文化"哈利·波特"进行了成功的IP打造，在国王十字火车站内搭建"九又四分之三站台"，成为"哈利·波特"粉丝的朝圣地，带动了周边拍照服务、服装租赁及"魔法"纪念品的销售，形成特殊的旅游资源。

① Stuart Bridgett, Tom Leeman and Anthony Breach, "Making places: The role of regeneration in levelling up," Centre for Cities, October 2022, p. 13.

② King's Cross Central Limited Partnership, "Flourishing at King's Cross: Sustainability Report 2021," Sustainability at King's Cross, p. 2.

2. 老城区步行街案例

在伦敦中心的老城区，步行、骑行和公共交通的比例在 2015 年已经高达 90%，[1] 说明商业区内各个设施点之间的交通非常便利或距离相对较近，同时也显示出伦敦的街道建设颇有成效。在街道的规划管理标准中，对各类人群是否包容、过马路是否容易、是否有阴凉歇脚处、噪音程度、空气质量等都被纳入了考量。

不同于国王十字街区这种交通重地，"交通导向型开发"模式在伦敦老城区的经验在于通过区域内地铁网络打造围绕地铁站的步行区域。以牛津环岛站（Oxford Circus）、皮卡迪利环岛站（Piccadilly Circus）和科文特花园（Covent Garden）等站点为代表的老城区，周边建筑密集，在商圈改造中需要尽量减少拆迁，同时不能兴建过多高楼破坏老街区体验，因此这些区域的改造集中在建设以步行为主的商业街。例如，牛津环岛站扩大了步行街道范围，皮卡迪利环岛站引入了公共座椅、景观和绿荫等行人友好设施。科文特花园则在出站口建造了完全步行的商业街区，设计了低密度广场，利用该地的历史文化，创意性地还原了数百年前的集市效果，吸引本地人和游客驻足。通过结合交通站点打造步行区域、改造并提升旧式建筑和基础设施，这些方式提升了商圈的整体形象和舒适度，使伦敦老城区焕发生机，让历史悠久的地区成为现代化宜居便捷的商业中心。

（三）政企合作打造商圈品牌

如果说文化软实力为伦敦商圈的繁荣提供了强大的精神内核，完善的公共交通和步行系统是必要的硬件条件，那么公私合作的"商业促进区"治理模式则是让营商环境充满活力的黏合剂。商业促进区是由非营利性组织管理的一片区域，它由区域内的商家和业主共同发起，并从中选出管理委员会，委员会成员可以包括商家代表、业主代表、政府代表以及教育、文化等其他行业代表。在具体执行层面，委员会将区域开发、改善、治理等业务委

---

[1] The London Plan: the Spatial Development Strategy for Greater London, p. 402.

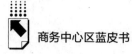

托给一个专门负责的执行团队去运作。就大多数商业促进区而言，其具体管理架构如图1所示。

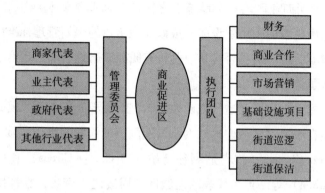

图1　商业促进区管理架构

商业促进区的运作资金主要来自区域内商家所缴纳的强制性会费，具体额度由商家和业主投票后决定，2022年的平均额度是营业收入的1.5%。[1]除此之外，运作资金还包括商家和业主的额外捐款和赞助，以及地方政府的拨款等。这些资金只能用在该商业促进区范围内，不得他用。自英国2003年地方政府法案通过了商业促进区的相关政策后，截至2022年9月，英国已经有超过330个该类组织，[2] 其中伦敦有73个，65个位于市中心。[3] 一个伦敦商业促进区的规模普遍为300~400个商家和业主，多者可达1000个。强制性会费的平均年收入为20万~60万英镑，一些商家集中的街区（如伦敦西区）会费年收入可达300万英镑以上。[4]

在市政服务的基础上，执行团队依据区域内各个行业的需求和意见，为

① Christopher Turner, "Business Improvement Districts in the British Isles: The 2022 Annual BID Survey and Report," British BIDs, p. 6.

② Ibid, https://www.acs.org.uk/local-economy-business-improvement-districts-bids-and-town-teams.

③ Charles Wright, "London's Business Improvement Districts look to the future," On London, June 2023, https://www.onlondon.co.uk/londons-business-improvement-districts-look-to-the-future/.

④ Future of London & Rocket Science, "The Evolution of London's Business Improvement Districts", Greater London Authority, March 2016, pp. 6.

商家和业主提供额外的精细化服务，其业务包含商务拓展、街区保洁、安保服务、公共空间美化等各个方面，目的在于提高该区域内的营商环境。这种集体开发管理的模式，可以有效减少单个商家的运营成本，同时由于营商环境的改善，还能增加客流量和员工留存比例，并且创造与相邻商圈的合作机会。通过自下而上的治理模式，商业促进区能够有效地连通政府、企业和当地业主，搭建灵活高效的商圈治理平台。

在与政府的关系层面，尽管商业促进区的工作方式是在市政服务之上提供额外内容，但仍需与当地政府保持密切联系，其具体表现在以下四个方面：第一，多数商业促进区的委员会里都会有政府代表，作为政府与该区域内成员对话的桥梁。而委员会和执行团队都会试图游说政府，以期获得对本区域的全方位支持。第二，商业促进区的项目必须符合当地政府的法规政策，不能出格行事，因此要保持政策和项目上的平衡与协调。第三，商业促进区的一些项目需要向政府申请额外拨款，因此必须与政府保持流畅的沟通和良好的关系，才能在关键项目上获得政府的资金支持。第四，从平时的治安巡逻、街道清理到一些具体项目的推进，都需要与政府相关部门密切配合，特别是交通和警察部门，其是商业促进区执行团队履行基本职能的重要伙伴。

位于伦敦市中心的北岸商业促进区（Northbank BID）是商业促进区主导商圈建设的成功案例。该组织成立于2013年，旨在改善伦敦北岸地区的发展和可持续性，涵盖区域包括特拉法加广场、查令十字街、河岸街等近一百个街道。在过去十年里，北岸地区的年度增加值总额（GVA）增长了42%，达到45亿英镑，[①] 经济活动和商业价值得到了显著提升。

其中"河岸街奥德维奇"项目是该区域内公私合作打造商圈的典范。北岸商业促进区从2014年就开始游说这个项目，并投资于最初的建模和规划工作，不断促进当地利益相关者之间的共识，最终该项目在2017年被威

---

① The Northbank BID, " BID Proposal 2023－2028," https：//www. thenorthbank. london/the－northbank-bid/publications/.

斯敏斯特市议会采纳，得到 2200 万英镑的资金支持。后来北岸商业促进区在与市议会、伦敦市政府、交通局和当地艺术文化组织等多方合作下，用三年时间将这片曾经拥挤污染的街区打造成 7000 平方米的休闲商业空间，于 2022 年落成第一阶段，成为伦敦近十年来最大的公共空间建设项目。[①] 该区域向西邻近皮卡迪利商圈，向北可延伸至国王十字商圈，为自身和周边商圈提供了更高的连接性和可达性。此外，北岸商业促进区还承担了区域宣传营销、品牌建设的职责，携手商家联盟举办众多新型线上线下的营销活动，例如 2021 年圣诞节点灯活动、2022 年英国女王白金禧纪念活动等，在公众范围内提高了北岸商圈的品牌价值。

三 伦敦国际消费商圈建设对中国 CBD 的借鉴意义

伦敦的国际消费商圈经过了漫长的发展历程，其相对成熟的开发模式得益于深厚的文化积淀、合理的交通规划和有效的政企合作。参考伦敦国际消费商圈的建设经验，我国许多城市的 CBD 仍存在较大提升空间。如何整合公共资源，从文化特色领域和交通设施领域推动城市更新、提高区域的可持续发展，是我们可以从伦敦商圈借鉴的经验，对我国恢复和扩大消费、提振内需并吸引外资、将我国 CBD 打造为国际一流商圈具有较高的参考价值。

（一）挖掘文化软实力，打造多元复合的消费商圈

伦敦商圈成功借助文化创意产业提振商业区的吸引力和独特性。我国 CBD 在商圈建设过程中也可以积极挖掘本土文化资源，例如传统手工艺、历史建筑和地方美食，将其融入商业空间设计和活动策划，提高本地居民的身份认同感，也能吸引更多游客与消费者。比如北京前门商圈就具备这样多元开发的潜力，正阳门南侧在历史上就是商业区，现如今依托北京中轴线申

---

① Strand Aldwych, "Timeline: This is the story of the Strand Aldwych project so far," City of Westminster, https://strandaldwych.org/timeline-old-2/.

遗和胡同文化，汇集了多家"老字号"门店，有助于打造北京当地传统文化消费品牌。同时，这里还有众多商铺将传统文化与现代时尚相结合，推出"国潮"品牌，对于中外游客特别是青年游客颇具吸引力。不过需要注意的是，在此过程中应尽量避免同质化，如果每家国潮店卖的文创产品都大同小异，会导致其在整体上失去特色，如果前门卖的产品在南锣鼓巷也能买到，那么消费者就不一定非要在前门购买，因此打造独特的文创品牌，提升产品和服务的不可替代性，是持续保持吸引力的关键。

同时，消费商圈不同于旅游景点，不能只做吸引外地游客的"一锤子买卖"，导致游客只是来此地打卡，而本地居民的到访率却较低的局面。应该充分利用当地文化积淀，扶持周边文化产业，通过举办文化活动的方式，首先吸引本地居民参与其中，形成较深的本土根基，再通过宣传扩大影响力，吸引各方游客来此观光消费，进而将该街区打造成由文化驱动的消费圈。如上文所述，伦敦西区在遍布博物馆和剧院的基础上，长期举办演出和展览等文化活动，并为文创产业和街头艺术提供活动空间，这种多元复合的开发模式可以增强该区域的文化软实力，对英国居民和国际游客有着持久而非一次性的吸引力。我国其实并不缺乏类似的文化活动空间，但它们的地理位置可能并不在核心商圈或 CBD 的范围内，二者处于不相关的状态，各自发挥独立的功能。如何将文化活动空间与商圈叠加融合，形成复合式的大众文化消费，是打造国际消费商圈过程中可以探索的模式。

（二）围绕交通枢纽打造商圈，开发"后街经济"

我国许多城市交通站点存在的问题是市中心的老火车站及周边区域通常较为衰败，而新建于城郊的高铁站又过于偏离商业活力区，并未形成围绕轨道交通枢纽搭建的消费商圈格局。同时，大城市商圈周围的交通便捷程度不高，常常存在交通拥堵和难以停车的问题，步行环境也存在舒适性低、安全性低的状况，导致商圈的潜力并未完全释放。伦敦商圈倡导多式联运，即不同交通工具之间的无缝衔接，并着力推动步行街建设，倡导绿色出行和低碳发展，对不同区域进行有针对性的"交通导向型开发"，通过公共服务配套设施的建设推动周边区域的商业开发，提升区域对企业和市民的吸引力。这类经验对我们有较高的参考价值，我国大城市在商圈建设时也应将交通枢纽纳入考虑，秉持公共交通优先原则，充分利用街区的首层空间，增加出行的便利性和商圈的可达性，加强轨道交通场站与周边用地一体化规划，为消费者创造宜居和舒适的购物环境，包括街道景观、公园绿地、行人座椅等，可以让消费者在购物过程中有休息和放松的空间，增加购物的愉悦感，减少购物的疲惫感，同时也为城市的可持续发展和居民的生活质量带来积极影响。

当然，进行交通枢纽的改造并非朝夕之功，而且要面临产权分散等诸多难题，因此也可以通过激活"后街经济"来释放商圈周边存量资源，最大限度开发现有交通格局下商圈的经济价值。在我国范围内，深圳、成都、上海、广州的城市道路网密集度相对较高，核心商圈周边有很多密集的中小型街道，可以在重点建设核心商圈的同时，在其周边街道设计独具特色的消费、娱乐和文化休闲场所，比如可以将上一点中提到的文化活动空间落地到这些"后街"，它们既与弄堂小巷的气质契合，又仅需支付相对较低的商铺租金，还能够满足消费者走街串巷的探索乐趣。良好运行的"后街经济"可以与城市中心的核心消费商圈协同发展，使其变得更有层次，也有助于城市 CBD 摆脱单一的商业金融功能，打造多功能融合的城市生活空间。

（三）政企合作，充分利用社会多元力量

许多城市改造项目都在设计时面临过土地所有权分散、规划不确定和公共设施供应不足等问题，英国的商圈改造（比如国王十字街区项目）同样如此。虽然现在看来国王十字街区的建设成效显著，但过程中也经历了很多波折，该项目开发方与当地政府和社区进行了长达六年的合作，当地政府和利益相关者之间进行了长期而广泛的咨询，以期获取意见反馈。在规划申请提交之前，项目开发方与 150 多个当地组织超 4000 人进行了咨询以获取意见反馈，并与国王十字发展论坛进行了 40 多次定期会面。[①] 这些由政企合

---

① Making places：The role of regeneration in levelling up, p. 18.

作模式主导的沟通方式很大程度上减少了新规划和政策带来的不确定性，降低了利益相关方的担忧。除了在方案开始之前为结果设定明确标准，商业促进区项目通常还会在过程中引入一定的灵活性原则，比如针对商业区建筑的灵活规划许可，并未限定建筑的具体用途和面积，而是概述大致方向，在激发企业活力的同时也能合理管控风险。

政企合作是西方发达国家崛起的核心因素，也是市场经济时期助推我国经济发展的要素之一。[①] 在打造国际一流消费商圈的过程中，我国同样可以尝试建立政企合作机制，鼓励商家、物业所有者、利益相关者和政府部门之间的合作，共同推动商圈的繁荣和创新。在既往的发展中，已经有比较成功的政企合作案例，比如重庆渝北区的紫薇路，就是政府赋予企业自主开发权，通过调整商业形态完成城市区域更新的典型案例，将原本脏乱的汽修街区变成了现在被称作"小曼谷"的网红社区，成为一个有品质的社区消费商圈。当前，地方政府也意识到了在传统商圈改造升级过程中政企合作的重要性，《北京市城市更新行动计划（2021~2025 年）》提出要支持社会资本的参与，并鼓励资信实力强的民营企业以投资盈利的模式全程参与。[②] 鼓励政企合作的治理机制有助于解决政策落实效率和项目实际落地的难题，同时也可以提高项目成功率，实现政府、企业、居民共赢共享的和谐局面。

参考文献

Charles Wright, "London's Business Improvement Districts look to the future," On London, June 2023.

Christopher Turner, "Business Improvement Districts in the British Isles: The 2022 Annual BID Survey and Report," British BIDs.

Future of London & Rocket Science, "The Evolution of London's Business Improvement

---

① 林光彬、徐振江：《中国政企合作的政治经济学分析》，《教学与研究》2020 年第 9 期。
② 《中共北京市委办公厅　北京市人民政府办公厅关于印发〈北京市城市更新行动计划（2021—2025 年）〉的通知》，《北京市人民政府公报》2021 年第 40 期。

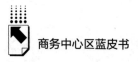

Districts," Greater London Authority, March 2016.

GLA Economics, "London at night: An evidence base for a 24-hour city," Greater London Authority, November 2018.

Jules Pipe, Souraya Ali, et al. , "The London Plan: the Spatial Development Strategy for Greater London," Greater London Authority, March 2021.

King's Cross Central Limited Partnership, "Flourishing at King's Cross: Sustainability Report 2021", Sustainability at King's Cross.

Mayor of London, "Mayor expands Creative Enterprise Zones as new report reveals they are a game changer for jobs, businesses and local economies," Greater London Authority, 13 July 2023.

Mike Hope, "The culture sector and creative industries in London and beyond: a focuson levelling up, provision, engagement and funding," Greater London Authority, June 2023.

Strand Aldwych, "Timeline: This is the story of the Strand Aldwych project so far," City of Westminster.

Stuart Bridgett, Tom Leeman and Anthony Breach, "Making places: The role of regeneration in levelling up," Centre for Cities, October 2022.

The Northbank BID, "BID Proposal 2023-2028".

《中共北京市委办公厅　北京市人民政府办公厅关于印发〈北京市城市更新行动计划（2021—2025 年）〉的通知》，《北京市人民政府公报》2021 年第 40 期。

林光彬、徐振江：《中国政企合作的政治经济学分析》，《教学与研究》2020 年第 9 期。

B.19
迪拜国际消费中心城市建设的经验和启示

姜英梅*

摘　要： 迪拜以其多元化的经济结构、开放的商业环境和繁荣奢华而闻名于世，堪称沙漠中的奇迹之城，有"中东香港"的美誉。从小渔村向国际城市的转型过程中，迪拜逐步构建了以全球贸易、金融服务、科技创新、物流仓储、旅游消费等为主导的多元经济体系，发展成为全球前10的国际消费中心城市。打造具有全球影响力和美誉度的标志性商圈，是国际消费中心城市的主要标志。迪拜消费商圈满足不同区域、不同阶层人群的需求，提供了无与伦比的消费体验，呈现出浓厚的奢华与未来感。迪拜独特的营销策略、宽松的营商环境、便利舒适的商业设施以及充满前瞻性的政策和规划，为我国国际消费中心城市建设提供了有益借鉴。

关键词： 迪拜　国际消费中心城市　商圈

迪拜是一个因富有而闻名的城市。得天独厚的地理位置、独具慧眼的发展战略、自由开放的商业环境和方便快捷的软硬件设施，汇聚成就了迪拜这个快速崛起的"沙漠明珠"。这里有广袤无垠的沙漠，也有碧波荡漾的海岸线；有富丽堂皇的宫殿，也有科技感十足的博物馆；有超大规模的购物中心，也有创意十足的旅游景观。迪拜以其高楼大厦、奢华购物和独特的旅游体验

---

* 姜英梅，中国社会科学院西亚非洲研究所副研究员，主要研究方向为中东经济发展问题。

而闻名，是世界知名的旅游目的地和商业中心。自 2010 年以来，迪拜一直在
"全球化与世界级城市研究小组与网络"（GaWC）发布的《世界城市名册》
中位居前 10。[①] 在全球旅行平台"Tripadvisor" 2023 年旅行者选择奖评选
中，迪拜被评为全球排名第一的旅行目的地。[②]《2023 全球消费中心城市发
展报告》显示，迪拜位列 2023 年领先型消费中心城市第九名。[③] 迪拜建设
国际消费中心城市的成功经验对我国 CBD 及商圈建设具有很大的启发意义。

一　迪拜的城市转型

迪拜（阿拉伯语：دبي、Dubayy；英语：Dubai），位于阿拉伯半岛中部、
阿拉伯湾南岸，是阿拉伯联合酋长国中迪拜酋长国的首府，也是阿联酋人口
最多的城市。在迪拜酋长的领导下，迪拜市从一个小渔村迅速发展成为中东
地区最重要的经济中心之一，人口从 1960 年的 4 万人增加到 2022 年的 350
万人，增加了 86 倍，约占阿联酋全国总人口的 37%。[④] 在未来 20 年，迪拜
人口预计还将翻倍。迪拜城市面积约为 35 平方公里，其中人工填海面积约
为 5.57 平方公里。迪拜被认为是全球经济增长最快的城市之一和中东地区
最富裕的城市，据国际人力资源组织测算，2023 年迪拜的平均工资约为每
月 16500 迪拉姆，相当于 4490 美元。[⑤]

---

① The World According to GaWC, https：//www. lboro. ac. uk/microsites/geography/gawc/gawcworlds.
html，最后检索时间：2023 年 8 月 12 日。

② "Dubai has been named as the most popular destination in the world in the Tripadvisor Travellers'
Choice Awards," 引自 Dubai is world's number one destination in 2023 says Tripadvisor – Arabian
Business, https：//www. arabianbusiness. com/industries/travel – hospitality/dubai – is – worlds –
number– one – destination – in – 2023 – says – tripadvisor #：~：text = Dubai% 20has% 20been%
20named% 20as% 20the% 20most% 20popular, in% 20the% 20world% 20for% 20a% 20second%
20year%20running，最后检索时间：2023 年 6 月 9 日。

③ 参见新华社中国经济信息社编制《2023 全球消费中心城市发展报告》，2023。

④ 阿联酋 2022 年人口超 944 万人，UAE Population 2022 – Total, Nationality, Migrants, Gender
（dubai-online. com），最后检索时间：2023 年 6 月 20 日。

⑤ Wage Centre, Salary in UAE（Dubai），https：//wagecentre. com/work/work – in – middle – east/
salary-in-uae，最后检索时间：2023 年 6 月 18 日。

迪拜濒临海湾，是地理位置优越的天然良港。凭借区位优势，迪拜从最早的珍珠市场逐步发展到后来的黄金、香料贸易集散地，并在 21 世纪初成为海湾地区重要的商品交易中心。20 世纪 60 年代石油资源的发现和石油开采业的迅速发展给迪拜带来大量的"石油美元"，为迪拜发展成为现代化城市奠定了不可或缺的经济基础。而石油枯竭的危机感，让迪拜政府从 20 世纪 70 年代开始，就利用石油美元大力推进多元化产业发展。迪拜根据自身资源现状，不断探索新的经济增长模式，并最终选择以房地产、金融、贸易和旅游为经济支柱，通过向外界不断宣传打造"世界繁华之都"的概念，受到全世界投资者的追捧。20 世纪末，迪拜逐步摆脱了石油产业主导的单一经济发展模式，从石油资源型城市转变为现代化服务型城市，构建了多元化的经济发展模式。在迪拜 GDP 构成中，服务业所占比重最高，超过 70%，已经成为迪拜支柱产业，而石油和天然气产业占比不足 5%。如今，迪拜是中东地区的商贸、金融和物流中心，也是阿联酋经济增长主要驱动力之一。

近年来，尽管受到新冠疫情以及经济逆全球化影响，迪拜政府始终积极布局、不断优化本国经济结构，采取多项刺激措施推动经济可持续发展。阿联酋国家工业战略"3000 亿行动"、"迪拜 2040 城市规划"、第四次工业革命计划、新的经济发展计划"D33"等一揽子顶层设计使迪拜成为经济弹性、增长、多元、繁荣的全球榜样。作为中东地区转口贸易的中心，迪拜拥有天然的区位优势和先进的物流基础设施，来自全球的食品、大宗商品、消费品在这里互通有无，打造了迪拜长期活跃的贸易市场。后疫情时代各国逐渐放宽旅行限制，迪拜航空服务的需求显著增加，加上 2022 年初的迪拜世博会和年末卡塔尔世界杯的契机，迪拜成为国际游客的打卡胜地。作为中东、非洲和南亚地区领先的全球金融服务中心，迪拜国际金融中心（DIFC）"2030 战略"旨在将迪拜打造成金融机构、金融科技和创新公司的全球中心，并增加其对阿联酋的经济贡献。

迪拜统计局发布的数据显示，2023 年第一季度，批发和零售贸易仍然是迪拜经济的主力，占 GDP 的 22.9%；金融业对国内生产总值的贡献率为 12.7%；交通运输和仓储行业占 GDP 的比重增至 10.3%，航空运输所占的

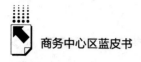

比例最大。[①] 作为中东产油地区经济发展方式和产业结构成功转型的典范，"迪拜模式"也被视为全球新兴经济发展模式的重要代表，迪拜打造国际消费中心城市的经验为其他城市提供了很高的启发价值。

二 迪拜的多元经济：建设国际消费中心城市的基础

迪拜作为海合会国家（GCC）最具竞争力的经济体，在全球贸易、金融服务、创新发展、物流仓储、旅游消费等方面居领先地位，并保持迅猛发展势头，为迪拜城市建设成为全球领先的国际消费中心奠定了基础。

（一）全球贸易中心

迪拜位于东西方交汇的黄金地带，是全球重要的贸易中心和再出口之都。2020 年迪拜对外贸易额为 1.18 万亿迪拉姆（约 3238 亿美元），其中出口额 1670 亿迪拉姆，进口额 6860 亿迪拉姆，再出口额为 3290 亿迪拉姆。从国别看，中国保持迪拜最大贸易伙伴地位，贸易总额 1420 亿迪拉姆（约 389 亿美元），其次为印度（890 亿迪拉姆）、美国（610 亿迪拉姆）。沙特仍然是迪拜最大的阿拉伯贸易伙伴，也是其第四大全球贸易伙伴，贸易总额为 540 亿迪拉姆。从商品看，黄金为迪拜对外贸易最大宗商品，贸易总额 2130 亿迪拉姆，其次为电信、钻石、汽油和珠宝。[②] 迪拜政府致力于将迪拜建设为全球大宗商品贸易进入中东的门户，阿联酋 75%的非石油贸易集中在迪拜。另外，迪拜是中国"一带一路"倡议的重要节点城市，是中国商品和服务进入中东、南亚地区的重要门户。

（二）海湾金融中心

迪拜作为海湾地区的金融中心，服务于中东、非洲和南亚地区的各个新

---

① Central Bank of the UAE, "2022 Q3: Quarterly Economic Review".

② 《2020 年迪拜非石油对外贸易额达 1.18 万亿迪拉姆》，http://ae.mofcom.gov.cn/article/ddgk/zwjingji/202104/20210403052989.shtml，最后检索时间，2023 年 6 月 21 日。

兴经济体，为该地区的 30 亿居民提供金融服务和融资选择。在迪拜金融自由区——迪拜国际金融中心（DIFC），有一个国内证券交易所、一个伊斯兰债券市场、三家衍生品平台运营商——迪拜黄金和商品交易所（Dubai Gold and Commodities Exchange）、迪拜商业交易所（Dubai Mercantile Exchange）和纳斯达克迪拜（Nasdaq Dubai），拥有 3292 家注册公司和 27000 多名专业人员。① 2022 年，迪拜在全球金融中心（GFCI）位居中东地区排名第 1位，全球第 17 位。2023 年初，阿联酋副总统兼总理、迪拜酋长穆罕默德·本·拉希德公布了新的经济发展计划"D33"，该计划提出，要将迪拜打造成全球经济实力排名前三的国际化城市，并跻身全球四大金融中心之列。

（三）全球仓储物流中心

迪拜政府在运输基础设施和物流容量方面投入巨大，包括迪拜国际机场、迪拜港口、迪拜自由贸易区和迪拜物流园区等。② 迪拜是中东地区重要的国际物流中心之一，其独特的地理位置、优越的物流基础设施和技术使得迪拜成为世界范围内的贸易和物流中转枢纽。海运方面，迪拜物流业务的运营中心是杰贝阿里港（Jebel Ali Port）。杰贝阿里港是中东最大的海运码头，也是迪拜港口世界集团（DP World）78 个海运码头的旗舰设施，其业务范围横跨六大洲。杰贝阿里港在《集装箱管理杂志》发布的 2022 年全球最大港口名单中排名第 12 位，年处理量达到 1370 万标准箱。③ 作为贸易和物流领域的巨擘，迪拜还是世界一流的航空枢纽。根据国际机场理事会（ACI）数据，2022 年迪拜国际机场（DXB）客运量超 6610 万人次，连续九年蝉联全球最繁忙国际旅客机场称号，在 2022 年航空商业奖中获得"年度最

---

① 金融指南，引自 https://www.visitdubai.com/zh/invest－in－dubai/newsroom/news－insights/finance-guide，最后检索时间：2023 年 8 月 13 日。
② 世界银行 2023 年物流绩效指数报告显示，阿联酋物流绩效指数排名中东地区第 1 位，全球第 12 位。
③《杰贝阿里港跻身世界 15 大集装箱港》，http://ae.mofcom.gov.cn/article/jmxw/202208/20220803342958.shtml，最后检索时间：2023 年 8 月 13 日。

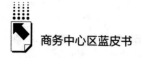

佳机场"。① 随着客流量的复苏,迪拜国际机场免税店 2022 年的销售额达到了 17.3 亿美元,同比增长 78%。② 2023 年 4 月,迪拜宣布将继续扩建位于迪拜南城(Dubai South)的阿勒马克图姆国际机场——迪拜世界中心(DWC),预计在 2050 年落成之际成为世界最大的机场。③

(四)新兴的创新之城

激励科技和研究型行业发展是迪拜的愿景。迪拜在全球最具创新精神的城市中排名前 20,在外国直接投资(FDI)和人工智能及机器人领域技术转让方面位居全球第一。其中,2014 年启动的"智慧迪拜"计划正按部就班地将迪拜打造成智能化、响应式、个性化的未来之城,迪拜智能办公室(Smart Dubai Office)已联合政府和私人部门实体推出 130 多项举措,为 50 个政府实体提供了共享式基础设施和智能服务,为迪拜政府节省了 12 亿美元。迪拜未来基金会(Dubai Future Foundation)也制订了一系列举措支持前沿科技发展,如四座迪拜未来实验室(Dubai Future Labs)已于 2019 年启动,迪拜未来加速器计划(Dubai Future Accelerators)为初创企业与迪拜政府和工业巨擘的合作提供了机会,基金会还与世界经济论坛(World Economic Forum)合作成立了中东地区首家第四次工业革命附属中心(Affiliate Centre for Fourth Industrial Revolution),并专注于制订支持新一代技术开发的各种政策。④ 迪拜在前沿科技方面的政策和成果吸引了各国众多高科技人才。

---

① 《迪拜国际机场 2022 年客流量达 6610 万人次》,http://dubai.mofcom.gov.cn/article/jmxw/202302/20230203393178.shtml,最后检索时间:2023 年 8 月 10 日。
② 《迪拜国际机场免税店 2022 年销售额达到 17.3 亿美元》,https://www.traveldaily.cn/express/170056,最后检索时间:2023 年 7 月 27 日。
③ DWC 2010 年 6 月开放其货运业务,其客航站于 2013 年 10 月开放。目前,它的客运能力为 500 万至 700 万人次,但扩建后,它将为超过 2.6 亿的乘客提供服务。
④ 创新之城,https://www.visitdubai.com/zh/invest-in-dubai/why-dubai/city-of-innovation,最后检索时间:2023 年 8 月 7 日。

（五）全球旅游消费中心

迪拜以建设国际旅游目的地为核心，全球旅游消费中心的优势逐步凸显。首先，迪拜以地标性建筑提升城市形象和魅力，极大提升了其国际知名度并带来巨大流量。从1999年迪拜打造世界上第一座"七星级"酒店——阿拉伯塔酒店（Burj Al-Arab）开始，迪拜陆续建成了迪拜第一座人工岛——棕榈岛、全球最豪华的亚特兰蒂斯酒店、世界第一高楼与人工构造物——哈利法塔，树立了迪拜的旅游形象标杆。根据分析网站Switch On Business的一项新研究，迪拜哈利法塔被评为全球最受欢迎的地标，每年有1700万游客涌入世界最高塔，年收入约为6.21亿美元。其次，作为欧洲、非洲和亚洲等地的经济交通中转枢纽，迪拜每年会举办上百次国际性大型展会、博览会、招商引资会，以其活跃的赛事、会谈等活动吸引了全世界的目光。根据世界旅游理事会（WTTC）的数据，2022年迪拜吸引了1436万国际过夜游客，比2021年增长97%，接近疫情前水平；在82个国际城市中，2022年迪拜的国际游客收入超过了多哈（168亿美元）和伦敦（161亿美元），达到294亿美元，位居全球消费榜首。未来10年，国际游客在迪拜的消费将保持强劲增长，达到近430亿美元。[①]阿联酋旅游业的恢复速度超过了全球和地区旅游业的复苏水平，也表明旅游业仍然是迪拜经济增长和可持续发展的重要贡献者，将进一步推动迪拜国际消费中心建设。

三　迪拜的国际消费商圈建设创新

商圈作为消费的重要承载区，是国际消费中心城市建设的重要支撑，也是传播城市文化、提升城市知名度和国际竞争力的重要抓手。从商圈建设特点来看，一座城市的商圈又可分为核心商圈、区域商圈和社区商圈三种类

[①] 《迪拜未来10年国际旅游消费将增长500亿迪拉姆》，https://travel.sohu.com/a/632056345_417877，最后检索时间：2023年7月23日。

型。总体来说，迪拜主要商圈如下。一是迪拜城市中心的 Downtown 商圈，以迪拜购物中心（The Dubai Mall）和阿尔巴哈市集为主要购物地，展现了迪拜繁华的一面。二是迪拜码头商圈，以迪拜码头购物中心、The Beach 和 The Walk 为主要购物地，是现代迪拜的标志性区域。三是 Barsha 区商圈，以阿联酋购物中心为代表，是迪拜发展较早的区域，有着众多居住区，各类设施非常完善。四是 Jumeirah 区商圈，以 City Walk、Box Park、马卡图购物中心和 Nakheel Mall 为代表，是迪拜中高端社区零售商业的新生力量。例如，Nakheel Mall 通过资源借势、本地流量构建、主客共同标签挖掘等方法构建了本地居民自豪、外地游客向往的成功旅游型城市商业范式。① 五是郊区商圈，以高性价比的迪拜奥特莱斯购物中心、迪拜龙城和迪拜义乌中国小商品城等小商品集散地和仓储为代表，满足中低阶层收入人群需求。

（一）拥有全球最大购物中心的核心商圈

打造具有全球影响力和美誉度的标志性商圈，是国际消费中心城市的主要标志。迪拜堪称购物者的梦幻胜地，并以其豪华的购物中心而闻名。其中，迪拜 Mall 是全球最大购物中心，就位于哈利法塔之下。这里有着全球各个奢侈品品牌最新、最全的款式，适合不同消费人群的品牌，来自世界各地的美食，还有多种老少皆宜的娱乐设施。中心内还有全世界最大的室内水族馆、最大的室内黄金市场、全球两大超级百货商——Galeries Lafayette（老佛爷百货）和 Bloomingdale's（布鲁明戴尔百货）。游客在迪拜 Mall 可以近距离领略世界最高建筑哈利法塔的壮观，感受世界最大音乐喷泉的震撼，充分体验迪拜敢为人先的城市精神。

（二）满足不同层次需求的区域商圈

迪拜作为全球购物天堂，除了迪拜 Mall、机场免税店和阿联酋购物中心

---

① 《让本地居民也趋之若鹜，迪拜文旅商业新秀 Nakheel Mall 做对了这三件事》，https：// www. ret. cn/in-sight/2678. html，最后检索时间：2023 年 7 月 24 日。

等超大型购物中心，散布在城市中各个区域的每家商场都各具特色，能够满足多元人口需求。例如，位于迪拜城区尽头的六国城购物中心彰显探索者的热情和冒险精神，商城主要表现伊本·白图泰曾游历过的地区（中国、印度、波斯、埃及、突尼斯和安达卢西亚）特色；坐落于棕榈岛的棕榈购物中心以及坐落于中高端住宅区的各类购物中心是迪拜零售业的新生力量；位于迪拜湾岸边的迪拜节日城商场在购物之余可以在节日湾一游，欣赏幻妙的喷泉激光秀；迪拜奥特莱斯购物中心和奥特莱斯购物村可以不可思议的折扣价格买到大牌热门单品；瓦菲购物中心以古埃及为主题，营造了以奢华为基调的完美阿拉伯购物体验，游客在每个角落都能欣赏埃及文字和雕塑；走亲民路线的德伊勒购物中心是德伊勒区域最大的购物中心，这里不仅吸引观光客，也是当地人特别喜欢逛的购物中心。在这六个风格独特的区域，高端品牌较少，更加贴近本地生活。

（三）融合地方文化的社区商圈

迪拜还有许多人气户外购物中心，例如城市步行街、海滩购物中心、Al Seef 文化区和迪拜国际金融中心门户大道等。城市步行街坐落于迪拜市中心和朱美拉海滩之间，豪华建筑与欧洲风情融为一体，这里更像是一个开放式商场，更加扶持独立品牌和小众品牌，融合了零度空间主题乐园、绿色星球室内植物园等娱乐空间。富丽堂皇的购物区沿途分布着迪拜传统市集，露天的香料市集（Spice Souk）和卓美亚的古堡市集，复古的装修设计完美呈现了阿拉伯传统市集的风貌，非常有中东特色。此外，迪拜还拥有其他有助于推动游客来访的国际性活动，包括迪拜购物节（Dubai Shopping Festival）、迪拜美食节（Dubai Food Festival）、迪拜海湾食品展（Gulfood）和阿拉伯旅游展（Arabian Travel Market）等。

除实体商圈外，阿联酋还是中东最具活力的电子商务市场之一。自2020 年疫情以来，越来越多的阿联酋人正改变逛商场的消费习惯，转向线上购物。迪拜政府推出"迪拜电子商务战略"并于 2021 年启动迪拜电子商务自贸区，这是中东首家电子商务自贸区。根据位于迪拜南城的电子商务区

EZDubai（2019 年启动）发布的一份报告，由于人均 GDP 和互联网普及率高，中东国家在进一步发展电子商务方面处于有利地位。其中，阿联酋和卡塔尔最具优势；迪拜近 81% 的成年人经常在线上购物，预计 2023 年迪拜电子商务市场将达到 26 亿美元（BMI Research 数据）。[①]

四 迪拜国际消费中心建设经验及对中国 CBD 的启示

目前，"消费型城市"备受青睐，打造消费型城市，提升生活品质，吸引更多年轻人工作、生活和定居是提升城市竞争力的重要途径。[②] 伦敦、巴黎和纽约等传统国际消费商圈，以及香港、曼谷和迪拜等新兴消费城市逆势崛起的经验都说明，消费型城市是未来城市发展的重要趋势之一。迪拜经济奇迹并非只靠吸引富豪和夺人眼球的"世界之最"，其独特的营销政策、宽松的环境、便利舒适的设施、周到的服务以及充满前瞻性的政策和规划，都是迪拜崛起的秘诀。

（一）创新营销吸引世界目光

在迪拜酋长谢赫穆罕默德·本·拉希德·阿勒马克图姆的领导下，迪拜以打造"世界之最集锦"为营销理念，使迪拜成为世界上最土豪的国家和国际著名的旅游胜地。世界最高的建筑——哈利法塔、世界最大的人工岛——棕榈岛、世界最大的购物中心——迪拜 Mall、世界最大的室内水族馆——迪拜水族馆，世界第一家七星级酒店——帆船酒店，世界最大的音乐喷泉——迪拜音乐喷泉、世界上最大的黄金钻戒出售地——黄金街、世界最大的花园——迪拜奇迹花园、世界最大的室内滑雪场——迪拜室内滑雪

---

① 《阿联酋是全球增长最快的电子商务市场》，http：//ae.mofcom.gov.cn/article/ddgk/jbqk/202210/20221003361311.shtml，最后检索时间：2023 年 7 月 26 日。

② 《两会声音｜全国政协委员陆铭：打造消费型城市，吸引更多年轻人工作、生活和定居》，http：//www.why.com.cn/wx/article/2023/03/05/16779946521016193378.html，最后检索时间：2023 年 8 月 15 日。

场……正是这些敢为人先的营销理念，使得迪拜曝光率大幅提升，并在全球消费者心中树立了独一无二的城市形象，也为游客提供了无与伦比的消费体验。因此，打造城市品牌、全球营销推介计划是吸引全球消费者的有效手段。

（二）创建包容开放的社会环境

一直以来，迪拜政府一直致力于打造包容性社会环境，弘扬包容、开放的价值观，营造良好营商环境，大力吸引投资和人才，为不同文化背景的人们提供良好舒适安全的生活工作条件。比如 2017 年 9 月，阿联酋软实力委员会启动了阿联酋的软实力战略，旨在将阿联酋建成文化、艺术和旅游的区域中心，建立一个欢迎世界各地所有人的现代化、宽容的国家。据品牌价值评估机构 Brand Finance 发布的 2022 年全球软实力指数，阿联酋在全球软实力指数中领先中东和北非地区，跻身全球前 15 名。根据迪拜统计中心数据，迪拜常住人口的 80% 来自境外，在迪拜机场、大型商场和博物馆，同时可以看到阿拉伯语、英文、汉语和印度地方语等多种语种标识的指示牌。多元稳定的社会环境不断吸引国际消费群体来到迪拜，调查研究显示，近年来迪拜人口年增长率超过 5%，持续快速增长的人口既是迪拜吸引力的直接表现，也为当地消费市场持续提供了动力。[①] 因此，国际消费中心城市建设不仅要注重硬环境，还要着重优化城市消费软环境，强化人文品质，提升消费舒适度。

（三）推动旅游硬件设施全面升级

在打造全球消费中心的过程中，迪拜在硬件上投入巨资，兴建机场、酒店、商场、娱乐场所等，为吸引全球消费者创造条件。成立于 1985 年的阿联酋航空公司历经 30 多年的发展已成为中东地区最大的航空公司，"从迪拜飞行 5～7 小时就能接触到全球五大洲的 50 亿人"[②]，便利的交通为迪拜打

---

① 《各国如何打造国际消费中心城市》，http：//world. people. com. cn/gb/n1/2021/1013/c1002-32251528. html，最后检索时间：2023 年 8 月 4 日。

② 《阿联酋航空打造世界级航空公司的秘密》，http：//www. 360doc. com/content/19/0604/15/58761727_840360239. shtml，最后检索时间：2023 年 7 月 26 日。

造国际消费中心提供了良好的先决条件。迪拜政府还打造了一批豪华酒店，无论是七星级的帆船酒店，还是棕榈岛的亚特兰蒂斯，抑或是富有贝都因风格的太阳之门沙漠酒店和被誉为"16世纪的意大利皇宫"的范思哲酒店，都为全球消费者提供了优质的服务和消费资源，为打造全球一流消费中心城市提供了物质基础。因此，随着人民消费水平和消费需求的提升，建设消费型城市应在地方财力基础上，创新融资模式，通过打造消费新地标、建设消费圈、布局高质量消费载体、提升交通便利度、加快推动城市更新等，提供良好的消费硬件服务。

（四）发展多元经济提升城市实力

迪拜的石油储备在中东并不占优势，因此迪拜积极开发非石油业务，大力推动经济发展模式转型，构建多元经济体系。其中，迪拜十分注重通过自贸区建设，吸引国际企业和投资者。1985年，依托海空港口优势，迪拜发起建立阿联酋首个自由贸易区——杰贝阿里自由贸易区，目前区内入驻企业超过7000家，贸易额占迪拜非石油贸易总额的比重超过25%，已成为迪拜的经济中心和世界500强企业聚集地。经过多年经营，迪拜境内已有各类自贸区30多个，涉及商贸、金融、医疗、媒体、互联网等多个领域。现在，迪拜早已摆脱了石油产业主导的单一经济发展模式，从石油资源型城市转变为现代化服务型城市，发展成为中东地区的商贸、金融、物流、科技创新和旅游消费中心。多元产业的发展提升了迪拜城市发展的内生动力、全球影响力和吸引力，来自全世界的优秀人才选择来到迪拜工作，迪拜城市的消费供给力和消费活力持续提升。因此，在我国消费型城市建设过程中，有必要同时从供给端进行改革，推动金融、实体经济、房地产等深层次关系调整优化，着力增强微观主体活力，提升产业链水平，促进新动能加快成长，进而释放消费增长的潜力和动力。

参考文献

〔美〕约翰·沃尔什（John Walsh）著，石坚主编《阿联酋》，高等教育出版社，2018。

澳大利亚 Lonely Planet 公司：《孤独星球口袋版：迪拜》，中国地图出版社，2019。

冯惠尧：《迪拜多元化经济转型模式研究》，大连外国语大学硕士学位论文，2018。

黄振编著《列国志·新版：阿联酋联合酋长国（第三版）》，社会科学文献出版社，2015。

贾宏敏、车效梅：《浅析迪拜城市转型及对我启示》，《亚非纵横》2014年第1期。

张明生：《迪拜多样化经济发展研究》，北京外国语大学博士学位论文，2015。

EIU, Country Report: United Arab Emirates, 2023.

B.20
法兰克福国际消费商圈建设的
成效及经验借鉴

贺之杲*

摘　要： 国际消费商圈是国际消费中心城市建设的关键一环。国际消费商
圈不仅能够丰富优化消费空间布局，培育多元消费潜能，还能助
推城市发展建设。法兰克福是德国乃至欧洲重要的商业、文化、
金融、展会和交通中心。法兰克福国际消费商圈建设集中在采尔
大街，尤其是 MyZeil 购物中心及其周边地带。法兰克福国际消
费商圈建设得益于城市发展规划的引领、区域协同发展的联动、
城市营商环境的助力和国际会展经济的带动，但也面临消费模式
的转变、区域城市的竞争、商圈增量的受限和经济下行的压力等
挑战。基于法兰克福消费商圈建设的经验，我国 CBD 打造国际
一流消费商圈建设需要发挥政策规划引导作用、推动传统商业转
型升级、打造核心产业竞争力和营造良好人文氛围。

关键词： 法兰克福　国际消费商圈　采尔大街　MyZeil 购物中心

　　美因河畔法兰克福（以下简称法兰克福）位于德国西南部的中心位置，
地处莱茵河支流美因河两岸，面积约为 248 平方公里，是德国第五大城市和
黑森州最大城市。法兰克福人均 GDP 为 94190 欧元，2022 年 GDP 约占德国
GDP 总量的 8.14%。大量全球和欧洲企业总部设在法兰克福，德国最大的

* 贺之杲，中国社会科学院欧洲研究所副研究员，主要研究方向为欧洲政治与国际关系。

100 家工业企业中就有 20 家总部设在法兰克福。根据"全球化与世界城市研究小组"（GaWC）的排名，法兰克福被评为"阿尔法（Alpha）世界城市"。法兰克福的全球城市竞争力指数排名前 10，也被称为"世界上最小的大都市"①。更为重要的是，法兰克福是欧洲乃至全球商业、文化、教育、金融、工商业、旅游、展会和交通中心。

法兰克福的购物区十分集中，采尔大街、歌德大街、凯撒大街都是法兰克福著名的商业购物街。采尔大街 85% 的商店是零售连锁店，还有 MyZeil、Galeria Kaufhof 和 Karstadt 等大型商场。歌德大街是来自世界各地的奢侈品牌和顶级设计师品牌的所在地。凯撒大街因风格建筑而被赞誉为最美街道之一。总体来看，法兰克福是德国重要的零售中心，其座右铭是"购物直到放弃"（shop until you drop）。德国法兰克福作为国际消费中心之一，对我国 CBD 建设国际一流消费商圈具有重要参考价值。

一　法兰克福国际消费商圈的概况和优势特色

（一）基本概况

法兰克福国际消费商圈依托 CBD 及其辐射区域，集中在采尔大街。法兰克福采尔大街可追溯到 14 世纪，19 世纪末以来成为德国最著名、最繁忙、最赚钱的购物街之一，是法兰克福最受欢迎的步行街和购物街。

采尔大街全长 1.2 公里，西邻卫戍大本营广场（Hauptwache），东接康斯塔布勒瓦赫广场（Konstablerwache）。采尔大街步行街长约 500 米，商场、餐馆和店铺林立，高峰时段每小时游客数量超过 1.3 万人次。② 其中最为著名的是 MyZeil 购物中心。MyZeil 购物中心位于法兰克福市中心，于 2009 年

---

① About Frankfurt, Stadt Frankfurt am Main, https://frankfurt.de/english/discover - and - experience/about-frankfurt，最后检索时间：2023 年 7 月 5 日。

② Die Zeil in Frankfurt am Main, Zeilffm, https://www.zeilffm.de/die-zeil/，最后检索时间：2023 年 7 月 5 日。

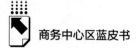

春季开业，占地 7.7 万平方米，分为六层，设有商店、休闲空间、儿童区、餐厅、健身中心和停车场，是德国最大的购物和休闲中心之一。① MyZeil 购物中心由罗马建筑师马西米利亚诺·福克萨斯设计，因其独特的建筑和城市规划荣获国际购物中心协会（ICSC）奖项，也被誉为"全球十大最具创意的商业建筑"之一。

采尔大街交通集约化突出，公共交通工具和汽车可轻松抵达，距离法兰克福中央火车站约为 5 分钟车程，距离法兰克福机场约为 15 分钟车程，距离欧洲央行总部、法兰克福主火车站步行均为 20 分钟。同时，商圈内还有五星级的法兰克福朱美拉酒店（96 米）、Nextower 办公大楼（135 米）以及经过修复的图恩与塔克西斯（Palais Thurn und Taxis）宫，构成了法兰克福的新城市地标以及欧洲最重要的城市中心项目之一——PalaisQuartier 建筑综合体。② 这个建筑综合体内集合了居住、办公、文化、休闲和零售等各种各样的功能用途，使法兰克福市中心极具吸引力。

（二）优势特色

法兰克福国际消费商圈得益于其宜居、金融、展销、交通、人口和科教等带来的整体区位优势，尤其是 CBD 区域的公司多样性和行业网络的密集性是法兰克福消费中心城市的基础。

1. 宜居城市

法兰克福是充满古典、时尚、自然魅力的宜居城市。法兰克福城市始建于 794 年，拥有浓厚的历史文化积淀，老城区的罗马广场、法兰克福大教堂、老歌德剧院使法兰克福极具古典浪漫色彩。同时，美因河穿城而过，陶努斯山位于其城市边缘，为法兰克福提供了充满魅力的自然环境。作为现代购物中心，法兰克福拥有舒适、时尚、方便的购物环境。

---

① My Zeil Shopping-Center, My Zeil, https：//www. myzeil. de/en/center/about-us/，最后检索时间：2023 年 7 月 5 日。
② My Zeil Shopping-Center, My Zeil, https：//www. ksp － engel. com/cn/projekte/nextower －palaisquartier，最后检索时间：2023 年 7 月 5 日。

2. 金融中心

法兰克福金融服务业非常发达。法兰克福是欧洲金融中心之一，是欧洲中央银行总部的所在地，也是德意志联邦银行、德意志银行等金融机构的总部所在地。高盛、瑞士银行、摩根士丹利、美林证券公司、苏格兰皇家银行、巴克莱银行等国际知名企业在法兰克福设立分支机构。据统计，法兰克福拥有 200 多家银行，近 8000 家金融服务公司和投资基金机构。法兰克福证券交易所是世界上最大的证券交易中心之一，约占德国营业额的 90%。此外，欧洲期货交易所是欧洲领先的衍生品市场。

3. 博览会中心

法兰克福国际展览中心是世界第三大展览中心，提供约 37.2 万平方米的展厅面积，每年举办数十场展览，包括法兰克福图书展览会、消费品展览会、服装纺织品博览会、烹饪技术展览会、汽车博览会等，吸引大量参展商和游客到访。法兰克福每年举办大约 15 次大型国际博览会，每年参加展览会的人数超过 100 万。

4. 交通运输枢纽

法兰克福拥有德国最大的航空和铁路枢纽。法兰克福机场是德国乃至世界最繁忙的机场之一，是全球直达航线最多的机场之一，是仅次于伦敦希思罗国际机场和巴黎戴高乐机场的欧洲第三大机场。法兰克福中央火车站仅次于汉堡火车站，是德国第二繁忙的火车站。自 19 世纪 80 年代美因河运河建设以来，法兰克福是重要的内陆航运港口。法兰克福最大的地下停车场拥有 1390 个停车位，其中 900 个为公共停车位。

5. 人口优势

截至 2022 年，法兰克福的常住居民数量是 79 万多人，是德国第五大人口城市。法兰克福位于莱茵-美因大都市区的中心，该大都市区人口数量超过 580 万，是继莱茵-鲁尔地区的德国第二大都市区。法兰克福在文化、种族和宗教方面具有多样性，来自 170 多个国家或地区的人在法兰克福生活和工作。该城市的 1/4 人口是外国人，其中一半左右的年轻人有移民背景。法兰克福在人均 GDP、生活质量等方面位居欧洲城市前列。

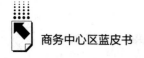

6. 科教数字赋能

法兰克福是学术、科学和研究活动的中心，拥有 25 所一流的高等教育机构。法兰克福大学是德国精英大学之一，是排名前列的国际顶尖高校。法兰克福是德国的文化重镇，拥有 60 多个博物馆，其中 26 个位于博物馆区。法兰克福是欧洲的数字之都，拥有世界领先的互联网交换中心，数据中心与商业领域、科学研究相结合。法兰克福的 DE-CIX 是世界上最重要的互联网交换中心，处理 90% 的德国互联网流量和 35% 的欧洲互联网流量。

二 法兰克福国际消费商圈的建设经验

（一）规划和政策的引领

城市发展规划是城市管理部门为增加城市吸引力和商业消费发展提供的指导方针和策略，关键领域涉及生活、工作、零售、基础设施、交通、开放空间和绿化、能源、环境和气候保护、住区和建筑结构以及土地利用等。[①]城市发展规划为各产业和企业的公平发展提供政策保障，确立城市发展的优先方向。

为了对法兰克福的未来制订更加清晰、共同的愿景，法兰克福市议会于 2019 年 11 月制订并批准了法兰克福 2030+综合城市发展概念，其中包括六大目标和发展战略，即适合所有人的城市、充满活力的经济大都市、更多用途的城市、环境和气候友好的城市、地区即城市、将城市发展作为一项社区任务。[②] 在城市规划战略和产业调整优化的基础上，到 2030 年法兰克福将更加城市化，通过抓住城市发展的机遇，构建现代化城市形象，成为欧洲领

---

① Stadtentwicklung, Stadt Planungs Awot Frankfurt am Main, https：//www. stadtplanungsamt-frankfurt. de/stadtentwicklung_ 5626. html，最后检索时间：2023 年 7 月 5 日。

② Frankfurt 2023 + Integriertes Stadtentwicklungskonzept, Stadt Planungs Amt Frankfurt am main, https：//www. stadtplanungsamt-frankfurt. de/frankfurt_2030_ integriertes_ stadtentwicklungskonzept_ _ 18205. html？psid=m21ekrrtmfa1go2a92o7b555i2，最后检索时间：2023 年 7 月 5 日。

先的创新中心、金融中心和"数字中心"之一。法兰克福城市规划办公室（Frankfurt Urban Planning Office）起草的综合城市发展计划（Integrated urban development plan），包括法兰克福城市主要战略目标以及实现这些目标的手段，具有明确的空间定位，为提升城市生活质量指明了方向，为法兰克福城市官员和其他利益相关者提供了指导。[1]

2011年，法兰克福首次采用"零售及中心规划"（Einzelhandels-und Zentrenkonzept），并由法兰克福市议会发布大型零售项目的年度报告。零售规划是强调具体的店面规划，中心规划则是强调整个区域的消费商圈建设，具体包括零售和中心规划的目标、零售地点的类别、零售地点的空间规划等。2018年3月，法兰克福市议会根据《建筑规范》第1条第6款，更新了2011年概念文件，制定了2021年"零售及中心规划"，作为城市发展概念意义上的规划基础，并构成了法兰克福市区零售发展的基础。[2] 除了将零售业引导至已建立的中心地点，新的"零售及中心规划"的重点是加强整个法兰克福市区的零售土地利用和规划供应。与所有城市发展概念一样，"零售及中心规划"需强化其规则的约束力，并促进其实施目标，特别是在城市规划、建筑许可、定居建议和市政财产分配方面。"零售及中心规划"融入法兰克福可持续城市发展进程，确保和加强法兰克福商圈的中心地位。

因此，法兰克福国际消费商圈建设立足于发挥城市规划的前瞻性、综合性和战略性作用，真正将法兰克福的核心竞争力与国际消费发展结合起来。

（二）区域协同发展的联动

法兰克福作为莱茵－美因大都市区的中心，其经济结构和商业区位等是其成为国际一流消费商圈的重要基础。在德国和欧洲，大都市区被视为空间发展的引擎，往往由一个或多个大城市组成。大都市区发挥着重要的经济功

---

[1] Integrated Orban Development Plan for Frankfurt 2030, EBP, https：//www.ebp.ch/en/projects/integrated-urban-development-plan-frankfurt-2030, 最后检索时间：2023年7月5日。

[2] Einzelhandel, Stadt Planungs Amt Frankfurt am Main, https：//www.stadtplanungsamt-frankfurt.de/einzelhandel_9911.html, 最后检索时间：2023年7月5日。

能，不仅作为创新和竞争中心，也作为人员流动、互联互通中心和消费中心。法兰克福是处于欧洲大都市区中心的大都市，是欧洲大都市区倡议小组（IKM）的德国成员城市。[①] 与此同时，德国政府也十分注重通过都市圈规划引导和调控城市发展方向，这使得法兰克福国际一流消费商圈拥有莱茵-美因区域和黑森州的广阔辐射腹地。

法兰克福遵循的是辐射发散型城市结构，不仅能够避免大城市发展带来的各种问题，营造宜居的城市环境，还能够吸收周边区域的劳动力，形成法兰克福与周边城市良性发展的区域格局。莱茵-美因仅次于莱茵-鲁尔大都市区，是德国第二大都市区，总人口超过580万，包括法兰克福、威斯巴登、美因茨、达姆施塔特、奥芬巴赫等城市。2020年，以法兰克福为中心的莱茵-美因大都市区GDP总额为1512亿欧元，位列欧洲大都市区第15名。

法兰克福城市规划办公室积极参与黑森州发展计划——"更大法兰克福伯根"（Großer Frankfurter Bogen，GFB），旨在促进法兰克福莱茵-美因大都市的住房和城市发展。2020年9月，法兰克福与黑森州签署合作伙伴协议。在2021年9月生效的黑森州发展计划中，法兰克福作为德国国家和地区发展引擎的重要性以及加强区域合作的必要性进一步凸显。法兰克福经济发展有限公司和法兰克福莱茵美因有限公司是法兰克福莱茵-美因地区主要业务领域所有事务的主要联络点。

法兰克福的国际消费商圈对城市空间的发展具有决定性影响，不仅能稳定消费商圈的上下游，优化现有商业消费建设，带动服务业和劳动力市场的发展，而且丰富区位结构的多样化，从工业园区、基础设施建设到成熟和新规划的商业区建设。因此，国际消费商圈建设需要城市与区域的协同、联动、系统发展。

（三）城市营商环境的助力

法兰克福的现代化城市形象是，一座国际化、丰富多彩且充满活力的城

---

① Überörtliche Zusammenarbeit, Stadt Planungs Amt Frankfurt am Main, https://www.stadtplanungsamt-frankfurt.de/regional_ cooperation_ 5656. html? psid = 1ced9ada8b0b7ac3b11ac4f13cf04c27，最后检索时间：2023年7月5日。

市。在法兰克福，传统与现代相遇，历史悠久的木结构住宅与现代银行高层建筑相遇，苹果酒与世界著名的雷司令相遇，传统家常烹饪与国际美食相遇，法兰克福香肠与素食汉堡相遇，广阔的绿洲与繁华喧嚣相遇城市丛林，美因河与莱茵河交汇。不同年代的高层建筑在法兰克福市中心密集排列。法兰克福可以为消费者提供个性化的消费需求，远离主流的单调，拥有无数独立精品店，呈现出自己独特的风格。与其他大城市相比，法兰克福的特点是供应中心数量众多，分布在全市各处，且层次分明，拥有种类繁多的专卖店。此外，法兰克福为国际游客打造和健全免税零售体系，完善离境退税、免税业发展等政策。

国际机场及其作为金融中心的重要性决定了外界对这座城市的看法。作为莱茵-美因大都市区最重要的区域中心，法兰克福也必须在德国乃至欧盟定位自己的发展地位，尤其是作为消费中心的地位。法兰克福有利的交通状况——无论是在欧洲重要的空中交通、水路、铁路网还是高速公路枢纽——对于消费者来说都是一个重要的区位因素。法兰克福火车总站每天有342趟列车开往德国和欧洲城市，每天约有46万旅游经停法兰克福火车总站，距离柏林、波兰和阿姆斯特丹等城市仅有4个小时的路程。法兰克福主火车站是公共交通系统的重要换乘点。此外，莱茵-美因河交通协会（RMV）是11个城市和15个地区的合作组织，可以利用法兰克福整个城区的公共交通系统。

法兰克福营商环境还需要关键产业的支撑作用。法兰克福五个关键产业是化学品、制药、生命科学，金融服务，信息技术、电信，创意产业，物流行业。法兰克福国际一流消费商圈建设得益于主导产业和优势产业的核心竞争力，通过产业布局拉动国际消费。

（四）国际会展经济的带动

自1240年以来，法兰克福一直举办国际贸易展览会，已有近800年的会展历史。依托其交通枢纽和金融中心的区位优势，法兰克福甚至被称为世界会展之都（Internationale Messestadt）。法兰克福展览中心（Messe

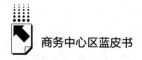

Frankfurt）坐落于法兰克福金融与商贸中心，是世界上最大以及最新型的展览场地之一，可提供约37.2万平方米的展厅面积，以及近6.7万平方米的厅外展示面积。地铁、城铁和有轨电车都能便捷抵达展览中心，展览中心步行范围内也有众多酒店和消费购物中心可供参展商和参观者选择。

德国在国际会展行业占据重要位置。在各种产业类型的国际顶级会展活动中，有2/3都是选择在德国举办。德国每年举办约150个国际会展，吸引17万名参展商和1000万名参观者。国际性是德国会展行业最显著的优势，会展经济是世界了解德国的重要窗口。在会展商方面，超过一半来自德国之外，1/3的国家来自欧洲之外；在参观者方面，近1/3来自国外。区域性的贸易和消费展形成强大网络，为国际性会展提供了重要补充。作为会展经济大国，德国展览公司每年的营业收入约40亿欧元，参展商和观众在展会期间花销约为145亿欧元，会展业还额外带动交通、旅游、酒店、餐饮等经济产出280亿欧元，举办展会为德国每年平均创造约23.1万个就业岗位。①

法兰克福打造的国际性会展品牌带动会展经济的发展，包括餐饮、酒店、交通、旅游等消费收入的增加。总体来看，法兰克福国际一流消费商圈不仅有效利用会展经济的品牌优势，还增强其他服务业等产业支撑，带动国际消费发展。

三　法兰克福国际消费商圈建设面临的挑战

（一）消费模式的转变

居民消费习惯和消费倾向正在发生改变。传统消费模式正在失去优势地位，线下消费受到冲击，商场的高端时装等线下销售额下降明显。同时，在线购物的比例在上升，网络零售更受追捧，绿色消费快速增长，网上交易的

---

① 《会展经济，为城市发展增添动力》，《人民日报》2022年9月4日。

成交额和市场份额不断上升。与流动性、购物体验以及对地点和企业忠诚度下降有关的客户行为也加剧了零售业的结构性动荡，比如消费者更愿意尝试新的商店和新的品牌。越来越多的迹象显示，城市范围内的搬迁移动和当地供应网络的稀疏化趋势增强。法兰克福消费商圈遭遇消费者消费模式转变的冲击，需要探索更具特色、更具体验感、更加数字化、更加高质量的消费模式。

（二）区域城市的竞争

作为一个商业中心，法兰克福的商务网络遍布全球，并与其他重要的欧洲大都市展开竞争。鉴于法兰克福的经济规模、政治影响力和国际感召力，法兰克福是周边区域的中心城市。但是，法兰克福也面临其他城市的竞争。莱茵-美因地区有大量的大中型消费商圈，法兰克福面临着激烈的区域竞争，消费人群的吸引力被稀释。法兰克福是德国乃至世界生活成本最高的城市之一，预计每人每月支出2513欧元，高于76%的西欧其他城市以及72%的世界其他城市。在经过快速发展的"房地产十年"之后，法兰克福房地产市场陷入低迷，不仅导致企业压力和投资者情绪疲软，更对实体零售和酒店市场造成摧毁性打击。尽管法兰克福是德国失业率最低的城市之一，但是人口老龄化加速使得养老金和医疗费用支出上升，甚至会突破财政预算的黑零原则，影响政府公共支出的回旋余地。法兰克福消费商圈建设面临的区域城市竞争压力不断上升。

（三）商圈增量的受限

在大都市区和国际商业区位内，法兰克福必须履行"全球城市"的核心功能，并进一步发展成为一个具有高品质生活和宜居环境的有吸引力的城市。法兰克福国际消费商圈既需要提供充足的居住空间供应和应对日益增加的交通量，也需要面对气候变化带来的挑战，尤其是需要进一步发展社会基础设施，保护环境和生活质量。法兰克福要在低住房密度、扩大休闲区、气候变化、消费商圈建设等方面实现均衡发展。但是，法兰克福商业用地发展

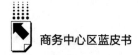

要根据零售发展目标调整规划法。目前，法兰克福规划决策的八个商业区域①并非局限于传统的商业区位。面对商业发展本身的压力以及商圈用地的减少，法兰克福消费商圈所承担的功能越多，反而制约了商圈带动消费增长和经济发展的效果。

（四）经济下行的压力

当今时代的社会和环境挑战日益增加，新冠肺炎疫情和地缘政治博弈带来的不确定性不断增多，通胀持续高企和收入增长缓慢相叠加，尤其是能源危机带来生活成本危机，法兰克福发展面临全球经济下行的压力。近年来，德国莱茵河水位降至极低水平，扰乱德国最重要的内陆水道的航运，运输成本飙升，使得供应链陷入混乱。俄乌冲突的泥潭将令欧洲深陷冲突漩涡，俄欧经贸特别是能源"脱钩"等趋势进一步固化，欧洲国家将被迫继续承受为此付出的沉重代价。2023 年 5 月 25 日，德国联邦统计局公布数据显示，德国第一季度国内生产总值环比下滑 0.3%，德国经济陷入技术性衰退。鉴于民众对经济的担忧持续存在，消费需求下降，消费倾向下降，购买力下降，消费者信心可能将经历长期下降，谨慎消费成为一种新的常态，这无疑不利于法兰克福消费商圈提振经济并发挥辐射作用。

四 法兰克福国际消费商圈建设对中国 CBD 的启示借鉴

国际一流消费商圈对构建新发展格局、推动高质量发展具有重要意义。消费是拉动经济发展的"三驾马车"之一，调动消费需求和提升消费在经济发展中具有重要作用。我国各地 CBD 凭借成熟的商业氛围和接轨国际的营商环境，成为各大城市建设国际一流消费商圈的核心载体。在新形势下，

---

① Einzelhandels-und Zentrenkonzept 2018，Stadt Planungs Amt Frankfurt am Main，https：//www. stadtplanungsamt-frankfurt. de/show. php？ID=20607，最后检索时间：2023 年 7 月 5 日。

有必要发挥 CBD 在国际消费商圈建设中的支撑引领作用，有效借鉴法兰克福国际一流消费商圈建设的成功经验和做法，并探索符合中国国情和各CBD 实际的国际一流消费商圈建设的可行路径。

（一）发挥政策规划的引导作用

国际一流消费商圈建设需要通过立法、规划等手段引导、推进。其一，综合城市发展概念是跨学科、跨部门并与公众对话而制定的，CBD 国际一流消费商圈建设应遵循先规划后建设、先配套后商业、先客流后商流的原则，实现 CBD 商圈建设与城市发展同步同频。其二，便捷、高效的交通和信息网络可以发挥促进消费的"乘数"效应，极大释放消费需求和激发消费潜力，便利的购物设施是城市生活的重要品质特征。因此，CBD 国际一流消费商圈需完善基础设施，尤其是通过物流和通信设施的国际化吸引更多入境游客，带动国际消费市场。其三，CBD 应加强消费环境建设，引入绿色环保设计，增设多样休闲设施，优化一流消费环境，建设有包容心、有吸引力的消费商圈，促进差异性、多样化的消费模式，带动 CBD 商圈进化。

（二）推动传统商业转型升级

国际一流消费商圈建设需要 CBD 推动消费融合创新。其一，提升传统消费，培育新型消费，发展服务消费。鉴于服务型消费的比重不断上升，CBD 国际一流消费商圈建设要提供专业化、高端化、国际化的服务，满足消费者高品质的独特体验，打造更具竞争力的消费业态。其二，打造数字消费新业态。CBD 国际一流商圈需增强数字化和智能化功能，助推消费便利化，推动智慧商圈建设，实现传统消费和新型消费的结合，在深耕传统消费的同时，利用数字和科技等手段引领新型消费，打造线上线下有效融合的新型消费业态。其三，CBD 将休闲与消费结合起来。年轻人群体更喜欢在城市漫游，可引进国内外知名品牌，强化品牌资源集聚，细化顾客群体，精准对接顾客需求，保证人气充足，扩大消费群体规模以支撑消费商圈的运行发展。

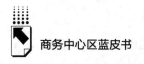
（三）打造核心产业竞争力

国际一流消费商圈建设应立足产业集群，发挥主导产业的协同拉动效应。其一，强化CBD国际一流消费商圈的经济实力基础，深挖产业附加功能，发挥相关产业的上下游，引导多业态消费的作用，吸引创新人才，形成"虹吸效应"，激发消费合力。其二，CBD国际一流消费商圈的培育和建设路径是多元化的，应强化品牌建设，发挥主导企业带头作用，形成服务业为主导的第三产业发展格局，通过高度发达的服务产业带动商圈发展，拉动城市经济增长。其三，CBD打造会展经济辐射圈，以会展活动积攒人气，促进商业合作，为旅游、酒店等服务业带来溢出效应，拉动消费经济。同时，以会展品牌强化CBD的城市区位和产业优势，吸引跨产业的要素，将会展业与其他产业融为一体，形成商圈的发展合力。

（四）营造良好人文氛围

消费商圈是展示城市形象尤其是CBD的重要窗口，国际一流商圈建设需要良好的人文氛围。其一，消费体验、消费氛围正成为消费者的重要关注点，CBD国际一流商圈建设需要优化消费产品，推动业态融合，为消费者提供高品质消费产品，满足沉浸式、体验式、多元化的消费需求。其二，人文氛围直观体现为宜居水平、生活质量、环境友好等指标，CBD国际一流商圈建设不仅需要公共服务、城市管理、城市文化等方面的提升，还需要CBD聚焦多种资源要素和消费业态方面的深挖，实现文化娱乐、城市生活、消费体验的共融和升级。

参考文献

《中华人民共和国国民经济和社会发展第十四个五年规划和2035年远景目标纲要》单行本出版，新华社，2021年3月。

陶希东：《国际消费中心城市的功能特征与核心要义》，《人民论坛》2022 年第 5 期。

刘司可、路洪卫、彭玮：《培育国际消费中心城市的路径、模式及启示——基于 24 个世界一线城市的比较分析》，《经济体制改革》2021 年第 5 期。

罗璇：《规划都市圈 实现精明收缩——德累斯顿复兴的启示》，《城市建设理论研究（电子版）》2022 年第 33 期。

发展大事记

B.21
2022年度 CBD 发展大事记

一月

1月5日 济南中央商务区举行"改革激活力 建设强省会"济南改革融媒行活动。

1月12日 四川天府新区天府总部商务区举办川港澳国际商事法律服务合作交流圆桌会议。

1月15日 北京市朝阳区领导在北京 CBD 管委会召开朝阳区智慧城市建设工作座谈会。会议强调，针对数字孪生 CBD 时空信息管理平台建设，要积极与市区相关部门协同创新，在加强数据安全防范的基础上，建立能思考、促发展的智慧化平台。

1月22日 北京商务中心区管委会联合美团正式发布"上合-北京 CBD 民族美食节"纪念菜肴的专属聚合页（"北京 CBD 丝路美食"），同时联合美团推出"CBD 数字低碳餐饮新消费"，引导区域餐厅推出"小份餐"，践行光盘行动，使用绿色环保打包盒、环保购物袋，推广数字人民币消费等举措，切实践行绿色 CBD 理念。

1 月 24 日 璟泉善信（北京）国际股权投资基金合伙企业落户北京商务中心区，该项目是由中国人民银行批复、北京市第一只和唯一一只人民币投贷定向基金。

1 月 30 日 北京商务中心区免费商务班车运营信息正式上线百度地图公共交通板块，实现在百度地图 App 的公共交通板块内 CBD 免费商务班车信息可查。

二月

2 月 15 日 EDF（中国）投资有限公司落户北京商务中心区，该公司为世界 500 强企业法国电力集团的在华总部，法国电力集团是欧洲能源市场的引领者和全球最大的核电运营商。

2 月 23 日 由重庆市文旅委、新华网、重庆来福士共同举办的"山水之城·美丽之地——第二届重庆文化旅游摄影大赛"颁奖暨图片展开展仪式在重庆解放碑 CBD 举行。

2 月 24 日 北京商务中心区管委会与清华大学互联网产业研究院举行座谈会，探讨数字经济中数字资产、商业、文化、创新和金融服务模式等在北京 CBD 的应用发展。

2 月 25 日 上海虹桥国际商务区的中国上海人力资源产业园虹桥园正式开园，该园作为上海虹桥国际商务人才港的重要组成部分，将着力构建人才、人力资源服务的市场化平台。

三月

3 月 1 日 北京商务中心区管委会组织区域内 17 个街乡召开 CBD 楼宇工作会，明确楼宇政策申报要求和具体流程。

3 月 4 日 郑州郑东新区中央商务区举行龙湖金融岛开岛仪式，正式官宣开岛。

3月4日　北京商务中心区管委会组织开展首批企业"走近CBD"宣讲活动，并联合区域内的中国银行、工商银行、人保财险等21家金融机构发起成立"金融联盟"。

3月4日　香港太古地产旗下西安腾运置业有限公司与西安曲江新区管理委员会下属国有企业西安城桓文化投资发展有限公司联合竞得碑林区小雁塔片区179.858亩商业用地，标志着国内第四座"太古里"正式落户西安碑林长安路中央商务区。

3月4日至13日　荷兰驻重庆总领事馆和渝中区人民政府在重庆解放碑CBD联合主办"中荷建交50周年荷兰花艺装置展"活动，以郁金香、代尔夫特瓷器为主线，展示两国历史人文等方面的交流，得到社会各界的广泛关注。

3月6日　鸿星尔克重庆首家星创店在重庆解放碑CBD来福士开业，推出结合重庆市地域特色的地铁主题店，全方位打造运动与时尚交融的体验空间，让消费者多元化感知国货。

3月17日　人民银行批准了中国中信金融控股有限公司（筹）的金融控股公司设立许可，这是人民银行首次颁发金融控股公司牌照，公司注册地位于北京商务中心区。

3月17日　北京商务中心区内德意志银行（中国）有限公司成功接入中国证券登记结算有限责任公司北京分公司，成为首家支持合格境外投资者（QFI）在北京证券交易所进行股票交易的欧盟银行。该行将凭借高效覆盖全球70多个主要市场的全球托管服务网络，为全球投资者提供领先的一站式综合解决方案。

3月18日　济南中央商务区举行对韩招商推介会。

3月23日　北京商务中心区全球招商联络站广州、深圳分站在德事北京国贸中心举行线上揭牌仪式，重点面向大湾区企业进行宣传推介。目前，北京CBD全球招商联络站已建成上海、香港、新加坡等5个分站，正在开设英国伦敦等3个招商分站。

3 月 25 日 北京商务中心区管委会举办外汇衍生品业务线上宣讲会。会议由国家外汇管理局北京外汇管理部指导、北京地区外汇市场自律机制协办，邀请了工商银行、宁波银行、中信银行、交通银行、中国银行等 5 家金融机构专家进行宣讲，介绍外汇衍生品银企对接公共服务平台、远期结售汇、外汇掉期、人民币外汇货币掉期、期权及期权组合等内容。

3 月 25 日 四川天府新区天府总部商务区举行中交西部投资总部项目签约仪式。

3 月 30 日 由重庆市商务委、市政府口岸物流办、市政府外办和渝中区共同建设的陆海新通道国际消费中心在重庆解放碑 CBD 揭幕亮相。该中心采取"国家馆+专业馆"的方式，引入新加坡、泰国、日本、德国、英国、东欧、澳新等 7 个国家馆和佰酿美酒等 4 个专业馆，致力打造重庆进口商品保税展销中心、"一带一路"国家文化体验中心，助力解放碑—朝天门世界知名商圈建设。

3 月 北京商务中心区三星数据系统（中国）有限公司和克诺尔轨道车辆系统企业管理（北京）有限公司被市商务局认定为跨国公司地区总部。

3 月 北京商务中心区建成国内首个 L4 级别高精度的城市级数字孪生平台，初步实现 CBD 中心区 1∶1 全要素、高拟真还原和流畅运行。

3 月 北京通州运河商务区综合智慧能源项目（一期）完成建设。

四月

4 月 1 日 北京商务中心区管委会联合北京朝阳海关成立北京市首个"B&R·RCEP 创新服务中心"。该中心旨在"以创新为驱动、以服务为纽带"，对"一带一路"沿线国家、RCEP 成员国的重点进出口企业提供精准外贸指导等全面服务。

4 月 15 日 北京商务中心区成立北京 CBD 商圈联盟，联盟将开展商圈联动、政商合作，促进商业项目之间互动交流，助力北京国际消费中心城市建设。北京 CBD 管委会联合区域内 15 个重点商业项目和 12 家知名品牌代表，以及北京京港地铁公司和北京服装学院，发起成立北京 CBD 商圈联盟。联盟将开展商圈联动、政商合作，促进商业项目之间互动交流，联手政府部门共同打造消费节、购物节等北京 CBD 品牌消费活动，推动商圈错位发展、良性互动，助力北京国际消费中心城市建设。

4 月 18 日 中国光大银行郑州分行开门营业，正式入驻郑州郑东新区中央商务区。

4 月 22 日 四川天府新区天府总部商务区举行天府中央法务区建设推进一周年活动。

4 月 北京商务中心区管委会联合阿里巴巴集团共同打造北京 CBD 骑士驿站。该驿站是全国首个融合党建、骑士权益保障、标准化站点试点等内容的多功能平台，集组织人文关怀、教育培训服务、行业标准提升、新业态服务管理等功能于一体的骑士服务管理体系。

五月

5 月 17 日 济南中央商务区举行山东土地产业金融示范园企业入驻仪式。

5 月 18 日 "北京证券交易所、全国股转系统重庆服务基地"落户重庆解放碑 CBD 的重庆股转中心，重点面向重庆市创新型中小企业开展培育工作，推动重庆市创新型中小企业在北交所上市、全国股转系统挂牌。

5 月 20 日 北京商务中心区全球数字会客厅正式发布。发布会以"创新数字科技生态场景，打造数字经济全球标杆"为主题，现场演示了北京 CBD 全球数字会客厅使用场景。

5 月 20 日 四川天府新区天府总部商务区 TFS 天府国际保税商业中心试营业。

5 月 26 日 西安市发改委向碑林区长安路中央商务区管委会颁授碑林长安路现代商务聚集区"西安市服务业聚集区"牌匾。

5 月 27 日 以"路通天下，大运之城"为主题的线上招商推介会在北京通州运河商务区国际财富中心成功举办。

5月 北京商务中心区上线北京市首个自贸便捷查询小程序。该程序提供企业查询、开放政策、招商服务和互动留言等多项服务功能，力争打造企业服务版的"12345"。

六月

6月2日 北京商务中心区管委会召开CBD、金盏园区业务交流会。双方围绕两个区域规划建设、经济发展、"两区"建设等内容进行详细介绍，相互了解发展历史和当前主要工作情况。

6月2日 北京商务中心区上线产业链供应链数字服务平台。该平台有三个特点：①产业数字化升级。通过把产业供、需两端企业接入该平台，发生B2B交易撮合，使得产业链中的信息流、资金流、商流和物流线上化，赋能传统产业数字化升级。②综合性服务保障。平台集聚政、企、银资源，为区域重点企业提供政策、市场、金融、数据等方面的综合性服务。③京津冀协同发展。引入京津冀优质企业入驻平台，与平台展开深度合作。

6月2日至5日 2022年重庆国际咖啡节在重庆解放碑CBD举办，吸引10余个国际贸易机构和全国150余个咖啡品牌参展，带动参观体验超5万人次、直接成交额达30余万元，云、贵、川等20余个省市500余家客户现场洽谈采购，带动商圈消费近亿元。

6月7日 西安碑林区长安路中央商务区管委会到太古地产走访调研，送政策、送服务，帮助企业解决实际问题。

6月9日 济南中央商务区举行绿地国金中心超高层项目封顶仪式。

6月21日 四川天府新区天府总部商务区中国电建西部科创中心项目封顶。

6月22日 中交西部投资有限公司在四川天府新区天府总部商务区完成注册，注册资本60亿元。

6月23日 上海虹桥国际中央商务区管理委员会联合中国瑞士中心，

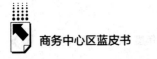

共同主办"潮涌浦江云聚虹桥——虹桥国际中央商务区发展机遇说明会（瑞士专场）"，吸引了包括 50 家瑞士和外国公司代表在内的 2000 多名嘉宾在线参会。

6月26日 郑州郑东新区中央商务区在如意湖文化广场举办"2022 第十三届'如意前程'招聘会"。

6月28日 世界 500 强、全球航运巨头马士基落户重庆解放碑 CBD 来福士城市综合体，将设立新的业务机构开展综合集装箱物流供应链管理及全球服务共享等，负责大中华区综合船运供应链管理，承接全球马士基内部进出口单证处理、电子订舱、在线客服、财务和会计处理等多项业务，助力重庆建设内陆开放高地。

6月30日 奇思汇是由南京奇思汇企业管理有限公司运营的众创空间，2022 年申报国家级众创空间。经过多轮审核评定，2022 年 6 月 30 日，南京河西 CBD 的奇思汇获批国家级众创空间。

6月 北京商务中心区正式发布全球创新创业云中心。

七月

7月2日 四川天府新区天府总部商务区中国融通医疗健康总部基地项目开工建设。

7月7日 特立尼达和多巴哥商务推介会在济南中央商务区成功举办。

7月12日 缅甸驻重庆总领事馆在重庆解放碑 CBD 环球金融中心正式开馆，系继驻昆明、南宁总领事馆后，缅甸在我国内地设立的第三个总领事馆，领区包括重庆市、四川省及湖北省，具有商务、文化、签证、领事保护职能，将以西部陆海新通道为纽带，全面融入共建"一带一路"。

7月15日 北京商务中心区商务班车正式引入丰田 FC 柯斯达氢燃料电池客车。该车是全国首辆投入社会化运营的氢燃料电池客车，是丰田在中国研发、生产的第一款氢燃料电池汽车。

7月15日 中新互联互通项目移民事务服务创新示范点落户重庆解放

碑 CBD。

7月20日 北京通州运河商务区组织召开"平安园区"创建工作沟通会。

7月21日 北京商务中心区先后揭牌国潮孵化器和餐饮孵化加速器，并成立北京商务中心区餐饮联盟。

7月21日 上海虹桥国际中央商务区的 RCEP 企业服务咨询站正式启用。

7月21日 中国墨西哥商会重庆办公室揭牌仪式在解放碑重庆环球金融中心举行，将进一步促进双方经贸往来，提高双边合作水平。

7月23日 福布斯中国集团、重庆市商务委、渝中区政府在来重庆解放碑 CBD 共同主办 2022 福布斯中国城市消费发展论坛。

7月27日 2022 江北嘴新金融峰会在重庆市江北嘴中央商务区成功举办。

7月 北京商务中心区 2022 音乐季正式启动。音乐季以"音乐律动城市"为主题，在"音乐传播""音乐演出""音乐服务""音乐建设"四大主题板块下开展多种多样的音乐活动，赋能商圈新内涵，创造 CBD 独特的消费文化。

7月 北京商务中心区商圈联盟举办首场以"数字化转型"为主题的沙龙。

八月

8月4日 "全球不眠之夜·云端渝中"仲夏文旅消费季启动仪式在重庆解放碑 CBD 环球金融中心举行，现场发布仲夏文旅消费指南，活动期间发放文旅消费券 60 万元，助推文旅"火"起来、消费"嗨"起来、经济"热"起来。

8月9日 北京通州运河商务区保利大都汇举办首次"运河商务区早餐会"，旨在推动政府和企业代表充分沟通，优化营商环境。

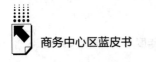

8月11日 济南中央商务区举办"中央媒体自贸行"活动。

8月13日 北京通州运河商务区国际财富中心承办"富华名流荟2022仲夏之约"答谢活动，提升商务区消费品质。

8月16日 重庆解放碑CBD"十八梯·山城巷"传统风貌区入选文旅部第二批国家级夜间文化和旅游消费集聚区，重庆市共6个项目入选。

8月25日 由新华报业传媒集团、南京市建邺区政府主办的南京河西CBD"业界共治 生态共建"暨江苏数字金融产学研协同创新中心启动仪式在南京建邺举行。

8月26日 北京商务中心区召开服务业开放创新论坛，为北京CBD国际商务季系列专题论坛活动之一。此次活动以"深化开放 增强服务业发展活力"为主题，论坛聚焦服务贸易、"数字+"等服务业细分领域，邀请来自"政产学研商"的前沿代表，共同探讨服务业开放创新发展。

8月27日 "喜迎二十大 欢乐进万家"郑州市第四届龙舟锦标赛在郑州郑东新区中央商务区北龙湖水上基地正式开赛。

8月29日 北京商务中心区消费大数据实验室揭牌成立，助力CBD打造千亿级商圈。

8月 北京商务中心区2022年男子篮球精英赛成功举办。该活动是2022北京CBD国际商务季系列商务文化活动之一，通过线上、线下互动交流，促进企业与企业之间的交流沟通，进一步提升区域凝聚力，推进CBD向CAZ迈进。

九月

9月1日 由中国博物馆协会、中国自然科学博物馆学会、郑州市人民政府共同主办的第九届"中国博物馆及相关产品与技术博览会"在郑州国际会展中心启幕。

9月1日 2022·中国上海"一带一路"知识产权保护论坛暨上海海外知识产权纠纷应对指导专家库成立仪式在上海虹桥国际中央商务区举行。

9 月 2 日　"贸易科技联盟"在 2022 服贸会高峰论坛之 2022 中国电子商务大会上正式启动。该联盟是在北京市商务局、北京海关、朝阳区人民政府、北京商务中心区管委会指导下，由慧贸天下联合中国电子口岸数据中心北京分中心、北京微芯区块链与边缘计算研究院、电子商务交易技术国家工程实验室、中外运、北方工大等 8 家机构共同发起设立。旨在通过联通贸易、物流、货代、金融等多个行业领域，探索跨境贸易发展新模式，提升跨境贸易自由化、便利化、数字化水平。

9 月 4 日　北京商务中心区 2022 年咖啡师技能竞赛成功举办，助力北京 CBD 地区的咖啡产业和文化发展。竞赛旨在发掘行业专业人员职业技能和水平，发挥工匠的示范领军作用，提升 CBD 区域的活力与国际化氛围。

9 月 6 日　2022 北京国际合作论坛暨 CBD 论坛在北京商务中心区成功举行。论坛以"深度融入全球合作，提升城市开放活力"为主题，聚焦全球化背景下的商务区发展，充分挖掘北京 CBD 国际高端资源聚集优势，促进各类国际要素融合发展，不断提升北京 CBD 的开放度与活力度。

9 月 6 日　中国公共外交协会和北京市朝阳区人民政府共同举办 2022 中国国际新闻交流中心记者走进 CBD 活动，该活动旨在促进各国了解北京 CBD 发展建设成绩，体验新国潮文化、非遗技艺、文艺表演等中国传统文化底蕴，加强国际合作交流，助力北京国际消费中心城市建设。

9 月 6 日　中国区块链金融创新发展大会暨数字金陵发展论坛在南京河西 CBD 举行。

9 月 15 日　北京商务中心区举办 2022 北京 CBD 人才发展论坛。该论坛以"构建人才生态圈，促进 CBD 高质量发展"为主题，共同探讨在经济发展与品质建设双提升过程中，如何激发 CBD 区域内人才活力、增强 CBD 区域企业人才与 CBD 地区的"黏性"、扩大 CBD 区域对人才的吸引力和感召力。

9 月 20 日　中国卫星导航与位置服务第十一届展览会在郑州郑东新区中央商务区国际会展中心开幕。

9 月 22 日　济南中央商务区绿地山东国金中心"塔尖会客厅"正式

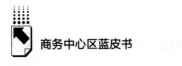
启用。

9 月 29 日 山东自贸试验区济南片区在济南中央商务区举办科创金融发展论坛活动。

9 月 29 日 茅台冰淇淋重庆旗舰店在重庆解放碑 CBD 新世纪百货开业，系全国第 15 家茅台冰淇淋旗舰店。

9 月 四川天府新区天府总部商务区与中国林业集团举行全面合作线上签约仪式。

十月

10 月 1 日 "金融岛首届美好生活节"在郑州郑东新区中央商务区金融岛举办。

10 月 9 日 济南中央商务区中信泰富 330 米超高层项目副塔封顶活动举行。

10 月 28 日 北京通州运河商务区举办"ESG 信息披露与双碳主题传播：框架与实务"专题线上培训会。

10 月 30 日 2022 中新仲裁文化推广活动在重庆解放碑 CBD 举行，重庆市渝中区人民政府和新加坡国际仲裁中心签署合作备忘录，将设立新加坡国际仲裁中心重庆工作委员会，推动国际仲裁在"一带一路"法治营商环境中发挥更大作用。

十一月

11 月 1 日 《上海市促进虹桥国际中央商务区发展条例》（以下简称《条例》）正式施行。

11 月 5 日至 10 日 重庆解放碑全国示范步行街展厅亮相第五届中国国际进口博览会，集中对外宣传重庆在国际消费中心城市建设和解放碑打造世界知名商圈初步建设成果，全面展示重庆"近悦远来"的美好城市形象。

11 月 6 日 第五届虹桥国际经济论坛"虹桥国际开放枢纽建设分论坛暨 2022 年虹桥 HUB 大会"在国家会展中心（上海）召开。

11 月 18 日 山东首家"5G+CBD"特色银行网点，中国银行济南中央商务区支行正式落户济南中央商务区并揭牌营业。

11 月 28 日 重庆解放碑 CBD 的解放碑—朝天门商圈成功入选商务部全国示范智慧商圈，其中，环球购物中心、来福士购物中心两家商场获评首批全国示范智慧商店。

11 月 5 日至 11 月 10 日 第五届中国国际进口博览会在国家会展中心举行。

11 月 30 日 西安碑林区长安路中央商务区西安合生汇商业综合体项目正式开业运营，该项目是合生商业集团首次进军西北市场的大型商业项目。

11 月 四川天府新区天府总部商务区天府中央法务区举办 2022 年泛法务机构座谈交流会。

十二月

12 月 7 日 RCEP 国际论坛在四川天府新区天府总部商务区举行。

12 月 9 日 北京市朝阳区人民政府在北京商务中心区举办 2022 北京 CBD 国际合作交流座谈会，该座谈会邀请了中国美国商会、中国德国商会、中国外商投资企业协会、中国丹麦商会等 9 家国际商协会，围绕商协会及企业发展诉求、发展与合作计划等进行广泛交流，全力推进企业复工复产。

12 月 15 日 四川天府新区天府总部商务区天府中央法务区举办 2022 年招商推介会。

12 月 24 日 四川天府新区天府总部商务区三利广场开业。

12 月 26 日 北京商务中心区"聚焦绿色建筑，打造绿色低碳商务区"论坛成功举办。该论坛是 2022 北京 CBD 国际商务季系列分论坛之一，论坛聚焦全球化背景下的商务区绿色发展，积极探索北京 CBD 绿色低碳可持续的创新发展方式。

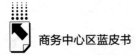
12 月 29 日　北京商务中心区举办跨年迎新消费节发布活动，活动以"助力消费复苏　焕新美好 CBD"为主题，对"打卡健康绿色出行　畅玩地铁 14 号线商业带"、北京 CBD 商务美食地图、北京 CBD 年货嗨翻购、北京 CBD"艺"起跨年艺术之旅等不同消费领域的特色活动进行发布。

12 月 30 日　北京商务中心区举行商务美食评选活动颁奖仪式，发布北京 CBD 商务美食餐厅榜单和商务美食地图。本届商务美食评选活动以"品美食、鉴故事、系健康、引时尚"为主题，汇聚融合各国美食，突出国际化特征、提高品牌参与度、覆盖广泛餐厅类别，吸引了数百家餐饮企业积极参与。

Abstract

The Proposal of the Central Committee of the Communist Party of China on Formulating the 14th Five-Year Plan for National Economic and Social Development and the Long-Range Objectives Through the Year 2035 emphasizes the need to "build international consumption center cities and create a number of regional consumption centers". The report to the 20th National Congress of the Communist Party of China clearly proposes to "focus on expanding domestic demand, leveraging the fundamental role of consumption in stimulating economic growth, and the key role of investment in improving the supply structure". Building the international consumption center city is an effective way to expand domestic demand and promote consumption, and also a key support for boosting the dynamism and reliability of the domestic economy, and achieving high-quality economic development. China's CBD, with its mature business district environment and international atmosphere, has become an important carrier for cultivating and building international consumption center cities in various regions.

The theme of the "Annual Report on the Development of China's Central Business District No. 9 (2023)" is "China's CBD leads the construction of international consumption center cities". Based on the current domestic and international macro situation, it closely revolves around the national strategic deployment of expanding domestic demand, creating a new development pattern, and building international consumption center cities. It summarizes the advantages, development achievements, and problems faced by various CBDs in supporting the construction of international consumption center cities, compares and researhces typical experiences and practices in the construction of international consumption center cities around the world, and proposes the general ideas, key tasks, and

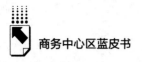

countermeasures for China's CBD to lead the construction of international consumption center cities. The overall framework of the report includes seven parts: comprehensive report, consumption improvement and upgrading, business district quality creation, consumption environment cultivation, domestic case studies, international experience, and development milestones.

The report points out that the world today is undergoing profound changes unseen in a century, and the global economy is facing multiple downward risks. Strengthening global resource allocation capabilities through the construction of international consumption center cities has become a common practice among major economies. China's CBD, with its mature business district environment and international atmosphere, has conducted a series of effective innovative explorations in gathering high-end consumption resources, building new business districts, promoting consumption integration innovation, and strengthening consumption environment construction. It has become an important carrier for China to build international consumer center cities, expand domestic demand and stabilize growth. However, as the world enters a new period of turbulence and transformation, the global economic downside risks remain severe. The foundation for China's economic recovery is not yet solid, and the construction of international consumer center cities is facing new situations and challenges.

In the face of new situations and challenges, China's CBD should start from enhancing its global consumption innovation leadership, creating a global allocation hub for consumption resources, creating an international first-class consumption environment, and building an international first-class consumption business district. It should strengthen its leading and supporting role in the cultivation and construction of international consumption center cities, and better serve the construction of a new pattern of development that is focused on the domestic economy and features positive interplay between domestic and international economic flows.

Keywords: CBD; International Consumption Center City; Consumption Upgrading; Consumption Environment; Consumption Business District

Contents

I General Reports

Abstract: The world today is undergoing profound changes unseen in a century, and the global economy is facing multiple downward risks. Strengthening global resource allocation capabilities through the construction of international consumption center cities has become a common practice among major economies. China's CBD, with its mature business district environment and international atmosphere, has conducted a series of effective and innovative explorations in gathering high-end consumption resources, building new consumption business districts, promoting consumption integration innovation, and strengthening consumption environment construction. It has become an important carrier for China to cultivate and build international consumer center city, expand domestic demand and stabilize growth. At present, the foundation of China's economic recovery is not yet solid, and the construction of international consumption center cities is facing new situations and challenges. The report proposes that China's CBD should strengthen its leading and supporting role in the cultivation and construction of international consumption center cities by enhancing its global consumption innovation leadership ability, creating a global allocation hub for consumption resources, creating an international first-class consumption environment, and

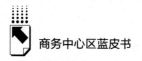
building an international first-class consumption business district, in order to better serve the construction of a new pattern of development that is focused on the domestic economy and features positive interplay between domestic and international economic flows.

Keywords: CBD; International Consumption Center City; Consumption Upgrading; Consumption Environment; Consumption Business District

B.2 Evaluation of China's CBD Development in 2022

General Reports Writing / 037

Abstract: With focusing on the core connotation of the construction of international consumption center cities and benchmarking against the world's top international consumption center cities and world-class CBDs, this report constructs an evaluation index system from dimensions such as international reputation, consumption prosperity, commercial vitality, transport accessibility, and policy leadership, and quantitatively evaluates 27 CBDs in the China Business District Alliance. The evaluation results show that the international reputation of China's CBDs have risen significantly and driven thhe international development of consumption, the prosperity of consumption has continued to rise and contributed to the sustained recovery of the economy, the commercial activity has increased significantly and promoted the quality and expansion of consumption, the convenience of transport has improved significantly and boosted the concentration of high-end consumption resources, and the policy leadership has continued to make an effort to promote the business environment to meet the international first-class standards. China's CBDs play an important supporting and leading role in the construction of international consumption centre cities and regional consumption centres.

Keywords: CBD; Consumption Center; Evaluation Index

II   Consumption Pattern Upgrading Chapters

B . 3   Ideas and Insights on Promoting High-Quality Development
of China's CBDs through New Consumption   *Chen Yao* / 053

Abstract: As the center of urban economy, CBD carries various commercial activities and consumer demands. As a new engine for promoting economic growth, new consumption has become increasingly an important force in promoting high-quality development of CBD. Currently, the development of new types of consumption in CBD still faces problems and challenges such as insufficient supply of high-quality consumption, lagging construction of new application scenarios, and insufficient supervision of new business formats. Based on this, CBD should improve the soft and hard environment for the development of new consumption by optimizing the development environment of new consumption, enriching the application scenarios of new consumption, strengthening the supervision of new consumption formats, so as to promote high-quality development of CBD.

Keywords: New Consumption; CBD; High-quality Development

B . 4   The Development Trend of the First Store Economy and
the Key Points of CBD Construction

Xie Weiwei, Gong Zijun and Li Xiaofan / 069

Abstract: The first store economy is an economic form that achieves optimal coupling between the first store brand value and regional resources, which is of great significance for the high-quality development of CBD. Through effective integration with the first store economy, CBD can achieve innovation and upgrading of business models, achieve differentiated competition, and enhance comprehensive competitiveness. At present, China's first store economy has

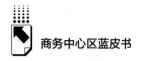

entered the 3. 0 era, and the CBD business district has become the core carrying area of the first store economy. In view of this, CBD should take the first store economy as an important focus, improve quality, upgrade business formats, optimize resource allocation, create a distinctive first store economic gathering area, and promote consumption upgrading and high-quality development.

Keywords: CBD; First Store Economy; High-quality Development

B.5 Ideas and Countermeasures for Nighttime Economy to Enhance the Economic Resilience of CBDs   *Mao Lijuan* / 084

Abstract: The nighttime economy reflects the vitality, charm, and competitiveness of a city, reflects its prosperity and modernization level, and is an important reflection of the level and taste of urban development. As an important carrier of the nighttime economy, CBD has effectively supported the prosperity and innovative development of the night economy. However, it also faces problems and challenges such as the lack of synergy between the development of CBD business districts and the night economy, insufficient public supporting services, and a single supply of high-quality projects. In view of this, CBD should take measures such as strengthening the integration and development of commercial districts and nighttime economy, improving the public service allocation of nighttime economy, and strengthening the creation of nighttime economic environment to lead the prosperous development of nighttime economy and enhance the economic resilience of CBD.

Keywords: Night Economy; CBD; Business District Positioning; Public Services; Environmental Policy

Abstract: As the production space of high-end service, the carrier of cutting-edge knowledge and information and the place of high-level consumption, which links domestic and international markets and economic cycles, CBD is the key node in the construction of the new development pattern. With the development of economy and society, the market competition is getting more and more intense, the traditional CBD business model has been unable to meet the increasingly diversified needs of enterprises and customer groups. In particular, compared with the world's first-class international consumption center city, high-level consumption supply is insufficient in China's CBD, and urgently needs to be transformed and upgraded. On the basis of analysis of CBD's traditional business models and problems, considering the new trends of business model development and new needs of consumers, this paper proposes to promote CBD business model transformation by improving the functional layout, upgrading the supporting faciliteis, enhancing the supply of high-level consumption and improving the soft environmental of the CBD, in order to adapt to the development of the commercial economy and emerging market demand.

Keywords: CBD; Business Model; Transformation and Upgrading; High-level Consumption

Ⅲ　Commerical District Quality Creation Chapters

Abstract: CBD, as the center of urban trade and consumption activities and

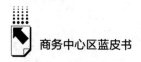
the window for the realization of quality consumption demand, is an important starting point to promote the expansion of consumption scale, match the trend of consumption quality upgrading and tap the super-large-scale domestic market. The construction of CBD international first-class consumption district needs to be based on the international reputation of consumption business districts, the high-quality agglomeration of consumption resources, the integration and innovation of consumption mode, the improvement and high-quality of consumption environment and the characteristic positioning of consumption business district as the framework to achieve three upgrades of consumption function, consumption space and consumption quality. At present, the CBD actively promotes the construction of international first-class consumption business districts, and in the future, it should steadily promote the construction of standardization and characterization, and build a more inclusive and harmonious CBD international first-class consumption business district with resilience and international influence, and support the full release of consumption potential.

Keywords: Consumption Business Districts; Consumption Upgrading; CBD; Standard Construction

B.8 The Ideas and Paths for Building International Consumption
Landmark in CBD *Dong Yaning, Wang Fei and Gu Yun /* 136

Abstract: The CBD international consumption landmark is an important consumption scene and center. On the basis of analyzing and summarizing the research on the development of CBD in China, this article first proposes the practical significance of building an international consumption landmark for CBD from the aspects of building a world-class business district, building an international consumption center city, and empowering the construction of a new development pattern; Secondly, the development trend and basic conditions of current CBD international consumption landmarks are summarized; Then, in line with the new development trend and era background, the main ideas for building an international consumption landmark in CBD are proposed from four aspects: the concept of green and low-carbon circulation, the soul of cultural and historical protection, the principle of diversity and differentiation, and the support of scientific and technological means; Finally, countermeasures and suggestions are proposed for creating CBD international consumption landmarks: innovating the concept of CBD landmark building, preparing CBD landmark construction plans, upgrading the consumption scenarios of CBD landmarks, and strengthening the operation and supervision of CBD landmarks.

Keywords: International Consumption Landmark; Architectural Landmarks; Cultural Landmarks; Consumption Scenarios

B.9 The Current Situation, Problems, and Thoughts on the Construction of CBD Smart Business District under the Background of Digital Economy　　*Wang Han, Duan Litao* / 152

Abstract: The Central Business District (CBD) is the core carrier for cultivating and building smart business districts and leading the construction of international consumption center city. In recent years, with the rapid development of the digital economy and the accelerated iteration of universal digital technologies, the digital transformation of traditional commercial districts and the process of digital and intelligent construction of commercial districts have gradually accelerated. CBD has made positive progress in promoting the construction of digital information infrastructure, assisting enterprises in digital transformation, and cultivating new digital consumption scenarios. In the future, it should further promote the digital transformation and intelligent development of CBD business districts through improving the level of business districts, creating digital consumption scenarios, and innovating institutional mechanisms.

Keywords: Digital Economy; CBD; Smart Business District; Enterprise Digitization; Digital Consumption Scenarios

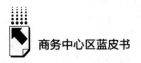

Ⅳ Consumption Environment Cultivation Chapters

B.10 Research on Cultivating Cultural Tourism Consumption to
Help CBD First-class Business District Construction

Wang Qinglong，Qin Weina and Chen Shuo / 165

Abstract：Cultural tourism consumption has become a new driving force and
new engine for China's economic growth, and plays an important role in
promoting the construction of CBD first-class consumption business district and
improving consumption quality. This paper systematically reviews the progress,
effectiveness and problems faced by typical domestic CBD in promoting cultural
tourism consumption. Combined with the focus of CBD first-class business district
construction and the new development trend of cultural tourism industry, this
paper puts forward ideas and suggestions to help CBD's first-class business district
construction through cultural tourism consumption from the five aspects：exploring
CBD's intrinsic value and cultural characteristics, cultivating and developing CBD's
new forms of cultural tourism consumption, integrating cultural tourism
consumption elements into CBD business district planning, enabling new scenes of
cultural tourism consumption through science and technology, and creating a good
external environment for promoting cultural tourism consumption. This paper
provides useful reference for the improvement of CBD consumption level and the
development of high quality economy.

Keywords：CBD；Cultural Tourism Consumption；Consumption Business
District Construction

Contents ⬏

Abstract: In the process of building the Central Business District, the commercial circulation industry is an important lever to promote consumption upgrading and build consumption center city. This article starts with the role of commercial circulation industry in promoting consumption development and upgrading, elaborates on the main experience of CBD commercial circulation industry in promoting the construction of consumption center, and analyzes the main problems and challenges currently faced by CBD. On this basis, it is proposed to vigorously develop smart logistics and warehousing, enhance the ability of material transportation to ensure consumption development, establish a sound communication and coordination mechanism, form a reasonable regional layout of consumption center, lay a solid foundation for new consumption, innovate green consumption scenarios, practice low-carbon lifestyle, actively attract talents in the consumption field, optimize the business environment, and support the construction of consumption center.

Keywords: Central Business District; Consumption Center; Commercial Circulation System

Abstract: In recent years, China's Central Business Districts have actively constructed consumption promotion mechanism and achieved positive results in innovative consumption, leading consumption, gathering consumption, and

345

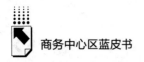

optimizing the consumption environment. However, compared with internationally renowned Central Business Districts, there is still a significant gap in China, such as incomplete comprehensive consumption functions, inadequate planning of consumption facilities, weak capability of global consumption resource allocation, and incomplete consumption supervision and service mechanisms. In the future, China's service consumption will further improve and expand, consumption will become more diverse and segmented, the potential for high-quality consumption demand will be further unleashed, the digital economy will lead the development of new forms and models of consumption and the pace of consumption internationalization will further accelerate. In response to the weaknesses and future trends, an international, high-quality, diversified, and digital consumption promotion mechanism will be built to assist the construction of CBD first-class consumption business districts.

Keywords: CBD; Consumption Business District; Consum-ption Promotion Mechanism

V   Chinese Experience Chapters

B.13   Beijing CBD: Achievements and Lessons Learned in
Building an Innovative Consumption Source

Wu Xiaoxia, Wang Xueyuan / 210

Abstract: Beijing CBD is a policy overlay area of Beijing's "two zones", and the main carrier of Beijing's digital economy development and international consumption center city construction, with obvious development advantages. In order to create a source of innovative consumption, Beijing CBD has vigorously introduced high-quality brand enterprises, constructed diversified consumption scenarios, developed business, tourism, cultural and sports consumption, and stimulated regional consumption vitality, achieved significant results. By drawing on the experience of Beijing CBD as a source of innovative consumption, we can help improve the quality and efficiency of China's CBD development by creating an open and inclusive consumption atmosphere, creating an international first-class business environment, and providing precise and convenient talent services.

Keywords: Beijing CBD; Source of Innovative Consumption; Business Environment; Consumer District

B.14　Hongqiao International Central Business District:

　　A Practical Exploration of the New Platform of

　　International Trade Center　　　　　*Li Tao, Zhang Yina* / 226

Abstract: In 2021, The State Council approved the overall plan to build the Hongqiao international opening-up hub in Shanghai, which clarified that the core function of the Hongqiao international opening-up hub is the new platform of the international trade center. The Hongqiao International Central Business District has conducted a lot of effective explorations in the new platform of the International Trade Center. In the future, it should further strengthen reform and innovation in areas such as the international trade economy with converging flows, international retail led by consumption goods first unveiling, and Chinese brand incubation with innovative trends, to help push the construction of the Shanghai International Trade Center to a new level.

Keywords: Hongqiao; Central Business District; International Trade

B.15　Beijing Tongzhou Yunhe CBD: Practice and Experience for

　　the Development of Characteristic Cultural Tourism

　　　　　　　　　　　　　　　　　　Feng Dongfa / 239

Abstract: Tongzhou Yunhe CBD, with its unique spatial location advantages, long-standing canal cultural history, advantages of early and pilot

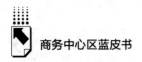

implementation policy, and effective opening-up both domestically and internationally, has achieved a series of brilliant achievements in the process of developing characteristic cultural tourism by constructing various types of high-level infrastructure, building a series of grand canal culture brand, hosting sport events of all levels, and cultivating a gathering place for high-end consumer groups. It has strongly supported Beijing's strategic goal of cultivating and building an international consumption center city. Based on this, this report suggests that, China's other CBDs can put more efforts into deepening institutional reform, discovering new values of traditional culture, building modern business and trade complex and utilizing cutting-edge digital technology, so they can provide support for building international consumption center city.

Keywords: Tongzhou Yunhe CBD; Characteristic Cultural Tourism; International Consumption Center

B.16 Chongqing Jiefangbei CBD: Using Smart Business District to Promote the Construction of International Consumption Center City *Li Junchao, Zhang Zhuoqun* / 254

Abstract: Cultivating and building international consumption center city means building the commanding height of a national or even global consumption market, which has important and far-reaching significance in promoting the evolution of consumption pattern to a high-level form and playing the sustained driving role of consumption in national economic growth. As the important carrier of commercial development and the forefront of consumption brands, the "smart" transformation of urban business district is conducive to gathering high-quality consumption resources, optimizing the construction of consumption scenarios, leading the direction of consumption innovation, and is a key force to cultivate and build international consumption center city. Chongqing Jiefangbei CBD is the representative business district in western China, and has always occupied the central position of Chongqing's business center. At this stage, it strives to promote the construction of smart business district, and has achieved remarkable results in optimizing intelligent scenarios of new consumption, building "smart" entities of new function, and creating the new digital platform. In summary, the experience and practice of Jiefangbei CBD in cultivating characteristic consumption sectors, encouraging traditional business transformation, and improving digital public services can play a leading role in promoting the construction of smart business district, which consolidates the foundation of international consumption center city.

Keywords: Jiefangbei CBD; International Consumption Center City; Smart Business District; Digital Transformation

B. 17 Guangzhou Pazhou CBD: Practice and Experience

Reference of Convention and Exhibition Economy

to Promote Consumption Development

Zhong Diqian, Luo Qiuju / 268

Abstract: Pazhou is the core area of the Guangzhou Artificial Intelligence and Digital Economy Pilot Zone. With the positioning as the innovation highland integrated with "digital + exhibition + headquarters + high-end commerce" industrial positioning, it has empowered Guangzhou's urban innovation and high-quality development. Pazhou CBD, originated from the convention and exhibition economy development, has become the largest convention and exhibition agglomeration area in the world after years of development, . The scale of the exhibition industry is leading, the quality continues to improve, and the influence is steadily expanding. The exhibition industry plays an important role in stimulating urban consumption and urban innovation in Guangzhou. This article combs the practice of Pazhou's convention and exhibition economy to promote consumption development, and finds that high-quality consumption promotion, space change

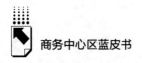商务中心区蓝皮书

of service industry, and upgrading of industrial innovation are the key paths of consumption promotion. In the end of the article, experience and suggestions for consumption promotion via developing convention and exhibition industry are provided.

Keywords: Pazhou; Convention and Exhibition Economy; Consumption Promotion; Artificial Intelligence and Digital Economy Pilot Zone

Ⅵ International Experience Chapters

B.18 The Construction Experience of London International

Consumption Business District *Zhang Yiming* / 280

Abstract: As an international metropolis and commercial and financial centre, London's experience in building CBDs is of strategic importance and has attracted much global attention. The city is renowned worldwide for its various iconic international consumpton business districts, such as the West End, Knightsbridge, and King's Cross, each distinguished by unique characteristics and historical backgrounds. These flourishing business environments, coupled with a rich tapestry of cultural diversity, attract consumers and businesses from around the globe. London Business Districts focuse on the use of cultural and creative industries to drive consumption, the use of transport hubs to build a livable and sustainable business district ecology, and through the co-operation of government and enterprises to build the brand. London business districts have accumulated abundant experience in construction experience and created their own features, which is of high reference value for the construction of the business districts in China's CBDs.

Keywords: London; Business District Construction; Creative Industry; Transit-Oriented Development (TOD); Business Improvement Districts (BID)

B. 19 Experience and Inspiration from Dubai's Construction of
International Consumption Center   *Jiang Yingmei* / 295

Abstract: Dubai is renowned for its diversified economic structure, open business environment, and prosperity and luxury, which can be called a miraculous city in the desert, earning the reputation of "Middle East Hong Kong". In the process of transforming from a small fishing village to an international city, Dubai has gradually developed into a top 10 international consumption center city, with a diversified economic system dominated by global trade, financial services, scientific and technological innovation, logistics and warehousing, and tourism consumption. Building a landmark business district with global influence and reputation is the main symbol of an international consumer center city. The Dubai Consumption Business District meets the needs of different regions and groups of people, providing an unparalleled consumption experience, presenting a strong sense of luxury and future. Dubai's unique marketing policies, relaxed environment, convenient and comfortable facilities, thoughtful services, and forward-looking policies and plans have provided reference value for the construction of China's international consumer center city.

Keywords: Dubai; International Consumption Center; Business District

B. 20 The construction of international business circle in
Frankfurt: Outcomes and Implications   *He Zhigao* / 308

Abstract: An international business district is a key element in the construction of international consumption center cities. The international business district can not only enrich and optimize the cities' layout of consumption space, cultivate multiple consumption potentials, but also promote urban development and construction, and create an atmosphere with innovative services. Frankfurt is an important commercial, cultural, financial, exhibition and transportation center

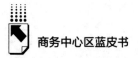

in Germany and Europe. The construction of Frankfurt's international business district is concentrated on Zeil Street, especially the MyZeil shopping centre and its surrounding areas. The construction of Frankfurt's international business district has benefited from the guidance of urban development planning, the linkage of regional coordinated development, the maintenance of the city's business environment, and the drive of the international exhibition economy, but it also faces challenges including new types of consumption, competition from regional cities, restrictions on the growth of business districts, and the pressure of economic downturn. Based on the experience of building business districts in Frankfurt, international consumption center city needs to emphasize city's policy planning, promote the transformation and upgrading of traditional businesses, build core industrial competitiveness and create a good cultural atmosphere.

Keywords: Frankfurt; International Business District; The Zeil; MyZeil Shopping Centre

皮 书

智库成果出版与传播平台

❋ 皮书定义 ❋

皮书是对中国与世界发展状况和热点问题进行年度监测,以专业的角度、专家的视野和实证研究方法,针对某一领域或区域现状与发展态势展开分析和预测,具备前沿性、原创性、实证性、连续性、时效性等特点的公开出版物,由一系列权威研究报告组成。

❋ 皮书作者 ❋

皮书系列报告作者以国内外一流研究机构、知名高校等重点智库的研究人员为主,多为相关领域一流专家学者,他们的观点代表了当下学界对中国与世界的现实和未来最高水平的解读与分析。截至2022年底,皮书研创机构逾千家,报告作者累计超过10万人。

❋ 皮书荣誉 ❋

皮书作为中国社会科学院基础理论研究与应用对策研究融合发展的代表性成果,不仅是哲学社会科学工作者服务中国特色社会主义现代化建设的重要成果,更是助力中国特色新型智库建设、构建中国特色哲学社会科学"三大体系"的重要平台。皮书系列先后被列入"十二五""十三五""十四五"时期国家重点出版物出版专项规划项目;2013~2023年,重点皮书列入中国社会科学院国家哲学社会科学创新工程项目。

皮书网

（网址：www.pishu.cn）

发布皮书研创资讯，传播皮书精彩内容
引领皮书出版潮流，打造皮书服务平台

栏目设置

◆关于皮书

何谓皮书、皮书分类、皮书大事记、
皮书荣誉、皮书出版第一人、皮书编辑部

◆最新资讯

通知公告、新闻动态、媒体聚焦、
网站专题、视频直播、下载专区

◆皮书研创

皮书规范、皮书选题、皮书出版、
皮书研究、研创团队

◆皮书评奖评价

指标体系、皮书评价、皮书评奖

◆皮书研究院理事会

理事会章程、理事单位、个人理事、高级
研究员、理事会秘书处、入会指南

所获荣誉

◆2008年、2011年、2014年，皮书网均
在全国新闻出版业网站荣誉评选中获得
"最具商业价值网站"称号；

◆2012年，获得"出版业网站百强"称号。

网库合一

2014年，皮书网与皮书数据库端口合
一，实现资源共享，搭建智库成果融合创
新平台。

皮书网　　"皮书说"　　皮书微博
　　　　　微信公众号

权威报告·连续出版·独家资源

皮书数据库
ANNUAL REPORT(YEARBOOK)
DATABASE

分析解读当下中国发展变迁的高端智库平台

所获荣誉

- 2020年，入选全国新闻出版深度融合发展创新案例
- 2019年，入选国家新闻出版署数字出版精品遴选推荐计划
- 2016年，入选"十三五"国家重点电子出版物出版规划骨干工程
- 2013年，荣获"中国出版政府奖·网络出版物奖"提名奖
- 连续多年荣获中国数字出版博览会"数字出版·优秀品牌"奖

皮书数据库

"社科数托邦"
微信公众号

成为用户

　　登录网址www.pishu.com.cn访问皮书数据库网站或下载皮书数据库APP，通过手机号码验证或邮箱验证即可成为皮书数据库用户。

用户福利

- 已注册用户购书后可免费获赠100元皮书数据库充值卡。刮开充值卡涂层获取充值密码，登录并进入"会员中心"—"在线充值"—"充值卡充值"，充值成功即可购买和查看数据库内容。
- 用户福利最终解释权归社会科学文献出版社所有。

数据库服务热线：400-008-6695
数据库服务QQ：2475522410
数据库服务邮箱：database@ssap.cn
图书销售热线：010-59367070/7028
图书服务QQ：1265056568
图书服务邮箱：duzhe@ssap.cn

社会科学文献出版社 皮书系列
SOCIAL SCIENCES ACADEMIC PRESS (CHINA)

卡号：544326943217
密码：

S 基本子库
SUB DATABASE

中国社会发展数据库（下设 12 个专题子库）

紧扣人口、政治、外交、法律、教育、医疗卫生、资源环境等 12 个社会发展领域的前沿和热点，全面整合专业著作、智库报告、学术资讯、调研数据等类型资源，帮助用户追踪中国社会发展动态、研究社会发展战略与政策、了解社会热点问题、分析社会发展趋势。

中国经济发展数据库（下设 12 专题子库）

内容涵盖宏观经济、产业经济、工业经济、农业经济、财政金融、房地产经济、城市经济、商业贸易等 12 个重点经济领域，为把握经济运行态势、洞察经济发展规律、研判经济发展趋势、进行经济调控决策提供参考和依据。

中国行业发展数据库（下设 17 个专题子库）

以中国国民经济行业分类为依据，覆盖金融业、旅游业、交通运输业、能源矿产业、制造业等 100 多个行业，跟踪分析国民经济相关行业市场运行状况和政策导向，汇集行业发展前沿资讯，为投资、从业及各种经济决策提供理论支撑和实践指导。

中国区域发展数据库（下设 4 个专题子库）

对中国特定区域内的经济、社会、文化等领域现状与发展情况进行深度分析和预测，涉及省级行政区、城市群、城市、农村等不同维度，研究层级至县及县以下行政区，为学者研究地方经济社会宏观态势、经验模式、发展案例提供支撑，为地方政府决策提供参考。

中国文化传媒数据库（下设 18 个专题子库）

内容覆盖文化产业、新闻传播、电影娱乐、文学艺术、群众文化、图书情报等 18 个重点研究领域，聚焦文化传媒领域发展前沿、热点话题、行业实践，服务用户的教学科研、文化投资、企业规划等需要。

世界经济与国际关系数据库（下设 6 个专题子库）

整合世界经济、国际政治、世界文化与科技、全球性问题、国际组织与国际法、区域研究 6 大领域研究成果，对世界经济形势、国际形势进行连续性深度分析，对年度热点问题进行专题解读，为研判全球发展趋势提供事实和数据支持。

法律声明

　　"皮书系列"（含蓝皮书、绿皮书、黄皮书）之品牌由社会科学文献出版社最早使用并持续至今，现已被中国图书行业所熟知。"皮书系列"的相关商标已在国家商标管理部门商标局注册，包括但不限于LOGO（　）、皮书、Pishu、经济蓝皮书、社会蓝皮书等。"皮书系列"图书的注册商标专用权及封面设计、版式设计的著作权均为社会科学文献出版社所有。未经社会科学文献出版社书面授权许可，任何使用与"皮书系列"图书注册商标、封面设计、版式设计相同或者近似的文字、图形或其组合的行为均系侵权行为。

　　经作者授权，本书的专有出版权及信息网络传播权等为社会科学文献出版社享有。未经社会科学文献出版社书面授权许可，任何就本书内容的复制、发行或以数字形式进行网络传播的行为均系侵权行为。

　　社会科学文献出版社将通过法律途径追究上述侵权行为的法律责任，维护自身合法权益。

　　欢迎社会各界人士对侵犯社会科学文献出版社上述权利的侵权行为进行举报。电话：010-59367121，电子邮箱：fawubu@ssap.cn。

社会科学文献出版社